Bob Frommes

Dreisprachiges Wörterbuch für
Planen, Bauen, Wohnen

Band 2:
Deutsch — Französich — Englisch

Bob Frommes

Dreisprachiges Wörterbuch für Planen, Bauen, Wohnen

| Band 1 | Français
Anglais
Allemand | **Dictionnaire trilingue
de l'Habitation et de l'Urbanisme** |

| Band 2 | Deutsch
Französisch
Englisch | **Dreisprachiges Wörterbuch
für Planen, Bauen, Wohnen** |

| Band 3 | English
German
French | **Trilingual Dictionary
of Housing and Planning** |

Herausgeber:

IVWSR
Internationaler Verband für Wohnungswesen,
Städtebau und Raumordnung

Baufachverlag

Schweizer Baudokumentation

Bob Frommes

Dreisprachiges Wörterbuch für Planen, Bauen, Wohnen

| Band 2 | Deutsch
Französisch
Englisch | 20 000 Begriffe
Themenbereiche:
Architektur
Bauforschung
Bauwesen
Grundrecht
Hygiene
Ingenieurwesen
Klimatologie
Mietrecht
Ökologie
Soziologie
Wirtschaftswesen
Wohnungsmedizin |

Schweizer Baudokumentation

Der Autor

1935-1980 Direktor der Société Nationale des Habitations à Bon Marché, Luxemburg.
Dr. ing Eh der Technischen Universität Stuttgart.
1935 Mitglied, später Vizepräsident und Büromitglied des Internationalen Verbandes für Wohnungswesen, Städtebau und Raumordnung (IVWSR), den Haag.
1985 Ehrenmitglied auf Lebenszeit des IVWSR.

Zeitweise:
Persönliches Mitglied des Conseil International du Bâtiment (CIB), den Haag.
Kurator des Instituts für technische Physik, Stuttgart
Senator der Fraunhofer Gesellschaft zur Förderung der angewandten Forschung, München.
Büromitglied des Ständigen Ausschusses für Stadt- und Bauklimatologie im IVWSR.
Generalsekretär des Ständigen Ausschusses Miete und Familieneinkommen im IVWSR.
Vizepräsident des Ständigen Ausschusses Soziales Wohnungswesen im IVWSR.
Büromitglied, Generalsekretär und Präsident der Wohnungskommission der Internationalen Union der Familienverbände, Montreal, Brüssel.
Mitglied der Internationalen Expertenkommission der Europäischen Gemeinschaft für Kohle und Stahl, später der Europäischen Wirtschaftsgemeinschaft, Brüssel.
Mitglied des UN Housing Committee, Genf.
Leitender Sachverständiger für verschiedene UN Studiengruppen und Seminare.
Mitglied der staatlichen beratenden Planungskommission, Luxemburg.
Vorsitzender verschiedener internationaler Forschungsgruppen.

Dreisprachige Veröffentlichungen und Vorträge auf den Gebieten Wohnungs- und Bauwesen.
Zahlreiche Veröffentlichungen in der Tagespresse und in Fachzeitschriften.

ISBN 3-907980-17-4
Art. Nr. 165

© 1994 by Docu AG, Schweizer Baudokumentation, CH-4223 Blauen
Alle Rechte vorbehalten

Druck: Imprimerie Kremer-Muller & Cie, L-3895 Foetz
Printed in Luxembourg

*Gewidmet meiner Tochter Re'sy Frommes-Wyler
Konferenzdolmetscherin in Genf*

Literatur

International Glossary, IFHP The Hague, 2nd edition
European Building Societies, Irik J. Howes, FBS.FIL
Trilingual Dictionary, International Federation of Real Estate Agents
Illustrierte Technische Wörterbücher: Baukonstruktionen 1919, Schlomann, Oldenburg
Dictionnaire de l'Industrie du Bâtiment, Roman de Bergmann
Dictionnaire du Génie Civil, F. Bodson
Elsevier's Dictionary of Building Construction 1959
The Advanced Learner's Dictionary of Current English, Oxford University Press 1987
Le Petit Robert, Société du Nouveau Littré 1968
Le Petit Larousse Illustré, Editions Larousse 1991
Harraps Shorter Dictionary, Bordas 1967
Handwörterbuch Schöffler-Weis, deutsch-englisch, englisch-deutsch, Klett-Verlag 1973
Handwörterbuch Weis-Matutat, deutsch-französisch, französisch-deutsch, Klett-Verlag 1974
Wörterbuch für Architektur, Hochbau und Baustoffe, deutsch-französisch, französisch-deutsch, deutsch-englisch, englisch-deutsch, Bucksch, Bauverlag 1974
Dreisprachiges Wörterbuch für Handels-, Finanz- und Rechtssprache, Robert Herbst, Translegalverlag Zug 1966
L'Anglais dans le Bâtiment, Wallnig + Everett, I, II, III Eyrolles/Bauverlag 1970
Baukonstruktion Details 1+2+3, Hans Banz, Karl Krämer Verlag 1985
Bautechnik Wörterbuch, W. Sidman, Treba Service CH 1974
Bautechnisches Englisch im Bild, W.K. Koller, Bauverlag 1977
English for Engineers, Clive Brasnet, Methuan Educational Ltd 1976
European Parliament: Terminology of Town and Country Planning 1978
European Parliament: Terminology of New and Renewable Sources of Enery 1982
Glossary of Population and Housing, Gordon Logie, Elsevier 1978
Illustrated Technical German for Builders, W.K. Killer, Bauverlag 1977
Les Mots Anglais, F. Noriou, Hachette 1940

Vorwort

Architekt und Planer, und nicht minder der Wohnungswirtschaftler, verfügen in der Regel über ausgedehnte Kenntnisse in vielen Wissensgebieten. Wer immer bei internationaler Zusammenarbeit gleichzeitig auf mehrere Sprachen zurückgreifen muss, wird seine liebe Mühe haben, im grossen Angebot spezialisierter Wörterbücher die korrekten Übersetzungen der vielfältigen Begriffe zu finden. Der Autor machte diese Erfahrung bei seiner langjährigen Tätigkeit für internationale Verbände und Institutionen über die Sprachgrenzen hinweg, was ihn zur eigenen Arbeitserleichterung dazu bewog, die Fachausdrücke in drei Sprachen zu sammeln und systematisch zu registrieren.

Eine erste Auflage des dreisprachigen Glossariums für den Wohnungswirtschaftler wurde 1975 herausgegeben. Das vorliegende Buch ist das Ergebnis einer gründlichen Überarbeitung und umfassenden Erweiterung der Erstauflage während weiterer zwanzig Jahren Arbeit. Dennoch darf es keinen Anspruch auf Vollständigkeit erheben, es ist eine Arbeit aus der Praxis für die Praxis.

Da dieses Werk in erster Linie sprachkundigen Benutzern zugedacht ist, fehlen bei den einzelnen Begriffen Angaben über Geschlecht und andere grammatikalische Hinweise.

Sollten einige Begriffe als ungenau oder sogar als irrig empfunden werden, kommen dafür mehrere Ursachen in Frage: Einerseits gibt es selbst in der allgemeinen Terminologie keine absolute Äquivalenz zwischen den verschiedenen Sprachen, andererseits ändern sich technische Ausdrücke gelegentlich innerhalb des selben Sprachraums von einem Land zum andern, nicht selten sogar von einer Region zur andern. Ferner verlassen gerade technische Begriffe oft den enzyklopädischen Rahmen, so dass ihre akademische Richtigkeit schwer prüfbar ist, und schliesslich sind die einzelnen Quellen keineswegs frei von Widersprüchlichkeiten. Nicht verschwiegen sei zuletzt, daß der Autor weder Berufsübersetzer noch Philologe im wissenschaftlichen Sinne ist. Um Verständnis und Nachsicht muss deshalb gebeten werden.

Luxemburg, im Mai 1994   *Bob Frommes*

Zeichenerklärung

( ) Wahlfreie Wörter oder Wortteile.
z.B. Auftritt(stufe), lies: Auftritt oder Auftrittsstufe.
Incinérateur (d'ordures), lies: incinérateur oder incinérateur d'ordures.
(Ver)schalung, lies: Verschalung oder Schalung.
Begriffe mit und ohne Klammerinhalt sind nicht immer gleichbedeutend,
z.B. protection du travail(leur).

[ ] Erläuterung
z.B. Bankett [Strasse]
[D] deutsch, [E] englisch, [F] französisch, [US] amerikanisch.

/   Trennt gleichwertige Wörter und Silben
z.B. ab=/ent=laden, lies: abladen oder entladen
Alters-aufbau/=pyramide, lies: Altersaufbau oder Alterspyramide
Druck=/Preß=luft=bohrer/hammer, lies: Druckluftbohrer oder
Drucklufthammer oder Preßluftbohrer oder Preßlufthammer
indoor luminary/ light fixtures, lies: indoor luminary oder indoor
light fixtures
vernis flatting/ à polir, lies: vernis flatting oder vernis à polir
plan/ carte général(e), lies: plan général, carte générale

vb   Zeitwort

[2] [3] Weitere Bedeutungen
lies ferner: AE = Ä   OE = Ö   UE = Ü   SS = ß oder SS

ABBAU	démontage ² réduction	dismantling ² reducing
ABBEIZMITTEL	décapant	paint remover, scouring solution, stripper
ABBESTELLEN	annuler, contremander, décommander	to cancel/countermand/revoke
ABBINDEN vb	prendre	to set
Abbinden von Beton	prise du béton	setting of concrete
Abbinden von Mörtel	prise du mortier	setting of mortar
Abbindezeit	durée/temps de prise	curing/setting time
ABBINDEN	prise	setting
abgeböscht	en talus	battered, sloping
ABBRECHEN [niederreißen]	démolir, démonter	to demolish/pull down/ take down/ wreck
ABBRUCH	démolition	demolition, pulling/taking down, wrecking
Abbruchgeräte	équipement/machines/ outils de démolition	demolition devices/plant
ABBUCHEN	débiter/diminuer [un compte]	to debit/deduct/write off
ABDECKEN	(re)couvrir	to cover
Ab=/auf=decken	découvrir, mettre à nu	to uncover/sheath
Abdeckblech [Mauer]	profil/tôle de couronnement	coping (sheet)
Abdeckfilz	feutre de couverture	covering/protecting/sheathing felt
Abdeckgitter	grille de recouvrement	(cover-)grating
Abdeckpapier	papier de recouvrement	masking/overlay/covering paper
Abdeckplatte [Mauer]	plaque de couronnement	coping (slab/stone)
Mauerabdeckung	chaperon/couronnement d'un mur	capping/coping of wall
Schornsteinabdeckplatte	couronnement de souche	chimney cap/coping/slab
Abdeckstreifen	couvre-joint	joints covering strip
Abdeckstreifen für Dehnumgsfugen	couvre-joint de dilatation	expansion butt strap
Fugenabdeckstreifen	couvre-joint	cover moulding
Abdecktablette [Mauer]	tablette de couronnement	capping, coping slab/stone
ABDECKUNG	couverture	cover(ing)
ABDICHTEN	boucher, calfeutrer, étancher	to block up/ caulk/ make tight/ weatherstrip
Abdichten von Fugen	calfeutrage des joints	caulking joints
ABDICHTUNG	calfeutrage, étanchéité, étanchéisation	caulking, draught-/weather proofing/-stripping
Abdichtung [Wanne]	cuvelage	lining, sealing
Abdichtung gegen Wasser	hydrofugeage, imperméabilisation	waterproofing
Abdichtungsstreifen	bande/bourrelet de calfeutrage	sealing/weather strip
ABFALL	déchets, ordures, rebut ² baisse, chute	garbage, refuse, rubbish, waste ² decline, drop
Abfallbeseitigung	enlèvement des ordures	disposal/removal of refuse
Abfallbeseitigungsanlage	installation d'évacuation des ordures	refuse disposal installation
Abfallpresse	compresseur de déchets	refuse compactor
Abfallprodukt	sous-produit, produit accessoire/ résiduaire	by-product, waste product
Abfallrohr [Regenwasser]	tuyau de décharge/d'écoulement	down/fall/rainwater/soil pipe

Abfallverbrenner	incinérateur (d'ordures)	refuse/waste incinerator
Abfallzerkleinerer	broyeur d'ordures	waste grinder/ disposal unit
Leistungsabfall	baisse de rendement	decline of efficiency/output
Spannungsabfall	chute de tension	potential/voltage drop
ABFASEN	chanfreiner	to bevel/chamfer
ABFLUSS	décharge, écoulement	drain, flowing off, outlet
Abflußrinne	caniveau	drain(age) (gutter)
Abflußrohr	tuyau de décharge/ d'écoulement	discharge/waste/drain(ing) pipe
Abgaben und Gebühren	impôts et taxes	dues and taxes
ABFUHR	enlèvement	carrying away, removal
Müllabfuhr	enlèvement des ordures	garbage collection
städtische Müllabfuhr	service des ordures	town refuse/sanitation service
ABGABE	droit, taxe	charge, duty
Abgaben und Gebühren	impôts et taxes	dues and taxes
Steuern und Abgaben	impôts et contributions	rates and taxes
soziale Abgaben	charges sociales	social expenditures
ABGANG	départ, partance	departure, starting
Abgangshafen	port d'embarquement	embarkation harbour
ABGAS	gaz d'échappement/ de sortie	exhaust/exit/waste gas
Abgasklappe	volet de réglage [cheminée]	draught stabilizer
ABGE=STUFT/=TREPPT	étagé, en gradins	staggered, stepped, terraced
abgestufte Mauer	mur en gradins	staggered/stepped wall
ABGLAETTUNGSMÖRTEL	mortier de lissage	level bed
ABGLEICHEN [Fläche]	égaliser, lisser	to screed/smooth
ABGRABUNG	déblai(ement), excavation	excavation
ABGRENZEN	(a)borner, délimiter	to delimit(ate)/ mark off
ABGRENZUNG	délimitation, démarcation	delimitation, demarcation
ABHEBEN [Geld]	prélever, retirer	to withdraw
ABHEBUNG	prélèvement, retrait	withdrawal
ABHUB [Erd=]	déblai(ement)	excavation
ABKIPPEN	déverser	to dump
ABKOMMEN	accord, arrangement, convention	agreement, arrangement, settlement
ABKREIDEFEST	non farinant	chalk-proof
ABKREIDEN	farinage	chalking
ABLADEN	décharger	to unload, to dump
ABLAGE	dépôt, rangement	depot, storage place/room
Kleiderablage	penderie, vestiaire	cloakroom, wardrobe
ABLAGERUNG	décantation	sédimentation
ABLAENGMASCHINE	tronçonneuse	cross-cut saw
ABLASSEN [leeren]	vidanger	to discharge
ABLAUF	déroulement, écoulement, [2] expiration, terminaison	outlet, run off, expiration, termination
Ablaufrinne	gouttière, rigole d'écoulement	(rainwater)/(roof) gutter drain(age), discharge trench
Arbeitsablauf	marche des affaires	progress of work
Bodenablauf	avaloir/siphon de sol	flooring inlet/outlet
Dachablauf	déversoir de raaccordement	rainwater outlet
Hofablauf	siphon de cour	court gully/inlet/outlet
Straßenablauf	avaloir de chaussée	road/street gully/inlet
vor Ablauf der Frist	dans les délais	within the time allowed

ABLEHNEN	décliner, refuser, rejeter	to decline/refuse/reject
ein Angebot ablehnen	décliner/refuser une offre	to reject an offer
die Verantwortung ablehnen	décliner la responsabilité	to disclaim all responsibility
ABLEITEN	dériver, détourner, dévier	to diverge/divert/deviate
ableitfähig	antistatique	conductive
Blitzableiter	paratonnerre	lightning arrester/conductor
Wärmeableitung	conduction thermique	heat/thermal conduction
ABLOESUNG	rachat, relève	redemption, relief
amtliche Ablösung von Hypotheken	purge d'hypothèques	official discharge of mortgages
ABLUFT	air vicié	foul/vitiated air
ABMACHUNG	agrément, convention	agreement, settlement
ABMESSUNG	dimension, mesure	dimension, measurement
ABNAHME	diminution ² réception	diminution ² acceptance
Abnahme der Arbeiten	réception des travaux	acceptance of work
Abnahmeverweigerung	refus de réception	refusal/rejection of acceptance
Gebrauchsabnahme	réception définitive	final acceptance
Schlußabnahme	réception définitive	final acceptance
Bevölkerungsabnahme	diminution de la population	decrease of population
ABNEHMBAR	amovible	detachable, removable
ABNEHMEND	dégressif	digressive
ABNEHMER	acheteur, preneur	buyer, consumer, purchaser
ABNÜTZEN	user	to wear out/ use up
abgenutzt	usé	worn-out
sich abnützen	s'user, se friper	to wear away/out
ABNUTZUNG	usure	wear (and tear), fading
Abnützungs=prüfung	essai à l'usure	wear-out test
ABORT	cabinet d'aisance, toilette	closet, toilet
Abort=becken/=schüssel	cuvette de WC	toilet-pan
Abortgrube	fosse d'aisance	cesspool
ABPAUSEN	calquer	to copy/trace
ABRAUM	déblai	excavation
ABRAEUMEN	déblayer	to clear away
ABRECHNUNG	décompte	account, settlement
provisorische Abrechnung	décompte provisoire	interim valuation
Schlußabrechnung	décompte final	final account/settlement
Verwaltungsabrechnung	compte d'administration	management account
ABREDE	accord, agrément, convention	agreement, settlement
ABRUF	appel	call
auf Abruf	à vue, sur appel	on call
ABSATZ	vente, écoulement ² palier ³ alinéa	sale ² landing ³ paragraph
absatzfähig	vendable	marketable
Absatzförderung	promotion de vente	sales' promotion
Absatzgebiet	débouché, marché	market, outlet
Absatzgenossenschaft	coopérative de vente	marketing cooperative
Absatzkosten	frais de vente	distribution cost
Absatzlage	situation du marché	market conditions/situation
Absatzorganisation	marketing, étude/organisation du/des marché(s)	marketing
Absatzschwierigkeiten	difficultés d'écoulement	marketing difficulties
Absatzsteigerung	promotion de vente	sales' increase

Absatzstockung	stagnation des ventes	falling off in sales
Mauerabsatz	gradin, redent	offset
ABSCHALTEN	couper, débrancher, mettre hors circuit	to disconnect/ switch/turn off
abgeschaltete Leitung	fil sans tension	dead wire
ABSCHEIDER	décanteur, séparateur	interceptor, separator, trap
Benzinabscheider	séparateur d'essence	petrol separator
Oelabscheider	séparateur d'huile, déshuileur	oil interceptor
Schlammabscheider	séparateur de boue	sludge interceptor/trap
ABSCHLAG	diminution, réduction, remise	abatement, allowance, reduction
Abschlagszahlung	acompte	interim/part/progress payment
ABSCHLIESSEN	achever, clôturer, terminer ² conclure ³ fermer à clé	to balance/close/finish ² to conclude ³ to lock up
die Bücher abschließen	clôturer les comptes	to balance/close the books
ein Geschäft abschließen	conclure un marché	to close/conclude/settle/ strike a bargain
Versicherung abschließen	contracter une assurance	to take out an insurance policy
einen Vertrag abschließen	conclure un contrat	to conclude a contract
ABSCHLUSS	arrêt, bordure ² arrêté ³ marché	rim, border ² termination ³ bargain
Abschlußkosten	frais d'acte	completion charge
Abschlußrechnung	décompte final	final account/invoice/note, account for settlement
Abschlußzahlung	paiement final/ pour solde	payment in full settlement
Jahresabschluß	bilan annuel/ de clôture	annual account, balance sheet
Kontoabschluß	balance/arrêté de compte	balancing of account
Pauschalabschluß	marché forfaitaire	bulk bargain
ABSCHNITT	alinéa, chapitre	chapter, paragraph
ABSCHOTTUNG	séparation par mur de refend	separation by partition wall
ABSCHRÄGEN	[Leiste]: chanfreiner ² [Gelände]: taluter	[edge]: to chamfer ² [terrace]: to slant/slope
abgeschrägte Ecke/Kante	chanfrein	chamfer, bevelled edge
ABSCHRAEGUNG	chanfrein	chamfer
ABSCHREIBEN	amortir	to write down/off
ABSCHREIBUNG	amortissement	allowance, amortization, writing down/off
Abschreibungsfonds	fonds d'amortissement	sinking fund
ABSCHRIFT	copie	copy, duplicate
beglaubigte Abschrift	copie authentifiée	certified/true copy
für gleichlautende Abschrift	pour copie conforme	certified true copy
ABSETZEN	déposer ² décanter	to put down ² to decant
Absetzbecken	bassin de décantation	settling tank
ABSORBER	dispositif absorbant	absorber, absorbent unit
ABSPERREN	couper, fermer	to lock/ turn off
Absperrhahn	robinet d'arrêt	stop cock
Absperrschieber	vanne d'arrêt	cut-off/stop valve
Absperrventil	robinet d'arrêt	stop cock/valve
ABSPREIZEN	étrésillonner	to prop (up)
ABSTAND	écart(ement), espace, distance ² abandon, résiliation	distance, interval, spacing ² rescission, surrender
Abstandsentschädigung	denier d'entrée, pas de porte [affaires:] achalandage, clientèle	key money [tenanCY] goodwill [business]

Abstandsgeld	dédit	forfeit, penalty, fine
Abstandhalter	cale, écarteur, espaceur	distance block/piece, spacer
Abstandsklausel	clause de dédit	forfeit clause
Abstand von Mitte zu Mitte	écart entre les axes	distance between axles
Balkenabstand	écartement des poutres	interval between beams
Grenzabstand	marge de reculement	distance from plot limit
rückwärtiger Grenzabstand	recul sur limite postérieure	distance from rear plot limit
seitlicher Grenzabstand	reculement latéral	distance from lateral plot limit
ABSTECKEN	délimiter, démarquer, jalonner	marking, pegging/staking out
Absteckpfahl	jalon, piquet	picket, (surveyor´s) staff
ABSTEIFEN	étançonner, étayer	to buttress, to prop/strut up
ABSTEIFUNG	étançon, [2] étançonnement	crutch, stanchion [2] strutting up
ABSTELLEN	déposer, ranger	to put down
Abstellraum	cellier, débarras, rangement [2] espace de rangement	store/storage/lumber room [2] storage space/volume
ABSTUFUNG	gradation [2] mise en gradins	grade, grading [2] stepping
Kornabstufung	calibrage, granulométrie	grading, granulometric composition
ABSTUETZEN	contrebouter, étançonner,	to buttress/shore-up/strut
ABSTUETZUNG	étançonnement, soutènement	strutting, support(ing)
ABSZISSE	abscisse	Abscissa
Abszissenlinie	axe des abscisses	X-axis
ABTEILUNG	section	branch, section
Abteilungsleiter	chef de service	managing clerk
Finanzabteilung	section financière	financial department/section
Rechtsabteilung	contentieux	legal department
ABTRAG	déblai(ement)	excavation
ABTRAGEN	déblayer, démolir	to clear/demolish/pull-down
ABTRAGUNG [Schuld]	acquittement, remboursement	redemption, (re)payment
ABTRENNEN	cloisonner, séparer	to partition/separate
ABTRENNUNG	cloison(nage/nement)	partitioning, separation
ABTRETUNG	cession	assignment, cession, transfer
Abtretung einer Forderung	cession/délégation de créance	assignment/surrender of a claim
Abtretung eines Rechtes	cession d'un droit	assignment/surrender of a right
Abtretungsurkunde	acte de cession	deed of assignment/conveyance
Gehaltsabtretung	cession de salaire	surrender/transfer of salary
Lohnabtretung	cession de salaire	surrender/transfer of wages
ABTROPFEN	dégoutter	to drip down
(Ab)tropfbrett	égouttoir	drainer, draining board
ABWAERME	chaleur perdue	waste heat
ABWARTS	vers le bas	downwards
flußabwärts	en aval	down-river
ABWASCHEN	laver, rincer	to wash
Abwaschmaschine	machine à laver la vaisselle	dish washer
ABWASSER Abwässer	eaux ménagères/résiduaires/ usées/-vannes	foul/process/sewage water; drainage, sewage (liquids)
Abwasserbeseitigung	évacuation des eaux usées	sewage discharge/disposal
Abwasserklärung } Abwasserreinigung}	{ épuration/traitement des { eaux usées	sewage processing/treatment, purification of waste water
Abwasserkanal	(tout à) l'égout	sewer
Abwasserkläranlage	station d'épuration des eaux	sewage (purification) plant

Abwasserhebeanlage	pompe de relevage	sewerage pumping system
Abwasserleitung	tuyau d'égout	sewage pipe
Abwasserkanalrohr	tuyau d'égout	sewage pipe
Abwassersinkgrube	fosse d'aisance, puits perdu	cesspool
ABWEICHUNG	dérivation, déclinaison	declination, deviation
ABWICKLUNG	développement	evolution
ABWERTUNG	dévaluation	devaluation
Abwertungssatz	taux de dévaluation	devaluation rate
ABWESENHEIT	absence	absence, lack
ABWURF	largage	drop
Müllabwurf	descente d'ordures, vide-ordures	refuse/rubbish chute/shaft
ABZAHLUNG	remboursement, payement	reimbursement, repayment
ABZIEHLEISTE	latte de réglage	screed
ABZUG	déduction, retenue	allowance, deduction [2] outlet
	[2] décharge, sortie	
Abzugsschornstein	conduit/cheminée d'échappement	waste flue
Garantieabzug	retenue de garantie	retention money
Heizkesselabzug	sortie de chaudière	boiler outlet
Rauchabzug	conduit de fumée, cheminée	flue
Wasserabzugsgraben	drain	drain, trench
Wrasenabzug	hotte aspirante	(extract) hood/dome, vapour flue
ABZWEIG	(em)branchement	branching, branch pipe, junction
Abzweigdose	boîte de connexion/dérivation	contact/junction box
Abzweigrohr	tuyau de branchement	branch/junction pipe, pitcher T
Doppelabzweig	embranchement double	double junction pipe
ABZWEIGUNG	branchement	branching
Abzugsregler	antirefouleur, stabilisateur de tirage	draught regulator
ACHSE	axe	axis, axle
Achsabstand	écart entre les axes	distance between axles
Hauptachse	grand axe	major axis
Nebenachse	petit axe	minor axis
ACKERLAND	labour, terre arable/labourable	arable/tillable land
ADDIEREN	additionner	to add/sum up
Addiermaschine	additionneuse	adding machine
ADDITION	addition	addition
AERODYNAMIK	aérodynamique	aerodynamics
AFFINITÄET	affinité	affinity
AFTER	anus, derrière	anus, backside
Aftermiete	sous-location	sublease, underletting
Aftermieter	sous-locataire	subtenant, underlessee
Afterunternehmer	sous-entrepreneur/-traitant	subcontractor
AGENT	agent, représentant	agent
AGENTUR	agence	agency
Mietagentur	agence de location	house agency
AGGREGAT	agrégat	aggregate, set
AGRARISCH	agraire	agrarian
Agrargesetzgebung	loi agraire	land act
Agrarmaßnahmen	mesures agraires	land measures
Agrarplanung	planification agraire	agrarian planning
Agrarpolitik	politique agraire	agrarian policy
Agrarstruktur	structure agraire	agrarian structure

AHORN	érable	maple-tree
AIRTERMINUS	aérogare	air terminal
AKKORD	accord, arrangement	agreement
Akkordarbeit	travail à forfait/ à la pièce	jobbing/piece/task work
Akkordlohn	salaire à forfait/ à la pièce	piece/task wage
AKKUMULATOR	accumulateur	accumulator
AKONTOZAHLUNG	acompte	instalment, part-payment
AKRYL	acryle	acryl
Akrylfarbe	peinture acrylique	acrylic paint
Akrylglas	verre acrylique	acrylic glass
AKT	acte	deed
Aktenkosten	frais d'acte	completion charge
AKTE	document, pièce	document, file, paper
Aktenablage	archive, classement	archives, record office
Aktenaufzug	monte-dossiers	document elevator
Aktenordner	classeur, dossier	(letter) file
Aktenschrank	casier, classeur	filing cabinet
Aktenvermerk	aide-mémoire	memo, note
AKTIE	action	share(-certificate)
Aktiengesellschaft	société anonyme/ par actions	joint stock company
Aktiengesetz	loi sur les sociétés par actions	law on stock companies
Aktieninhaber	actionnaire	share holder
Aktienkapital	capital/fonds social	joint capital/stock
gewöhnliche Aktie	action ordinaire	equity (security)
Namensaktie	action nominative	registered share
voll eingezahlte Aktie	action (entièrement) libérée	paid-up share
Vorzugsaktie	action prioritaire/privilégiée	preference/preferential share
AKTIONAR	actionnaire	share holder
AKTIONSRADIUS	rayon d'action	radius of action, range
AKTIV	actif	active
aktive Bevölkerung	population active	active/working population
Aktivsaldo	solde créditeur	credit balance
AKTIVA	actif, masse (active)	assets
Aktiva und Passiva	actif et passif	assets and liabilities
AKTIVIEREN	porter à l'actif	to book to credit
AKTIVIERUNG	capitalisation, comptabilisation à l'actif	capitalization, entry on the active side
Aktivierungsbetrag	valeur ajoutée	added value
AKUSTIK	acoustique	acoustics
Akustikdecke	plafond acoustique/insonore	acoustic/ sound-absorbent ceiling
Akustikerzeugnis	produit (pour l'isolation) acoustique	acoustic insulation product
Akustikplatten	carreaux acoustiques	acoustic tiles
AKUSTISCH	acoustique, phonique	acoustic, phonic
ALABASTERGIPS	plâtre d'albâtre	alabaster gypsum, handfinish plaster
ALARM	alarme, alerte	alarm
Alarmanlage	installation/système d'alarme	alarm system
ALLEE	allée, avenue	avenue
ALLGEMEIN	général	general
allgemeine Unkosten	frais généraux	overhead charges/expenses
allgemeiner Ausbau	parachèvement	general finishing

ALT	âgé, ancien, vieux	ancient, old
ALTAN	balcon, terrasse	balcony, terrace
ALTBAU	construction ancienne	existing/old building
Altbauerneuerung	rénovation d'immeubles	renovation of old buildings
Altbaugebiet	quartier ancien	old quarter
Altbauwohnung	logement ancien	existing dwelling
ALTER	âge, vieillesse	age, old age
Altersaufbau	structure/pyramide des âges	structure of ages
Altersheim	maison de repos/retraite	old peoples' home
Alterspyramide	structure/pyramide des âges	structure of ages
Altersrente	pension de vieillesse	age pension
das dritte Alter	le tiers/troisième âge	the elderly, the aged
Heiratsalter	âge matrimonial	age of marriage
ALTERNATIV	alternatif	alternate, alternative
ALTERSSCHWACH	caduc, décrépit, vétuste	decaying, dilapidated, out of repair, ramshackle
ALTERSSCHWAECHE	vétusté	decay, decrepitude
Altersstruktur	structure/pyramide des âges	structure of ages
Altersversicherung	assurance-vieillesse	old age pension scheme
Alterswohnung	logement pour personne âgée	aged people' flat(let)
ALTERUNG	vieillissement	aging
ALTSTADT	cité, vieille ville	city, down-town, old town
ANMACHEN [Beton]	gâcher, gâchage [béton]	to mix, mixing [concrete]
Anmachwasser	eau de gâchage	mixing water
ANMELDUNG	déclaration, inscription	declaration, registration
ANNAHME	acceptation, réception	acceptance, taking over
ANNUITAET	annuité	annuity, yearly instalment
Annuitätensystem	système d'annuités	annuity system
Annuitätsbeihilfe	subvention d'annuité	subsidy to yearly instalments
gleichbleibende Annuität	annuité fixe	constant yearly instalment
ANNULLIEREN	annuler	to annul, to cancel
ANNULLIERUNG	annulation, révocation	annulment
ANONYM	anonyme	anonymous
ANONYMITÄT	anonymat	anonymity
ANORDNUNG	agencement, disposition	arrangement, lay-out
Anordnung der Räume	disposition des pièces	lay-out of rooms
versetzte Anordnung	quinconce	quincunx, staggered lay-out
ANPASSUNG	accommodation, adaptation, ajustement	accommodation, adaptation, adjustment
ANRECHT	droit, titre	claim, right, title
ANSCHAFFUNG	achat, acquisition	acquisition, purchase
Anschaffungskosten	coût/frais d'achat	initial/purchase cost
Anschaffungsprämie	prime d'acquisition	acquisition subsidy
Anschaffungspreis	prix d'achat, coût au départ	purchase price, initial/prime cost
ANSCHLAG	battée, butée, feuillure [2] estimation, évaluation	rabbet, stop [2] estimate
Anschlag(en) einer Tür	montage d'une porte	hang(ing) of a door
Anschlag=brett/=tafel	porte-affiches	bulletin/notice board
Fensteranschlag	feuillure de fenêtre	window rabbet/rebate
Kostenanschlag	estimation du coût/ des frais	cost/expenses estimate
Kostenvoranschlag	devis estimatif/préliminaire	preliminary cost estimate
ANSCHLAGEN	ferrer, ferrage [2] afficher, affichage	to fit, to mount, fitting [2] to affix, affixing

Anschlagschraube	vis de réglage	stop screw
Anschlagstift	cheville de butée, taquet	bracket
ANSCHLIESSEN	brancher, connecter, raccorder	to connect
an das öffentliche Netz anschließen	brancher sur le réseau/ secteur	to connect to the mains
ANSCHLUSS	branchement, connexion	connexion, supply
Anschlußdose	boîte de connexion	contact/junction box
Anschlußkabel	câble d'alimentation/ de raccordement	connecting/feed/flexible cable/cord
Anschlußkasten	boîte de distribution/ raccordement	connection/junction box
Anschlußstreifen	solin	flashing (piece)
ANSCHUETTEN	remblayer, terrasser	to bank/fill/heap up
ANSCHUETTUNG	remblai(ement)	embankment, filling up
ANSICHT	vue, prospect ² avis, opinion	view, prospect ² opinion
Außenansicht	façade, vue extérieure	outside view, elevation
Fassadenansicht	(plan de) façade	elevation plan
Grundrißansicht	section horizontale, vue en plan	plan view
Rückansicht	élévation/façade arrière	rear elevation/view
Seitenansicht	élévation/façade/vue latérale	side elevation/view
Vorderansicht	élévation/vue de face, façade principale	front elevation/view
ANSIEDLUNG	agglomération, colonie	agglomeration, build-up area
ANSPRUCH	droit, titre	claim, right, title
anspruchsberechtigt	ayant droit	rightful claimant
ANSTALT	établissement, institut(ion)	institute, institution
Anstalt des öffentlichen Rechts	établissement public	public institution
Bodenkreditanstalt	Crédit Foncier	mortgage/real estate bank
Forschungsanstalt	institut de recherche	research institute
Kreditanstalt	établissement de crédit	loan/hire-purchase bank
Materialprüfungsanstalt	laboratoire d'essai de matériaux	material testing laboratory
ANSTEIGEN	monter	to rise, to increase
Ansteigen der Preise	hausse des prix	rise in prices
ANSTREICHEN	mettre en peinture, peindre	to paint
ANSTREICHER	peintre	painter
Anstreicher= und Tapezier= arbeiten	travaux de peinture et de tapisserie	decoration
ANSTRICH	couleur, peinture	colour, paint(ing)
Anstrichkompressor	compresseur à peinture	paint compressor
Anstrichlage	couche de peinture	coat of painting
Anstrichstoffe	peintures	paints
Deckanstrich	couche opaque/ de finissage	finishing/opaque coat
Grundieranstrich	couche d'apprêt/ d'impression	prime coat, primer
Kalkanstrich	badigeon	white-wash
ANTEIL	part, portion, quote-part ² intérêt	portion, quota, share ² interest
Gewinnanteil	tantième	percentage, quota, share
Gründeranteil	part de fondateur	founder's share
Miteigentumsanteil (%)	millièmes de copropriété	fraction of co-ownership
Zeichnung von Anteilen	souscription d'actions	suscription of shares

ANT-APP

ANTENNE	antenne	aerial
Gemeinschaftsantenne	antenne collective	collective aerial
ANTI-	anti-	anti-
Antidröhnanstrich	enduit d'insonorisation	anti-drumming agent, body deadener
Antidröhnbelag	revêtement insolorisant	antidrumming cover(ing)
ANTIK	antique	antique
Antikglas	verre antique	antique glass
ANTRAG	demande, requête, réquisition	application, proposal, request
Antragsformular	formulaire de demande	application form
Antragsteller	candidat, demandeur, impétrant [2] plaignant, prétendant	applicant [2] claimant
Erneuerungsantrag	demande de renouvellement	application for renewal
Konkurseröffnungsantrag	action en faillite	petition in bankruptcy
ANTREIBEN	actionner, commander	to drive/operate/power
ANTRIEB	actionnement, commande	control/operation (equipment)
Handantrieb	commande à main	hand drive
Motorantrieb	commande par moteur	motor-drive
Winde mit Handantrieb	treuil à main	handwinch
ANTRITT	début, entrée	beginning, entrance
Genußantritt	entrée en jouissance	entrance into the enjoyment
sofortiger Genußantritt	entrée en jouissance immédiate	immediate entrance into enjoyment
ANTRITTSTUFE	début de volée, marche d'entrée	first/springing/starting step
ANWALT		
plädierender	avocat	barrister
Rechtsberater	avoué	solicitor
Rechtsgelehrter	homme de loi, juriste	lawyer
ANWARTSCHAFT	candidature	expectancy, claim
Kaufanwartschaftsmiete	location-attribution/vente	hire-purchase
Kaufanwartschatsvertrag	contrat de location-vente	hire-purchase contract
ANWEISUNG	directive, instruction, ordre	direction, instruction, order
Bankanweisung	mandat de banque	bank order
Postanweisung	mandat de poste	postal order
Zahlungsanweisung	mandat/ordonnance de paiement	money order, order to pay
ANWENDEN	appliquer	to apply
angewandte Psychologie	psychologie appliquée	applied psychology
angewandte Wissenschaften	sciences appliquées	applied sciences
ANWESENHEIT	présence	attendance, presence
Anwesenheitsliste	feuille/liste de présence	attendance list, roll-call
ANZAHLUNG	acompte, apport initial	down-payment, initial contribution
Garantieanzahlung	arrhes, dépôt de garantie	earnest money
ANZEIGE	annonce, communiqué, faire-part	advert(isement), announcement
Belastungsanzeige	avis/note de débit	debit note
Fehlanzeige	état néant	deficiency report
Voranzeige	avis préalable, préavis	preliminary announcement,
ANZEIGER	indicateur	directory, guide, indicator, informer
APPARAT	appareil	device, apparatus, appliance
sanitäre Apparate	appareils sanitaires	sanitary fittings/fixtures
APPARTEMENT	appartement	flat

Appartementhaus	immeuble à appartements	block of flats
AQUARELL	aquarelle	aquarelle, water-colour painting
Aquarellfarbe	couleur 'a l'eau	water-colour
ARBEIT	travail	labour, work
Arbeit an der Baustelle	travail sur le chantier	work on the site
Arbeitgeber	employeur, patron	employer
Arbeitgeberzuschuß	subvention patronale	employer's grant
Arbeitnehmer	salarié	employee, wage-earner
Arbeitnehmerverband	fédération/organisation des salariés	employees' association
Arbeitsablauf	marche des travaux	progress of works
Arbeitsamt	office du travail	labour exchange/office
Arbeitsbühne	plate-forme de travail	working deck/platform
Arbeitseinstellung	arrêt/cessation du travail	stoppage of work, walk-out
arbeitsfähig	apte au travail	able to work
Arbeitsfeld	champ opérationnel	operational field
Arbeitsflächen [Küche]	surfaces de travail	working tops
Arbeitsfuge	joint de reprise	construction joint
Arbeitsgang	opération, phase de travail	process, operation
den Arbeitsgang betreffend	opérationnel	operational
Arbeitsgemeinschaft	communauté de travail, groupement d'entreprises	joined contractors, working team
Arbeitsintensität	intensité de main-d'oeuvre	labour intensity
arbeitsintensiv	à forte part de main-d'oeuvre	labour intensive
Arbeitskolonne	équipe (d'ouvriers)	shift
Arbeitskonflikt	conflit de travail	labour/trade dispute
Arbeitskraft	main-d'oeuvre	man power, labour (force)
Mangel an Arbeitskräften	pénurie de main-d'oeuvre	labour shortage
ungelernte Arbeitskräfte	main-d'oeuvre non qualifiée	unskilled labour
Arbeitsleistung	rendement	output
arbeitslos	en chômage	unemployed
arbeitslos sein	être en chômage	to be unemployed
Arbeitslosenunterstützung	allocation/indemnité de chômage	unemployment benefit
Arbeitslosenversicherung	assurance-chômage	unemployment insurance/tax
Arbeitsloser	chômeur	unemployed
Arbeitslosigkeit	chômage	unemployment
Arbeitsmarkt	marché du travail	labour market
Arbeitsmedizin	médecine du travail	industrial/occupational medicine
Arbeitsnachweis	bureau de placement	labour exchange
Arbeitsplan	plan de travail	operation plan
Arbeitsplanung	organisation du travail	operational planning
Arbeitsplatz	emploi, poste de travail	job
Arbeitsplatzwechsel	changement d'emploi [2] migration ouvrière	change of employment [2] labour turnover
Arbeitsraum	espace/pièce de travail espace pour travailler	working room/space
Hausarbeitsraum	pièce pour travaux ménagers	domestic utility room
Arbeitsregelung	réglementation du travail	labour regulation
Arbeitsschutz	protection du travail(leur)	safety provisions for workers
Arbeitsschutzkleidung	vêtements de protection	protecting clothes
Arbeitssicherheit	sécurité du travail	safety at work/ on site

Arbeitsstätte	lieu du travail	place of employment
Arbeitstrupp	équipe (d'ouvriers)	shift
arbeitsunfähig	inapte au travail	unfit to work, disabled
Arbeitsunfall	accident du travail	working accident
Arbeitsvertrag [Angestellte]	contrat de louage de service	employment contract
Arbeitsvertrag [Arbeiter]	contrat de travail	labour contract
Arbeitsvorgang	processus de travail	working operation
Arbeitszeichnung	dessin d'exécution	execution draft, detail drawing
Arbeitszeit	heures de travail	working hours [2]duration/time
	[2] durée/temps d'usinage	of performance
gleitende Arbeitszeit	horaire dynamique/flexible/ variable/ à la carte	flexible working hours
Arbeitszeugnis	certificat de travail	testimonial/certificate of employment
Abbrucharbeiten	travaux de démolition	demolition works
Abnahme der Arbeiten	réception des travaux	acceptance/ taking delivery of works
Akkordarbeit	travail à la pièce/ à forfait	jobbing, piece/task work
Aufräumungsarbeiten	travaux de déblaiement	clearing operation
Ausbauarbeiten	second oeuvre	finishing/completion (building) works
Dachdeckerarbeiten	travaux de couverture	roof-covering, roofing
Erdarbeiten	excavations, fouilles, (travaux de) terrassement	banking, digging, earth-/ground-work
Facharbeit	travail d'expert/ qualifié	expert work, skilled labour
Fließ(band)arbeit	travail à la chaîne	assembly line work
Fortschreiten der Arbeiten	marche/progrès des travaux	progress of work(s)
Gartenarbeiten	jardinage	gardening
Gemeinschaftsarbeit	travail d'équipe	team work
Gipserarbeiten	plâtrerie	plaster works
Glaserarbeiten	(travaux de) vitrerie	glazing, glazier's work
Gruppenarbeit	travail d'équipe	team work
Hausarbeit	travaux à domicile	home work
Haushaltsarbeit	travail ménager	house work
Heimarbeit	travail a domicile	home-/out-work
Installationsarbeiten	plomberie	leadwork, plumbing
Klempnerarbeiten	zinguerie	zink-roofing/-work
Kunstschmiedearbeiten	ferronnerie/serrurerie d'art	iron works, art locksmithery
Malerarbeiten	peinture	painting
Maurerarbeiten	maçonnerie	brickwork, masonry
öffentliche Arbeiten	travaux publics	public works
Pauschalarbeiten	travaux forfaitaires	contractual bulk work
Regiearbeiten	travaux en régie	bargain works
Schlosserarbeiten	travaux de serrurerie	fitter's work
Schwarzarbeit	travail clandestin	illicit work
Selbstarbeit	travail personnel	do-it-yourself work
Eigenheimerbauer in Selbstarbeit	castor	self-help builder
Straßen(bau)arbeiten	travaux de voirie	road works
Stückarbeit	travail à la tâche	piece work
Stundenlohnarbeit	travail à l'heure	time work
Tagelohnarbeit	travail à la journée	day (wage) work

ARBEIT		
Umbauarbeiten	transformations	alteration work
Vergabe von Arbeiten	adjudication/relaissement de travaux	allocation of contract
Vermessungsarbeiten	travaux d'arpentage	surveying
Zinkblecharbeiten	zinguerie	zink-roofing/-work
Zusammenarbeit	coopération	cooperation
ARBEITEN vb	travailler	to work
arbeitende Klasse	classe ouvrière, salariat	wage-earning class
ARBEITER	ouvrier, travailleur	operative, labourer, worker
Arbeiterfamilie	famille ouvrière	worker's family
Arbeitergewerkschaft	syndicat ouvrier	trade union
Arbeiterheim	foyer de travailleurs	labourer's home
Arbeitersiedlung	cité/colonie ouvrière	labour colony
Arbeiterwohnungen	maisons ouvrières	council flats, workmens' houses
Bauarbeiter	ouvrier du bâtiment	building/construction worker
Facharbeiter	ouvrier qualifié/spécialisé	skilled worker, specialist
Fassadenarbeiter	façadier, ravaleur	rough caster
gelernter Arbeiter	ouvrier qualifié/spécialisé	skilled worker, specialist
Heimarbeiter	travailleur en chambre	home worker
Industriearbeiter	ouvrier d'usine, col bleu	industrial worker, blue collar
Landarbeiter	ouvrier agricole	farm hand/labourer, green collar
Marmorarbeiter	marbrier	marble mason
Putzarbeiter	façadier, ravaleur	rough caster
ungelernter Arbeiter	ouvrier non qualifié	unskilled labourer/worker
ARBEITERIN	ouvrière	(woman) worker, work woman
ARCHITEKT	architecte	architect
Architektenbüro	bureau/cabinet d'architecte	architect's office
Bund der Architekten	ordre des architectes	Institute/Society of Architects
Haftpflicht des Architekten	responsabilité de l'architecte	architect's liability
Innenarchitekt	architecte décorateur, ensemblier	interior decorator
Landschaftsarchitekt	(architecte) paysagiste	landscape architect
ARCHITEKTUR	architecture	architecture, art of building
Architekturstudie	étude plastique	architectural/ three-dimensional study
Innenarchitektur	architecture intérieure	interior architecture/decoration
Kirchenarchitektur	architecture ecclésiastique	ecclesiastical architecture
Landschaftsarchitektur	architecture paysagiste	landscape design
ARCHIV	archives	archives, record office
ARCHIVAR	archiviste	archivist, keeper of the archives
ARGLIST	astuce, malice, perfidie	craft(iness)
arglistige Täuschung	dol, intention délictueuse	dolus malus, fraud
ARMATUREN	appareillage, robinetterie	sanitary taps and accessories
ARMIERUNG	armement, armature	reinforcement
Armierungseisen	fer(s) à béton	reinforcing bar(s)/rod(s)
ARMUT	pauvreté, indigence	poverty, indigence
ART	espèce, genre, nature	kind, sort, type
Art der Gebäude	nature des bâtiments	nature of buildings
Bauart	genre/méthode de construction	building method
ARTIKEL	article, produit	article, product
ASBEST	amiante	asbestos
Asbestzement	asbesto-/fibro-ciment	asbesto-cement, cement-asbestos

Asbestschiefer	ardoise d'amiante	asbestos slate
ASOZIAL	asocial	antisocial
die Asozialen	les asociaux/inadaptés	the (social) misfits
ASPHALT	asphalte, bitume	asphalt, bitumen
Asphalt=papier/=pappe	papier/feutre asphalté/bitumé,	tar(red) paper/roofing, asphalted/asphaltic felt
Asphaltbelag	revêtement asphaltique	asphaltic surfacing
Asphaltestrich	chape asphaltique	asphalted screed/topping
Asphaltmastix	mastic d'asphalte	asphalt mastic
Asphaltmörtel	mortier asphaltique	asphalt mortar
Asphasltbeton	béton asphaltique	asphaltic concrete
Gußasphalt	asphalte coulé	poured asphalt
Stampfasphalt	asphalte comprimé	compressed asphalt
ASPHALTIEREN	asphalter	to cover with asphalt
ASSISTENT	adjoint, assistant	assistant
AST	branche	branch
astreiches Holz	bois branchu	branchy wood
astreines Holz	bois sans branches/noeuds	branchless wood
ATELIER	atelier	studio, workshop
ATEM	haleine	breath
Atemschutzmaske	masque protecteur	breathing protecting mask
ATMOSPHAERE	atmosphère, ² milieu	atmosphere ² sphere
ATOMAR	atomique	atomic
ATOME	atome	atom
Atomenergie	énergie nucléaire	nuclear energy
ATRIUM	atrium	atrium
Atriumhaus	maison à patio/ à cour intérieure	atrium/court/patio house
AUFBAU	assemblage, construction, érection, montage ² structure ³ surélévation, superstructure	assembly, building, erection, mounting ² structure ³ raising, additional storey
Aufbaumöbel	meubles à éléments (interchangeables)	interchangeable furniture elements
Aufbauplan	plan de développement	development plan
Bevölkerungsaufbau	structure de la population	structure of the population
Wiederaufbau	reconstruction	rebuilding, reconstruction
AUFBEREITEN	préparer. traiter	to prepare/process/treat
AUFBEREITUNG	traitement	treatment
Schlammaufbereitung	traitement des boues	sludge treatment
Wasseraufbereitung	traitement des eaux	treatment of water
AUFBEWAHRUNG	conservation, garde	preservation, storage
AUFBRINGEN	charger	to superimpose
AUFDECKEN	découvrir	to uncover
AUFDECKUNG	mise à nu	uncovering
AUFENTHALT	séjour	stay
AUFFAHRT	ascension, montée, rampe	ascension, driving up, drive-way
Autobahnauffahrt	embranchement d'accès, bretelle d'autoroute	motor road access
AUFFASSUNG	conception, opinion, vue	conception, opinion, view
AUFFORDERUNG	appel, intimation, invitation	invitation, request
amtliche Aufforderung	mise en demeure, sommation	formal/official notice, summons
Zahlungsaufforderung	sommation de paiement	request of payment
d° durch Gerichtsvollzieher	commandement	summons to pay

AUFFORSTUNG	afforestation, reboisement	afforestation
AUFFRISCHUNG	régénération	regeneration, revival
AUFFUELLEN	remplir, remblayer	to fill/bank up
AUFGABE	devo r, mission, tâche ² cessation, renonciation	charge, task ²abandonment, giving up
Aufgabenbereich	attributions, compétence	functions, terms of reference
Geschäftsaufgabe	cessation d'exploitation	closing an exploitation, liquidation
aufgehendes Mauerwerk	maçonnerie en élévation	rising wall(s), superstructure
AUFGEWALMT	à pans coupés	with part of a hip
aufgewalmtes Dach	toiture à pans coupés	hip and gable/ jerkin roof
AUFHANGEN	suspendre	to suspend
Aufhängevorrichtung	dispositif de suspension	suspending fixture
AUFHEBEN	ramasser, lever ² annuler	to raise, to lift/ pick up ² to abolish/annul/cancel
eine Option aufheben	lever une option	to lift an option
AUFHEBEND	résolutoire	annulling
AUFHEBUNG	annulation, résiliation	abolition, annulment
Aufhebung einer Hypothek	mainlevée d'hypothèque	removal of mortgage
Urteilsaufhebung	cassation	annulment, cassation
AUFLAGEFLAECHE	surface d'appui	bearing/working area/surface
AUFLAGER	(point d') appui	bearing, support
Auflagerholz	(planche d')assise	wall plate
AUFLASSUNG	transfert d'un bien foncier, mutation	land property transfer, conveyance of real property
AUFLAST	surcharge	live load, surcharge
AUFLOCKERN	décongestionner, dégager	to aerate/loosen
Auflockerung des Verkehrs	décongestion de la circulation	relief of traffic congestion
Auflockerungsgebiet	zone de dégagement	clearance area
AUFLOESEN	annuler, résilier	to annul, to wind up
kaufauflösender Fehler des Kaufobjektes	vice rédhibitoire	redhibitory defect
AUFLOESUNG	dissolution, résiliation, résolution ² liquidation	annulment, cancellation, dissolution ² liquidation
Auflösungsklage	action en résolution	action for rescission
Auflösungsklausel	clause résolutoire	resolutory condition
Auflösungsrecht	action résolutoire, droit de résolution	right of annulment/rescission
AUFMASS	mesurage, métrage, métré	measuring up, survey(ing)
Aufmaß=beamter/=beauftragter	métreur, vérificateur	quantity surveyor
AUFMUNTERUNG	encouragement, stimulation	encouragement, incentive
Aufmunterungsprämie	prime d'encouragement	incentive
AUFNAHME	établissement, ouverture ² inventaire ²² levé ³ photographie ³³absorption	establishment, opening ² drawing up ²² (quantity) survey ³ exposure, shot ³³ absorption
Aufnahmegerät	enregistreur	recorder
Grundrißaufnahme	levé planimétrique	planimetric survey
Höhenaufnahme	nivellement	levelling
Luftaufnahme	photographie aérienne	aerial photograph/view
Wasseraufnahme	absorption d'eau	water absorption
Wasseraufnahmefähigkeit	affinité hygroscopique, capacité d'absorption d'eau	water absorption capacity
Wiederaufnahme	reprise	resumption

AUFRAEUMEN	ranger, déblayer	to clear (away)
AUFRAEUMUNG	dégagement	clearance
Aufräumungsarbeiten	travaux de déblaiement	clearing operation
AUFREISSGERÄT	défonceuse	trenching plough
Aufreißwalze	piocheuse, scarificateur	roadripper
AUFRISS	dessin en élévation	elevation, view drawing
AUFROLLEN	enrouler, enroulement	coil(ing)
AUFRUF	appel	appeal, call
Kapitalaufruf	appel de fonds	calling up capital
Namensaufruf	appel nominal	roll call
AUFSATZ	chapeau, chapiteau	head piece, top
Aufsatzverglasung	survitrage	secondary glazing
Kamin=/Schornstein=aufsatz	mitre, mitron, pot de cheminée	chimney cowl/pot
drehbarer Kaminaufsatz	mitre à tête mobile, tourne-vent	chimney-jack
AUFSCHIEBEN	différer	to postpone
AUFSCHIEBLING	coyau extérieur	eaves board, sprocket
AUFSCHLAG	supplément	(extra) over
AUFSCHRIFT	inscription	inscription
AUFSCHUB	délai, sursis, remise, retard	delay, respite
Räumungsaufschub	maintien dans les lieux	permission to remain on premises
Tilgungsaufschub	différé/suspension d'amortissement	delay/suspension of redemption
Zahlungsaufschub	délai de paiement	delay for payment
AUFSCHUETTUNG	remblai, terrassement	fill(ing) (up), banking up
AUFSCHWUNG	élan, essor, redressement	boom, development, rise
wirtschaftlicher Aufschwung	redressement économique	economic boom/development
AUFSEHER	surveillant	overseer, supervisor
AUFSICHT	inspection, surveillance	inspection, supervision, survey
Aufsichtsrat	collège des commissaires conseil de surveillance	board of auditors/supervisors
Bauaufsicht	inspection des travaux, surveillance du chantier	construction supervision
Bauaufsichtsbehörde	police des bâtisses	borough surveyor
staatliches Aufsichtsamt	office public de contrôle	public supervising authority
AUFSTEIGEND	ascendant, montant	ascending, rising
aufsteigende Feuchtigkeit	humidité ascendante	ascending humidity/moisture
AUFSTELLEN	dresser	to set (up)
die Bilanz aufstellen	dresser le bilan	to strike the balance
AUFSTELLUNG	bordereau, liste, relevé	line-up, list, table, statement
AUFSTOCKUNG	exhaussement	heightening, increasing the height
Gebiet mit Aufstockungsverbot	zone non altius tollendi	zone non altius tollendi
AUFTEILEN	partager, répartir	to apportion/partition
AUFTEILUNG		
[von Werten]:	allocation, partage, répartition	allocation, apportionment
[von Grundstücken]:	lotissement, morcellement	plotting
Flächenaufteilungsplan	plan de lotissement	allotment plan
AUFTRAG	commande, ordre	order
Auftraggeber	commettant	commissioner,
Auftragnehmer	adjudicataire, partie prenante	contractor, successful tenderer
Auftragserteilung	passation de la commande	award of contract
Auftragssumme	montant du marché	contract figure
Dauerauftrag	ordre permanent	standing order

AUFTRAG		
im Auftrag und für Rechnung	d'ordre et pour compte	by order and for account
öffentliche Aufträge	marchés publics	public contracts
AUFTRIEB	poussée	rise
Preisauftrieb	hausse/poussée des prix	price rise
AUFTRITT(stufe)	foulée, giron	tread
AUFWAND	dépense(s), frais	expenditure, expenses
Kapitalaufwand	dépense de capital	capital expenditure
AUFWAERTS	vers le haut	upwards
flußaufwärts	en amont	up river
AUFWEISEN	montrer, présenter	to show
ein Defizit aufweisen	accuser un déficit	to show a deficit
AUFWENDUNG	dépense	expenditure
Aufwendungsbeihilfe	subvention aux charges	expenditure allowance
soziale Aufwendungen	charges sociales	social disbursements
AUFWERTEN	mettre en valeur, revaloriser	to (re)valorize
AUFWERTUNG	mise en valeur, (re)valorisation	(re)valorization
AUFZUG	ascenseur, monte-charge	elevator, hoist, lift
Aufzugschacht	cage d'ascenseur	lift shaft/well
Aktenaufzug	monte-dossiers	document elevator
Bauaufzug	monte-charge	freight lift, hoist
Lastenaufzug	monte-charge	freight/goods/trunk lift
Speisenaufzug	monte-plats	service lift
Umlaufaufzug	ascenseur patenôtre	paternoster
Warenaufzug	monte-charge	goods-/trunk lift
AUKTION	adjudication, vente aux enchères	auction
AUKTIONATOR	commissaire priseur, ² crieur	auctioneer
AUSBAGGERN	draguer	to dredge
AUSBAU		
=Herausnehmen	démontage, enlèvement	removal
=Erker, Vorbau	encorbellement, saillie	projection
=Vergrößerung	agrandissement, extension	enlargement, extension
= innerer Ausbau	architecture intérieure, second oeuvre, travaux d'achèvement	inner completion, lining, walling
ausbaubar	amovible, démontable	collapsible, dismountable
Ausbauteile	éléments de second oeuvre	secondary elements
technischer Ausbau	équipement(s) technique(s)	technical equipment, building services
AUSBILDER	formateur, instructeur	instructor, trainer
AUSBILDUNG	formation, instruction	education, training
Berufsausbildung	formation professionnelle	professional/vocational education/training
Planerausbildung	formation de l'aménageur	planner's education
AUSBLUEHUNG	efflorescence	efflorescence
Mittel gegen Ausblühung	produit antiefflorescent	anti-efflorescent product
AUSBREITUNG	extension, expansion	expansion, extension, spreading
AUSDEHNUNG	étendue ² prolongation ³ allongement, dilatation	area ² prolongation, extension expansion, dilatation
Ausdehnungsgefäß	vase d'expansion	expansion tank
wucherungsartige Ausdehnung der Städte	prolifération urbaine	urban sprawl

AUSDRUCK	expression, terme	term
Fachausdruck	terme de métier/ technique	technical term
AUSFACHUNG	remplissage	fill in
AUSFALL	déficit, manque, panne, perte	deficit, failure, loss
Ausfallzeit	temps d'arrêt	down time
Gewinnausfall	manque à gagner	loss of profit
Mietausfall	perte de loyer	rental loss, loss of rent
Mietausfallrisiko	risque de pertes de loyer	lost rent risk
AUSFERTIGUNG	exemplaire, expédition	copy
Ausfertigung einer notariellen Urkunde	expédition d'un acte notarié	copy of deed certified by notary
beglaubigte Ausfertigung	expédition authentique	certified/true copy
in zweifacher Ausfertigung	en double (exemplaire/ expédition)	in duplicate
vollstreckbare Ausfertigung	grosse exécutoire	first authentic copy
Zweitausfertigung	double, duplicata	duplicate
AUSFINANZIERUNG	financement compémentaire intégral	complementary integral financing
AUSFUGEN	jointoyer ² jointoiement	to joint/point ² jointing, pointing
AUSFÜHRUNG	exécution, facture, réalisation	execution, performance
Ausführungsbestimmungen	conditions/règlement d'exécution	conditions/regulations/terms of fulfilment
Ausführungsfrist	délai d'exécution	term of completion
Ausführungsplan	plan d'exécution	execution/working draught
Ausführungsregeln	règles d'exécution	fulfilment rules
AUSGABE	dépense ² émission	expenditure, expense ² issuing
Einnahmen und Ausgaben	recettes et dépenses	receipts and expenses
Investierungsausgaben	dépenses d'investissement	investment expenditures
Kleinausgaben	menues dépenses	petty expenses
laufende Ausgaben	dépenses courantes	current expenses
Pfandbriefausgabe	émission d'obligations	issue/issuing of bonds
unvorhergesehene Ausgaben	faux frais divers, imprévu(s)	contingencies
Verbrauchsausgaben	dépenses de consommation	consumers' expenditures
AUSGANG	sortie ² origine	exit ² origin
Ausgangsprodukt	matière première	base, basic material
Notausgang	sortie de secours	crash-door, emergency exit
AUSGLEICH	égalisation, harmonisation	balance, equalization
Ausgleichsbetrag	montant pour solde	balancing amount
Ausgleichsdfonds	fonds de compensation/ péréquation	control fund
Ausgleichsverfahren	clearing, procédure de compensation	clearing
Ausgleichbeton	béton d'égalisation	levelling concrete
Ausgleichschicht	chape/couche d'arasement/ d'égalisation/ de dressement/ de nivellement/ de régalage	levelling/topping screed, levelling/make-up layer
zum Ausgleich aller Verpflichtungen	pour solde de tout compte	to close the account, in full settlement
AUSGLEICHEN	égaliser, harmoniser	to balance/equal(ize)/level
AUSGRABEN	creuser, déterrer, excaver	to dig out/ excavate
AUSGRABUNG	excavation, fouille	excavation

AUSGUSS	déversoir, évier	sink, spout, (water) outlet
AUSHAENGESCHILD	enseigne	sign(board), trade name
AUSHEBEN	creuser, excaver, fouiller	to dig/excavate
einen Graben ausheben	creuser une tranchée	to (dig a) trench
AUSHUB	excavation, fouille(s), travaux de terrassement ² terre excavée	digging, excavation, earth-/ground-work ² excaved soil
Aushub von Gräben	fouilles en rigoles	trenching
Fundamentaushub	fouilles des fondations	(digging out the) foundation pit
AUSKLEIDUNG	revêtement	facing, lining
Auskleidungselement	élément de revêtement	liner
Schornsteinauskleidung	chemisage d'une cheminée	chimney jacketing
wasserdichte Auskleidung	cuvelage	waterproof lining
AUSKITTEN	boucher [les trous]	to stop
AUSKOMMEN	subsistance	subsistence
AUSKRAGEN	faire saillie, se projeter	to jut/stand out, to project
auskragend	en porte-à-faux	flying, overhanging
AUSKRAGUNG	encorbellement, porte-à-faux, saillie, surplomb	cantilever, projection, protrusion
AUSKUNFT	information, renseignement	information, particulars
AUSLADUNG	encorbellement, porte-à-faux saillie, surplomb	cantilever, projection, protrusion
AUSLAGE	étalage ² débours, dépenses	display, show(-window), ² disbursement, expenses
AUSLAENDER	étranger	foreigner
AUSLAUF	écoulement	discharge, drain, outflow
Auslaufventil	soupape/vanne d'écoulement/de vidange	outlet, emptying cock/valve
AUSLAUFEN	s'écouler, se perdre	to leak away
AUSLEGER	flèche, volée [de grue]	boom, jib, outrigger [crane]
Auslegearm	bras de projection	cantilever
AUSLESE	sélection	choice, selection
Ausleseverfahren	procédure de sélection	selection process
AUSLOSUNG	tirage au sort, scrutin	ballot(ing)
AUSMESSEN	arpenter, mesurer, métrer	to survey,/measure
AUSMESSUNG	arpentage, mesurage, métrage	measurement, survey
AUSNUTZUNG	exploitation, mise à profit, utilisation	using to advantage, utilization
AUSPFAENDUNG	saisie	distraint, seizure
AUSQUARTIEREN	déloger, déplacer, évincer	do dislodge, displace, evict
AUSQUARTIERUNG	délogement, éviction	ejection, billeting out
AUSRUESTUNG	attirail, équipement, matériel	equipment, material, working stock
Werkzeugausrüstung	outillage	tools
AUSSAEGEN	découper [à la scie]	to saw out
AUSSCHACHTEN	creuser, excaver	to dig/excavate
AUSSCHACHTUNG	creusement, excavation, fouilles	digging, earth-/ground-work, excavation
AUSSCHALEN	décoffrer, démouler	to dismantle/unshutter
AUSSCHALUNG	décoffrage, démoulage	formwork removal/stripping
AUSSCHALTEN	couper/fermer/rompre le circuit	to disconnect, to switch/turn off
AUSSCHALTER	disjoncteur, interrupteur	circuit breaker, cut-out, switch
AUSSCHANK	débit de boissons	bar, sale of drinks
AUSSCHEIDUNGEN	effluents	effluents

AUS-AUS

AUSSCHLIESSLICHKEIT	exclusivité	exclusivity
Ausschließlichkeitsrecht	exclusivité	exclusivity
AUSSCHLUSS	ex-/for-clusion	exclusion, foreclosure
AUSSCHREIBUNG	mise en adjudication, appel/ demande d'offres	call/request for tenders
Ausschreibungsangebot	soumission	tender
durch Ausschreibung	par voie de soumission	by tender
beschränkte Ausschreibung	soumission restreinte	restricted tender
öffentliche Ausschreibung	soumission publique, concours d'adjudication	open/public tender
AUSSCHUSS	comité, commission ^{2} chute, rebut	board, committee ^{2} refuse, waste
Finanzausschuß	commission des finances	committee of finance
Schlichtungsausschuß	commission d'arbitrage	arbitration commission
AUSSCHUETTUNG	distribution, répartition	distribution
Gewinnausschüttung	distribution des bénéfices	distribution of profits
AUSSEN	(au) dehors, à l'extérieur	out(side), out of doors
nach außen aufgehen	ouvrir vers l'extérieur	to open outwards
AUSSENANLAGEN	aménagement/équipement extérieur	external preparation/works
AUSSENANSICHT	vue extérieure, façade	elevation, outside view
AUSSENBELEUCHTUNG	éclairage extérieur	external lighting
AUSSENDURCHMESSER	diamètre extérieur	external diameter
AUSSENFENSTER	contre-chassis/-fenêtre	outer sash
AUSSENHANDEL	commerce extérieur	export/foreign trade
AUSSENHAUT (Gebäude)	enveloppe	envelop, skin
AUSSENMAUER	mur extérieur	external/outer wall
AUSSENPUTZ	enduit de façade/parement	outer plastering/rendering
AUSSENRAFFSTORE	store vénitien extérieur	exterior venetian blinds
AUSSENSCHALE	paroi/voile extérieur(e)	exterior skin
AUSSSENSEITIG	(à l')extérieur	exterior, external
AUSSENSTÄNDE	créances, dettes actives	active/outstanding debts
Beitreiben von Außenständen	recouvrement de dettes	collection of debts
AUSSENTOR	porte-grille/d'entrée/ principale	gate, street door
AUSSENWAND	mur extérieur	external/outer wall
nichttragende Außenwand	mur extérieur non portant	non loadbearing external wall
AUSSER	hors de ^{2} outre	out of ^{2} beyond
außer Lot	hors d'aplomb	out of plumb
AEUSSERST	extrême(ment)	extreme, out(er)most, utmost
äußerster Termin	dernier délai, terme de rigueur	latest day
AUSSICHT	vue, prospect ^{2} chance, espérance	outlook, prospect, view ^{2} chance, expectancy
AUSSIEDELN	déloger, déplacer, évacuer	to dislodge/displace/evacuate
AUSSPARUNG	évidement, vide, ménagement	opening, passage, recess
AUSSTATTUNG	ameublement, équipement	equipment, outfit
Ausstattungsgitter	grille d'équipement	grid of amenities
AUSSTEIFEN	entretoiser, étrésillonner	to (cross)brace/stay/strut
Aussteifungsbrett	étresillon, entretoise	brace, bridging/strutting board
Kreuzaussteifung	croisillon	herringbone strutting
AUSSTELLEN	délivrer, émettre, établir ^{2} exposer	to issue/write ^{2} to exhibit
AUSSTELLER	tireur [chèque] ^{2} exposant	drawer [cheque], ^{2} exhibitor

Aussteller an Rolladen	bras de projection	projecting bracket
Rolladen mit Aussteller	volet à projection (brisée)	projecting shutter
AUSTAUSCH	échange, rechange	exchange
AUSTAUSCHEN	échanger	to exchange
AUSTAUSCHER	échangeur	exchanger
Austauschmaschine	machine de rechange	spare machine
Wärmeaustauscher	échangeur de chaleur	heat exchanger
AUSTRITT [Treppe]	marche palière	out-end [of staircase]
AUSWAHL	choix, sélection	choice, selection
AUSWEIS	pièce d'identité	identification, identity card
Personalausweis	carte d'identité	identity card
AUSWEISEN	bannir, chasser, expulser	to expel, to order to leave
	² étaler, exposer	² to show, to make it evident
Zwangsausweisung	éviction, expulsion	ejection, eviction
AUSZIEHBAR	extensible	extensible
AUSZIEHBRETT	(r)allonge, tirette	pull-out leaf/shelf
AUSZIEHLEITER	échelle à coulisse	extensible ladder
AUSZIEHTISCH	table à rallonges	pull-out table
AUSZIEHWAND	cloison extensible	extending partition
AUSZUG	extrait	extract, statement
AUTO	auto(mobile), voiture	motor-car
Autokran	camion-grue	breakdown lorry/van
Autoreparaturwerkstätte	atelier de réparations (d'auto)	repair shop, garage
Autoverkehr	circulation/trafic automobile	motor traffic
AUTOBAHN	autoroute, autostrade	autoroad, motor road
		US: express/free/speed way superhighway
Autobahn=auf/=zu=fahrt	bretelle d'accès	motor-road access/feeder
Autobahn=dreieck/=kreuzung	échangeur d'autoroute	interchange, cloverleaf junction
Autobahnparkplatz	terre-plein de stationnement	lay-by
Autobahnraststätte	Restoroute	motorroad rest house
AUTOBUS	autobus	bus
Autobusbahnhof	gare routière	bus/coach station
Autobushaltestelle	arrêt d'autobus	bus stop
AUTOKLAV	autoclave, étuve, séchoir	autoclave, curing chamber, kiln
im Autoklave getrocknet	autoclavé, étuvé	autoclaved, kilndried
AUTOMAT	automate, distributeur automatique	automatic machine, slot-machine
Badeautomat	chauffe-bains	bath heater, geyser
Münzautomat	compteur à sous	coin-/slot-meter
Verkaufsautomat	distributeur automatique	vending machine
AUTOMATISCH	automatique	automatic
automatischer Hammer	marteau pneumatique	automatic hammer
automatische Tür	porte automatique	automatic door
AUTOR	auteur	author
AUTORITAET	autorité	authority
AXIAL	axial, centrique	axial
axialer Druck	compression centrique	axial compression/pressure

BAC-BAH

BACKEN	cuire (au four)	to bake
BACKOFEN	four	oven
BACKSTEIN	brique	brick
Backsteinmauerwerk	maçonnerie en briques	brickwork
BAD	bain ², station thermale	bath ², spa
Badearmaturen	robinetterie pour salles de bains	bathroom accessories
Badeautomat	chauffe-bains	bath heater, geyser
Badekabine	cabine de bain	bathing box/cabin
Badeofen	chauffe-bains	bath heater, geyser
Badeort	station thermale	health resort, spa
Bäderbauten	construction/hôtel de bains	aquatic buildings
Badewanne	baignoire	bath tub
Fußbadewanne	pédiluve	pediluvy
Badezimmer	salle de bains	bathroom
Fertigbadezimmer	salle de bains préfabriquée	prefab(ricated) bathroom
Freiluftbad	piscine en plein air	open air swimming pool
Schwimmbad	piscine	swimming pool
Seebad	station balnéaire	seaside resort
BAGGER	excavateur, excavatrice, pelle mécanique	excavator, mechanic shovel
Bagger=eimer/=kübel/=löffel	godet d'excavateur	excavator bucket
Becherbagger	drague à godets	bucket dredger
Eimerbagger	drague à godets	ladder dredger
Flußbagger	drague (maritime)	dredger
Grabenbagger	trancheuse	trencher, trench excavator
Greiferbagger	drague à grappin	grabdredger
Hydraulikbagger	excavateur/pelle hydraulique	hydraulic excavator/shovel
Kettenbagger	pelle sur chenilles	caterpillar/crawler excavator
Löffelbagger	drague à godets	bucket/stripping shovel
Radbagger	excavatrice sur roues, trax	wheel-mounted excavator
Raupenbagger	pelle sur chenilles	caterpillar/crawler excavator
Schleppschaufelbagger	excavateur à benne traînante	dragline excavator
Schwimmbagger	drague (flottante/maritime)	dredger
Traktorbagger	tracteur-excavateur	excavator
BAHN	bande, rouleau ², chemin, piste, route, voie ³, chemin de fer	strip, sheet ², lane, road, way ³ railway
Bahnenbelag	revêtement sur rouleau	sheet covering
Bahnenmaterial	matériau en bande	material on rolls
Bahnhof	gare, station	(railway) station
Autobusbahnhof	gare routière	bus/coach station
Bahnhofsbuchhandlung	bibliothèque de gare	railway book stall
Bahnschranke	barrière	railway barrier
Bahnübergang	passage (à niveau)	level-/grade-crossing
Autobahn	autoroute	motorway
Einbahnstraße	voie à sens unique	one way (street)
Eisenbahn	chemin de fer	railway
Fahrbahn	chaussée	carriage-way
Gürtelbahn	ligne de ceinture	circular railway
Ringbahn	ligne de ceinture	circular railway
Straße mit getrennten Fahrbahnen	route à chaussées séparées	dual carriage way

BALKEN	poutre, solive	beam
Balkenabstand	écartement des poutres	interval between beams
Balkenauflage	appui/sommier de poutre	bearing of joist
Balkenlage	solivage, solivure, poutrage, poutraison	framing and joists, system of binders and joists
Balkenwerk	charpenterie	woodwork
bewehrter Balken	poutre armée	reinforced beam
Binderbalken	poutre maîtresse, [2] entrait	binding/roof beam/joist, [2] tie-beam
Firstbalken	faîtage, faîtière	roof-tree
Gratbalken	arêtier	hip beam/rafter
Haupttragbalken	poutre principale/maîtresse	bearer
Kehlbalken	entrait supérieur [2] poutre de noue	collar beam [2] valley rafter
Kehlgratbalken	arêtier retroussé/ de noue	valley rafter, channel beam
Querbalken	traverse, poutre transversale	cross-beam/-girder, ledger
Randbalken	poutre de rive	perimeter beam, kerb
Sturzbalken	linteau	lintel
Stützbalken	lambourde	beam-bearing
Sohlbalken	semelle	wall-plate
Stichbalken	entrait retroussé	trimmed joint
Streichbalken	[poutre longeant un mur]	wall-plate
Wechselbalken	solive d'enchevêtrure	trimmer joist
Zugbalken	entrait, tirant	tie beam
BALKON	balcon	balcony
Balkonbrüstung	parapet de balcon	balcony parapet
Balkontür	porte de balcon	balcony door
BALLUNGSGEBIET	région/zone métropolitaine de concentration	metropolitan/ supreme density area
BAND	ruban	ribbon
Bandbebauung	construction en bandes	ribbon development
Bandeisen	fer feuillard/plat/en ruban	flat bar, hoop iron
Bandmaß	mètre à ruban, roulette	(rule)/(surveyor's) tape,
Bandsäge	scie à ruban	band/ribbon saw
Bandscharnier	charnière à piano	piano hinge
Bandschleifmaschine	ponceuse	sander
Bandstadt	cité linéaire, ville ruban	linear city/town
Fließband	chaîne roulante/ de montage	assembly line, conveyor belt
Förderband	convoyeur à ruban, tapis roulant, transporteur à bande	conveyor/endless belt, belt conveyor
Meßband	mètre à ruban, roulette, rouleau d'arpenteur	measuring/rule/surveyor's tape tape-line/-measure
Stahlmeßband	roulette métallique	measuring spring tape
Türband	penture	strap hinge
BANK	banc, banquette [2] banque	bench, seat [2] bank
Bankanweisung	ordre de banque	bank order
bankfähig	négociable	negotiable
Bankgarantie	garantie bancaire	bank guaranty
Bankguthaben	avoir en compte	account credit
Bankkonto	compte/dépôt en banque	bank/deposit account

Bankkredit	crédit bancaire	bank loan
Werkbank	établi	(work) bench
Fensterbank	appui/seuil de fenêtre	window-cill/-sill/-ledge
Hobelbank	établi de menuisier	carpenter's/joiner's bench
Datenbank	banque d'information	data bank
Diskontbank	comptoir d'escompte	discount bank
Handelsbank	banque commerciale	trading bank
Hypothekenbank	banque hypothécaire	mortgage bank
BANKETT [Straße]	accotement, banque, bas-côté	roadside, shoulder, verge
BANKROTT	banqueroute (frauduleuse), faillite, déconfiture	bankruptcy, failure
Bankrott machen	tomber en/ faire faillite	to go bankrupt, to fail
Bankrotterklärung	déclaration de/en faillite	adjudication order, declaration of bankruptcy
BAR	(au) comptant, en espèces	cash
Barverkauf	vente au comptant	cash sale
Barpreis	prix au comptant	cash price
Barzahlung	paiement comptant/ en espèces	cash payment
BARACKE	baraque(ment)	hut, shanty
BASALT	basalte	basalt,
Basaltbeton platte	dalle en béton basaltique	basalt(ine) concrete
Basaltschiefer	basalte schisteux	basalt schist
BASIS	base	basis, footing
BASSIN	bassin, réservoir	basin, reservoir
BASTELN	bricoler	to potter/rig/tinker
Bastelraum	salle de bricolage	hobby/ odd-jobs room
BAU	construction	building, construction, structure
Bauaufgabe	problème de construction	building assignment/problem
Bau(aufsichts)behörde	inspection des bâtiments, police des bâtisses	surveyor's office
Bauabnahme	réception des travaux	final approval of works
Bauabschnitt	tranche des travaux	portion under construction
Bauakustik	acoustique architecturale	architectural acoustics
Bauarbeiten	travaux de construction	building operations
Bauarbeiter	ouvrier du bâtiment	building/construction worker
Bauart	genre/type de construction	building type
Bauaufsicht	inspection des travaux	supervision of works
Bauauftrag	commande (pour la construction)	(building) contract
Bauaufzug	élévateur, monte-charge	building elevator/hoist
bauausführender Architekt	maître d'oeuvre	principal, property developer
Bauausführung	exécution/réalisation des travaux	execution of construction work
Baubeginn	début des travaux, mise en chantier	commencement of works on the site
Bauberatung	consultation technique en matière de construction	technical advice in building questions
Baubeschläge	ferronnerie/quincaillerie du bâtiment	architectural ironmongery
Baubeschreibung	devis descriptif	specification of (building) works

Baubestand	le bâti	completed buildings
Baubetrieb	entreprise de construction	building firm
Baubewilligung	permis de construire	building permit
Baubude	abri/baraque de chantier	building site hut
Baubüro	bureau d'études/ technique	building/planning office
Bau(stellen)büro	bureau de chantier	site office
Baudarlehn	prêt à la construction	building loan
Baudichte	densité de construction	building density
Baueisen	fer de construction	structural iron
Bauelement	élément de construction	building/structural component
Bauentwurf	projet de construction	building project
Bauentwurfslehre	précis de construction	building abstract
Bauerlaubnis	permis de construire	building permit
Bauerlaubnis an Staatsstraßen	permission de voirie	building permit along highroads
Bauerwartungsland	zone d'aménagement différé	zone of deferred development
Baufach	architecture, bâtiment	architecture, building industry
baufällig	caduc, décrépite	decaying, dilapidated, out of repair, ramshackle
Baufälligkeit	décrépidute, délabrement	decay, decrepitude, dilapidation, state of disrepair
Baufehler	vice de construction	structural defect/failure, faulty construction
Baufestigkeit	solidité de la construction	structural strength
Baufläche	surface bâtie	ground coverage
Bauflächendichte	densité de construction	building density
Baufluchtlinie	alignement de façade/rue	building alignment/line, frontage/road/street line
Baufluchtplan	plan d'alignement	alignment plan
Baufolie	plastique en feuilles pour le bâtiment	plastic foils [to be used in building]
armierte Baufolie	plastique armé	reinforced plastic foil
Bauforschung	recherche scientifique du bâtiment	building research
Bauführung	conduite/direction des travaux	building supervision
Baugebiet	zone bâtie/ à bâtir	building/ built up area
Baugelände	chantier	building site
Baugenehmigung	autorisation de bâtir, permis de construire	building permit, planning permission
Baugenossenschaft	(société) coopérative de construction	building cooperative
Baugerüst	échafaudage	scaffold(ing)
Baugesellschaft	société de construction	building firm, housing society
Baugesetz	loi d'édilité	building law
Baugestaltung	architecture	architecture
Baugewerbe	(industrie du) bâtiment	building industry/trades
Baugips	plâtre de construction	builders' plaster, gypsum
Baugrube	fouille	building pit
Baugrubenaushub	fouilles en pleine masse	pit excavation
Baugrubenverkleidung	blindage/boisage des fouilles	building pit lining
Baugrund	sol d'appui/de construction	building soil/ground

Baugrundstück	place/terrain à bâtir	building lot/ground/plot
	propriété constructive	
Baugrunduntersuchung	reconnaissance du terrain	site investigation
Bauguß	fonte pour le bâtiment	cast iron products for buildings
Bauhandwerk	artisanat du bâtiment	building trades
Bauhebezeuge	grues et palans	cranes and hoists
Bauherr	maître de l'ouvrage	builder [owner]
Bauherrschaft	maîtrise de l'ouvrage	building command
Bauhilfsgeräte	équipements auxiliaires pour la construction	auxiliary building equipment
Bauhöhe	hauteur de construction	building height
Bauholz	bois de charpente/d'oeuvre	(structural) lumber/timber
Bauhütte	baraque de chantier	site hut
Bauindustrie	(industrie du) bâtiment	building industry/trades
Bauinvestition	placement immobilier	real investment
Baukeramik	céramique du bâtiment	(building) ceramics
Bauklimatologie	climatologie en architecture	building climatology
Baukörper	(volume) bâti	building
Baukosten	coût/frais de construction	building costs/expenses
Baukostenanschlag	attachements, devis	building estimate
Baukostenindex	indice du coût de la construction	building cost index
Baukostenplan	code des frais de construction	building cost classification
Baukostenzuschuß des Mieters	pas de porte	key money
Baukran	grue de chantier	building crane
Baukredit	crédit de construction	building loan
Baukunde	architecture	architecture
Baukunst	art de construire, architecture	art of building, architecture
Stadtbaukunst	art de l'aménagement des villes, urbanisme	(art of) town planning, civic design
Bauland	espace/terrains à bâtir	building area/estate/land
Bauland für Wohnungsbau	terrains destinés à l'habitation	housing land
Baulandumlegung	relotissement, remembrement urbain	re-allocation, replotting, reparcerlling
bauleitender Architekt	maître d'oeuvre	responsible architect
Bauleiter	chef/directeur de chantier, conducteur des travaux	clerk of works, project manager ǝsident engineer, superintendent
Bauleitplan	plan d'occupation des sols	development plan
baulich	inhérent à la construction	architectural
bauliche Veränderung	modification constructive	structural modification
Baulinie	alignement	alignment, building/frontage line
Baulos	tranche des travaux	allotment for construction
Baulücke	brèche entre immeubles	gap between buildings
Baumasse	encombrement, volume de la construction	volume occupied by a building
Baumaterialien	matériaux de construction	building materials
Baumeister	architecte, constructeur	architect
Baunormen	normes de construction	building standards
Bauordnung	règlement sur les bâtisses/sur la construction, code de construction	building bye-laws/code/regulations
Bauphysik	physique du bâtiment	building physics

Bauplan	plan de construction	building/construction draft/ draught/drawing/plan
Bauplanung	conception du projet	planning
Bauplatz	chantier, terrain à bâtir	building ground/lot/site
Baupolizei	police des bâtisses	building control
Baupolizeibeamter	agent de la police des bâtisses	borough surveyor, building inspector
Bauprämie	prime de construction	building premium/subsidy
Bauprofil	gabarit du bâtiment	profile of a building
Bauprogramm	programme de construction	building programme
Bauprojekt	projet de construction	building project/scheme
Baurecht	emphytéose, droit emphytéotique/ de superficie	hereditary/ long term estate
Baurechtgeber	bailleur du droit emphithéotique	long term estate lessor
Baurechtnehmer	locataire/preneur du droit emphytéotique, propriétaire superficiaire	tenant of heriditary estate
Baurechtgesetz	loi sur l'emphitéose	hereditary lease law
baureif	aménagé, prêt à la construction	developed, ready to be built upon
Bausachverständiger	expert en bâtiment	building expert
Bausatzung	code de la construction/ du bâtiment	huilding code
Bauschaden	dommage/dégât de construction	building dammage
Bauschreiner	menuisier en bâtiment	carpenter, joiner
Bauschutt	décombres, gravats, gravois	(building) rubbish
Bauselbsthilfe	travail personnel pour la construction de sa maison	do-it-yourself building, self help for home building
Bauskelett	ossature du bâtiment	structured framework
Bausparen	épargne-crédit/logement/ préimmobilière	building/credit savings
Bausparer	souscripteur d'épargne-crédit	building saver
Bauspardarlehn	prêt d'épargne-crédit	building society loan
Bausparguthaben	avoir en compte épargne-crédit	balance of a building-credit account
Bausparkasse	caisse d'épargne-crédit/ construction	building society
Bausparkassengesetz	loi sur l'épargne-crédit	building societies' act
Bausparkassenverband	association des caisses d'épargne-crédit	Building Societies' Association
Bausparsumme	capital d'un contrat d'épargne-crédit	amount suscribed by building-saving contract
Bausparvertrag	contrat de crédit différé/ d'épargne-crédit	building-saving contract
Bausparwesen	épargne-crédit/ préimmobilière	credit-housing, housing saving
Bausperre	interdiction de construire	building restriction
Bausperrgebiet	zone non aedificandi	zone non aedificandi
Baustahl	acier de construction	structural steel
Baustahlgewebe	treillage/treillis soudé	steel/welded fabric, steel bar net(ting)
Baustahlmatte	treillis soudé	bar/ twisted steel mat
Baustatik	statique, théorie des forces	statics

BAU-BAU

Baustein	moellon, pierre à bâtir	quarry/rubble stone
künstlicher Baustein	pierre reconstituée	reconstructed stone
Baustelle	chantier, terrain à bâtir	building ground/lot
Baustellenbüro	bureau de chantier	site office
Baustellenmörtel	mortier fait in situ	in situ mortar
Baustellenpersonal	personnel de chantier	site staff
Baustellenwagen	caravane/roulotte de chantier	site caravan
Baustoff	matériau de construction	building material
Bautätigkeit	activité de construction	building activity/activities
Bautechnik	technique de la construction	building technique(s)
Bauteil	élément de construction	building/structural component
nicht tragender Bauteil	élément non porteur	non load bearing element
tragender Bauteil	élément porteur	carrier element
Bautenschutz	protection des bâtiments	building protection
Bauträger	maître de l'ouvrage, promoteur	builder, originator, promoter
Bauunternehmen	entreprise de construction	building firm
Bauunternehmer	entrepreneur (de construction/ de travaux publics)	(building) contractor
Bauverbot	interdiction de bâtir/construire	prohibition/ban on building
Bauvereinigung	assiciation/société de construction	building association/company
Bauverfahren	procédé de construction	building method/system
Bauverordnung(en)	réglementation du bâtiment	building code
Bauverpflichtung	obligation de construire	obligation to build
Bauvertrag	contrat de construction	building contract
Bauverwaltung	(administration des) bâtiments/travaux publics	department of building works
BAUVORHABEN	projet de construction	building project
Demontrativbauvorhaben	chantier de démonstration	demonstration building site
Versuchsbauvorhaben	chantier d'expérimentation	experimental building site
Bauweise	genre/méthode de construction	building method/type
geschlossene Bauweise	construction en ordre continu, aménagement en îlots fermés	compact development
offene Bauweise	construction discontinue	open development
Tafelbauweise	construction par panneaux	panel building
Staffel=/Stufen=/Treppen= bauweise	construction à gradins	staggered building
Bauwerk	bâtiment, construction, édifice	building, structure, edifice
häßliches Bauwerk	bâtisse	ugly building
Bauwerker	ouvrier du bâtiment	buiding worker
Bauwerksfestigkeit	stabilité des gros-oeuvres	structural stability/strength
Bauwesen	le bâtiment	architecture, construction, engineering
Bauwich	marge/zone d'isolement/ de recul(ement)/ latéral	distance from lateral limit
Bauwirtschaft	économie/industrie du bâtiment	building economy/industry/ trades
Bauzaun	clôture de chantier	site boarding
Bauzeichner	dessinateur-architecte/technique	designer, draughtsman
Bauzeichnung	dessin de construction	building draught/drawing
Bauzeit	durée des travaux de construction	building period

BAU-BAU

Bauzone	zone de construction	building zone
Bauzuschüsse	primes de construction	building premiums, key money
Altbau	construction ancienne/existante	existing/old building
Anbau	agrandissement, annexe	annex, building expansion
Arbeit an der Baustelle	travail en/sur le chantier	work on site
Aufbau	assemblage, construction, érection, montage [2] organisation [3] superstructure	assembling, building, erection mounting [2] organization [3] superstructure
Ausbau	achèvement intérieur, second oeuvre [2] agrandissement, extension [3] encorbellement	completion of inner rooms [2] enlargement, extension [3] projecting part of building
Bäderbauten	constructions thermales	swimming pools and public baths
bebaut	bâti	built on
bebaute Fläche	surface bâtie	ground coverage
Betonbau	construction en béton	concrete building
Brückenbau	construction de ponts, pontage	bridge-building, bridging
Eigenheimbau	construction pour l'accession à la propriété	home building
Einbau	encastrement, installation, mise en place	building-in, installation, mounting
Fertigbau	construction préfabriquée, préfabrication	element/prefab(ricated)/ system building
Fertigbauteil	élément préfabriqué	system building component
Fertigteilbau	construction en éléments préfabriqués	element building, precast construction
Gartenbau	jardinage, horticulture	gardening, horticulture
Geschoßwohnungsbau	construction d'appartements	flat building
Hoch= und Tiefbau	génie civil	civil engineering
Hochbau	construction au-dessus du sol [2] construction en hauteur	surface construction [2] high (rise) building
Hochbauamt	service de l'architecte/ des bâtiments	board of works
Hochhausbau	construction de maisons-tours	high rise building
Holzbau(weise)	construction en bois	timber construction
im Bau (begriffen)	en (voie de) construction	under construction
Ingenieurbau	génie civil	civil/structural engineering
klimagerechtes Bauen	architecture conforme au climat	building/design with climate
Massivbau(art)	construction en dur	non combustible construction
Mietwohnungsbau	construction d'appartements	flat building
Montagebau	construction en éléments préfabriqués	element building, precast construction
Neubau	nouvelle construction	new building
Raubbau	exploitation abusive	ruthless exploitation
Rohbau	gros-oeuvres	walling and roofing
Schließung der Baustelle	fermeture du chantier	closing down a building site
Schornsteinbau	fumisterie	chimney building
Serienbau	construction en série	building in series
Skelettbau	charpentage, construction à ossature	framed construction, skeleton structure
Stadtbaudirektor	ingénieur municipal	borough/city surveyor
Stadtbauingenieur	ingénieur municipal	borough/city surveyor

Stadtbaurecht	code de l'aménagement des villes	town planning act/code
Städtebau	urbanisme	town planing
Stahlbau	construction métallique	steel construction
Stahlgerüstbau	construction d'échafaudages métalliques	scaffold building
Stahlskelettbau	construction à ossature métallique	steel frame construction
Straßenbau	génie des routes	highway engineering
Tiefbau	construction souterraine	highway/underground engineering
Tiefbautechnik in gefrorenem Boden	techniques cryanogènes	frozen ground engineering
Umbau	transformation	structural alteration
Unterbau	fondement, infrastructure, soubassement, sous-oeuvre	substructure
Wasserbau	(construction) hydraulique	hydraulic engineering
Wasserbautechnik	hydromécanique	hydromechanics
Winterbau	construction en hiver	winter construction
Wohnungsbau	construction résidentielle	home/residential building
freifinanzierter Wohnungsbau	construction privée	private housing
gemeinnütziger Wohnungsbau	habitations a bon marché	non profit housing
sozialer Wohnungsbau	construction de logements sociaux	subsidized/council housing
Zweckbau	bâtiment fonctionnel/ pour un usage déterminé	functional/purpose building, building for special utilization
BAUEN	bâtir, cinstruire, eriger	to build/construct/erect
BAUM	arbre	tree
Baumgarten	jardin fruitier, verger	orchard
Baumkante	flache	bark on timber
Baumrinde	écorce	bark
Baumschule	pépinière	nursery (garden)
Baumstamm	fût/tige/tronc de l'arbre	stem, trunk
Laubbäume	arbres à feuilles (caduques)	deciduous trees
Ahorn	érable	maple(tree)
Birke	bouleau	birch(tree)
Buche	hêtre	beech(tree)
Eiche	chêne	oak
Erle	orme	alder(tree)
Esche	frêne	ash(tree)
Eberesche	sorbier	mountain ash
Linde(nbaum)	tilleul	linden/lime tree
Kastanie(nbaum)	châtaignier, marronnier	chestnut (tree)
Mahagoni	acajou	mahogany(tree)
Nußbaum	noyer	walnut tree
Pappel	peuplier	poplar
Rüster	orme	elm-tree
Teakbaum	teak	teak(-tree)
Ulme	orme	elm-tree

Nadelbäume	conifères, (arbres) résineux	conifers
Arve	pin pignon,	stone pine
Edeltanne	sapin argenté/blanc	silver fir
Fichte	épicéa, sapin rouge	spruce
Föhre	pin (sylvestre)	pine, scotch fir
Kiefer	pin (sylvestre)	pine, scotch fir
Lärche	mélèze	larch-tree
Pinie	pin (parasol/pignon)	pine-tree
Tanne	sapin	fir(-tree)
Zeder	cèdre	cedar
Zirbelkiefer	pin cembrot, arole, auvier	stone pine
BAUXIT	bauxite	bauxite
BEAMTE(R)	agent, employé, fonctionnaire	civil/public servant, clerk, official
Privatbeamte(r)	employé privé	employee
Registraturbeamter	documentaliste	filing clerk
Staatsbeamter	fonctionnaire	Civil Servant, officer
Vollstreckungsbeamter	huissier	(sheriff's) bailiff
BEANSPRUCHUNG	sollicitation	strain, stress
Biegebeanspruchung	effort de flexion	bending stress
Bruchbeanspruchung	charge de rupture	breaking/maximum load, ultimate strength
Zugbeanpruchung	effort de traction, travail à l'arrachement	tearing/tensile stress
zulässige Beanspruchung	tension admise/ de sécurité	admissible/safe stress
BEARBEITEN	travailler	to work/dress/process
bearbeitet	travaillé	faced, wrought
handbearbeitet	travaillé à la main	handmade, handwrought
mechanisch bearbeitet	travaillé à la machine	machine-made
nachbearbeiten	retoucher	to make good, to cure
BEARBEITUNG	travail, usinage	machining, processing, tooling
Bearbeitungsgebühr	frais de dossier	processing fee
BEBAUBAR	constructible	developed
Bebaubarkeit	constructibilité	ability to be built on
BEBAUEN	bâtir sur, couvrir de bâtiments	to build on
überbauen	bâtir sur, couvrir de bâtiments	to build on
überbebauen	surbâtir	to overbuild
BEBAUT	bâti	built up
bebaute Fläche	emprise au sol, surface bâtie	ground coverage
bebautes Gebiet	espace bâti, zone bâtie	built-up area
bebautes Grundstück	propriété bâtie	built-up ground/estate
zu dicht bebautes Gebiet	zone trop dense	overbuilt area
BEBAUUNG	construction sur	building upon, development
Bebauungsart	genre d'aménagement	type of development
Bebauungsdichte	degré d'utilisation du sol	density of development
Bebauungsgebiet	zone à urbaniser	urbanization zone
Bebauungsgrad	degré de densité des constructions	building density ratio
Bebauungskoeffizient	coefficient d'occupation du sol	plot/land use ratio
Bebauungsperimeter	périmètre d'agglomération	agglomeration perimeter

BEB-BED

Bebauungsplan	plan d'aménagement/ d'implantation/masse	development/lay-out plan
Bandbebauung	construction en ruban	ribbon development
Gebiet für spätere Bebauung	zone d'aménagement différé	zone of deferred development
Generalbebauungsplan	plan directeur/ d'aménagement général	master plan, overall development plan
geschlossene Bebauung	ensemble de constructions accolées	block system/ compact development
lockere Bebauung	aménagement dispersé, peu dense	dispersed, open development
Straßenrandbebauung	implantation dense le long des rues	ribbon development along roads or streets
Straße mit dichter Randbebauung	rue bordée de constructions ininterrompues	corridor street
Teilbebauungsplan	plan d'aménagement particulier	part development plan
BECHER	gobelet, godet	tumbler, bucket
Becherbagger	drague à godets	bucket dredger
Becherwerk	élévateur à godets	bucket elevator
BECKEN	bassin	basin
Ausgußbecken	évier, déversoir	sink
Erzbecken	bassin minier	mining basin
Fußwaschbecken	pédiluve	pediluvy
Handwaschbecken	lave-mains	hand wash basin
Klärbecken	bassin de décantation	settling basin
Schwimmbecken	piscine	swimming pool
Steinkohlenbecken	bassin houiller	coal basin
Urinbecken	urinoir	urinal
Waschbecken	lavabo	(wash) basin
WC-Becken	cuvette de WC	WC pan
BEDACHUNG	couverture, toiture	roof(ing)
BEDARF	besoin, demande	lack, need, requirement, want
Bedarfsdeckung	satisfaction des besoins	satisfaction of needs
Bedarfsermittlung	détermination des besoins	determination of requirements
Bedarfsgüter	biens de consommation	necessaries
Bedarfshaltestelle	arrêt facultatif	request stop
Bedarfsschätzung	estimation des besoins	forecast of requirements
Finanzbedarf	besoins financiers	financial needs/requirements
Flächenbedarf	besoin de surface/terrain	ground requirements
Geldbedarf	besoin de fonds	financial requirements
Gemeinbedarf	besoins collectifs	collective needs
Mindestbedarf	besoins minima	minimum needs/requirements
Wohnungsbedarf	besoins de logement(s)	housing needs
BEDIENUNG	conduite, commande, maniement [2] (gens de) service	handling, operating, [2] attendance, service, servants
Bedienungshebel	levier de commande	operating lever
Bedienungsknopf	bouton de réglage	control knob
Bedienungsvorschrift	instructions d'utilisation, mode d'emploi	direction for use, working instructions
Fernbedienung	télécommande	remote control
BEDINGUNG	clause, condition, exigence, modalité, stipulation	clause, condition, stipulation, terms
bedingungslos	inconditionné, sans condition	unconditional

bedingungsweise	sous condition/réserve	conditionally
Ausführungsbedingungen	conditions d'exécution	conditions/terms of fulfilment
Belegungsbedingungen	conditions d'occupation	occupancy conditions
Emissionsbedingungen	modalités d'une émission	terms and conditions of an issue
Geschäftsbedingungen	conditions d'exploitation	trade conditions
Vergabebedingungen	cahier des charges	contract specifications
Zahlungsbedingungen	conditions/modalités de payement	paying terms, terms of payment
Zuteilungsbedingungen	conditions d'attribution	conditions of attribution, terms of allotment
BEDUERFNIS	besoin, demande	lack, need, requirement
Wohnflächenbedürfnisse	besoins en surface habitable	needs in dwelling area
Wohnungsbedürfnisse	besoins de logement	needs in accommodation, housing needs
BEDUERFTIG	indigent, nécessiteux	indigent, needy
BEDUERFTIGKEIT	indigence, misère, pauvreté	indigence, necessity, poverty
BEEINTRAECHTIGUNG	préjudice	prejudice
BEENDIGUNG	achèvement, cessation	discontinuance, ending,
BEFAEHIGT	apte, capable, qualifié	able, fit, qualified
BEFAHRBAR	carrossable, praticable, viable	fit for vehicle traffic, practicable
BEFAHRBARKEIT	praticabilité, viabilité	practicability
BEFEHL	ordre	order
Zahlungsbefehl	commandement	summons to pay, writ of execution
BEFESTIGEN	attacher, fixer, sceller	to fasten/fix
befestigte Flächen	surfaces consolidées	compacted soil
befestigter Weg	chemin empierré/stabilisé	stone/metalled road
BEFESTIGUNG	attache, fixation	fastening, fixing
	² consolidation, stabilisation	² compacting, consolidation
Befestigungsmaterial	matériel d'ancrage/ de fixation/ de scellement	fixings and fastenings
Befestigungsschelle	collier (de fixation)	fixing clip, pipe hanger
Befestigungsschiene	rail de fixation	fixing channel/rail
BEFEUCHTER	humidificateur	humidifier
BEFOERDERN	acheminer, expédier, transporter	to carry/convey/transport
Frachtbeförderung	transport de marchandise	freight(age)
BEFRAGUNG	consultation, enquête, interview, sondage	consultation, inquiry
Bevölkerungsbefragung	consultation de la population, enquête publique	public inquiry
BEFREIEN	libérer, dispenser, exempter, exonérer	to free/exempt
steuerbefreit	exempt d'impôt	exempt from taxes
BEFREIUNG	libération, exemption	exemption, liberation
Gebührenbefreiung	exemption de taxes	exemption from charges
Steuerbefreiung	exemption/exonération d'impôts	tax relief, exemption from taxes
BEGRASUNG	engazonnement	turfing
BEGEHBAR	accessible	for walking traffic
BEGINN	commencement, début	beginning
Baubeginn	mise en chantier	commencement of works

BEGLAUBIGEN	attester, certifier, légaliser	to attest/authenticate/certify
beglaubigte Abschrift	copie (certifiée) conforme	certified copy
beglaubigte Ausfertigung	expédition authentique	true copy
offiziell beglaubigtes Datum	date certaine	legal date
BEGLEICHEN	payer, régler, solder	to pay/settle
BEGLEICHUNG	paiement, règlement	payment, settlement
Schadensbegleichung	règlement de dommages	adjustment of damage
BEGRENZUNG	délimitation, démarcation	delimitation, demarcation
	² limitation, restriction	² limitation, restriction
BEGRIFF	notion	notion
Grundbegriff	notion de base	fundamental concept
BEGRUENUNG	verdissement	greening
BEGUENSTIGUNG	traitement de faveur	befriending, preferment
BEHAGLICHKEIT	bien-être, confort	comfort, cosiness
BEHAELTER	bac, baquet, réservoir	container, reservoir, tank
Blumenbehälter	bac à fleurs, jardinière	flower-/window-box
Müllbehälter	poubelle	refuse container
Wasserbehälter	citerne, réservoir d'eau	cistern, water reservoir/tank
BEHANDELN	traiter	to process/treat
b. mit Feuerschutzmitteln	ignifuger	to make fireproof
b. mit wasserarbweisenden Mitteln	hydrofuger, imperméabiliser	to waterproof
BEHANDLUNG	traitement	treatment
Oberflächenbehandlung	surfaçage, usinage des surfaces	surface tooling/treatment
Wasserbehandlung	traitement des eaux/ à l'eau	water treatment
BEHARRUNGSVERMOGEN	inertie	inertia
BEHAUEN	tailler, taille	to cut/chip/square, cutting
BEHAUSUNG	demeure, habitation	habitation, lodging
BEHELF	expédient, moyen de fortune	expedient, makeshift
Behelfsheim	logement provisoire/ de fortune	emergency/temporary allotment
behelfsmäßige Reparatur	réparation de fortune	makeshift repair
BEHERBERGUNG	hébergement	lodging
Beherbergungsgewerbe	industrie hôtelière	hotel trade
BEHINDERN	entraver, gêner, handicaper	to hamper/handicap/hinder
behindertengerecht	conforme aux besoins des handicapés	in accordance with the needs of disabled persons
geistig Behinderter	handicapé mental	mentally impaired person
Körperbehinderter	handicapé physique	disabled person
BEHOERDE	administration publique	public administration/authority
Bau(aufsichts)behörde	inspection des bâtiments, police des bâtisses	surveyor's office
Gerichtsbehörde	justice	court, justice
Planungsbehörde	service d'urbanisme	planning authority
Sozialbehörde	office/service social	social services
Stadtbehörde	autorité communale/ municipale	civic authorities
BEIGABE	additif, adjuvant	additive, adjuvant
BEIGEORDNETER	adjoint, assistant	assistant
beigeordneter Bürgermeister	adjoint au maire	deputy mayor
BEIHILFE	aide, allocation, subvention	aid, allowance, subsidy
Annuitätenbeihilfe	contribution aux annuités	instalment allowance
Aufwendungbeihilfe	contribution aux charges	expenditure allowance
Mietbeihilfe	subvention de loyer	rent subsidy

BEIHILFE		
Wohnbeihilfe	allocation-logement	dwelling allowance, rent subsidy
Zinsbeihilfe	subvention d'intérêts	interest subsidy
BEIPUTZ	ragréage	to clean down/up
BEIRAT	conseil/comité consultatif	advisory board/body/council
wissenschaftlicher Beirat	conseil scientifique	scientific council
BEISTAND	aide, assistance, secours	aid, assistance, help
BEITRAG	apport, contribution	contribution
Anliegerbeitrag	taxe de façade	frontage fee
Erstbeitrag	apport initial	initial contribution
BEITREIBEN	recouvrer, faire rentrer	to collect/recover
BEITREIBBAR	recouvrable, récupérable	recoverable
BEITREIBUNG	recouvrement	collection, recovery
Zwangsbeitreibung	recouvrement par contrainte	forcible collection
BEITRETEN	accéder	to accede
BEITRITT	accession	accession, adherence
BEIZE	mordant de bois	mordant, stain
BEIZEN	mordançage [du bois]	staining [wood]
BEKAEMPFUNG	lutte	fight, combat
Bekämpfung der Elendswohnungen	lutte contre les taudis	slum clearance campaign
Lärmbekämpfung	lutte contre le bruit	noise abatement/prevention (campaign)
Lärmbekämpfungs- gesellschaft	association contre le bruit	Noise Abatement Society
BEKIESELUNG	enduit de gravier	chipping
BEKLAGTER	défendeur	contestee, defendant
BEKLEIDUNG	habillage, habillement	clothing, lining
Türbekleidung	huisserie de la porte	architrave
Futter und Bekleidung	huisserie, chambranle	lining and architrave
BELAG	revêtement	covering, flooring, lining
Belagsmaterial	matériau de revêtement	covering/lining material
Bahnenbelag	revêtement sur rouleau(x)	sheet covering
Bodenbelag	revêtement de sol	floor covering/surfacing material, flooring
Dachbelag	couverture	roofing
Fahrbahnbelag	revêtement de chaussée	carriage-way surfacing
Fliesenbelag	carrelage, dallage	flagging, paving, tiling
Fußbodenbelag	couvre-parquet, revêtement de sol	flooring, floor covering
Straßenbelag	revêtement de chaussée	carriage-way surfacing
Stufenbelag	revêtement de marche	stair covering
Wandbelag	revêtement mural	wall covering/lining
Weichbelag	revêtement souple	flexible/resilient covering
BELASTEN	charger [2] débiter [3] grever, hypothéquer	to load [2] to charge/debit [3] to encumber/mortgage
hypothekarisch belastet	hypothéqué	mortgaged
BELAESTIGUNG	dérangement, molestation	annoyance, molestation
Belästigung der Nachbarn	gêne pour les voisins	discomfort to neighbours
Belästigungsfaktoren	les nuisances	nuisances
schädliche Belästigung	nuisance	nuisance

BELASTUNG	charge, surcharge ² débit	load(ing), strain ² charge, debit, encumbrance
Belastungsanzeige	avis de débit	debit note
Belastungsgrenze	limite de charge, charge admissible ² limite de grèvement	limit of load, admissible/safe load ² limit of encumbrances
Belastungsprobe	essai de charge	loading/resistance test
Bruchbelastung	charge critique de rupture	breaking/maximum load
Durchbiegung durch Belastung	flexion sous charge/pression	deflection under load
exzentrische Belastung	charge excentrique	excentric load
mittige Belastung	charge axiale/centrique	axial/central load
Probebelastung	charge d'épreuve/d'essai	test load
ruhende Belastung	charge au repos	dead load
tatsächliche Belastung	charge effective	actual load
Verkehrsbelastung	charge de trafic	live/traffic load
zentrische Belastung	charge centrique	axial/central load
zulässige Belastung	charge admissible, limite de charge	admissible/permissible/safe load, limit of load
BELEG	pièce justificative/ à l'appui	tearing piece, voucher
BELEGBARKEIT	capacité d'occupation/ de logement	occupational capacity, maximum occupancy
Belegbarkeitsindex	indice de capacité d'occupation	occupation capacity index
BELEGUNG	occupation, peuplement	occupation, peopling
Belegungsbedingungen	conditions d'occupation	peopling conditions
Belegungsfähigkeit	capacité d'occupation	occupational capacity
Belegungsziffer	taux d'occupation	occupancy rate
familiengerechte Belegung einer Wohnung	adaptation de la dimension d'un logement au nombre des membres de la famille	adaptation of dwelling size to the size of the family
Überbelegung	sur-occupation	overpopulation
Unterbelegung	sous-occupation	underoccupation
BELEIHUNG	prêt sur gage	loan on security
Beleihungsgrenze	limite de prêt, quotité empruntable	limit of loan
Beleihungswert	valeur hypothécable	loan/mortgageable value
BELEUCHTUNG	éclairage	lighting
Beleuchtungsanlage	installation d'éclairage	lighting (system)
Beleuchtungsgeräte	luminaires	lighting fixtures
Beleuchtungskörper	luminaire, [pl] lustrerie	lighting appliance/fitting
Außenbeleuchtung	éclairage extérieur	external lighting
direkte Beleuchtung	éclairage direct	direct lighting
künstliche Beleuchtung	éclairage artificiel	artificial lighting
BELÜFTUNG	aérage, aération, ventilation	aeration, aering, ventilation
Belüftungshof	aéra, cour anglaise/intérieure	aeration/inner court
Belüftungshof zwischen Keller und Straße	aéra, cour anglaise	area
Belüftungskanal	gaine de ventilation	ventilation shaft
Belüftungsschneise	couloir d'aération	aeration corridor
BEMESSUNG	dimensionnement	sizing
Bemessungsgrundlage	base de calcul	calculation base
Bemessungstemperatur	température de calcul	design temperature
BEMUSTERUNG	échantillonnage	sampling

BENACHRICHTIGEN	avertir, informer, prévenir	to advise/inform
BENACHRICHTIGUNG	communication, information	advice, information
Benachrichtigungsschreiben	lettre/note d'avis	advice note, letter of advice
BENUTZER	usager, utilisateur	user
BENUTZUNG	emploi, jouissance, usage, utilisation	use, using, utilization
Benutzungsbewilligung	permis d'habitation/d'utilisation	occupation/use permit
Benutzungskosten	frais d'utilisation	utilization cost
BENZIN	essence	petrol, US: gasoline
Benzinabscheider	séparateur d'essence	petrol separator
BEPFLANZUNG	plantation	plantation
BEQUEMLICHKEIT	commodité, confort	convenience, comfort
BERATEN	conseiller, donner conseil	to advice/counsel
	[2] conférer, délibérer	[2] to confer/deliberate
beratender Ingenieur	ingénieur-conseil	consul-tant/-ting engineer
beratender Planer	urbaniste-conseil	planning consultant
beratender Sachverständiger	expert-conseil	consultant
Bauberater	conseiller en bâtiment	building consultant
Finanzberater	conseiller financier	financial adviser
Immobilienberater	conseil immobilier	real estate consultant
Rechtsberater	conseiller juridique, syndic	legal adviser
Steuerberater	conseiller fiscal	tax accountant/expert
BERATUNG	consultation [2] délibération	consulting, consultation
		[2] conference, deliberation
Beratungsorganisation	service de consultation	advisory board
Bauberatung	consultation technique	technical advice/consultance
Berufsberatung	orientation professionnelle	vocational guidance
Planungsberatung	consultation conc. l'organisation	planning consulting
BERECHNEN	calculer, mettre en compte	to calculate/compute
BERECHNUNG	calcul(s), devis, facturation	calculation, computation
Berechnungssatz	taux de mise en compte	billing rate
Lastenberechnung	calcul des charges	load calculation/computation
Massenberechnung	bordereau/estimation des quantités	bill of quantities
statische Berechnung	calculs statiques	analysis of structure, static calculation/computation
Wärmeberechnung	analyse calorimétrique	calorimetric computation
BERECHTIGT	autorisé, compétent, légitime	authorized, competent, entitled
zeichnungsberechtigt sein	avoir la signature	to be authorized to sign
BERECHTIGTER	ayant droit, intéressé	rightful claimant, licensee
BEREICH	rayon, région, ressort, secteur	area, region, sector, zone
Aufgabenbereich	attributions	functions
Fußgängerbereich	zone piétonne	pedestrian precinct
Nahbereich	entourage immédiat	close range/ close up area
öffentlicher Bereich	domaine public	public sphere
Schwellenbereich	domaine du pas de la porte	doorstep/threshold area
umzäunter Bereich	terrain clôturé	enclosure
BEREIFT	sur pneus	on wheels, rubber-mounted
BEREINIGUNG	apurement, arrangement	settlement
Flurbereinigung	remembrement agricole/ parcellaire/rural	land consolidation, reallotment of rural land

BEREITEN	faire, préparer	to make/prepare
Warmwasserbereiter	bouilleur, chauffe-eau	boiler, geyser, water-heater
BEREITSTELLUNG	mise à disposition	provision
Bereitstellung von Geldern	affectation de fonds	provision of means
BERGRUTSCH	glissement de terrain	mountain slide
BERICHT	rapport	report
Geschäftsbericht	compte-rendu aux actionnaires, rapport d'affaires	annual/operating report
Gutachterbericht	(rapport d') expertise	expert's report
Jahresbericht	rapport annuel	annual report
Prüfungsbericht	rapport d'examen/ de révision	examination/revision report
Rechenschaftsbericht	compte-rendu, reddition de compte	report, rendering/statement of account
Tätigkeitsbericht	rapport d'activité	activity report
Verhandlungsbericht	procès-verbal	proceedings' minute
BERICHTIGEN	corriger, rectifier	to correct/rectify
BERICHTIGUNG	rectification, redressement	correction, rectification
Grenzberichtigung	redressement des limites	readjustment of boundary
BERIESELUNG	arrosage, arrosement	spraying, watering
Berieselungsanlage	dispositif d'arrosage	sprinkler system, irrigation works
BERUF	métier, profession	business, craft, trade
Berufsausbildung	formation professionnelle	occupational/professional/vocational education/training
Berufsberatung	orientation professionnelle	vocational guidance
Berufshaftpflicht	responsabilité professionnelle	professional liability
Berufsinstitution	institution professionnelle	professional institution
Berufsschule	école professionnelle	professional school
Berufsverkehr	circulation due aux activités économiques	essential traffic
Berufszeitschrift	revue technique	technical magazine/review
BERUFUNG	nomination, vocation, ² appel	appointment, vocation ² appeal
Berufung gegen ein Urteil	appel d'un jugement	appeal against a judgement
Berufungsinstanz	instance d'appel	appeal instance
BESANDEN	sabler	to mineralize/sand
BESCHAEDIGUNG	dégradation, endommagement	damage, injury
BESCHAFFENHEIT	condition, état	condition, state
Lage und Beschaffenheit eines Grundstücks	configuration d'un terrain	lay/lie of the land
BESCHAEFTIGUNG	occupation	occupation
BESCHALLUNG	sonorisation	sound installation
BESCHEIDEN	modeste	modest
in bescheidenen Verhältnissen	de condition modeste	of modest means
BESCHEINIGEN	attester, certifier	to certify
BESCHEINIGUNG	attestation, certificat	certificate
Empfangsbescheinigung	accusé/avis de réception, reçu	(acknowledgement/notice of) receipt
BESCHICHTET	enduit, enrobé, recouvert	coated
beschichtete Textilien	textiles enduits	coated textiles
kunststoffbeschichtete Tafel	panneau plastifié	plasticized panel/sheet, skin plate

BESCHICHTUNG	enduisage, enduit	coating
BESCHLAG	armature, ferrure, garniture	fitting(s), furniture, gear, iron/-mongery/-work,
Drehbeschlag	quincaillerie pour élément rotatif	pivoting gear
Fensterbeschlag	ferrure de fenêtre, garniture de croisée	window fittings
Fensterbeschläge	quincaillerie pour fenêtres	window ironmongery
Schiebebeschlag	quincaillerie pour élément coulissant	[gear for sliding elements]
BESCHLAGEN	ferrer, poser les ferrures	to mount with fittings/iron
BESCHLAGNAHME	confiscation, saisie(-arrêt)	attachment, confiscation,
Immobiliarbeschlagnahmung	saisie immobilière	attachment of real property
BESCHLAGNAHMEN	confisquer, saisir, séquestrer	to attach/confiscate/seize/sequester
BESCHLEUNIGER	accélérateur	accelerator
Erstarrungsbeschleuniger	accélérateur de prise	setting accelerator
BESCHLIESSEN	décider	to decide
BESCHLUSS	décision, résolution	decision, resolution
beschlußfähig	en nombre [pour décider]	competent to pass a resolution
BESCHOTTERN	caillouter, empierrer	to ballast/gravel/metal
BESCHOTTERUNG	cailloutage, empierrement	ballast, metalling, paving with pebbles
BESCHRAENKT	limité	limited
beschränkte Ausschreibung	soumission restreinte	restricted tender
beschränkte Mittel	faibles ressources, moyens limités	scanty means, small resources
Gesellschaft mit beschränkter Haftung	société à responsabilité limitée	limited company
BESCHREIBUNG	description, spécification	description, specification
Baubeschreibung	notice descriptive d'un bâtiment	(technical) specification of a building
Leistungsbeschreibung	bordereau/spécification des travaux, devis descriptif	specification of works, bill of quantities
BESCHWERDE	opposition, réclamation	complaint, objection, protest
BESEITIGUNG	élimination, enlèvement	clearance, elimination, removal
Beseitigung von Elendsvierteln	abolition/suppression des taudis	slum clearance
Abfallbeseitigung	enlèvement des ordures	removal of refuse
Abwasserbeseitigung	évacuation des eaux résiduaires	sewage disposal
Müllbeseitigung	évacuation des ordures	disposal of garbage
Schuttbeseitigung	dégagement des décombres	rubbish clearance
BESEN	balai	broom, brush
Besendichtung	joint-brosse	brush-joint
Besenputz	enduit bretté/ au balai	brushed plaster
BESIEDELN	coloniser, peupler	to colonize/populate
Besiedlung	colonisation, population	colonization, population
Besiedlungsdichte	densité de peuplement	population density
BESITZ	propriété [2] possession	ownership, property [2] possession
Besitzart	statut d'occupation, jouissance	tenure
Besitzdauer	période de jouissance	period of tenure
Besitzeinweisung	envoi en possession	livery of seisin
Besitzentziehung	dépossession, éviction	dispossession, eviction

Besitzergreifung	entrée en/ prise de possession	taking possession of
Besitznachweis	établissement/origine de propriété	proof of ownership
Besitzrecht	droit de jouissance/ d'occupation	right of possession
Besitzübertragung	transfert de possession	possession transfer
Besitzurkunde	titre de propriété	title deed
Boden=/Grund=besitz	bien-fonds, propriété foncière	land(ed) ownership/property
Eigenbesitz	possession personnelle/ en propre	personal possession, private estate
herrenloser Besitz	propriété abandonnée/vacante	estate in abeyance
Privatbesitz	propriété privée, domaine privé	private property
Realbesitz	propriété immobilière	real estate
BESITZEN	posséder	to own/possess
in vollem Eigentum besitzen	posséder en pleine propriété	to own in freehold
die Nutznießung besitzen	posséder en usufruit	to enjoy the usufruct
BESITZER	détenteur, possesseur, propriétaire	owner, possessor
Eigenheimbesitzer	propriétaire occupant	owner-occupier
Grund=/Guts=/Land=besitzer	propriétaire foncier/ immobilier/terrien	land-/ real estate owner, land(ed) proprietor
BESOLDUNG	appointements, gages, traitement	pay, salary
BESONNUNG	ensoleillement, insolation	exposure to sun, insolation
BESTAND	encaisse, réserve, stocks	balance, stock, supply
Fehlbestand	déficit	deficit, shortage
Kassenbestand	encaisse, liquidités, trésorerie	balance in cash/hands, cash balance/ in hand, liquidity
Wertpapierbestand	portefeuille	investments
Wohnungsbestand	patrimoine immobilier	housing effectives/stock
Wohnungsfehlbestand	déficit du patrimoine immobilier	housing deficit/shortage
Bestandsaufnahme	(établissement de l') inventaire ² état des lieux	record, stock-taking ² inventory of fixtures
Bevölkerungs-bestandsaufnahme	enquête démographique	social survey
Bestandsliste	inventaire	inventory
Bestandteil	composante, élément	component, element
integrierender Bestandteil sein	être partie intégrante	to be part and parcel of
Kostenbestandteil	élément de coût	cost element
BESTAENDIG	constant, durable, stable	lasting, stable, steady
feuerbeständig	résistant au feu	fire resistant
feuchtigkeitsbeständig	à l'épreuve de l'humidité	moisture proof
wertbeständig	(à valeur) stable	stable
wetterbeständig	résistant aux intempéries	weather-proof
BESTAENDIGKEIT	constance, durabilité, persistance, résistance	constancy, durability, persistence, resistance
Feuchtigkeitsbeständigkeit	résistance à l'humidité	moisture resistance
Feuerbeständigkeit	résistance au feu	fire resistance
Geldbeständigkeit	stabilité monétaire	monetary stability
Wertbeständigkeit	stabilité de la/des valeur(s)	fixed value
Wetterbeständigkeit	résistance aux intempéries	weather proofness/resistance
BESTAETIGUNG	confirmation, ratification	confirmation, ratification
Empfangsbestätigung	accusé de réception, quittance	acknowledgement of receipt
BESTECHUNG	corruption	bribery, corruption
Bestechungsgeld	pot-de-vin, remise illicite	bribe, illicit commission

BESTELLEN	commander, ² cultiver	to order, ² to till
Bestellschein	bon de commande	order sheet
eine Hypothek bestellen	constituer une hypothèque	to create a mortgage
BESTEUERUNG	imposition, taxation	assessment, rating, taxation
Doppelbesteuerung	double imposition	double taxation
BESTIMMUNG	clause, condition, disposition	clause, condition, disposition ordinance, provision
[Zweck=]	² affectation, destination	² appropriation, intended purpose
[Festlegung]	³ détermination	³ determination
Ausführungsbestimmungen	conditions d'exécution	implementing provision
Durchführungsbestimmungen	modalités d'application	provision for the execution
Korngrößenbestimmung	calibrage, granulométrie	grading, granulometric composition
Standortbestimmung	implantation	locating, siting
Übergangsbestimmungen	dispositions transitoires	transitory provisions
Zweckbestimmung	destination	intended purpose
BESTRAFUNG	pénalisation, punition	penalty, punishment
BESTUHLUNG	sièges et fauteuils	seating
BETAGT	âgé	aged, elderly
Betagtenheim	maison de repos/retraite	home for the aged/ for elderly people
BETAETIGUNG	activité, occupation, travail ² activation, commande	activity, occupation ² control, operation
Betätigungsanlage	commande(s)	operating gear
Betätigungs=feld/=gebiet	champ opérationnel	operational field
BETON	béton	concrete
Beton mit Glassteinen	béton translucide	glazed concrete
Betonbalkendecke	dalle/plafond à poutrelles en béton	concrete beam floor
Betonbau	construction en béton (armé)	(reinforced) concrete construction
Betonbearbeitung	travail du béton	concrete working
Betonblock	parpaing en béton	precast concrete block
Betondachstein	tuile en béton/ciment	cement/concrete roof(ing) tile
Betondecke	dalle/plafond en béton/ciment	cement/concrete floor/slab
Beton(straßen)decke	chaussée/pavé en béton	concrete paving
Betondruckschicht	chape de compression	concrete compression layer
Betonelement	élément en béton	concrete unit
Betonerzeugnisse	produits en béton	concrete products
Betonestrich	chape en béton/ciment	concrete topping
Betonfertigteil	élément préfabriqué en béton	precast concrete element/unit
Betonfliese	carreau/dalle en béton	concrete (floor) tile
Betonfrostschutzmittel	antigel pour béton(s)	antifreeze product for concrete
Betongrassteine	[bloc perforé pour gazon]	[concrete honeycomb turf block]
Betonglättscheibe	lisseuse de béton	power troweller
Betonhohlstein	bloc creux en béton	hollow concrete block
Betonmast	mât/pylône en béton	concrete pole/pylon
Betonmauerwerk	maçonnerie en béton	concrete walling
Betonmischer	bétonneuse, bétonnière	concrete mixer/ mixing drum
Betonmischturm	tour à béton	(concrete) mixing tower
Betonpfeiler	pilier en béton	concrete pillar
Betonplatte	carreau/dalle en ciment/béton	cement/concrete (floor) tile

BET-BET   50

Betonpumpe	pompe à béton	concrete pump
Betonrüttler	vibrateur de béton	concrete vibrator
Betonsachverständiger	expert en béton	concreting expert
Betonschale	voile en béton	concrete leaf
Betonschalung	coffrage à béton	concrete formwork
Betonschicht	aire/couche en béton/ciment	cement/concrete layer
Betonsilo [Mietskaserne]	silo en béton ²cage à lapins	concxrete silo ² tenement house
Betonskelettbau	construction à ossature en béton	concrete framed construction, concrete structure
Betonspannstahl	armature de précontrainte	prestressing reinforcing steel
Betonstahl	acier/fer(s) à béton	(concrete) reinforcing rods/steel
Betonstahlmatte	treillis soudé	reinforcement bar/wire mesh
Betonstein	bloc/parpaing en béton	cement/concrete block/brick
Betonträger	poutrelle en béton	concrete beam
Betontragteil	élément porteur en béton	structural concrete (element)
Betonunterbau	assise de béton	substructure of concrete
Betonunterzug	poutre armée	reinforced beam
Betonverblendstein	bloc de parement en béton	concrete facing block
Betonwirkstoffe	adjuvants pour ciments/bétons	concrete admixtures
Betonzusatzmittel	adjuvants pour ciments/bétons	concrete admixtures
Betonzuschlagstoffe	agrégats pour béton	concrete aggregates
Asphaltbeton	béton asphaltique	asphaltic concrete
Ausgleichbeton	béton d'égalisation	levelling concrete
Basalt(in)beton	béton basaltique	basalt(ic) concrete
Bimsbeton	béton de ponce	pumice concrete
Bitumenbeton	béton bitumé	bitument concrete
Einkornbeton	béton caverneux/ sans fines	no fines concrete
Eisenbeton	béton armé	reinforced concrete
Faserbeton	béton fibreux/armé de fibres	fibrated/fibre reinforced concrete
Fertigbeton	béton prêt (à l'emploi)	ready-mix(ed) concrete
Feuerbeton	béton réfractaire	refractory concrete
Frischbeton	béton frais	green/unset concrete
Gasbeton	béton cellulaire/mousse	cellular/gas/foam concrete
Gefällbeton	béton de pente	sloping concrete layer
gerillter Beton	béton rainuré/strié	grooved/keyed concrete
Glasbeton	béton translucide	glass-/ translucent concrete
Grobkornbeton	béton caverneux/sans fines	no fines concrete
Gußbeton	béton coulé [sur place]	cast/heaped/liquid/ poured concrete
Kiesbeton	béton de gravier	gravel concrete
Leichtbeton	béton léger	light-weight concrete
Lieferbeton	béton prêt (à l'emploi)	ready mix(ed) concrete
Magerbeton	béton maigre	lean/weak concrete
Mantelbeton	béton d'enrobage	casing/sheathing concrete
Massivbeton	béton homogène/massif	mass/monolithic concrete
Massivbetondecke	plancher massif	monolithic concrete slab
Ortbeton	béton coulé sur place/ in situ	in-situ/ on site concrete
Porenbeton	béton cellulaire/mousse	cellular/foam/gas concrete
Pumpbeton	béton pompé	pumped concrete
Rüttelbeton	béton vibré	shock/vibrated concrete
Schal(ungs)beton [Wände]	béton banché	formwork/poured concrete

BET-BET

Schaumbeton	béton cellulaire/mousse	cellular/foam concrete
Schlackenbeton	béton de laitier/scories	slag concrete
Schleuderbeton	béton centrifugé	spun concrete
Schockbeton	béton vibré	shock/vibrated concrete
Schotterbeton	béton à rocaille	ballast concrete
Schüttbeton	béton banché/coulé	heaped/poured concrete
Sichtbeton	béton apparent/nu/fini brut	exposed/fair-faced concrete
Spannbeton	(béton) précontraint	prestressed concrete
Sperrbeton	béton étanche/imperméable	waterproofing/repellent concrete
Spritzbeton	béton projeté	gunned concrete, shotcrete
Stahlbeton	béton armé	reinforced concrete
Stampfbeton	béton damé/compacté/pilonné	pressed/punned/rammed concrete
Strukturbeton	béton architectural	textured concrete
Transportbeton	béton frais/prêt (à l'emploi)	ready-mix(ed) concrete
Überboten	béton de couverture	topping concrete
Ummantelungsbeton	béton d'enrobage	casing/protecting concrete
unbewehrter Beton	béton non armé	plain concrete
Unterbeton	béton de propreté	blinding concrete, concrete bedding
Vollbeton	béton homogène/monolithe	mass/monolithic concrete
Vollbetondecke	plancher massif	monolithic concrete slab
Vorspannbeton	(béton) précontraint	prestressed concrete
Zellenbeton	béton cellulaire/mousse	cellular/foam concrete
BETONIEREN	bétonner, bétonnage	to concrete, concreting
BETRAG	montant, somme	amount, sum
Ausgleichbetrag	montant pour balance/solde	balancing amount
Bruttobetrag	montant brut	gross amount
Garantiebetrag	dépôt/retenue de garantie, arrhes	guarantee deduction/deposit, earnest money
Gesamtbetrag	montant total	total amount
Nennbetrag	montant nominal	face amount
Pauschalbetrag	montant forfaitaire, forfait	flat/lump sum, flat rate
Saldobetrag	solde	balance (amount)
BETREFFEND	concernant, relatif à	pertaining/related to, concerning, regarding
die Ehe betreffend	matrimonial	matrimonial
die Familie betreffend	familial	family-
die Fußgänger betreffend	pédestre, piétonnier	pedestrian
das Geld betreffend	monétaire	monetary
Grund und Boden betreffend	foncier, terrien	related to ground/land
Grundgüter betreffend	immobilier	regarding real property
den Haushalt betreffend	ménager	connected with the household, domestic
die Luft betreffend	aérien	aerial
das Mietverhältnis betreffend	locatif	regarding a lease
Pfandbriefe betreffend	obligataire	pertaining to bonds
die Straßen betreffend	routier	related to roads
die Verwaltung betreffend	administratif	administrative
BETREUUNG	entretien, soins, surveillance	taking care
Betreuungskosten	frais de surveillance	cost for care-taking
BETRIEB	marche, fonction	operation, running, working
	[2] entreprise, exploitation	[2] exploitation

BET-BEV

Betriebsanlagen	équipement, installation d'une entreprise	equipment/ outfit of a business
Betriebsbuchhaltung	comptabilité d'entreprise	factory accounting
Betriebseinrichtungen	équipements d'exploitation	mechanical/working equipment
Betriebseinstellung	cessation d'exploitation	closing an exploitation
Betriebsergebnis	résultats de l'exploitation	operating result
Betriebsforschung	recherche opérationnelle	operational research
Betriebsführung	gestion/direction de l'entreprise	management
Betriebsgewinn	bénéfice d'exploitation	operating/trading profit
Betriebskapital	capital d'exploitation, fonds de roulement	working capital, trading fund
Betriebskosten	dépenses d'exploitation, frais de gestion	working expenses, operating cost
Betriebsspannung	tension de régime	working voltage
Betriebsstörung	panne, dérangement	break-down, shut-down, stoppage
Betriebstemperatur	température de régime	working temperature
Betriebsvermögen	capital d'exploitation	working assets/capital
Betriebswirtschaft	administration/gestion/ économie de l'entreprise	industrial management, business administration, management economics
Baubetrieb	entreprise de construction	building firm/branch
Filialbetrieb	magasin à succursales	chain store
Handelsbetrieb	entreprise commerciale	trading business
Einzelhandelsbetrieb	entreprise de détail	retail shop
Mittelbetrieb	entreprise moyenne	medium sized enterprise
BETRUG	escroquerie, fraude	deceit, fraud
BETRUEGERISCH	frauduleux	fraudulent
betrügerischer Konkurs	faillite frauduleuse, banqueroute	fraudulent bankruptcy
BETT	lit	bed
Doppelbett	lit double/français	double bed
Einbett=/Einzel=zimmer	chambre à un lit	single (bed/bedded) room
Einzelbett	lit simple/ à une place	single bed
Ehebett(en) [zusammengestellt	lits jumeaux	twinbeds
Straßenbett	assiette de voirie	bed of a road
Zweibettzimmer	chambre à deux lit	two bed room
BETTUNG	lit, radier	bed, bedding
Kleinschlagbettung	lit de rocaille	rubble bed
Sandbettung	lit de sable	bed/layer of sand
BEURKUNDUNG	authentification, constat par acte authentique	authentication, notarization
Beurkundungskosten	frais d'acte/d'authentification	cost of authentication
BEVOELKERT	peuplé	populated
dicht bevölkert	populeux, très peuplé	densely populated
übervölkert	surpeuplé	overpopulated
BEVOELKERUNG	peuplement, population	peopling, population
Bevölkerungsabnahme	diminution de la population	decrease of population
Bevölkerungs=aufbau/=struktur	structure de la population	structure of population
Bevölkerungsbefragung	enquête publique	public inquiry
Bevölkerungsbestandsaufnahme	enquête démographique	social survey
Bevölkerungsdichte	densité de population	population density
Bevölkerungsentwicklung	évolution démographique	population evolution/ trend
Bevölkerungskarte	carte démographique	demographic map

Bevölkerungsrückgang	diminution de la population	decrease in population
Bevölkerungsschutz	protection civile	protection of the civilian population
Bevölkerungsstatistik	statistique démographique/ humaine	population statistics, demography
Bevölkerungsstruktur	structure de la population	population structure
Bevölkerungsüberschuß	excédent/déversement de population	overspill of/ surplus population
Bevölkerungsverhältnisse	conditions de peuplement	peopling conditions
Bevölkerungswanderung	migration	migration
Bevölkerungsziffer	démographie	demography
Bevölkerungs=zunahme/ =zuwachs	accroissement/augmentation de la population	increase/rise in population
aktive Bevölkerung	population active	active/working population
erwerbstätige Bevölkerung	population active	active/working population
Landbevölkerung	population rurale	rural population
ortsansässige Bevölkerung	population fixe	resident population
Stadtbevölkerung	population urbaine	urban population
Wohnbevölkerung	population résidentielle	residential population
BEVOLLMAECHTIGTER	mandataire, fondé de pouvoir	authorized agent/person, deputy
BEVORMUNDUNG	tutelle	guardianship, tutelage
Bevormundungspolitik	paternalisme	paternalism
BEVORRECHTIGT	prioritaire, privilégié	preferential, privileged
BEWACHUNG	gardiennage, surveillance	caretaking, custody
BEWAHRUNG	conservation, garde	custody, keeping, preservation
Hypothekenbewahrung	conservation des hypothèques	mortgage registrar's office
Hypothekenbewahrer	conservateur des hypothèques	mortgage registrar
BEWAESSERUNG	irrigation	irrigation
BEWEGLICH	meuble, mobile	mobile, movable
bewegliches Gut	biens meubles/mobiliers	{movable property, movable
bewegliche Habe	biens meubles/mobiliers	{ personal estate
bewegliche Trennwände	parois/partitions amovibles	removable partitions
BEWEGUNG	mouvement	movement
Bewegungsmelder	détecteur de mouvement	movement detector
Bewegungsfuge	joint d'extension/ de tassement	expansion/settlement joint
Bewegungsspiele	jeux de plein air	outdoor games
Eigenheimbewegung	mouvement pour l'accession à la propriété	movement in favour of accession to home ownership
BEWEHREN	armer	to reinforce
BEWEHRT	armé	reinforced
bewehrter Balken	poutre armée	reinforced beam/girder
BEWEHRUNG	armature, ferraillage	reinforcement, reinforcing
Bewehrungseisen	fer d'armature/ à béton/ Monier	reinforcement bar/rod/steel
Bewehrungsmatte	grillage/treillis soudé	twisted steel mat/mesh
Mattenbewehrung	armature par grillages soudés	mesh reinforcement
BEWEIS	preuve	evidence, proof
beweiskräftig	probant	conclusive, convincing
Identitätsbeweis durch Zeugen	acte de notoriété	identity certificate attested by witness
BEWERBER	candidat, concurrent	applicant, candidate

BEW-BEZ 54

BEWERTEN	coter, évaluer, estimer, priser, taxer	to assess/evaluate/rate/value
überbewerten	surestimer, surévaluer	to overrate
unterbewerten	sous-évaluer, sous-estimer	to underrate
BEWERTUNG	appréciation, estimation, évaluation, taxation	assessment, estimate, valuation
steuerliche Bewertung	évaluation fiscale	fiscal valuation
Überbewertung	surestimation, surévaluation	overvaluation
Unterbewertung	sous-évaluation	underrating
BEWILLIGEN	accorder, allouer, consentir, octroyer	to allow/consent/grant
eine Hypothek bewilligen	consentir une hypothèque	to grant a mortgage
BEWILLIGUNG	allocation, concession, licence, octroi, permission	allowance, concession, grant(ing), permission
Bewilligung eines Darlehns	octroi d'un prêt	grant of a loan
Bewilligungsmiete	loyer autorisé	approved rent
Baubewilligung	autorisation de bâtir, permis de construire	building permit
Löschungsbewilligung einer Hypothek	mainlevée d'hypothèque	authorization for cancellation/ discharge of mortgage
BEWIRTSCHAFTEN	cultiver, exploiter, [2] contingenter, rationner	to cultivate/manage [2] to control/ration
Bewirtschaftungskosten	frais d'exploitation/ de gestion	operating/running cost, working expenses
Wohnraumbewirtschaftung	contrôle/rationnement des logements	rationing of dwelling space
BEWOHNBAR	habitable	habitable
unbewohnbar	inhabitable	uninhabitable
BEWOHNBARKEIT	habitabilité	fitness for habitation, habitability
Bewohnbarkeitsgrad	degré d'habitabilité	degree of habitability
BEWOHNEN	habiter, occuper	to inhabit/live in/occupy
BEWOHNER	habitant, occupant	inhabitant, inmate, occupant
Mitbewohner	cohabitant	fellow-occupant
BEWOELKT	nuageux, couvert (de nuages)	clouded, cloudy
BEWOELKUNG	nuages	clouding, cloudiness
Bewölkungsgrad	degré de nébulosité	degree/extent of cloudiness
Bewölkungshöhe	hauteur/ niveau inférieur des nuages	ceiling/ top limit of visibility
Bewölkungszunahme	ennuagement	increase of clouding
BEWURF	crépi(ssure), enduit, ravalement	plaster(ing), rendering, rough cast
Spritzbewurf	crépi, tyrolien	rough cast
BEZAHLUNG	acquittement, payement, règlement, versement	payment, settlement
Nichtbezahlung	défaut de/ non- paiement	default in paying, failure to pay
Vorausbezahlung	payement anticipatif/préalable	prepayment
BEZEICHNUNG	appellation, dénomination, désignation, spécification	designation, specification
Katasterbezeichnung	désignation cadastrale	cadastral designation

BEZIRK	arrondissement, canton, district, région	area, district, region, zone
Bezirkstag	conseil départemental	county council
Bezirksverkehr	trafic régional	regional traffic
Stadtbezirk	quartier	city district, quarter
Wohnbezirk	quartier résidentiel	residential district
BEZUG(nahme)	référence	reference
Bezugsdatum	date/jour de référence	reference day
Bezugshöhe	cote de référence	fixed datum
Bezugslinie	ligne de référence, plan de niveau	datum-line
Bezugspunkt	point fixe/ de repère	reference/zero point, origin
Bezugswert	valeur de référence	reference value
BEZUEGE	appointements, émoluments, traitement	emoluments, remuneration, salary
BIBERSCHWANZ	tuile plate/ à écaille	flat roofing tile
BIDET	bidet	bidet
BIEGEN	courber, fléchir	to bend/bow/deflect
Biegebeanspruchung	effort de flexion	bending stress
Biegefestigkeit	résistance à la flexion	bending strength
Biegemaschine	cintreuse	bending machine
Biegemoment	moment fléchissant/ de flexion	bending moment, B.M.
Biegeprobe	essai/épreuve à la flexion	bending test
Biegespannung	tension de flexion	bending strain/stress
Biegesteifigkeit	résistance/rigidité à la flexion	bending/flexural resistance
biegeweich	flexible	flexible
biegsam	flexible, souple	flexible, pliable, supple
BIEGSAMKEIT	flexibilité, souplesse	flexibility
BIEGUNG	courbure, fléchissement, flexion	bend(ing), bent, deflexion
Biegungsriß	fissure de fléchissement	flexure crack
Durchbiegung	flèche, fléchissement	deflexion, dip, flexure, sag
Rohrbiegung	coude d'un tuyau	pipe-bend/-elbow/-knee
BIETEN	miser, offrir, proposer	to bid/offer
überbieten	renchérir, surenchérir	to outbid
BIETER	enchérisseur, offrant, soumissionnaire	bidder, tenderer
BILANZ	bilan	balance(-sheet)
Bilanzprüfung	vérification du bilan	balance sheet audit
Bilanzsumme	total du bilan	balance sheet total
Abschlußbilanz	bilan de clôture	final balance
Eröffnungsbilanz	bilan d'ouverture	opening balance
Jahresbilanz	bilan annuel	annual balance
Rohbilanz	bilan brut/ en l'air	rough/trial balance
die Bilanz aufstellen	dresser le bilan	to strike the balance
BILD	image, photo(graphie), tableau	picture, photo(graphy), painting
Flugbild	photographie/vue aérienne	aerial photography/view
Luftbildvermessung	aérophotogrammétrie	aerial mapping, air survey
Luftbildvermessungskarte	carte aéro(photogram)métrique	aerometric map
BILDEN	cultiver, façonner, former	to cultivate/educate/form/shape
die bildenden Künste	les arts plastiques	the plastic arts

BILDUNG | culture, éducation, formation culturelle ² création, élaboration, formation | (cultural) education, culture ² constitution, formation, organization
Eigentumsbildung | création de propriété privée | constitution of private property
Fortbildung | perfectionnement | advanced training
Fortbildungskurse | cours de perfectionnement/ recyclage | complementary training, improvement courses
Kapitalbildung | formation de capitaux | formation of capital
Mietpreisbildung | détermination du loyer | computation of rent
Taubildung | condensation | condensation
BILLIG | à bon compte, bon marché | cheap
billige Wohnungen | habitations à bon marché | low cost dwellings
BIMS | (pierre) ponce, pouzzolane | pumice (stone), puzzolane
Bimsbeton | béton de ponce | pumice concrete
Bimssand | sable de ponce | pumice sand
Hüttenbims | laitier expansé, ponce fritté | expanded/foamed slag
Sinterbims | laitier expansé, ponce fritté | expanded/foamed slag
BINDEN | enchaîner, (re)lier, nouer | to bind/fasten/tie
Bindemittel | liant | binder, cement, lime a.s.o.
Binder | liant | binding material
Binderbalken | entrait, poutre maîtresse | binder/collar/tie beam, girder
Binderfarbe | peinture d'émulsion | emulsion paint
Bindermischgut | couche Binder/ de liaison | binder mix(ture)
Binderschicht | assise de boutisse | fitting course
Bindersparren | arbalétrier | principal rafter
Binderstein | boutisse, parpaing | bond/through stone, bonder
Dachbinder | ferme | truss(ed girder),
Gratbinder | ferme cornière | hip truss
Nagelbinder | ferme clouée | lattice nailed girder
Schnellbinder | accélérateur de prise | quick setting, setting accelerator
BINDIG | liant, cohésif | bonding
BINDUNG | attache, fixation, liaison ² engagement, lien, obligation | band, binding, bond, tie ² obligation, pledge
Preisbindung | prix imposé(s) | fixed price(s)
Sozialbindung des Grund-Eigentums | obligation sociale de la propriété foncière | social obligation of real estate
BINNEN | à l'intérieur | inner, inside, within
Binnenhandel | commerce intérieur | internal trade
Binnenhof | cour intérieure | inner court
Binnenwanderung | migration intérieure | inner migration
BIRKE | bouleau | birch(tree)
BIRNE | poire ² ampoule | pear ² bulb
BITUMEN | asphalte minéral, bitume | bitumen
Bitumenbeton | béton bitume | bitumen concrete
Bitumenemulsion | émulsion de bitume | bitumen emulsion
Bitumen(filz)pappe | carton/feutre bitumé | bituminous (roofing) felt
Bitumenholzfaserplatte | panneau d'isolation bituminé | bitumen-impregnated insulation board
Bitumenestrich | chape bitumineuse | bituminous screed/topping
Bitumenmörtel | mortier bitumineux | bitumen mortar
bituminierte Wellplatte | plaque ondulée bitumineuse | corrugated bituminous board

BLAEHEN	enfler, gonfler	to expand/swell
Blähschiefer	schiste expansé	expanded shale
Blähton	argile expansée,/gonflée/ gonflante/soufflée, mousse d'argile, thermo-mousse	bloated/bloating/expanded (burnt) clay
Blähtonbeton	béton d'argile expansée	expanded clay concrete
BLANKETT	blanc-seing, carte blanche	blank signature
BLANKO	en blanc, à découvert	in blank
Blankokredit	crédit ouvert/ à découvert	blank/unsecured credit
Blankostelle	blanc	blank (space)
Blankoscheck	chèque en blanc	blank cheque
Blankountreschrift	blanc-seing	blank signature
Mißbrauch einer Blanko-unterschrift	abus de blanc-seing	abuse of blank signature
BLASEN	souffler	to blow
Blasebalg	soufflet	bellows
BLATT	feuille, lame	blade, leaf, sheet
Blattfeder	ressort à feuilles/lames	laminated spring
Blattverbindung	assemblage à feuillure	rebate joint
Kleeblatt	trèfle	clover-leaf
Kleeblattkreuzung	carrefour en feuille de trèfle	clover-leaf junction
BLAU	bleu	blue
Blaupause	bleu, copie	blue-print
BLAEUE	bleuissement	blue-stain
Bläueschutzmittel	agents contre le bleuissement	preservative agent(s) against blue-stain
BLECH	tôle	sheet-metal, metal-sheet
Blecheindeckung	couverture en tôle	metal covering
Blechrolladen	rideau ondulé, volet mécanique	corrugated roller shutter
Alublech	tôle d'aluminium	aluminium sheet
Bordblech	tôle de solin	flashing sheet
Deckblech	coiffe, tôle de recouvrement	cover-plate/-sheet
einbrennlackiertes Blech	tôle thermolaquée	sheet with baked-on varnish
Eisenblech	tôle (de fer)	plate/sheet iron, iron plate
emailliertes Blech	tôle émaillée	enamelled sheet
Formblech	tôle profilée	profiled metal sheet
Grobblech	grosse tôle	(heavy) plate
kunststoffbeschichtetes Blech	tôle plastifiée	plasticized sheet
Kupferblech	cuivre en feuilles	sheet copper
Profilblech	profilé, tôle profilée	sectional (sheet) iron
Riffelblech	tôle striée	chequered plate
Schließblech	gâche	striking plate
Stahlblech	tôle d'acier	sheet steel
Überblech	solin	flashing
Weißblech	fer blanc	tin-plate
Wellblech	tôle ondulée	corrugated metal
Winkelblech	cornière	angle iron
Zinkblech	tôle de zinc	sheet zinc, zinc sheet
BLECHBUDENGEBIET	bidonville	shanty town
BLEI	plomb	lead
Bleibedachung	couverture en plomb	lead roof(ing)
bleibeschichtet	recouvert de plomb	lead clad

Bleieinfassung	bordure en plomb	lead flashing
Bleihütte	plomberie	lead works
Bleileitung	conduite/tuyau en plomb	lead pipe/tube
Bleirohr	tuyau de plomb	lead pipe
Bleiverglasung	vitrage en plomb	lead glazing, leaded glass
Senkblei	fil à plomb, sonde	(bob)line, plumb line
Walzblei	plomb laminé	rolled/sheet lead
BLENDE	blinde, écran	blind
Blendenstab	lame(lle) de persienne/volet	slat of a shutter
Blendleiste [Flachdach]	filet de parement	edging board
Blendrahmen	châssis/dormant (de fenêtre)	(window)/(sash) frame
Blendschutz	protection contre l'éblouissement	glare protection
Blendsteine	briques/moellons de parement	facing bricks
Lichtblende	pare-lumière/soleil	sun shade
Sonnenblende	brise-/pare-soleil, jalousie, store vénitien	(roller)/(venetian) blind, sunshade
BLICK	vue	view
Blickfeld	prospect	prospect
BLIND	aveugle	blind
Blindboden	faux parquet	counter-/dead-floor, wooden sub-floor
BLITZ	éclair, foudre	lightning
Blitzableiter	parafoudre, paratonnerre	lightning arrester/conductor
Blitzschutz	protection contre la foudre	lightning protection
Blitzschutzanlage	installation paratonnerre	lightning arrester system
BLOCK	bloc	block
Blockheizung	chauffage par ensemble	block heating
Fensterblock	bloc-fenêtre	window unit
Häuserblock	îlot/pâté de maisons	block of houses
Installationsblock	bloc sanitaire préassemblé	preassembled sanitary bloc/unit
Sanitärblock	bloc sanitaire préassemblé	preassembled sanitary bloc/unit
BLOSLEGEN	découvrir, mettre à nu	to lay bare, to strip
BLUME	fleur	flower
Blumenfenster	fenêtre fleurie/ en saillie	flower window
Blumengarten	jardin d'agrément	flower-garden
Blumenkasten	jardinière	flower-/window-box
Blumenstand	kiosque à fleurs	flower-stall
Blumentopf	pot à fleurs	flowerpot
BLUT	sang	blood
Blutsverwandter	consanguin	blood-relation
Blutsverwandte aufsteigender Linie	ascendants	ascendants
BOCK	chevalet, tréteau	jack, trestle
Bockkran	(grue à) portique, pont-roulant	gantry/portal crane
BODEN	fond, sol, terre ^{2} plancher, sol ^{3} grenier	earth, ground, land, soil ^{2} floor ^{3} attic, garret
Bodenablauf	siphon de sol	floor outlet/drain
Bodenbelag	revêtement de sol	floor covering/surfacing
Bodenbeschaffenheit	condition du sol	soil condition
Bodenbesitz	bien-fonds, propriété foncière	land(ed) property

Bodendruck	compression/tension du sol	soil strain
Bodeneignung	vocation du sol	vocation of soil
Bodenfeuchte	humidité du sol	soil moisture
Bodenfläche	surface au/du sol/plancher	floor area
Bodenfräse	fraiseuse de labour	rotary hoe
Bodenfrost	gelée au sol	ground/soil frost
Bodenheizung	chauffage par sol/sous plancher, sol chauffant	heated flooring, underfloor heating
Bodenkarte	carte pédologique	pedological map
Bodenkosten	coût du terrain	land cost
Bodenkredit	crédit foncier	credit on land(ed) property
Bodenkunde	pédologie	pedology
Bodenleger	poseur de plancher	floor layer
Bodenluke	lucarne	attic/dormer window
Bodenmarkierung	marquage des chaussées	road markings
Bodenmechanik	mécanique des sols	soil mechanics/statics
Bodennebel	brouillard au sol	ground fog
Bodennutzung	affectation/utilisation du sol	land use
Bodennutzungskriterien	critères d'affectation du sol	characteristics of land use
Bodennutzungsplan	plan d'occupation des sols	land-use plan
Bodenpolitik	politique foncière	land policy
Bodenreform	réforme foncière	land reform
Bodenrelief	relief du terrain	relief of the ground
Bodenschicht	couche tu terrain	soil stratum
Bodenschutz	protection du sol	soil conservation
Bodenspekulant	spéculateur foncier	land jobber
Bodenspekulation	spéculation foncière	land speculation
Bodentechnik	mécanique des sols	soil mechanics
Bodentemperatur	température du sol	floor/ground/soil temperature
Bodentreppe	escalier de grenier	attic stairs
Bodenüberdeckung	couverture de terre	earth covering
Bodenuntersuchung	étude/investigation du sol	site/soil investigation/testing
Bodenverdichtung	compactage/consolidation du sol	soil consolidation/compaction
Bodenverdichtungsgerät	compacteuse	compacting machine
Bodenverfestigung	compactage/stabilisation du sol	soil consolidation/stabilization
Bodenwelle	ondulation d'un terrain	undulation of the ground
Bodenwind	vent au sol	ground wind
Bodenwirtschaft	économie foncière	real estate economics
an=/auf=geschütteter Boden	remblai	filled-up/banked-up ground
Blindboden [unter Parkett]	faux plancher	counter/dead floor
Bretterboden	platelage, plancher simple	floor boarding
Dachboden	grenier, soupente	attic, garret, loft
Doppelboden	plancher double/technique	double floor
Fehlboden	entrevous	sound boarding
Fliesenboden	carrelage, dallage	flagging, paving, tiling
fugenloser Bodenbelag	plancher sans joint/ coulé sur place	jointless/seamless floor (covering/finish)
gewachsener Boden	sol/terrain naturel	natural/undisturbed soil
Industrieböden	sols industriels	industrial flooring

BOD-BRA

Installationsboden	plancher creux/surélevé	false/raised floor
Mutterboden	terre franche/végétale, terreau	gardening/surface-/top/vegetable soil, loam, mould
nachgiebiger Boden	sol élastique	yielding ground
schlecht tragende Bodenschicht	(couche de) terrain de mauvaise qualité	poor bearing stratum
schwimmender Boden	aire/dalle flottante	floating floor slab
Schwingboden	plancher élastique	sprung floor
tragender Boden	sol portant	bearing soil
Unterboden	support de plancher	subfloor
Zwischenboden	entrevous, faux plancher	sound boarding
BOGEN	arc ² coude	arch ² bend, elbow, knee
Bogengang	arcade	arcade, archway, colonnade
Korbbogen	arc en anse de panier	basket handle arch, compound curve
Rundbogen	arc cintré, berceau	round arch
Schnepperbogen	arc en accolade	ogee
Spitzbogen	arc aigu/brisé/gothique/ogival,	pointed arch
BOHLE	madrier, planche épaisse	batten, beam, plank
Bohlenbelag	platelage en madriers	boarded covering
Bohlenbinder	fermette légère	plank (roof) framing
Spundbohle	palplanche	pile/sheet plank
BOHREN	forer, percer	to bore/drill
BOHRER	foret, foreuse, mèche, perceuse, vrille	borer [wood], bit, drill, drilling machine [metal]
Gewindebohrer	taraud(euse)	(screw-)tap, tapper, screw-cutter
Handbohrer	perceuse à main	hand-drill
Schlagbohrer	perceuse à percussion	percussion drill
BOHRUNG	perçage, forage ² alésage, dimension intérieure	boring ² bore
Probebohrung	forage, prospection, sondage	test boring
BOILER	bouilleur, chauffe-eau	geyser, water heater
BOLZEN	boulon, cheville, goujon	bolt
Bolzenmaterial	boulonnerie	bolts
BORD	bord(ure) ² étagère, rayon	border, edge, rim ² book shelf
Bordeinfassung [Flachdach]	recouvrement d'acrotère	border mounting
Bordstein	(élément de) bordure de trottoir	kerb(stone), roadkerb
BOERSE	bourse	stock exchange
Börsenindex	indice boursier	stock exchange index
Börsenkurse	cours en bourse	stock exchange quotations
börsenfähig	négociable	negotiable
BOESCHUNG	berge, pente, talus	batter, slope
Böschungsmauer	mur de soutènement	retaining wall
Böschungswinkel	angle de talus	angle of slope
BOTTICH	bac, baquet, cuve	tank, tub, vat
BRACHLAND	jachère, (terre en) friche	fallow ground
BRAND	incendie	fire, burning
Brandbekämpfung	lutte contre l'incendie	fire-fighting
Brandgefahr	danger/risque d'incendie	fire hazard
Brandmauer	mur coupe/pare-feu	fire barrier, fire(proof) wall

Brandschutz	protection contre l'incendie	fire prevention
Brandschutzanstrich	peinture ignifuge	fire-proofing paint
Brandschutzgeräte	matériel de lutte contre l'incendie	fire-fighting equipment
Brandschutzglas	verre antifeu/coupe-feu	fire proof/resisting glass
Brandschutzmittel	(produit) ignifuge	fire proofing product
Brandschutztür	porte coupe-feu/pare-feu	fire (protecting) door
Brandschutzummantelung	chemisage/enrobage ignifuge	fire proof encasement
Brandschutzvorhänge	rideaux coupe-/pare-feu	fire stop screens
Brandsicherheit	sécurité en matière d'incendie	fire safety
Brandverhalten	comportement au feu	behaviour under fire
Brandwache	poste d'incendie	fire station
Brandwiderstand	résistance au feu	fire resistance
BRAUCHBARKEIT	aptitude, capacité, utilité	fitness, usefulness, utility
BRAUCHWASSER	eau à usage industriel	non drinkable water for technical purposes
BRAUSE	douche	shower
Brauseanlage [größere]	douches collectives	shower range
Brausekabine	cabine de douche	shower compartment/cubicle
Brausekopf	pomme de douche	shower head
Brausevorhang	rideau de douche	shower curtain
Brausewanne	bac à douche	shower tray
BRECHEN	briser, casser, rompre	to break/crush
Brecheisen	pince-monseigneur	crow(-bar), handspike
Brechgut	pierraille, rocaille	ballast, broken stones, rubble
BRECHER	broyeur, concasseur	breaker, crusher
Backenbrecher	concasseur à mâchoires	jaw crusher
Müll=brecher/=schlucker	broyeur d'évier	(sink) waste disposal
Steinbrecher	broyeur de pierres, concasseur	crushing mill, stone breaker
Walzenbrecher	concasseur à rouleaux	roll crusher
BREIT	large	broad, wide
Breitflanschträger	poutrelle à ailes/semelles larges	broad/wide flanged beam/girder
BREITE	largeur, [rainure]: ouverture	width
BRENNBAR	combustible, inflammable	combustible, inflammable
nicht brennbar	incombustible, ininflammable	incombustible, uninflammable, fireproof
gegen Brennbarkeit behandelt	ignifugé	fire-proofed
BRENNER	brûleur	burner
Brennlack	émail appliqué au four	baking varnish
Brennofen	four à sécher	kiln
im Brennofen getrocknet	séché au four	kiln dried
Brennstelle	point lumineux	light(ing) point
Gasbrenner	brûleur à gaz	gas burner
(Heizungs)brenner	brûleur (de chauffage)	burner
Oelbrenner	brûleur à huile/mazout	fuel/oil burner
Schneidbrenner	brûleur à découper	fusing burner
BRENNSTOFF	combustible	fuel
Brennstofflager	dépôt/réserve de combustible	fuel bunker/tank
Brennstofftank	citerne/réservoir à mazout	fuel cistern/tank
flüssige Brennstoffe	combustibles liquides	liquid fuels

BRETT	frise, planche	batten, board, frieze, plank
Bretterbelag	coffrage, planchéiage	timber boarding
Bretterfußboden	plancher simple, platelage	batten flooring
Brettertür	porte en planches	ledged door
Bretterverkleidung [überlappend]	bardage en planches	weather-boarding
Bretterzaun	clôture en planches	boarding
(Ab)tropfbrett	égouttoir	draining board
Bücherbrett	planche, rayon	board, bookshelf
Fensterbrett	appui/tablette de fenêtre	window board/ledge
Fußbodenbrett	lame/planche de parquet	floor board
Profilbrett	planche profilée	matchboard
Reibebrett [Maurer-]	taloche	hawk
Schalbrett	banche, volige	batten, form-board
Sicht=/Stirn=brett	bordure de pignon, fascia	fascia
Tannenbrett	planche en sapin	dealing
Tropf=brett/=nase	larmier	weather moulding
BRETTCHEN	lame de bois, planchette	blade, bucket, scoop
Jalousiebrettchen	lame/planchette de jalousie	slot [of a shutter]
BRIEF	lettre	letter
Briefeinwurf	ouverture pour lettres	letter-plate
Briefkasten	boîte aux lettres	letter box
Postbriefkasten	boîte aux lettres	pillar/posting box
Hypothekenbrief	acte d'obligation hypothécaire	mortgage deed
Hypothekenpfandbrief	obligation hypothécaire	mortgage debenture
Meisterbrief	brevet de maîtrise	mastership certificate
Pfandbrief	(certificat d') obligation	debenture (bond)
konvertierbarer Pfandbrief	obligation convertible	convertible debenture
BRONZE	bronze	bronze, gun-metal
BROT	pain	bread
Brotverdiener	gagne-pain, chef/soutien de famille	bread-winner, head of household
BRUCH	rupture	breaking, failure, rupture
Bruchbelastung	charge de rupture	breaking/critical/maximum load
Bruchbude	construction camelote, misérable logement	jerry building, shack dwelling
Bruch=festigkeit/=grenze	résistance de rupture	stress limit, ultimate/yield stress
Bruchlinie [Dach]	brisis	break [of roof]
Bruchspannung	tension de rupture	breaking strain/stress
Bruchstein	grès de construction, moellon brut, pierre de carrière	building (sand)stone, pit stone
Bruchsteinmauerwerk	maçonnerie en pierres de carrière	random rubble masonry
Bruchteil	fraction	fraction
Bruchteileigentum	propriété par millièmes	fractional ownership
Bruchzustand	état ultime	ultimate state
Hausfriedensbruch	violation de domicile	illegal entry
Rohrbruch	rupture de tuyau	pipe burst
Vertrauensbruch	abus de confiance	breach of trust
Wortbruch	manquement à la parole	breach of faith/promise
BRUECKE	pont	bridge
Brückenbau	construction de ponts, pontage	bridging
Brücken=joch/=gewölbe	arche	arch [of bridge]

Brückenkran	pont-grue	bridge/overhead-travelling crane
Kältebrücke	pont de chaleur	cold/heat bridge
BRUNNEN	fontaine, puits	fountain, well
Sinkbrunnen	puisard, puits perdu [2] fosse d'aisance	soak away [2] cess-pit/-pool
Springbrunnen	fontaine (d'agrément)	ornamental fountain
Springbrunnenschale	vasque de fontaine	fountain basin
Wasserbrunnen	puits d'eau	water well
Zierbrunnen	fontaine d'agrément	ornamental fountain
BRUESTUNG	allège [fenêtre], garde-corps, garde-fou, parapet	balustrade, guard-rail, parapet
Brüstungsnische	allège évidé, baie/niche de fenêtre	breast niche
Balkonbrüstung	garde-corps/parapet de balcon	balcony parapet
BRUTTO	brut	gross, rough
Bruttobetrag	montant brut, somme brute	gross amount
Bruttoeinkommen	revenu brut	gross income/revenue
Bruttoeinnahmen	recettes brutes	gross receipts
Bruttoertrag	produit brut	gross proceeds/return
Bruttogewinn	bénéfice brut	gross profit
Bruttosozialprodukt	produit national brut	national gross product
Bruttoüberschuß	excédent/surplus brut	gross surplus
Bruttoverdienst	bénéfice brut	gross earnings
Bruttowohnbaufläche	surface résidentielle brute	gross residential area
Bruttowohndichte	densité résidentielle brute	gross residential density
BUCH	livre	book
Buchfälschung	trucage des comptes	cooking of accounts
Buchführer	comptable	accountant
Buch=führung/=haltung	comptabilité, tenue des livres	accounting, book-keeping
Betriebsbuchführung	comptabilité d'entreprise	factory accounting
Doppelbuchführung	comptabilité en partie double	double entry book-keeping
Buchgewinn	bénéfice comptable	paper profit
Buchhalter	comptable	accountant, book-keeper
Hauptbuchhalter	chef comptable	chief accountant
Buchhandlung	librairie	bookshop
Bahnhofsbuchhandlung	bibliothèque de gare	railway book stall
buchmässig	(du point de vue) comptable	according to the books
Buchprüfung	vérification des comptes/écritures/livres	audit of account
Buchwert	valeur comptable	book-value
Flurbuch	cadastre	cadastre, register of real estate
Gesetzbuch	code	code
bürgerliches Gesetzbuch	code civil	civil code, code of laws
Handelsgesetzbuch	code de commerce	commercial code
Grundbuch	registre foncier	land/real-estate register
Hauptbuch	grand livre	general ledger
Sparbuch	livret d'épargne	savings passport
BUCHE	hêtre	beech(-tree)
BUECHSE	boîte, buse	box, case, collar, shell
Rauchrohrbüchse	tuyau de niche	flue collar
BUCHUNG	(passation d')écriture, opération comptable	booking, entry, posting

Buchungsmaschine	machine comptable	booking machine
Gegenbuchung	contre-écriture	counter entry/part
Rückbuchung	contrepassement, extourne	reversal, endorsing back
BUDE	baraque, cabane, hutte	shack, shed
Bretterbude	guérite	shanty
Baubude	abri de chantier	workmens' hut
BUDGET	budget	budget
Familienbudget	budget familial/ de ménage	family/household budget
Staatsbudget	budget de l'Etat	budget, estimates
BUEGEL	étrier, ligature [béton]	reinforcement stirrup/binder
BUEGELN	repasser	to iron/press
Bügelgerät	appareil à repasser, repasseuse mécanique	ironer, , ironing/pressing machine
BULLDOZER	bulldozer, tracteur lourd	bulldozer
Raupenbulldozer	bulldozer sur chenilles	caterpillar
Reifenbulldozer	bulldozer sur pneus	bulldozer on wheels
BUND	alliance, ordre, union	alliance, union
Bund der Architekten	ordre/union des architectes	institute/society of architects
Bundesstraße	route nationale	main road
BUENDIG	à fleur de, au ras de	flush with
BUNKER	soute	store-room
Kohlenbunker	soute à charbon	coal/fuel bunker
BUNT	multicolore, polychrome	coloured, colourful
Buntglas	verre coloré/teinté	coloured/stained/tinted glass
Buntsandstein	grès bigarré	red sandstone
BUERGE	accréditeur, caution	guarantor
Wechselbürge	avaliseur, avaliste, endosseur	endorser, guarantor of a bill of exchange
BUERGEN	donner/ se porter caution	to give/go bail
BUERGSCHAFT	caution(nement), garantie	security, surety
Bürgschaftskredit	crédit cautionné/ sur caution	bail/guaranteed credit
persönliche Bürgschaft	caution personnelle	personal guarantee
Wechselbürgschaft	aval, endossement ² caurtionnement par traite	endorsement ² security given by bill
BUERGER	citoyen	citizen
Bürgerkunde	instruction civique	civics
Bürgerschaft	bourgeoisie, population	community, citizens
BUERGERLICH	civil, civique	civic, civil
bürgerliches Gesetzbuch	code civil	civil code, code of civil law
bürgerliches Recht	droit civil	civil law
Gesellschaft des bürgerlichen Rechts	société civile	company constituted under civil law
BUERGERMEISTER	bourgmestre, maire	burgomaster, mayor
Bürgermeisteramt	fonction de maire ² mairie	function of mayor ² town hall
beigeordneter Bürgermeister	maire adjoint	deputy mayor
BUERGERSTEIG	trottoir	pavement, sidewalk
BUERO	bureau, office	bureau, office
Büroangestellter	employé de bureau	clerk
Bürogebäude	immeuble administratif/ de bureau	office building

Bürovorsteher	chef de bureau	chief clerk
Architektenbüro	atelier/cabinet d'architecte	architect's office
Baubüro	bureau technique, service de l'architecte	building/drawing/planning office
Bau(stellen)büro	bureau de chantier	site office
Maklerbüro	agence immobilière	estate agency
technisches Büro	bureau technique	technical bureau/office
Zeichen=büro/=stube	bureau de dessin	drawing office
BUS [Auto-]	autobus	bus
Bushaltestelle	arrêt d'autobus	bus stop
Reisebus	autocar	coach
BUSSE	amende	fine

CARPORT	abri (de voiture), garage	carport
CHAUSSEE	chaussée, grand-route	main/public road
Chausseegraben	fossé [de route]	ditch [along a public road]
Chausseewalze	cylindre/rouleau compresseur	road-/street-roller
CHEF	chef	chief
Chefingenieur	ingénieur en chef, directeur technique	managing engineer
CHEMIE	chimie	chemistry
Bauchemie	chimie du bâtiment	chemical problems in building
CHEMIKALIEN	produits chimiques	chemicals
chemikalienfest	résistant aux agents chimiques	resisting to chemicals
CHEMISCH	chimique	chemical
chemisches WC	WC chimique	chemical WC
CHROM	chrome	chrome, chromium
Chromnickelstahl	acier chromé au nickel	nickel chrome steel
Chromoplastfarbe	peinture au chromoplaste	chromoplast paint
Chromstahl	acier chromé/inox(ydable)	chromium/stainless steel
CONTAINER	conteneur	container

DAC-DAC

DACH	toit(ure)	roof, top
Dachabdichtung	étanchéité de la toiture	waterproofing of a roof
Dachablauf	déversoir de raccordement	rainwater outlet
Dachabschluß	solin de rive	edging strip, roof surroundings
Daschausfütterung	sous-toiture	roof lining
Dachausstieg	lucarne d'accès au toit	roof hatch
Dachbelag	couverture	roofing
Dachbinder	ferme	girder, roof frame, truss
Dachboden	comble, grenier	attic, garret, loft
Dachdecker	couvreur	roofer, (roof) tiler/slater
Dach=deckerarbeiten/=deckerei	travaux de couverture	roofing, sheathing
Dacheindeckung	travaux de couverture	roofing, sheathing
Dachentwässerung	drainage/égouttage des toitures	rainwater/roof drainage
Dachfenster	châssis de toiture, lucarne	attic/dormer window, skylight
Dachflächenfenster	tabatière grand format	skylight-window
Dachfilz	feutre de couverture	roofing felt
Dachfirst	faîtage, faîte, faîtière	ridge
Dachgarten	jardin-terrasse	roof-garden
Dach=gaube/=gaupe	lucarne	dormer window
Dachgeschoß	(étage dans les) combles	attics, garret floor
Dachgesellschaft	holding, société-mère	holding/parent company
Dachgesimse	corniche	cornice
Dachgrat	arête/croupe d'un toit	hip of a roof
Dachhaut	couverture	roof skin
Dachheizung	chaufferie dans les combles	attic boiler room
Dachkehle	cornière, gouttière, noue	roof-valley, valley channel
Dachknick	grand brisis	break of roof
Dachkonstruktion	construction de toiture	roof structure
Dachlatte	latte/volige de toiture	roof(ing) batten/lath
Dachlattung	lattis/voligeage de la toiture	roof battens/lathing
Dachlüftungsziegel	châtière	ventilator tile
Dachluke	lucarne, tabatière	(hinged) skylight, roof hatch
Dachneigung	inclinaison/pente du toit	inclination/pitch/slope of roof
Dachpappe	carton/feutre bitumé/asphalté	tar(red) roofing felt/paper
Dachpappenlage	couche de feutre	feltings
Dachpfanne	tuile flamande	pan-/Flemish tile
Dachpfette	panne	roof purlin
Dachraum	comble, grenier, soupente	attic (room), garret,
Dachräume	pièces dans les combles	attics
Dachrinne	chéneau, gouttière	(roof)/(rainwater) gutter
beheizte Dachrinne	gouttière chauffante	heated gutter
Dachschalung	planchéiage du toit	roof boarding
Dachschiefer	ardoise (de couverture)	(roof)slate
Dachschindel	bardeau, échandole	shingle
Dachschräge	pente/rampant du toit	slope of roof, roof pane
Dachsparren	chevron	rafter
Dachstube	chambre de soupente, galetas	attic room
Dachstuhl	comble, faîtage, ferme	rafters, roof framework/timbers/ timber work/ truss
Dachterrasse	toiture terrasse	roof platform/terrace
Dachtraufe	chêneau, gouttière	eaves/rainwater/roof gutter

DAC-DAM

Dachvorsprung	avant-toit, saillie/surplomb de la toiture	roof eaves/overhang
Dachziegel	tuile	(roofing) tile
Dachzimmer	mansarde	garret, mansard
aufgewalmtes Dach	toit à croupe boiteuse/ à demie-croupe/ à pans coupés	hip and gable roof, jerkin roof
Flachdach	toit plat, toiture plate	flat/platform roof
geneigtes Dach	toiture inclinée/ en pente	pitched roof
Giebeldach	combles sur pignon, toit en bâtière/selle	gable/ridge/saddle roof
Glasdach	ciel vitré, marquise en verre	glass roof/porch, sky light
Krüppelwalmdach	toit à croupe boiteuse/ à demie-croupe/ à pans coupés	hip and gable roof, jerkin roof
Mansardendach	toit/comble à la Mansard/ brisé/mansardé	mansard roof
Pfettendach	comble/toit à pannes	purlin roof
pneumatisches Dach	toiture pneumatique	pneumatic roof
Pultdach	comble en appentis, toit à un versant	lean-to/monopitch/pent/shed/ single-pitch roof
angebautes Pultdach	toit en appentis	lean-to roof
Satteldach	toit à deux égouts/versants/ à dos d'âne/ à double pente/ en bâtière	couple/double pitched/saddle/ span roof
Schieferdach	toit en ardoises	slate(d) roof
Schindeldach	toit en bardeaux	shingle roof
Schleppdach	toit en appentis	pent-/shed-roof
Schrägdach	toiture en pente	monopitch roof
Sheddach	toiture en shed	saw-tooth/shed roof
Spitzdach	toiture à 2 versants à forte pente	high/steep pitched roof
Steildach	toiture à forte pente	high/steep pitched roof
Terrassendach	toiture-terrasse	platform roof
Umkehrdach	toiture inversée	inverted/upside-down roof
Walmdach	toit(ure) à quatre pans/ en croupe	hip(ped) roof
Wetterdach	abri, auvent, marquise	canopy, porch, shelter
Vordach	au vent	canopy, porch
Ziegeldach	toit(ure) en tuiles	tiled roof
DAME	dame	lady
Damentoilette	toilette pour dames	ladies'/powder room
DAMM	digue, remblai, terrassement	dam, dike, embankment
DAMMEN	damer	to ram
DAMMER	dame(use), pilon	punner, earth rammer
DAEMMEN	endiguer, enrayer [2] isoler	to restrain [2] to insulate
schalldämmend	insonorisant	noise reducing, sound damping
wärmedämmend	calorifuge	heat insulating
DAEMMATTE	matelas isolant	insulation quilt
DAEMMSTOFF	matière isolante/thermique	insulating/insulation product
Wärmedämmstoff	(produit) calorifuge, isolant thermique	heat insulator/insulation product
DAEMMPLATTE	panneau isolant	insulating board/panel
Holzfaserdämmplatte	panneau isolant en fibres de bois	insulating (wood) fibre board

DAEMMUNG	isolation	insulation
Schalldämmung	amortissement/réduction du bruit, insonorisation	sound insulation/proofing, noise reduction
Wärmedämmung	isolation/résistance thermique	thermal insulation/resistance
DAMPF	vapeur	steam, vapour
Dampfdruck	pression/tension de vapeur	vapour pressure
Dampframme	batteuse de pieux, machine à battre des pieux, sonnette	pile driver
Dampfsperre	barrière/membrane pare-vapeur	dampproof course/membrane, vapour barrier/check
Dampfsperrbahn	feuille/membrane pare-vapeur	vapour barrier sheet
Dampfwalze	cylindre/rouleau à vapeur	road/steam/street roller
Wasserdampf	vapeur d'eau	water vapour
Wasserdampfdiffusion	diffusion de vapeur d'eau	water vapour diffusion
DAEMPFEN	affaiblir, amortir, assourdir	to damp(en)/muffle
Schalldämpfung	amortissement du bruit/son	sound absorption/deadening, noise reduction
DAEMPFER	amortisseur	damper, muffler
Schwingungsdämpfer	amortisseur de vibration	antivibration pad
DARLEH(E)N	crédit, prêt	credit, loan
ein Darlehn aufnehmen	contracter un prêt	to take up a loan
ein Darlehn gewähren	octroyer un prêt	to grant a loan
Darlehnsbewilligung	octroi d'un prêt	grant of a loan
Darlehensgeber	bailleur, prêteur	lender
Darlehnsgrenze	limite/plafond de prêt	maximum loan
Darlehensnehmer	emprunteur	borrower
Darlehnsrückfluß	reflux du prêt/ des prêts	reflux of loan(s)
Darlehnssicherheit	garantie d'un prêt	security for a loan
Darlehnstilgung	amortissement du prêt	loan redemption
Darlehnszinsen	intérêts de l'emprunt/ du prêt, loyer de l'argent	loan charge/interest
Baudarlehn	prêt à la construction	building loan
Bauspardarlehn	prêt d'épargne-crédit/	building-society loan
festverzinsliches Darlehn	prêt forfaitaire	fixed interest loan
Festzeitdarlehn	prêt à terme	time money
Globaldarlehn	prêt forfaitaire	lump loan
Hypothekendarlehn	prêt hypothécaire	mortgage loan
kurzfristiges Darlehn	prêt à court terme	short term loan
langfristiges Darlehn	prêt a long terme	long term loan
Laufzeit eines Darlehns	durée de remboursement d'un prêt	redemption period of a loan
mittelfristiges Darlehn	prêt à moyen terme	medium term loan
Sofortdarlehn	prêt immédiat	immediate loan
verzinsliches Darlehn	prêt productif d'intérêt	loan on interest
zinsloses Darlehn	prêt exempt d'intérêt	interestfree loan
zinsverbilligtes Darlehn	prêt à taux réduit	loan at reduced rate of interest
Zusatzdarlehn	prêt complémentaire	supplement loan
DATEN	données	data, particulars
Datenbank	information en ligne, banque d'informations	data process bank

DAT-DEC

Datenverarbeitung	informatique, traitement de l'information	data/information processing
Datenverarbeitungsgerät	ordinateur électronique	computer
Elektronische Datenverarbeitung [EDV]	informatique électronique	electronic data processing
DATUM	date	date
Datumstempel	(horo)dateur	date-marker
amtlich erhärtetes Datum	date certaine	legal date
Bezugsdatum	date/jour de référence	reference day
DAUER	durée	continuance, duration, lasting
Dauerauftrag	ordre permanent	standing order
Dauergarten	jardin permanent	permanent garden
Dauerhaftigkeit	durabilité	durability
Lebensdauer	durée de vie	life time
Dauerwohnrecht	droit d'habitation à vie	lifelong right of occupancy/ residence
Rückzahlungsdauer	durée de remboursement	term of reimbursement, redemption period
unbefristete Dauer	durée illimitée	unlimited period
DEBITORENKONTO	compte débiteur	debit account
DECKEN	couvrir	to cover
Deckanstrich	couche/enduit opaque/ de finition	opaque coat
Deckblech	coiffe, tôle de recouvrement	coverplate
Deckschicht [Straßenbau]	couverture, tablier	deck(ing), road(way)
DECKE	couverture ² (dalle de) plafond, planche haute	ceiling, upper floor (deck/slab)
Deckenanschluß	raccordement de plafond	ceiling-wall junction
Deckenbekleidung	revêtement de plafond	ceiling lining
Deckenbeleuchtung	éclairage de plafond	downlight
Deckenelement	élément de plafond	floor component
Deckenfertiger [Straßenbau]	finisseuse (de route]	(road) finisher
Deckenhaken	tire-fond	ceiling hook, screw spike
Deckenheiztafel	panneau pour plafond chauffant	ceiling heating panel
Deckenhohlkörper	corps creux/ hourdis pour plafonds, entrevous	hollow (floor) filler blocks
Deckenkonstruktion	système constructif pour dalles	structural floor systems
Deckenleuchte	plafonnier	ceiling lamp
Deckenputz	enduit de plafond	ceiling plaster
Deckenstärke	épaisseur de dalle	depth/thickness of slab
Deckenstein	entrevous, hourdis	floor element
Deckenstrahlungsheizung	plafond chauffant	ceiling heating
Deckenträger	poutrelles de plancher	floor beams
Deckenuntersicht	sous-face de plafond	lower side of ceiling
abgehängte Decke	faux plafond, plafond suspendu	suspended ceiling
Akustikdecke	plafond acoustique	acoustic ceiling
Betondecke	dalle/plancher en béton/ciment	cement/concrete floor slab
Beton(straßen)decke	chaussée en béton	concrete paving
Einschubdecke	plafond à entrevous/glissière	false/sound-boarded ceiling

Fahrbahndecke	revêtement/tablier de chaussée	carriageway/road surfacing, deck of road
Fertigteildecke	plancher en éléments préfabriqués	precast compound floor
freitragende Decke	plancher suspendu	suspended floor
Glasdecke	plafond vitré	glazed roof
Hängedecke	faux plafond, plafond suspendu	suspended ceiling
Hohlkörperdecke	plancher à hourdis creux	hollow filler block floor
Holzdecke	plafond en bois	timber ceiling/floor
Klimadecke	plafond climatisant	air-conditioned/ ventilated ceiling
Leuchtdecke	plafond lumineux	lighted ceiling
Lüftungsdecke	plafond ventilé	ventilated ceiling
Massiv(beton)decke	plancher massif/ en béton monolithe	monolithic concrete slab, solid floor
Rasterdecke	plafond-grille	open type false ceiling
Rippendecke	plafond à nervures	filleted/ribbed ceiling
Rohdecke	dalle nue, plancher nu	bare floor/slab
DECKEL	couvercle	cover, lid
Klapp=deckel/=sitz	(a)battant	tilting cover/seat
DECKUNG	couverture	cover(ing), security
Bedarfsdeckung	satisfaction des besoins	satisfaction of needs
Dachdeckung	couverture	roofing
Schieferdeckung	couverture en ardoises	slate roofing, slating
Ziegeldeckung	couverture en tuiles	tile covering, tiling
DEFEKT	défaut, vice	defect, fault, imperfection
DEFIZIT	déficit	deficit, shortage
ein Defizit aufweisen	accuser un déficit, être en déficit	to show a deficit
ein Defizit decken	combler/couvrir un déficit	to make up a deficit
DEGRESSIV	dégressif	degressive
degressiver Zinssatz	taux d'intérêt dégressif	degressive rate of interest
DEHNUNG	dilatation	dilation. dilatation
Dehn(ungs)fuge	joint de dilatation	dilatation/expansion joint
Dehnungsfugenabdeckung	couvre-joint de dilatation	expansion butt strap
Dehnungsgefäß	vase d'expansion	expansion tank
Dehnungs=koeffizient/=zahl	coefficient de dilatation	modulus of extension
Kriechdehnung	dilatation due au fluage	creep strain
DEKAMETER	décamètre	decametre
DEKORATION	décoration	decoration
Dekorglas	verre décoratif	decorative glass
Dekor(ations)platte	panneau de décoration	decorating/ornamental panel
Dekorschichtstoffplatte	plaque laminée/stratifiée décorative	decorative laminated board
DEKORATIV	décoratif	decorative, ornamental
DEMOGRAPHIE	démographie	demography
demographisch	démographique	demographic
demographische Merkmale	critères démographiques	demographic criteria
DEMONSTRATIV	démonstratif	demonstrative
Demonstrativbauvorhaben	chantier de démonstration	demonstrative building scheme

DENKMAL	monument	monument
Denkmalpflege	conservation des monuments	preservation of monuments
Denkmalschutz	protection des monuments	preservation of monuments
Gebäude unter Denkmalschutz	monument classé	registered monument
DEPONIE	décharge publique, dépôt d'ordures	refuse dump/tip
DEPOSITEN	(valeurs en) dépôt	deposits
Depositeninhaber	déposant	depositor
Depositenkasse	Caisse des Dépôts et Consignations	Deposit and Consignment Office
DESINFEKTION	désinfection	disinfection
Desinfektionsanlage	installation de désinfection	sterilizing plant
Desinfektionsmittel	(produit) désinfectant	disinfectant (product)
DETAIL	détail	detail
Detailhandel	commerce de détail	retail business/trade
Detailzeichnung	plan/dessin de détail/ d'exécution	detail/execution draft/plan
Konstruktionsdetail	détail de construction	constructive detail
DEVISEN	devises	foreign currencies
Devisenüberwachung	contrôle des changes	exchange control
DEZENTRALISATION	décentralisation	decentralization
DIAGRAMM	diagramme, graphique	diagram
DICHT	dense	dense
gasdicht	hermétique	gas-tight
luftdicht	hermétique	air-tight
schalldicht	insonore, isophone	soundproof
undicht	non étanche, perméable	not tight, pervious
wasserdicht	imperméable	water-proof/-repellent/-tight
DICHTE	densité	density
Baudichte	densité des constructions	building density
Bebauungsdichte	densité des constructions	building density
Bevölkerungsdichte	densité de population	density of population
Kraftwagendichte	taux de motorisation	motorization rate
Verkehrsdichte	densité du trafic	traffic concentration/density
Wohndichte	densité d'habitation	dwelling/residential density
DICHTEN	bourrer, colmater, étancher	to caulk/tighten
DICHTHEIT	étanchéité, imperméabilité	impermeability, imperviousness, tightness
DICHTUNG	bourrage, garniture, isolant, isolation, joint	caulking, insulation, packing, seal, tightening
Dichtungsbahn	lé/feuille d'étanchéité	sealing sheet
Dichtungskitt	mastic de calfeutrage	caulking/sealing compound
Dichtungsmanschette	manchette d'étanchéité	gasket
Dichtungsmittel	produit d'étanchéité	sealing material
Dichtungsmittel für Fugen	produit d'étanchéité pour joints	joint sealers, joint sealing material
Dichtungsprofil	profilé d'étanchéité	sealing gasket
Dichtungsring	bague/rondelle d'étanchéité	antileak/sealing ring
Dichtungsschlämme	coulis hydrofuge	waterproofing lime putty
Dichtungsstrick	cordon étanche	sealing rope
Fensterdichtung	calfeutrement	weatherstrip(ping)
Fugendichtung	garnissage de joints, jointoiement, calfeutrement	joint sealer/sealing, draught sealing

DICHTUNG		
Gmmidichtung	joint en caoutchouc	rubber gasket
Lippendichtung	joint d'étanchéité à lèvres	lip sealing
DICK	épais, gros, volumineux	big, bulky, large, voluminous
DICKE	épaisseur, grosseur	size, thickness
Dicktenhobel	dégrossisseuse	thicknessing machine
DICKICHT	broussaille	thicket
DIELE	madrier, planche, volige	batten, board, deal, plank
	² entrée, vestibule	² entrance, hall, lounge, lobby
DIELUNG	planchéiage	boarding, sheathing
Dachdielung	planchéiage du toit	roof boarding/sheathing
DIENEN	servir	to serve
dienendes Grundstück	fonds servant	servant tenement
DIENST	service	service
Dienstbote	domestique	(domestic) servant
Dienstboteneingang	entrée de service	back/side entrance
Dienstbotengebäude	communs [pl]	out-buildings/-houses
Dienstleistung	service	service
Dienststelle	bureau, office, service	agency, office
Diensttreppe	escalier de service	back stairs
Dienstübergabe	passation de service	transfer of function/office
Dienstwohnung	habitation/logement de service	service/tied tenancy,
		company flat/house/housing
Staatsdienst	service de l'Etat	Civil Service
technischer Dienst	service technique	technical office/service
Zinsendienst	service des intérêts	capital charge
DIENSTBARKEIT	servitude	easement, restriction
Grunddienstbarkeit	servitude foncière	real servitude, easement on
		real estate
Passagedienstbarkeit	servitude de passage	easement giving right of way
DIFFERENTIAL	différentiel	differential
Differentialausgleichsleitung	raccord équipotentiel	differential current conductor
Differentialausgleichs-	interrupteur différentiel	differential current breaker
Schutzschalter		
DIFFERENZ	différence	difference
Differenzstufe	marche intermédiaire	intermediate stair/tread
DIFFUSION	diffusion	diffusion
DINGLICH	réel	real, concerning real estate
dingliches Recht	droit réel	property law, law of real
		property
dingliche Sicherheit	gage hypothécaire	mortgage security
DIPLOM	brevet, diplôme	diploma
Diplomingenieur	ingénieur diplômé	graduated engineer
Diplomkaufmann	diplômé de l'école de commerce	graduate of a business school
Diplomvolkwirt	licencié en sciences économiques	graduated economist
DIREKT	direct	direct
direkte Beleuchtung	éclairage direct	direct lighting
direkte Steuern	impôts directs	assessed tax
DIREKTOR	directeur	director. manager
technischer Direktor	directeur technique, ingénieur	engineering manager,
	en chef	managing engineer

DIS-DRA

DISKONT	escompte, réduction, remise	discount, deduction, rebate
Diskontbank	comptoir d'escompte	discount bank
Diskontsatz	taux d'escompte	rate of discount
DISKUSSION	discussion	discussion
Diskussionsgruppe	groupe de discussion	(discussion) panel
DISPERSION	dispersion	dispersion
Dispersionsfarbe	couleur/peinture de dispersion	dispersion paint
DIVIDENDE	dividende	dividend
DOKUMENT	document	document
DOKUMENTALIST	archiviste, documentaliste	filing clerk
DOKUMENTATION	documentation	documentation, information
DOLLE	goujon, tolet, touret	gudgeon
DOMAENE	domaine, propriété	estate, property
DOPPEL	double	duplicate
Doppelabzweig	embranchement double	double pipe-junction
Doppelbesteuerung	double imposition	double taxation
Doppelbett	lit français, lit à deux	double-bed
Doppelboden	plancher double/surélevé/ technique	double floor (for technical wiring and piping)
Doppelbuchhaltung	comptabilité en partie double	double entry bookkeeping
Doppelfalz	rainure double	double seam/welt
Doppelfenster	fenêtre double/ à 2 croisées	double/ two leaf window
Doppelhaus	maison jumelée	semi-detached house
Doppelsteckdose	prise double	double/twin wall plug/socket
Doppeltür	contre-porte, double porte	double/screen door, pair of doors
Doppelverglasung	double vitrage	double glazing
Doppelzange [Zimmerei]	entrait, poutre traversière	double collar beam
Doppelzimmer	chambre à deux lits	double (bedded) room
DOPPELT	en double	double, twofold
DORF	village	village
Dorfplatz	place de village	village green
Dorferneuerung	rénovation des villages	village renewal
DORN [Türschloß]	cheville	plug
DOSE	boîte ² dose	can, tin ² amount, dose
Abzweigdose	boîte de connexion	contact/junction box
Steckdose	prise (de courant)	(wall) plug/socket, terminal
Doppelsteckdose	prise double	double wallplug
DOSIERUNG	dosage	batching, dosage, proportion
DOTIERUNG	dotation	dotation, endowment
DRAHT	fil de fer	wire
drahtbewehrt	renforcé par des fils métalliques	wire armoured
Drahtgeflecht	treillis métallique	wire mesh/netting, screen wire
Drahtgewebe	tissu métallique	wire gauze
Drahtglas	verre armé/filé/grillagé	wired glass
Drahtschere	cisaille	wire cutter
Drahtseil	câble métallique	wire cable/rope
Drahseilbahn	funiculaire	wire rope (rail)way
Drahtseilförderbahn	transporteur aérien	overhead carrier
Drahtspanner	raidisseur	wire-strainer

Drahtzaun	clôture en fil métallique/ de fer	wire fence
Drahtziegelgewebe	treillage/treillis céramique	bricanion lathing
Fliegendraht	toile métallique	fly-screen
Maschendraht	treillis métallique	wire-mesh/-netting
Stacheldraht	(fil de fer) barbelé	barb(ed) wire
DRAENAGE, Drainage	drainage	drainage, draining
Dränagerohr	drain, tuyau d'écoulement/ de drainage	(land) drain (pipe)
DRAENIEREN, drainieren	assécher, drainer	to drain
DRAUFSICHT	vue de dessus/ d'en haut	planning/top view
DREHBAR	pivotant, rotatif, tournant	revolving, rotary, rotating, slewing, turning
DREHEN	pivoter, tourner	to rotate/swing/turn
Drehfenster	fenêtre pivotante	pivoting/revolving window
Drehgriff	poignée tournante	revolving handle
Drehkran	grue (à tour) pivotante/ tournante, grue à pivot	revolving/rotating/slewing crane
Drehturmkran	grue pivotante à tour	rotary tower crane
Drehschalter	interrupteur rotatif	turn switch
Drehstrom	courant triphasé	three phase (alternating) current
Drehtür	porte pivotante/revolver	draught/revolving/swivel door
Drehzapfen	pivot	pivot, swivel
DREI	trois	three
dreigeschoßig	à trois niveaux, à deux étages	three storey
Dreispänner	immeuble à trois logements par palier	building with three flats per landing
DREMPEL(WAND)	mur de jambette	jamb wall
DRITTER	tiers, tierce personne	third party/person
Drittwiderspruch	tierce opposition	opposition by third part
DRUCK	(com)pression, poussée	compression, pressure
Druckabfall	chute de pression	pressure loss, lost pressure
Druckerhöhungsanlage	hydrophore [eau], surpresseur	booster installation
Druckfestigkeit	résistance à l'écrasement/ à la (com)pression	pressure resistance/strength
Druckfestigkeitsprüfung	essai de résistance à la compression	crushing test
Druckhöhe [Wasser]	chute/hauteur de refoulement	head of water, delivery head
Drucklufthammer	marteau piqueur/pneumatique	air hammer, pneumatic drill
Druckminderer [Gas]	détendeur	gas expander
Druckminderungsventil	détendeur/réducteur de pression	pressure reducing/relief valve
Druckreduzierventil	valve réductrice de pression	pressure reducing valve
Druckregler	régulateur de pression	pressure regulator
Druckschalter	interrupteur à bouton-pressoir	press button switch
Druckspüler	robinet poussoir [chasse d'eau]	flush(ing) valve
Druckstoßauffanggerät	antibélier	water hammering preventer
Druckverlust	chute/perte de pression	pressure loss, lost pressure
axialer Druck	pression axiale/centrée	axial (com)pression/pressure
Bodendruck	pression du sol	soil strain
Erddruck	pression du sol	soil strain

DRUCK
- *Dampfdruck* — pression/tension de vapeur — vapour pressure
- *exzentrischer Druck* — pression excentrique — excentric pressure
- *höchstzulässiger Druck* — pression admissible — safe working pressure
- *Schalldruck* — pression acoustique/sonore — sound pressure
- *Stempeldruck* — pression au poinçon — punch pressure
- *Stempeldruckprüfung* — essai de pression au poinçon — indentation test
- *Wasserdruck* — pression de l'eau — water pressure
- *Wasserdruckkessel* — hydrophore — hydrophore
- *Winddruck* — poussée/surcharge du vent — wind pressure

DRUECKER [Tür] — bec de canne, clenche — handle, latch
DUEBEL — cheville, goujon — dowel, gudgeon, peg, pin
- *Dichtungsdübel* — cheville de scellement — sealing peg

DUMPER — basculeur, dumper — dumper, tipper
DUENE — dune — dune
- *Dünensand* — sable des dunes/de mer — dune/sea sand

DUENN — mince — thin
- *Dünnbeläge* — revêtements minces — thin coverings

DUNST — brume, vapeur — haze, vapour
- *Dunst(abzugs)haube* — hotte aspirante/ d'aération — air-dome, (cooker) hood
- *Dunstglocke* — calotte/dôme de brume — haze canopy
- *Dunstschicht* — couche/nappe de brume — layer/sheet of haze

DUPLEXHAUS [2 Wohnungen] — (maison) duplex — duplex house
DUPLEXWOHNUNG [2 Geschosse] — (appartement) duplex — maisonnette

DURCHBIEGUNG — flèche, fléchissement, flexion — bending, buckling, deflection, flexure
- Durchbiegung unter Belastung — flexion sous charge/pression — deflection under pressure
- Durchbiegungsriß — fissure de fléchissement — flexure crack

DURCHBRUCH — évidement, percée, percement — opening, perforation
- durchbrochene Mauer — mur ajouré/évidé — open-work/perforated wall
- *Deckendurchbruch* — perçage/percement de dalle — slab piercing
- *Mauerdurchbruch* — perçage/percement d'un mur — wall piercing

DURCHFEUCHTUNG — humectage, humidification — moistening, soaking
DURCHFUEHRUNG — exécution, réalisation — execution, implementation
- Durchführungsbestimmungen — conditions/dispositions d'exécution — implementing provisions
- Durchführungsverordnung — règlement (public) d'exécution — statutory order

DURCHGANG — couloir, passage ² transit — passage(-way) ² transit
- Durchgangshahn — robinet/vanne d'arrêt — cut-off/stop cock/valve
- Durchgangshöhe — hauteur libre — head-room
- Durchgangsrecht — droit de passage — right of way
- Durchgangsverkehr — circulation/trafic de transit — through/transit traffic
- *Wärmedurchgang* — transmission thermique/ de chaleur — heat transmission

DURCHLASS — passage — passage, opening
DURCHLAESSIG — perméable — permeable, pervious
DURCHLAESSIGKEIT — pénétrabilité, perméabilité, transmissibilité — penetrability, permeability, perviousness, transferability
- *Wärmedurchlässigkeit* — transmission thermique — thermal conductance

DURCHLAUFERHITZER	chauffe-eau instantané	flow/instant water heater
DURCHLUEFTUNG	aération, ventilation	aeration, ventilation
DURCHMESSER	diamètre	diameter
Durchmesser im Lichten	diamètre intérieur/libre	internal diameter, clear opening
Außendurchmesser	diamètre intérieur	inside diameter
Innendurchmesser	diamètre intérieur	inside diameter
lichter Durchmesser	diamètre intérieur	inside diameter
DURCHREICHE	passe-manger/-plats	buttery/service hatch
DURCHSICHTIG	transparent	transparent
DURCHSICKERN	s'infiltrer, [2] infiltration	to seep [2] seepage
DUROPLASTISCH	thermodurcissant	thermo-setting
DUERRE	aridité, sécheresse	dryness
DUSCHE	douche	shower
Duscheabtrennung	cloison pour douches	shower partition
Duschearmatur	robinetterie pour douche	shower fittings
Duschekabine	cabine de douche	shower compartment/cubicle
Duschekopf	pomme de douche	rose of a shower
Duscheschutzscheibe	pare-douche	shower screen
Duschwanne	bac à douche	shower tray
vorgefertigte Duscheeinheiten	blocs-douche	shower units
DUESE	buse, diffuseur, gicleur	jet, nozzle
DYNAMIK, Bewegungslehre	dynamique	dynamics
Aerodynamik, Strömungslehre	aérodynamique	aerodynamics
Thermodynamik, Wärmemechanik	thermodynamique	thermodynamics
Hydrodynamik, , Dynamik flüssiger Körper	hydrodynamique	hydrodynamics

EBEN [flach]	égal, horizontal, plan, de plain-pied	even, flat, level, plane
ebenerdige Wohnung	habitation de plain-pied	dwelling flush with the ground
EBENE	niveau, plan, plaine	level, plain, plane
Horizontalebene	plan horizontal	horizontal plane
schiefe Ebene	plan incliné	inclined plane
EBNEN	araser, égaliser, niveler, régaler	lo level/make even
EBERESCHE	sorbier	mountain ash
ECKE	angle, coin, corne ² encoignure	angle, corner, edge
Eckgrundstück	immeuble/terrain d'angle/de coin	corner-site
Eckhaus	maison d'angle/ de coin	corner house
Eckleiste	arête coudée, cornière, protège-angles	angle/corner bar/bead/edge/iron, corner guard
Ecklohn	salaire de référence	basic/reference wage
Eckstein	pierre angulaire/ de coin/ d'encoignure/ de refend	corner stone, quoin
Eckventil	robinet équerre	right/angle valve, angle (shut-off)
Eckziegel [Dach]	tuile cornière/de rive	edge tile
Eckenschutz	cornière, protège-angle	angle-bar, corner guard
Innenecke	encoignure	inner corner
EDEL	noble, précieux, sélectionné	noble, precious
Edelholz	bois noble/précieux	high-grade timber/wood
Edelputz	enduit de haute qualité/ de parement	facing plaster, high quality rendering
Edelstahl	acier inox(ydable)/spécial	refined/stainless steel
Edelstahlblech	tôle en inox	stainless steel-sheet/sheet-steel
Edeltanne	sapin argenté/blanc	silver fir
EFFEKTEN [Wertpapiere]	effets, titres, valeurs mobilières	bonds, stocks and shares, transferable securities
EHE	mariage	marriage
Ehegatte	époux, épouse	marital partner, husband/wife
Eherecht	droit matrimonial	matrimonial law
Ehevertrag	contrat de mariage	marriage contract/settlement
eine Ehe schließen	contracter mariage	to contract marriage
persönliches Eigentum eines Ehegatten	(bien) propre	private property of husband or wife
EHELICH	matrimonial	matrimonial
ehelicher Güterstand	régime matrimonial	matrimonial system
EICHE	chêne	oak tree
Eichenholz	(bois de) chêne	oak wood
EIGEN	personnel, privé, propre	own, private
Zimmer mit eigenem Eingang	pièce isolée	separate room
Eigenbesitz	propriété personnelle	personal possession, private estate
Eigenfinanzierung	autofinancement	self financing
Eigengewicht [Statik]	poids mort/propre	dead weight/load
Eigenheim	maison en propriété	owner occupied house, private home
Eigenheimbau	construction de maisons pour l'accession à la propriété	home building

Eigenheimbesitzer	propriétaire occupant	owner occupier
Eigenheimbewegung	mouvement en faveur de l'accession à la propriété	movement in favour of home ownership
Eigenheimerbauer	constructeur de maisons en propriété	home builder [US]
Eigenheimpolitik	politique favorable à l'accession à la propriété	owner occupancy policy
Eigenkapital	capital propre, fonds propres, apport personnel	personal capital/funds
Eigenleistung	apport/travail personnel/propre	personal performance
Eigenmittel	deniers personnels, moyens propres	assets, personal funds
Zinsertrag der Eigenmittel	rendement de l'apport personnel	interest on assets
EIGENTUM	propriété	propriety
Eigentumsbeschränkung	restriction du droit de propriété	restrictions of the right of ownership/possession
Eigentumsbildung	création de propriété privée	constitution of private property
Eigentumserwerb	acquisition de propriété(s)	acquisition of title
Eigentumsförderung	aide à/ promotion de propriété	promotion of ownership
Eigentumsherkunft	origine de propriété	origin of ownership, root of title
Eigentumsnachweis	établissement/origine de propriété	evidence of ownership/title
Eigentumspolitik	politique favorable à l'accession à la propriété	ownership policy
Eigentumsrecht	droit de propriété	right of ownership/propriety
Eigentumssteuer	impôt sur le capital	property tax
Eigentumstitel	titre de propriété	title deed, evidence of ownership
Eigentumsüberschreibung	mutation, transfert de titre	conveyance of property
Eigentumsübertragung	transfert de propriété	property transfer
Eigentumsurkunde	titre de propriété	title deed
Eigentumsursprung	origine de propriété	root of title
Eigentumsvorbehalt	réserve de propriété	retention of title
Eigentumswohnung	appartement en propriété	freehold/owner-occupied flat, condominium (flat)
Bruchteileigentum	propriété par millièmes	condominium
Geschoßeigentum	propriété d'/par étage	ownership of a particular storey of a building, condominium
Grundeigentum	propriété foncière	land(ed) property
Miteigentum	copropriété	co-ownership, condominium
nacktes Eigentum	nue-propriété	bare ownership, nuda proprietas
öffentliches Eigentum	domaine/propriété public/que	public property
persönliches Eigentum eines Ehegatten	bien propre	personal property of husband or wife
Privateigentum	propriété privée	private property
Stockwerkseigentum	propriété par étage	ownership of a particular storey of a building, condominium
unzerteiltes Eigentum	indivision, propriété indivise	joint ownership
volles Eigentum	pleine propriété	freehold, absolute ownership
in/zu vollem Eigentum besitzen	posséder en pleine propriété	to own in freehold

EIG-EIN

EIGENTUM
  Wohnungseigentum — propriété par appartement — ownership by flat/apartment, flat ownership

EIGENTUEMER — propriétaire — owner, proprietor
  Grundeigentümer — propriétaire foncier/terrien — land(ed) owner/proprietor
  Miteigentümer — copropriétaire — coproprietor, joint owner

EIGNUNG — aptitude, qualification — aptitude, qualification
  fachliche Eignung — aptitude professionnelle — professional abilities
  Bodeneignung — vocation du sol — vocation of soil

EIMER — seau — bin, bucket, can, pail
  Eimerbagger — drague à godets — bucket/ladder dredger
  Baggereimer — godet d'excavateur — excavator bucket
  Mülleimer — bac à ordures, poubelle — dust/garbage/refuse bin/can

EIN — un; une — one
  Einachsanhänger — semi-remorque — two-wheel(ed) trailer
  Einbahnstraße — (rue à) voie unique — one-way (street)
  Einfamilienhaus — maison individuelle/unifamiliale, pavillon — single family/ self contained house

Einfamilienhauspolitik — politique pavillonnaire — single house planning policy
Einfamilienhauswohnform — habitat pavillonnaire — single family house habitat
eingeschossig — à un niveau — one-level
eineinhalbgeschossig — a un niveau et demi [rez-de-chaussée et combles] — with one and a half storey [groundfloor and attic rooms]

Einrohrsystem (Kanal) — système d'égoût combiné — one pipe waste plumbing system
Einscheibensicherheitsglas — verre trempé — tempered/toughened safety glass
EINBAU — aménagement, encastrement, installation, montage — build(ing)-in, installation, mounting

Einbau= — encastrable, encastré — built-in, integrated
Einbauanweisung — directive de montage — fixing instructions
Einbauelemente — éléments incorporés — built-ins
Einbaugeldschrank — coffre-fort encastré/enmuré — wall safe
Einbauküche — cuisine agencée/incorporée/intégrée — built-in kitchen

Einbaumöbel — mobilier incorporé — built-in furniture
Einbauschrank — placard — wall cupboard
EINBAUEN — encastrer, incorporer — to build in
EINBERUFUNG — convocation — convocation
EINBETONNIEREN — enrober/noyer dans le béton — to embed/set in concrete
EINBINDEN — emboîter, (faire) entrer — to go/put into
  einbindende Teile — éléments emboîtés/incorporés — attached/binding elements
  eingebunden [in Mauer] — engagé — attached
EINBRENNLACK — thermolaque — enamel
  einbrennlackiert — thermolaqué — oven enamelled/varnished
  Einbrennlackierung — thermolaquage — stoved/baked coating/varnish
EINBRUCH — cambriolage, effraction — burglary, house-breaking
  [2] commencement, début — [2] beginning

Einbruch der Nacht — tombée de la nuit, nuit tombante — night fall
einbruchhemmende Tür — porte anti-effraction — burglary/intrusion protecting door

Einbruchschutz	protection contre l'effraction	burglar-protection
Einbruchschutzanlage	système de protection contre l'effraction	burglar alarm
Einbruchsicherung	dispositif anti-effraction	burglar protection
Einbruchwarnsystem	système d'alerte d'effraction	burglar-alarm
Kälteeinbruch	coup de froid	sudden inroad of cold weather
EINDRUCK	empreinte	indentation, penetration
Eindruckfestigkeit	résistance à la pénétration	indentation resistance
Eindruckprüfung	essai au poinçonnement	indentation test
EINEBNEN	égaliser, niveler, régaler	to level/ make even
EINFACH	simple	simple, single, not compound
einfache Zinsen	intérêts simples	simple interest
Einfachverglasung	vitrage simple	single glazing
EINGEZAHLT	payé	paid
voll eingezahltes Kapital	capital entièrement libéré	capital paid in full
EINGLIEDERUNG	intégration	integrating, integration
EINGRIFF	intervention	intervention
staatlicher Eingriff	intervention de l'Etat	State intervention
EINHEIT	élément, unité	element, unit
EINHEITS=	unitaire	unitary, per unit
Einheitspreis	prix unitaire	flat/unit price
Einheitswert	valeur unitaire	standard value
Nachbarschaftseinheit	unité de voisinage	neighbourhood unit
EINIGUNG	accord, conciliation	agreement, settlement
gütliche Einigung	accord à l'amiable	private arrangement
Mieteinigungsamt	commission de conciliation en matière de baux à loyer	conciliatory committee for rent claims
EINKAUF	achat, emplette	buying, purchase
Einkaufszentrum	centre commercial, grande surface, superette	shopping centre
EINKOMMEN	revenu, ressources	income, revenue, resources
Einkommen aus Liegenschaften	revenu foncier	return yield (from real estate)
Einkommensgrenze	plafond de revenu	income ceiling
einkommensschwach	économiquement faible, à faible revenu	underprivileged, low income
Einkommensteuer	impôt sur le revenu	income tax
Bruttoeinkommen	revenu brut	gross income
Familieneinkommen	revenu familial	family income
Nebeneinkommen	revenu accessoire, cumul	incidental income
Nettoeinkommen	revenu net	net income
EINKORNBETON	béton caverneux/ sans fines	no-fines concrete
EINKUENFTE	revenus, rentes	income, revenue
Einkünfte aus Liegenschaften	revenus fonciers	return yield of real estate
EINLADUNG	convocation, invitation	convocation, invitation
EINLAGE	dépôt ² couche intermédiaire	deposit ² insertion
Kapitaleinlage	apport de capital	capital contribution
Kündigung einer Einlage	préavis de retrait de fonds	notice of withdrawal of a deposit
EINLASS	admission	admission
Einlaßventil	soupape d'entrée	admission valve

EINLAUF	entrée, avaloir	inlet, gully
Einlaufrost	grille d'avaloir/ d'entrée	gully/inlet grating
EINLIEGERWOHNUNG	logement indépendant dans maison familiale	independant dwelling in one-family house
EINMALIG	unique	single, unique
einmalige Prämie	prime unique	single premium
EINMAUERN	fixer au ciment, sceller, murer	to embed/grout in/ immure/ seal/ wall in
EINMESSEN	prendre sur le terrain des mesures de repère	putting reference marks on the site
EINMUENDEN	déboucher, entrer	to discharge/flow/run into
Straßeneinmündung	bifurcation	road junction
EINNAHME	recette	proceeds, receipts
Bruttoeinnahmen	recettes brutes	gross receipts
Gemeindeeinnahme (=Einnehmeramt)	recette communale	rate (collector's) office
Mieteinnahmen	recettes locatives/ de loyer	rental, rant income/roll
EINNEHMER	receveur, percepteur	collector, receiver
Einnehmeramt	recette communale	rate (collector's) office
Gemeindeeinnehmer	receveur communal	rate-collector
EINPLANEN	insérer dans un projet	to insert into a plan
EINPRESSMOERTEL	mortier d'injection	grout
EINRAMMEN	enfoncer, battage	to ram in, ramming
EINREGISTRIERUNG	enregistrement	registration
Einregistrierungskosten	droits d'enregistrement	taxes on transfer of property
EINREIBER	tourniquet à entailler	entering catch
EINREICHEN	déposer, présenter	to file/hand (in)/ present
Klage einreichen	déposer plaine, intenter un procès	to bring/file an action/ a suit
eine Submission einreichen	faire une soumission	to send in a tender, to tender
EINRICHTUNG	établissement, institution ² équipement, installation	establishment, institution ² facility, fixture, installation
Einrichtungsgegenstände	éléments d'équipement	fitments
Betriebseinrichtung	équipement, installation	equipment, outfit
Folgeeinrichtungen der Wohnung	prolongements du logement	ancillary facilities,/ complement of dwellings
Inneneinrichtung	aménagement intérieur	inside architecture, furniture
kommerzielle Einrichtungen	équipement commercial	commercial facilities
kulturelle Einrichtungen	équipement culturel, édifices culturels	cultural facilities
Ladeneinrichtung	inventaire de boutique	shop fittings, fixtures
öffentliche Einrichtungen	équipements publics	public facilities/services
schulische Einrichtungen	équipement(s) scolaire(s)	educational facilities
soziale Einrichtungen	équipement social	social facilities
sozio-medizinische Einrichtungen	institutions socio-médicales	health and social services
EINRUESTEN	échafauder	to scaffold
EINSATZ (Verlängerung)	rallonge	extension leaf

EINSCHACHTELN	emboîter	to encase
EINSCHACHTELUNG	emboîtement	encasing
EINSCHAETZUNG	appréciation, évaluation	appraisal, assessment
Einschätzung der Kreditwürdigkeit	évaluation de la solvabilité	credit-rating
EINSCHIEBEN	faire rentrer	to shove in
Einschiebetreppe	escalier escamotable	disappearing/retractable stairs
EINSCHLIESSEN	enfermer	to lock up/surround
mit fremdem Gebiet einschließen	enclaver	to enclave
EINSCHNUERUNG	étranglement	bottle neck, narrowing
Straßeneinschnürung	voie en goulot	bottle-neck street/road
EINSCHRAENKUNG	limitation, restriction	limitation, restriction
EINSCHREIBEN	enregistrer, inscrire	to book/enter/register
Einschreibebrief	lettre recommandée	registered letter
Einschreibegebühr	droit d'enregistrement	registration fee
EINSCHREIBUNG	inscription, enregistrement	inscription, registration
Hypothekeneinschreibung	inscription hypothécaire	registration of mortgage
EINSCHUBDECKE	plafond à entrevous	sound boarding
EINSCHUBTREPPE	examen, inspection	insight, perusal
ENSICHT	escalier escamotable	disappearing/retractable stairs
EINSPARUNG	économie, économisation	economy, saving
EINSPRUCH	objection, opposition	objection, opposition
Einspruch Dritter	tierce opposition	opposition by third party
EINSTECKSCHLOSS	serrure à mortaise	let-in/mortise lock
EINSTEIGEN	monter, pénétrer	to get in
Einsteigöffnung	regard, orifice de visite	inspection port/hole
EINSTELLEN	garer, remiser ² engager, embaucher ³ arrêter, cesser ³³ ajuster, régler	to garage ² to employ/engage ³ to stop/strike ³³ to adjust/regulate
Einstellplatz	place de parking couverte	parking place under cover
Einstellschuppen	remise	coach (house), garage
EINSTELLUNG [Beendigung]	cessation, suspension	discontinuance, suspension
Arbeitseinstellung	arrêt du travail, grève	stoppage of work, strike
Betriebseinstellung	cessation d'exploitation	closing an exploitation
Zahlungseinstelluung	cessation de payement	suspension of payment
EINSTUFUNG	classement	rating
EINSTURZ	affaissement, éboulement,	collapse, falling-in
Einsturzgefahr	danger d'éboulement, état de péril	danger of collapsing, dangerous condition/state
EINSTUERZEN	ébouler, s'effondrer	to break in/down
EINTEILUNG	division, partage, morcellement	division, distribution, plotting
EINTRAGEN	inscrire, enregistrer	to enter/list/register
eine Hypothek eintragen	inscrire une hypothèque	to register a mortgage
EINTRAGUNG	enregistrement, inscription	inscription, registration
Hypothekeneintragung	inscription hypothécaire	registration of mortgage
EINTRITT	entrée	entrance, entry
Eintrittstufe	marche d'entrée/ de départ	first/starting step
Lufteintritt(söffnung)	bouche/entrée d'air	air inlet
EINVERSTAENDNIS	accord, consentement	accord, consent
in gegenseitigem Einverständnis	de gré à gré	by mutual agreement

EIN-EIS

EINWEISUNG	instruction, installation	briefing, installation
Besitzeinweisung	envoi en possession	livery of seisin, vesting assent
EINWIRKUNG	action, influence	influence
EINWURF [Briefkasten]	ouverture/fente [boîte aux lettres]	letterbox slot
Einwurfklappe	clapet d'ouverture	slot flap
EINZAHLER	déposant	depositor
EINZAHLUNG	dépot, versement	deposit, (im)payment
Einzahlungsformular	bulletin de versement	paying-in slip
EINZAEUNEN	clôturer, enclore	to fence in
EINZAEUNUNG	clôture	fencing
EINZELN	seul, individuel, un à un	single, individual, one by one
Einzelbett	lit à une place	single bed
Einzelhandel	commerce de détail, petit commerce	retail trade
Einzelhandelsgeschäft	magasin de vente (au détail)	retail shop
Einzelhändler	détailland, marchand au détail	retailer
Einzelhaus	maison isolée, pavillon	detached house
Einzelprokura	procuration individuelle	single signature
Einzelteile	pièces détachées	spare parts
Einzelzimmer	chambre à un lit	single room
EINZELHEIT	détail	detail
EINZUG	emménagement, prise de possession	moving in, taking over, taking possession
Einzugsgebiet	zone tributaire	tributary area
Einzugsgebiet eines Wasserlaufs	zone tributaire d'un cours d'eau	catchment area [of river]
EIS	glace	ice
Eisberg	iceberg	iceberg
Eisbildung	formation de glace	ice formation
Eisfeld	banc/champ de glace	ice field/pack
Eislast	surcharge due à la formation de glace	ice load/pressure
Eismeer	mer polaire, océan glacial	polar sea
Eisschicht	couche de glace	ice coating/layer
Eisscholle	glaçon	ice flock
Eiszapfen	glaçon	icicle
Glatteis	verglas	glazed frost
Treibeis	glaces dérivantes/flottantes	drift/floating ice
EISEN	fer	iron
Eisenbeton	béton armé	reinforced concrete
Eisenblech	tôle (de fer/ d'acier)	iron plate/sheet, sheet iron
Eisenmenige	minium de fer	iron ochre
Eisenmetalle	métaux ferreux	ferrous metals
Eisenportlandzement	ciment de fer	slag cement
Eisenschere	cisailles	shears
Eisenschlacken	laitier, mâchefer, scories de fer/ de haut-fourneau	blast-furnace/iron slag
Eisenschrott	ferraille	scrap iron
Eisenwaren	quincaillerie	ironmongery, hardware
Eisenwaren für das Bauwesen	quincaillerie du bâtiment	architectural ironmongery

Eisenwarenhandlung	quincaillerie	ironmongery, hardware shop
Bandeisen	fer feuillard/plat/ en ruban	flat bar, hoop iron
Baueisen	fer de construction	structural iron
Flacheisen	fer feuillard/plat/ en ruban	flat bar, hoop iron
Fugeisen	fer à rejointoyer	jointing iron
Gußeisen	fonte	cast-iron
Kanteisen	fer carré	square iron
Profileisen	fer profilé	section iron
Rundeisen	fer rond	round bar
T-Eisen	fer (en) T	T-iron
U-Eisen	fer (en) U	channel bas/iron
Verteilereisen	armature(s)/barre(s) de répartition	distribution (reinforcement) bar
Vierkanteisen	fer carré	square iron
Winkeleisen	(fer) cornière	angle iron
EISENBAHN	chemin de fer	railway
ELASTISCH	élastique	elastic, resilient
elastischer Kitt	mastic plastique	elastic mastic
elastische (Schlauch)leitung	tuyau flexible	flexible tube
elastische Platte	carreau élastique/flexible/souple	flexible/resilient tile
ELASTIZITAET	élasticité	elasticity, resilience
Elastizitätsmodul	module d'élasticité	elastic modulus, modulus of elasticity
ELEKTRIKER	électricien	electrical engineer/fitter, electrician
ELEKTRISCH [Elektro=]	électrique	electric(al)
elektrische Anlage	installation électrique	electric equipment, system, electricity
elektrische Haushaltsgeräte	appareils électroménagers	electric domestic appliances
elektrische Leitung	conduite électrique	electric wiring
Elektrogerät	appareil électrique	electric fixture
Elektrohammer	marteau électrique	electric hammer
Elektroherd	cuisinière électrique	electric cooker
Elektroinstallation	installation électrique	electric installation
Elektro-Kleinmaterial	menu matériel électrique	electric wiring accessories
Elektrozugwinde	palan électrique	electric pulley block
ELEKTRIZITAET	électricité	electricity
Elektrizitätswerk	usine électrique	electrical station
ELEKTRONIK	électronique	electronics
ELEKTRONISCH	électronique	electronic
Elektronenrechner	ordinateur (électronique)	(electronic) computer
elektronisches Auge	cellule électronique	electronic eye
elektronische Datenverarbeitung	information électronique	electronic information processing
ELEKTROTECHNIK	électrotechnique	electrotechnology, electrical engineering
ELEMENT	élément	component, element, unit
Elementbau	préfabrication	prefabrication, jig building
Elemente der Miete	éléments du loyer	rent components
Bauelement	élément de constructiom	building element
Betonelement	élément en béton	concrete element/unit

ELE-ENE

ELEMENT		
fabrikgefertigtes Element	élément manufacturé/usiné	factory-made element
normiertes Element	élément standardisé	standardized element
Treppenelement	élément d'escalier	staircase component
vorgefertigtes Element	élément préfabriqué/préusiné	prefabricated element
ELEND	détresse, misère	distress, misery
Elendsviertel	îlot/quartier de taudis	slum area/region, slums
Elendswohnung	logement insalubre, taudis	insanitary/slum dwelling, slum
Bekämpfung der Elendswohnungen	lutte contre les taudis	slum clearance campaign
Beseitigung der Elendswohnungen	abolition/suppression des taudis	slum clearance
Bewohner einer Elendswohnung	taudisard	slum occupant
Sanierung von Elendswohnungen	assainissement de taudis	slum clearance
ELOXIEREN	anodiser	to anodize
ELOXIERUNG	anodisation	anodizing
ELTERN	parents	parents
Elternzimmer	chambre des parents	master bedroom, parents' room
EMAIL(LE)	émail	enamel
emaillebeschichtetes Blech	tôle émaillée	oven enamelled/glazed sheet
Emailfarbe	couleur d'émail	enamel paint
Emaillack	émail, laque	enamel/lacquer varnish
emailliertes Glas	glace émaillée	enamelled glass/mirror
EMISSION	émission	emission, issue
Emissionsbeauftragter	contrôleur des nuisances	inspector of nuisances
Emissionsbedingungen	modalités d'une émission	terms and conditions of an issue
Emissionsschutz	protection contre les nuisances	prevention of nuisances
EMPFANG	réception	reception
Empfangsbescheinigung	accusé/avis de réception	acknowledgement/notice of receipt
Empfangsschein	récépissé, reçu	receipt
EMPFAENGER	bénéficiaire, destinataire	addressee, receiver
Lohnempfänger	salarié	wage earner
EMPFEHLUNG	recommandation	recommendation
Kölner Empfehlungen [(Mindestwohnflächen]	Recommandations de Cologne [surfaces minimales d'habitation]	Cologne Recommendation [minimum dwelling surfaces]
EMULSION	émulsion	emulsion
Emulsionsfarbe	peinture d'émulsion	emulsion paint
Bitumenemulsion	émulsion de bitume	bitumen emulsion
ENDE	fin	end
End=	final	final
Endausbau	stade final de l'aménagement	final stage of extension
endgültig	définitif	final
Endstation	terminus	terminal
Omnibusendstation	terminus d'autobus	bus terminal
Endwert	valeur finale	final value
Endziel	but final, finalité	final purpose, finality, goal
ENERGIE	énergie	energy, power
Energiebedarf	besoin/demande d'énergie	demand/needs of energy
Energiegewinnung	production d'énergie	power production
Energiekollektor	capteur d'énergie	energy collector
Energiequelle	(res)source d'énergie	energy resource

Energierückgewinnung	récupération d'énergie	energy recovering
Energiesparen	économisation d'énergie	energy saving
energiesparend	économisant l'énergie, réduisant la consommation d'énergie	energy saving, reducing energy consumption
Energiespeicherung	stockage d'énergie	energy storage
Energiestapler	bloc énergétique	energy stapler
Energieübertragung	transport d'énergie	transport of energy
Energieverbrauch	consommation d'énergie	power consumption
Energieversorgung	alimentation en énergie	energy/power supply
Energiewirtschaft	(économie) énergétique	energetics, power economy
Atomenergie	énergie nucléaire	nuclear energy
Nuklearenergie	énergie nucléaire	nuclear energy
Primärenergie	énergie primaire	primary energy
sanfte Energie	énergie douce	soft energy
Sekundärenergie	énergie secondaire	secondary energy
thermiche Energie	énergie calorique	thermal energy
ENGROSHANDEL	commerce de gros	wholesale trade
ENTBALLUNG	déconcentration, décongestion	relief of congestion
ENTEIGNUNG	dépossession, expropriation	expropriation, compulsory acquisition/purchase
Enteignungswert	valeur d'expropriation	compulsory purchase value
gebietsweise/ Flächen= enteignung	expropriation par zones	expropriation by zones
ENTDROEHNEN	insonoriser	to sound-dampen/-deaden
ENTFERNUNG	distance ² élimination, enlèvement	distance ² elimination, removal
Entfernungsmesser	télémètre	range-finder
ENTFEUCHTEN	déshydrater, (as-/des-)sécher	to dehydrate/dehumidify
ENTFEUCHTER	absorbeur d'humidité	humidity absorber, dehumidifier
ENTFEUCHTUNG	assèchement	dehumidification
Mauerentfeuchtung	assèchement des murs	wall drying
ENTGELT	rémunération, rétribution	remuneration
ENTKALKEN	décalcifier, détartrer	to decalcify/delime/scale
Wasserentkalker	adoucisseur/détartreur d'eau	water softener
Wasserentkalkung	adoucissement de l'eau	water softening
ENTLADEN, abladen	décharger	to unload
ENTLADUNG	déchargement	unloading
ENTLASSEN	congédier, licencier	to discharge/dismiss/ pay off
ENTLASTUNG	décharge	discharge
Entlastungsbogen	arc de décharge	discharging/relieving arch
Entlastungsstraße	voie de dégagement	relief road
Schlußentlastung	quitus	final discharge
Verkehrsentlastung	décongestion	relief of congestion
ENTLEEREN	vidanger	to discharge/drain
Entleerungshahn	robinet de décharge/purge//vidange	emptying/draw-off cock
Entleerungsgebiete	quartiers de dépeuplement	depopulating areas
ENTLOEHNUNG	rémunération, rétribution	remuneration; salary
ENTLUEFTER	aérateur	aerator
Schnüffelentlüfter	clapet équilibreur de pression	snuffler vent
ENTLUEFTUNG	aération, ventilation	airing, ventilation

Entlüftungsleitung	tuyau de ventilation	vent pipe
Entlüftungsleitung [Siphon]	reniflard de siphon	antisiphonage pipe
Entlüftungsöffnung	ouverture de ventilation	vent
Entlüftungsventil [Heizkörper]	aérateur (de radiateur)	air valve, vent
Zwangsentlüftung	aération mécanique	forced/mechanical ventilation
ENTMISCHUNG	ségrégation	segregation
ENTNAHME	prélèvement, prise, retrait	drawing, withdrawal
ENTROSTEN	dérouiller	to take the rust off
ENTROSTUNG	dérouillage	rust removing
Entrostungsmittel	dérouilleur, produit de dérouillage	rust remover
ENTSCHAEDIGEN	dédommager, indemniser	to compensate/indemnify
ENTSCHAEDIGUNG	compensation, indemnité, dédommagement, indemnisation dommages et intérêts,	compensation, indemnity, indemnification
Abstandsentschädigung	pas de porte	goodwill, key-money
Geldentschädigung	indemnisation en espèces	cash indemnity
Individualwertentschädigung	indemnité de convenance	convenience compensation
Kündigungsentschädigung	indemnité de résiliation	cancellation fine
Reisekostenentschädigung	indemnité de déplacement/route	travel allowance
Sonderwertentschädigung	indemnité de convenance	convenience compensation
ENTSCHEIDUNG	décision, résolution	decision, resolution
gerichtliche Entscheidung	jugement	judgement
ENTSCHULDEN	dégrever, désendetter	to disencumber
ENTSCHULDUNG	dégrèvement	disencumberment
ENTSORGUNG	évacuation des eaux usées, ordures ou produits nocifs	disposal of refuse water, garbage or noxious products
Entsorgungsleitungen	conduits de décharge	sewers
Ver= und Entsorgungs - leitungen	conduites d'adduction et d'évacuation	mains and sewers
ENTSPANNER [Druckregler]	détendeur	pressure-reducer
ENTWAESSERN	assécher, drainer, égoutter	to drain
ENTWAESSERUNG	assèchement, assainissement, drainage	dewatering, draining, drainage
Entwässerungsrinne	caniveau/rigole de décharge	drainage dip/groove/gutter
Entwässerungssystem	canalisation, réseau/système d'égouttage/d'assainissement	drainage/sewage system
Dachentwässerung	égouttage des toitures	roof drainage
ENTWERFEN	projeter	to plan/project
ENTWERTUNG	dépréciation, dévaluation	depreciation, fall in value
ENTWICKLUNG	développement, évolution	development, evolution
Entwicklungsgebiet	région à développer/ en voie de développement	development/developing area
Entwicklungsgesellschaft	société de développement	development company
Entwicklungsprogramm	programme de développement	development program
Entwicklungsplan	plan de développement	development plan/scheme
Bevölkerungsentwicklung	évolution démographique	population trend
Gemeinschaftsentwicklung	développement comunautaire	community development
Landesentwicklung	développement national	national development
Stadtentwicklung	développement urbain	town development

ENTWURF	concept(ion), ébauche, esquisse, projet	design, draft, plan, project, scheme
Entwurfsbüro	bureau d'étude	planning office
Bauentwurf	projet de construction	building project
Gegenentwurf	contre-projet	counter-project
Rohbauentwurf	conception du gros-oeuvre	structural design
Vertragsentwurf	projet de contrat	draft agreement
Vorentwurf	avant-projet	preliminary draft/plan/project
ENTZIEHEN	enlever, retirer, soustraire	to withdraw
Besitzentziehung	dépossession, éviction	dispossession, eviction
ENTZUG	enlèvement, retrait ² absorption	withdrawal ² absorption
Wärmeentzug	absorption de chaleur	heat absorption
EPF [Polystyrolschaum]	polystyrène expansé	expanded polystyrene
EPS-Putz	enduits pour emploi sur EPS	renderings on EPS
ERBAUER	bâtisseur, constructeur	builder, constructor
Eigenheimerbauer	constructeur de maisons individuelles	home-builder
ERBAUUNG	construction	building, construction
ERBE	héritage	heritage, inheritance
	² héritier, légataire	² hair, legatee
rechtmäßiger Erbe	héritier légitime	rightful heir
Pflichterbe	réserve héréditaire/légale, part réservataire	hereditary portion, part that must devolve upon rightful heirs
Erbgut	patrimoine	heritage, patrimony
Erb=baurecht/=pacht	emphythéose	leasehold, lease in perpetuity
Erbbaurechtgeber	bailleur emphythéotique	hereditaty lessor
Erbbaurechtnehmer	locataire d'emphythéose	hereditary lessee
Erbpachtvertrag	bail emphytéotique, droit de superficie	long term lease, lease in perpetuity, ground/hereditary lease
ERBSCHAFT, Erbe	héritage, succession	heritage, inheritance, legacy
Erbschaftsgebühren	droits de succession	estate/legacy/succession duty
Erbschaftssteuer	droits de succession	estate/legacy/succession duty
Erb(schafts)recht	droit successoral/ de succession	law of inheritance/succession
auf eine Erbschaft verzichten	renoncer à une succession	to disclaim/renounce an inheritance
ERDE	sol, terre	earth, soil
Erdabdeckung	couverture de terre	earth cover(ing)
Erdanschüttung	terre rapportée	filled up ground
Erdarbeiten	excavation(s), fouille(s), terrassement(s)	banking, digging, excavation, earthwork
Erdarbeiter	terrassier	digger, excavator
Erdaushub	excavation(s), fouille(s), terrassement ² masses excavées	banking, digging, excavation, earthwork ² spoil
Erdaushub der Baugrube	fouilles en pleine terre	pit excavation
Erdaushub von Gräben	fouilles en rigoles	trenching
Erdbeben	tremblement de terre	earthquake, earth tremor
Erdbebengefahr	danger de tremblement de terre	seismic hazard
Erdbebenkunde	sismologie	seismology
Erdbewegung	terrassement	earth-works/-moving
Erdbewegungsgeräte	engins de terrassement	earthmover plant
Erddruck	(com)pression/résistance du sol	soil strain

Erdeinschnitt	incision dans le terrain	incision in the land
Erdgas	gaz naturel	natural/rock gas
Erdgeschoß	rez-de-chaussée	ground floor/level, street floor
Erdhobel	niveleuse, grader à lame	grader
Erdkabel	câble souterrain	underground cable
Erdklemme	borne de terre	earth terminal
Erdkunde	géographie	geography
Erdleiter	conduite de (mise à) terre	earth-wire
Erdreich	terre	earth, ground, soil
angeschüttetes Erdreich	terre remblayée	made-up ground
verfestigtes Erdreich	sol stabilisé	compacted/stabilized soil
loses Erdreich	terre meuble	loose earth/ground/soil
Erdrutsch	éboulement, glissement de terrain	landslip
Erdschluß	court-circuit, perte à la terre	earth leakage
Erdstecker	fiche de mise à terre	ground rod
Erdwall	rempart de terre	earth rampart
Füllerde	terre de remblai	filled up earth
Gartenerde	terre franche/végétale, terreau	mould, loam, vegetable soil
Muttererde	terre franche/végétale, terreau	mould, loam, surface/top//vegetable soil
Tonerde	glaise, sol argileux	clay (soil)
ERDEN [Elektrizit.]	mettre à la masse/terre	to earth/ground
ERDUNG	prise de terre	earthing, earth connection
Erdungsklemme	borne de mise à terre	earth (connecting) clamp
Erdungsschalter	interrupteur de prise de terre	earth(eng) switch
ERFAHRUNG	expérience, savoir faire	experience, know-how
ERFALL	échéance	date, maturity, pay-day
Zahlungserfall	terme de payement	pay-day, term of payment
ERFALLEN	échoir	to fall due
erfallende Zinsen	intérêts (venant) à échoir	accruing interest
erfallene ZInsen	intérêts échus	accrued/outstanding interest
ERFOLG	succès	success
Erfolgsgarantie	garantie de bonne fin	surety of success
Erfolgskonto	compte de résultat	profit and loss account
Erfolgsrechnung	compte de résultats	profit and loss statement
Stadterneuerung	rénovation urbaine	urban renewal
stillschweigende Erneuerung	reconduction tacite	renewal by tacit agreement
ERGAENZUNG	complément	complement
Ergänzung auf den letzten Stand	mise à jour	bringing up to date
ERGEBNIS	produit, résultat	outcome, result
Betriebsergebnis	résultat de l'exploitation	operating result
ERGIEBIGKEIT	productivité, rendement	productiveness, productive capacity
ERGREIFEN	prendre, saisir	to grasp/ take possession, to seize
Besitzergreifung	prise de possession	taking possession
ERHAERTEN, härten	durcir	to harden
Erhärtungsmittel	produit durcissant	accelerator, hardener
ERHEBUNG [Umfrage]	enquête	inquiry, investigation, survey
Interviewerhebung	enquête par interview	interview inquiry
Stichprobenerhebung	enquête par sondage	sample survey

ERH-ERS

ERHOEHUNG	augmentation, majoration	increase, raise
Kapitalerhöhung	augmentation de capital	rise of capital
Lohnerhöhung	hausse/majoration de salaire	wage increase, rise of wages
Preiserhöhung	majoration des prix	increase in price
Werterhöhung	plus-value	increment value, increase in value
ERHOLUNG	délassement, récréation	recovery, relaxation
Erholungseinrichtung	équipement de récréation	recreational facilities/services
Erholungsgebiet	espace de récréation	recreation area/resort
Erholungslandschaft	paysage de loisir	leisure/recreational landscape
ERKER	(pièce en) saillie	bow-window, oriel (window)
Erkerfenster	fenêtre en saillie	bay/bow/jutting/oriel window
ERKLAERUNG	déclaration	declaration
Konkurserklärung	déclaration de faillite, mise en faillite	adjudication/declaration of bankruptcy
Nichtigkeitserklärung	annulation	annulment
Steuererklärung	déclaration/feuille d'impôts	tax return
ERLE(nbaum)	aune	alder(-tree)
Erlenholz	(bois d') aune	alder (wood)
ERLEICHTERUNG	allégement	ease, relief
Fiskalerleichterung	allégement fiscal	tax reduction
Steuererleichterung	allégement fiscal	tax reduction
ERLOES	produit, recette	proceeds, return
Erlös aus einem Verkauf	produit d'une vente	proceeds of a sale
ERLOESCHEN	expirer, s'éteindre ² déchéance, expiration	to cease/expire ² cease, expiration, extinction
ERMAECHTIGUNG	autorisation, permis	authorization, permit
ERMAESSIGT	réduit	reduced
ermäßigte Preise	prix réduits	cut/reduced prices
ermäßigter Zinsfuß	taux d'intérêt réduit	reduced rate of interest
ERMAESSIGUNG	escompte, rabais, réduction	abatement, rebate, reduction
Mietpreisermäßigung	réduction du loyer	rent rebate/reduction
Steuerermäßigung	modération/réduction d'impôt	reduction of taxes
ERMITTLUNG	enquête, instruction	inquiry, investigation
Bedarfsermittlung	détermination des besoins	determination of requirements
ERNEUERUNG	régénération, renouvellement	regeneration, renewal
Erneuerung eines Mietvertrages	renouvellement d'un bail	lease renewal
Erneuerungsantrag	demande de renouvellement	application for renewal
Altbauerneuerung	rénovation d'immeubles	renovation of old buildings
Dorferneuerung	rénovation des villages	village renewal
Lufterneuerung	renouvellement d'air	air renewal, ventilation
EROEFFNUNG	ouverture	aperture, opening
Eröffnungsbilanz	bilan d'ouverture	opening balance
Krediteröffnung	ouverture de crédit	opening of credit
EROSION	érosion	erosion
ERREICHBAR	abordable, accessible	accessible, attainable, available
ERSATZ	remplacement, restitution, succédané	compensation, substitute, surrogate
Ersatzteile	pièces détachées/ de rechange	spare parts
Ersatzwerkstoff	ersatz, matériau substitué, succédané	substitute
Schadenersatz	dommages et intérêts	compensation, indemnification
Schadenersatzklage	action en dommages et intérêts	action for damages

ERSCHLIESSEN	aménager, mettre en valeur, viabiliser	do develop/ fit out
erschlossenes Gelände	terrain aménagé/desservi/ viabilisé	developed/serviced land
ERSCHLIESSUNG	aménagement, viabilisation	site development/equipment
Erschließung von Bauland	aménagement de terrains	site development
Erschließungsanlagen	voies et réseaux divers	services
Erschließungsgebiet	zone à urbaniser	development area
Erschließungskosten	frais d'aménagement/ de viabilisation, taxe d'équipement	development cost/tax
Erschließungsplan	plan de viabilisation	development plan
Erschließungsstraße	chemin d'accès, voirie de desserte	access road
Grundstückserschließung	équipement/viabilisation de terrains	site development
Fonds für Gebietserschließung	fonds pour l'aménagement de zones	funds for site preparation
stückweise, zusammenhanglose *Erschließung*	aménagement par escalopes	piecemeal development
Verkehrserschließung	raccordement à la circulation	linking [a site] to traffic
ERSCHUETTERUNG	vibration	vibration
Erschütterungsschutz	protection antivibratile	antivibration device
ERSCHLOSSEN	aménagé, viabilisé	developed/serviced
erschlossenes Land	terrains viabilisés	developed/serviced land
ERSCHWERNIS	aggravation, complication	aggravation
Erschwerniszuschlag	prime pour travaux dangereux, incommodes ou insalubres	danger/dirty money, high difficulkty bonus
ERSCHWINGLICH	abordable, accessible	accessible, attainable
ERSPARNIS	économie, épargne	economy, saving(s)
ERSTATTUNG	remboursement, restitution	refunding, restitution
ERSTARRUNG	durcissement, prise	hardening, setting
Erstarrungsbeschleuniger	accélérateur de prise	setting accelerator
Erstarrungsverzögerer	retardateur de prise	setting restrainer
ERSTELLEN	construire, élaborer	to build up/ elaborate
Erstellung	construction, création	construction, elaboration
Erstellungskosten	frais de construction	construction cost
ERSTER, Erst=	premier	first
Erstanschaffung	acquisition initiale/première	first/initial acquisition
Erstbeitrag	apport initial	initial contribution/share
erstrangige Hypothek	hypothèque première en rang	first mortgage
ERSUCHEN [Antrag]	demande, requête	request, requisition
ERTEILEN	donner, délivrer, impartir	to confer/give/impart
Auftragserteilung	passation de commande/ d'ordre	award of contract, placing an order
ERTRAG	produit, rendement, revenu	proceeds,, profit, return
ertragreich	lucratif, à gros rendement	profitable, productive
Ertragsfähigkeit	capacité de rendement	earning capacity
Ertragshaus	maison de rapport	tenement building
Ertragswert	valeur de rendement	income/return value, capitalized earning power
Bruttoertrag	produit brut	gross proceeds/return

ERTRAG

Gesamtertrag	revenu total	overall profit, total proceeds
Grundstückserträge	revenus fonciers	return of real estate
Katasterertrag	revenu cadastral [fictif]	[fictitious] cadastral revenue
Mietertrag	revenu locatif	rental, rent-income/-roll
Minderertrag	déficit de rendement, manque à gagner	return deficit
Zinsertrag	produit d'intérêts	interest income/proceeds
Zinsertrag der Eigenmittel	rendement de l'apport personnel	interest on the assets

ERWARTUNG

Lebenserwartung	attente, expectation	expectation
	chances de survie, durée de vie moyenne	life expectancy, presumption of survival

ERWEITERUNG

Erweiterungsplan	agrandissement	enlargement, extension
Stadterweiterung	plan d'extension	extension plan
	extension/expansion urbaine	town/urban extension/expansion

ERWERB

Erwerbsfähigkeit	achat, acquisition	acquisition, purchase
Erwerbsloser	capacité de travail	earning capacity
Erwerbslosigkeit	chômeur	unemployed
Erwerbspreis	chômage	unemployment
Erwerbsstruktur	prix d'achat/d'acquisition	purchase price
erwerbstätig	structure des revenus	income structure
Eigentumserwerb	exerçant une activité salariée	in gainful employment
Grunderwerb	accession à la propriété	accession to ownership
	acquisition foncière/ de terrain/ de terres	acquisition of land, purchase of real property
Grunderwerbssteuer	droit de mutation	tax on real estate transactions
Hauserwerb	achat/acquisition d'un immeuble/ d'une maison	house acquisition/purchase

ERWERBEN

ein Kaufrecht erwerben	acquérir, acheter, gagner	to acquire/earn/gain
	prendre une option	to take en option

ERWERBER

Hauserwerber	acheteur, acquéreur	acquirer, buyer, purchaser
	accédant à la propriété, acquéreur d'une maison	prospective owner, home buyer

ERZ

Erzbecken	minerai, minette	ore
	bassin minier	mining basin

ERZEUGEN

wärmeerzeugend	créer, engendrer, produire	to beget/generate/produce
	calorifique	calorific, thermal

ERZEUGNIS

Fertigerzeugnis	produit	article, produce, product
Nebenerzeugnis	produit fini/manufacturé	finished good/product
	produit secondaire	by-product

ERZEUGUNG

fabrication, production	manufacturing, production

ESCHE(nbaum)

Eschenholz	frêne	ash-tree
	(bois de) frêne	ash wood

ESPE(nbaum)

Espenholz	tremble	asp
	(bois de) tremble	asp (wood)

ESSEN

Eß=ecke/=nische	manger ² nourriture	to eat ² food
Eßküche	coin-repas	dinette, dining recess
Eßtisch	cuisine-dinette	dinette-kitchen
Eßzimmer	table à manger	dining table
	salle à manger	dining room

EST-EZZ

ESTRICH	aire, chape	screed
Estrichdämmplatte	plaque d'insonorisation sous une chape	sound insulation board under concrete topping
Asphaltestrich	chape asphaltique	asphalted screed
Betonestrich	chape en béton	concrete topping
Bitumenestrich	chape bitumineuse	bituminous facing/topping
fugenloser Estrich	revêtement de sol sans joint	seamless floor covering/screed
schwimmender Estrich	aire/dalle flottante	floated/floating (floor) screed
Zementestrich	chape en béton/ciment	cement and sand screed
ETAGE	étage	flat, floor, storey
Etagenbogen	coude double, déviation parallèle	offset
Etageneigentum	propriété par étage	flat ownership
Etagenheizung	chauffage central individuel	private heating
Etagenwohnung	appartement	flat
ETAT	budget de l'Etat	budget
Etatmittel	moyens budgétaires	budgetary appropriations
ETERNIT	asbesto-ciment	asbestos cement
Welleternit	plaques ondulées en asbesto-ciment	corrugated asbestos
EWIG	éternel, perpétuel	eternal, everlasting, perpetual
ewige Hypothek	hypothèque fixe [sans remboursement]	fixed mortgage [no redemption]
EXAMEN	examen	examination, test
EXAKT	exact	accurate, exact
Exaktplanierung	nivellement de précision	stake grading
EXHAUSTOR	aspirateur, extracteur d'air	air extractor, exhaust fan
EXISTENZ	existence	existence
Existenzminimum	minimum d'existence	existence level
EXPANSION	expansion	expansion, growth
Wirtschaftsexpansion	expansion économique	economic growth
EXPERTE	expert	consultant, expert
Wohnungswirtschaftsexperte	expert en économie de l'habitation	expert in housing economics
EXPERTISE	expertise	appraisal, expert advice/ valuation
Gegenexpertise	contre-expertise	counter-valuation

FABRIK	fabrique, manufacture	factory, plant
Fabrikgebäude	bâtiment de fabrique	factory building/premises
Fabrikgelände	terrain d'usine/ de l'usine	factory site
fabrikhergestellte Güter	produits usinés	manufactured goods
Fabrikmarke	marque déposée/ de fabrique	brand, trade-mark
Fabriktüren	portes manufacturées/usinées	manufactured/factory-made doors
FABRIKAT	produit (manufacturé)	make, product
Fertigfabrikate	produits manufacturés	finished/wrought goods
FACH	branche	branch, line
Facharbeit	travail artisanal/qualifié	expert work, skilled labour
Facharbeiter	ouvrier qualifié/spécialisé	skilled worker, specialist
Fachausdruck	terme technique/ de métier	professional/technical term
Fachbuch	livre/ouvrage technique	technical book
Fachbücher	littérature technique	technical literature
Fachbuchhandlung	librairie technique	professional bookshop
fachgerecht	selon les règles du métier	correctly
Fachkräfte	main d'oeuvre qualifiée, professionnels, spécialistes	skilled labour/workers, professionals, specialists
fachkundig	compétent	competent, knowledgeable
Fachleute	gens de métier, professionnels	professionals, experts
Fachorganisation	organisation professionnelle	professional organization
Fachplan	plan professionnel/technique	professional/technical plan
Fachschule	école professionnelle	professional school
Fachsprache	langage professionnel/ technique	professional language
Fachtagung	journée(s) technique(s)	professional/technical meeting
Fachverband	association/groupement professionnel	professional association
Fachwerk	colombage, treillis en bois	framing, half-timbering, studding, timber-work
Fachwerkausfüllung	hourdage	infilling masonry
Fachwerkbau	construction en pans de bois	frame building, half timbered house
Fachwerkhaus	maison à colombage	frame/ half timbered house
Fachwerktrennwand	cloison en treillis de bois	stud partition
Fachwort	terme technique	professional/technical term
Fachzeitschrift	revue professionnelle/technique	technical journal
Baufach	architecture, bâtiment	architecture, building trade
FACHLICH	professionnel	professional
fachliche Eignung	aptitude professionnelle	professional abilities
FAEHIG	capable, compétent, habile	able, capable, qualified
arbeitsfähig	apte au travail	able to work
arbeitsunfähig	inapte au travail, invalide	unfit for work, disabled
absatzfähig	vendable	marketable
beschlußfähig	en nombre	competent to pass a resolution
geschäftsfähig	capable de contracter	entitled to contract, legally competent
zahlungsfähig	solvable	solvent
zahlungsunfähig	insolvable	insolvent
FAEHIGKEIT	aptitude, capacité, faculté	ability, capability, capacity
Belegungsfähigkeit	capacité d'occupation	occupation(al) capacity

FAEHIGKEIT		
Ertragsfähigkeit	capacité de rendement	returns capacity
Erwerbsfähigkeit	capacité de travail	earning capacity
Kreditfähigkeit	pouvoir d'emprunt	borrowing power
Rechtsfähigkeit	capacité civile/juridique/légale	civil ability, capability, legal capacity
Tragfähigkeit	charge admissible, force portante	admissible charge, load-bearing capacity/power
Unfähigkeit	incapacité, incompétence	inability, incapability, incompetence, inefficiency
Wärmeleitfähigkeit	conductibilité thermique	thermal conductivity
Wasseraufnahmefähigkeit	affinité hygroscopique, capacité d'absorption d'eau	water absorption capacity
Zahlungsfähigkeit	pouvoir de paiement, solvabilité	ability to pay, solvency
Zahlungsunfähigkeit	insolvabilité	insolvency
FAHNE	drapeau, pavillon	flag
Fahnen=mast/=stange	hampe/lance de drapeau	flagpole, flagstaff
FAHRBAHN	chaussée, piste, voie	carriage-road/-way, lane
Fahrbahnbelag	revêtement de chaussée, tablier de voirie	road surfacing, deck of road
Fahrbahnmarkierung	signalisation sur chaussée	road(-way) markings
Alternativ=/Umkehr= fahrbahn	piste réversible/ à circulation alternative	reversible lane
Straße mit 4 Fahrbahnen	route à quatre voies	four lane road
Straße mit getrennten Fahrbahnen	route à double chaussée	dual carriage way
FAHRER	chauffeur, conducteur, opérateur	driver, conductor, operator
FAHRKRAN	grue mobile	mobile crane
FAHRRAD	bicyclette	bicycle
Fahrrad=weg/=spur	piste cyclable	cycle lane/path/track
FAHRSTRASSE	chaussée	carriageway
FAHRSTUHL	ascenseur	elevator, lift
Fahrstuhlschacht	cage d'ascenseur	lift pit/shaft/well
Fahrtreppe	escalier mécanique/roulant	escalator, moving stair(case)
FAHRVERKEHR	circulation motorisée/ sur roues, trafic	(vehicular) traffic
FAHRZEUG	véhicule	vehicle
Geländefahrzeug	voiture tous terrains	cross-country/offroad vehicle
Kettenfahrzeug	autochenille, véhicule à chenilles	caterpillar, crawler
FAKTOR	coefficient, facteur	coefficient, factor
der menschliche Faktor	l'élément/ le facteur humain	the human factor
Sicherheitsfaktor	coefficient de sécurité	coefficient of safety
Wasser-Zement-faktor	rapport eau-ciment	water-cement ratio
FALL	cas ² chute	case ² fall, tumble, drop
Fall höherer Gewalt	cas de force majeure	act of God
Falleitung	tuyau(terie) de chute	down/fall pipe
Fallfenster	fenêtre à guillotine	sash-window
Fallhammer	marteau-pilon, mouton	drop hammer, monkey, pile-driver

Fallhöhe	hauteur de chute	drop height
Fallklinke	loquet	latch hook
Falltür	trappe	trap door
Fallwind	vent catabatique/rabattant	catabatic wind
Grenzfall	cas limite	borderline case
Härtefall	cas de rigueur	case of hardship
Streitfall	conflit, différend, litige	case of issue, controversy, dispute, quarrel
FALLE [Schloßfalle]	loquet de serrure	latch
FAELLIG	échu, exigible	due, payable
fällig werden	venir à échéance	to fall due
FAELLIGKEIT	échéance, exigibilité	due date, maturity, pay-day
FALSCH	faux	false, untrue, wrong
FAELSCHUNG	contrefaçon, falsification, faux	fake, falsification, forgery, fraud
Buchfälschung	trucage des comptes	cooking of accounts
Schriftfälschung	faux en écritures	forgery of documents
Schriftfälschungsklage	inscription de faux	plea of forgery
Urkundenfälschung	faux en écriture	forgery of documents
FALTEN	(re)plier	to fold
faltbar	repliable	folding
Faltfenster	fenêtre en accordéon	folding window
Faltladen	persienne repliable	folding blind/shutter
Faltscharnier	charnière à piano	strip hinge
Falttor	portail articulé/pliant	folding door
Falttür	porte articulée/ à brisis	folding door
Faltwand	cloison accordéon/pliante	folding partition
FALZ	feuillure, pli, rainure, [2] joint	groove, notch, rabbet, rebate [2] seam, welt
Falzleiste	baguette de vitrage, parclose	glazing bar/bead, glass rebate
Falzspundung	bouvetage	tongued and grooved joint
Falzverbindung	joint à emboîtement	rebated joint
Falzziegel	tuile à emboîtement	interlocking (roof) tile
Glasfalz	feuillure à verre/ de vitrage	glass rabbet, grove for glazing
Kittfalz	feuillure à verre/ de vitrage	glass rabbet, grove for glazing
Anschlagfalz	joint de butée	rabbet, rebate
Doppelfalz	joint double	double groove/notch
Liegefalz	rainure repliée/reposante	turned down seam
Stehfalz	joint debout	standing seam/welt
FAMILIE	famille	family
Familienbudget	budget familial/de ménage	family/household budget
Familieneinkommen	revenu familial	family income
familiengerecht	conforme aux besoins de la famille	in accordance with the needs of the family
familiengerechte Wohnung	logement conforme aux besoins de la famille	dwelling meeting family requirements
Familienlasten	charges de famille	dependants
Familienleben	vie en famille/ familiale	domestic/family life
Familienoberhaupt	chef de famille	head of family
Familienplanung	contrôle/limitation des naissances	family planning, birth control

Familienrat	conseil de famille	family council
Familientisch	table familiale	family table
Familientyp	type de famille	type of family
Familienverband	organisation familiale	family organization
Familienzulagen	allocations familiales	family allowances
Familienzuschlag	supplément familial	family extra bonus/charge
Arbeiterfamilie	famille ouvrière	worker family
die Familie betreffend	familial	concerning the family
Einfamilienhaus	maison mono-/uni-familiale	one family house
kinderreiche Familie	famille nombreuse	large family
Mehrfamilienhaus	immeuble plurifamilial	tenement house
FARBE	couleur, peinture, teinte	colour, paint, tint
Farbgestaltung	colorisation, composition coloristique	colour composition
Farbglas	verre coloré/teinté	coloured/stained/tinted glass
Farblack	émail, laque	lacquer
Farbmittel	colorant	colouring product
Farbpistole	pistolet à peindre	paint gun
Farbspritze	pistolet à peindre	paint gun
Farbstoffe	colorants	colouring products
Akrylfarbe	couleur/peinture acrylique	acrylic paint
Aquarellfarbe	couleur à l'eau/ au lavis	water colour/paint
Binderfarbe	peinture d'émulsion	emulsion paint
Dispersionsfarbe	couleur de dispersion	dispersion paint
Emulsionsfarbe	couleur/peinture d'émulsion	emulsion paint
Kalkfarbe	peinture à la chaux	lime-water paint
Lackfarbe	émail, laque, couleur laquée	colour/enamel lacquer/paint
Latexfarbe	couleur au latex	latex paint
Leimfarbe	couleur à la colle, détrempe	glue-bond distemper
Mattfarbe	couleur mate	flat colour
Oelfarbe	couleur/peinture à l'huile	oil colour/paint
Rostschutzfarbe	couleur antirouille	anticorrosive/rust-preventing paint
Wasserfarbe	couleur à l'eau/ au lavis	water colour
FASER	fibre, fil(ament)	fibre
Faserbeton	béton fibreux/ armé de fibres	fibrated/ fibre reinforced concrete
Faserplatte	panneau de fibres	fibre board
Hartfaserplatte	panneau dur (en fibres de bois)	(fibre) hardboard
Holzfaserplatte	panneau de fibres de bois	wood fibre board
Weichfaserplatte	panneau isolant de fibres de bois	insulating wood fibre board
Akrylfaser	fibre acrylique	acrylic fibre
Asbestfaser	fibre d'amiante	asbestos fibre
Chemiefaser	fibre synthétique	synthetic fibre
Glasfaser	fibre de verre	glass fibre
Kunst(stoff)faser	fibre synthétique	man-made/synthetic fibre
Mineralfaser	fibre minérale	mineral fibre
Pflanzenfaser	fibre végétale	vegetable fibre
Schlackenfaser	fibre de laitier	slag fibre
Steinfaser	fibre de roche	rock fibre
Textilfaser	fibre textile	textile fibre

FASSADE	façade	façade, front(age)
Fassadenansicht	plan de façade/ en élévation	elevation (plan)
Fassadenanstrich	enduit/peinture de façade	protective coat on façade
Fassadenarbeiter	façadier, ravaleur	rough-caster
Fassadenauffrischung	régénération de façade	façade regenerating
Fassadengondel	balancelle/nacelle de façade	cleaning/travelling cradle
Fassadenklinker	brique de parement	facing (engineering) brick
Fassadenverblendung	revêtement de façade	facing
Fassadenvorsprung	ressaut/saillie de façade	projection/protrusion of façade
Fassadenputz	enduit de façade/parement	exterior plaster, façade rendering
Seitenfassade	façade latérale	flank/side front
Straßenfassade	façade principale/ sur rue	street front, frontage
Vorderfassade	façade principale/ sur rue	street front, frontage
Vorhängefassade	façade/mur rideau	curtain wall (facing)
FASSUNG	encadrement, monture	border, curb, mounting
	² contenance	² capacity, content
Fassungsvermögen	capacité, contenance	(holding) capacity
elektrische Fassung	douille [d'une lampe]	bulbholder, contact-socket
Quell(en)fassung	captage d'une source	collection of water
FAULEN	pourrir	to rot
Faulgrube	fosse septique	septic tank
FEDER	ressort ² lame, languette	spring ² tongue
Federboden	plancher souple	sprung floor
Federverbindung	assemblage à languette	tonguing
Blattfeder	ressort à lames	leaf-/plate-spring
eingelassene Feder	fausse languette	encased bonding tongue
mit Nut und Feder	bouveté	grooved
Nut und Feder	tenon et rainure	slit and tongue tenon
Spiral=/Sprung=feder	ressort à boudin	spiral spring
FEHLEN	faire défaut, manquer	to be lacking
Fehlanzeige	état néant	deficiency/negative report
Fehlbeleger	locataire à titre indu	non entitled tenant
Fehlbelegung	occupation indue	non entitled occupancy
Fehlbestand	déficit	deficit, deficiency, shortage
Fehlbetrag	déficit, écart, mécompte	deficit, deficiency, shortage
Fehlboden	entrevous. faux plafond	sound boarding
Fehldecke	entrevous. faux plafond	sound boarding
Fehlgewicht	poids déficitaire	deficiency in weight, missing weight
Fehlinvestition	mauvais investissement	investment failure
fehlkantig	biseauté	bevelled, unsharp edged
Fehlmeldung	état néant	deficiency/negative report
Wohnungsfehlbestand	déficit du patrimoine immobilier	housing deficit/shortage
FEHLER	défaut, faute, vice	defect, fault, imperfection
fehlerhaft	défectueux	defective
Fehlerhaftigkeit	défectuosité	defectiveness
Fehlerstrom	courant de fuite/de perte	earth leakage/ leakage current
Fehlerstromschutzschaltung	disjoncteur différentiel	differential circuit breaker
Baufehler	vice de construction	building defect
kaufauflösender Fehler	vice rédhibitoire	redhibitory defect
FEILE	lime	file

FEIN	fin(e), menu	fine, small
Feinkies	gravillon	fine gravel, loose chipping
feinkörnig	à grains fins	fine-grained
Feinplanierung	nivellement de précision	stoke-grading
Feinschicht	couche fine, plâtre fin	fine/finishing/skinning coat
Feinsplitt	grenaille	refuse grain, fine chip(ping)s
FELD	champ, pan(neau)	field, panel, piece,
Feldmesser	arpenteur, géomètre	(land) surveyor
Feldstärke	intensité/puissance de champ	field intensity
Feldvermessung	arpentage topographique	land surveying
Feldweg	chemin rural/ de terre	cart track
Arbeitsfeld	champ opérationnel	operational field
Spielfeld	plaine de jeux	play-ground
Umfeld	entourage, environnement	environment, surroundings,
FELS	roc, roche, rocher	rock
Felssand	sable de carrière/fouille/roche	pit/quarry sand
gewachsener Fels	roche de fond	bed/hard rock
loser Fels	rocaille	soft rock
verwitterter Fels	rocaille	soft rock
FENSTER	fenêtre	window
Fenster, Türen und Tore	les baies d'un immeuble, ² huisseries	windows, doors an gates
Fensteranschlag	feuillure de fenêtre	window rabbet/rebate
Fensterarten	catégories/types de fenêtres	kinds/types of windows
Fensterbank [außen]	appui/seuil de fenêtre	window sill
Fensterbankabdeckung	revêtement pour seuil de fenêtre	window sill cover
Fensterbeschlag	ferrure/garniture de fenêtre	window fittings/furniture
Fensterbrett	accoudoir/planche/tablette de fenêtre, planche d'appui	window board
Fensterbrüstung	allège, appui de fenêtre	breast-wall, parapet of window
Fensterdichtung	étanchéité de fenêtre	weather-strip(ping)
Fensterdrehriegel	espagnolette à olive	window-fastener
Fenstereinbauelement	bloc-fenêtre	prefabricated window unit
Fenstereinteilung [am Gebäude]	les baies et vitrages d'un immeuble	arrangement of windows [of a building]
Fensterfeststeller	arrêtoir de fenêtre	casement stay
Fensterflügel	battant/ouvrant/vantail de fenêtre	window casement/leaf/sash
Fenstergiebel	fronton de fenêtre	window gable
Fensterglas	verre à vitres	sheet/window glass
Fensterladen	contrevent, volet	blind, (hinged) shutter
Fensterladen mit Jalousieeinsatz	(volet à) persienne	louvered/shattered/venitian shutter
Schiebfensterladen	volet à coulisse	draw/sliding shutter
Fensterlaibung	ébrasement/embrasement/ embrasure de fenêtre	window/reveal/splay
fensterlos	sans fenêtres	windowless
fensterloser Raum	pièce aveugle	windowless room
Fensterlüfter	aérateur/ventilateur pour fenêtre	window fan/ventilator
Fensterlüftung	ventilation naturelle	natural/window ventilation
Fensternische	échancrure/niche de fenêtre	window recess

Fensteröffnung	baie vitrée, jour/ouverture de fenêtre	window opening
lichte Fensteröffnung	jour/surface ouvrante d'une fenêtre	aperture of/ openable window, window clearance
Fensterorientierung	orientation des fenêtres	window orientation
Fensterpfeiler	trumeau	window pier
Fenster(zwischen)pfosten	imposte, meneau (vertical)	mullion
Fensterprofile	profilés pour fenêtres	window sections
Fensterprüfstand	banc d'essai pour fenêtres	window test stand
Fensterputzwagen	nacelle de façade/nettoyage	cleaning cradle
Fensterrahmen	châssis/dormant de fenêtre	window frame
Fensterrecht	droit/servitude de vue, jour de souffrance	right of light, ancient/free lights
Fensterscheibe	carreau, vitre	window-pane
Fensterschloß	serrure de fenêtre	window-lock
Fenstersprosse	croisillon, petit bois	glass/glazing/sash bar
Fenstersturz	linteau de fenêtre	window lintel
Fenstertreibrigel	espagnolette	espagnolette, window fastener
Fenstertür	porte-fenêtre	French window
Fensterumrahmung	encadrement de fenêtre	window frame
Fenster=rahmen/=zarge	cadre/châssis/dormant de fenêtre	window frame
Aluminiumfenster	fenêtre en aluminium	aluminium window
Außenfenster	contre-châssis/-fenêtre	outer/storm window
Blumenfenster	fenêtre fleurie	flower-window
Dach(raum)fenster	fenêtre de toiture, lucarne	attic/dormer window
Dachflächenfenster	tabatière grand format	skylight window
Doppelfenster	fenêtre double/d'hiver	double/winter window
Drehfenster	fenêtre pivotante/ à battant(s)	pivoting/revolving window, French side hung window
Drehkippfenster	fenêtre oscillante/basculante	combined bottom and side hung window, tilt and turn window
einflügeliges Fenster	fenêtre à un battant	single sashed window
Erkerfenster	fenêtre en saillie	oriel, bay-/bow-window
Faltfenster	fenêtre en accordéon/ pliante	folding window
Farbfenster	vitrail	leaded/stained window
feststehendes Fenster	châssis dormant/fixe	fixed light window
Flügelfenster	fenêtre à battants/vantaux	casement (window), French casement
Flügelfenster [nach außen öffnend]	fenêtre à l'anglaise	casement window, outwards opening
Giebelfenster	fenêtre à pignon	gable window
Hebefenster	fenêtre à guillotine	sash-window
Holzfenster	fenêtre en bois	timber/wooden window
Industriefenster	fenêtre pour bâtiment industriel	industrial window
Isolierfenster	fenêtre à vitrage isolant/multiple	double glazed/insulating window
Kastenfenster	fenêtre double	double window
Kellerfenster	fenêtre de cave, soupirail	basement window
Kippfenster	fenêtre à bascule/soufflet	hopper/hospital window
Kirchenfenster	vitrail	church/leaded/stained window
Klappfenster	fenêtre à l'italienne/ à rabattement	top hung sash window

weiter Seite 104

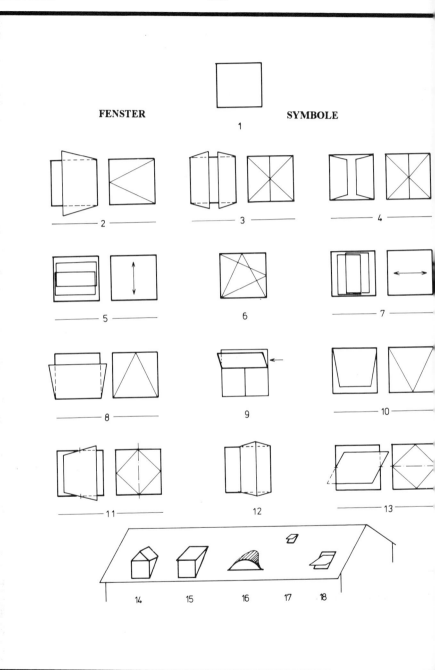

	FENSTER	FENÊTRES	WINDOWS
1.	feststehendes Fenster	fenêtre à chassis fixe	fixed light-window
2.	einflügeliges Dreh(flügel)-fenster, nach innen öffnend	fenêtre à battant ouvrant vers l'intérieur	french side-hung window inwards opening
3.	zweiflügeliges Drehfenster nach innen öffnend	fenêtre à deux battants ouvrsant vers l'intérieur	side hung double casement window, inwards opening
4.	zweiflügeliges Grehfenster nach außen öffnend	fenêtre à deux battants ouvrant vers l'extérieur	side hung double casement window, outwards opening
5.	(englisches) Hebefenster	fenêtr anglaise/ à guillotine	sash window
6.	Dreh-Kippfenster	fenêtre oecillante-basculante	tilt and turn window
7.	Schiebefenster	fenêtre coulissante/ à coulisse	(Canadian) sliding sash window
8.	Kippfenster	fenêtre à soufflet	hopper/hospital window
9.	Kipp=/Lüttungsflugel	vantail à rabattement	aeration leaf, transom window
10.	Klappfenster nach außen öffnend	fenêtre à l'italienne/ à rabattement extérieur	top hung window, outwards opening
11.	Dreh=/Wende=fenster	fenêtre pivotante	vertically pivoted/revolving casement window
12.	Faltfenster	fenêtre en accordéon	folding casement window
13.	Schwingfesnster	fenêtre basculante/réversible	balance/swing/ horizontally pivoted casement window
	DACHFENSTER	**LUCARNES**	**ATTIC WINDOWS**
14.	Gauben=/Mansarden=fenster, Dachgaube	lucarne, fenêtre de mansarde	dormer (-window)
15.	Schleppgaube	fenêtre en chien assis	dust pan dormer
16.	Froschaugenfenster, Ochsenauge	lucarne à lunette, oeil de boeuf	semicircular dormer, bull's eye
17.	Dach=ausstieg/=luke, Oberlicht	(châssis à/ lucarne en) tabatière	hinged skylight
18.	Dachflächenfenster, Wohnraumdachfenster	tabatière grand format	skylight window

Kunststoffenster	fenêtre en plastic	plastic window
Ladenfenster	devanture, vitrine	shop window
Metallfenster	fenêtre métallique	metal window
Oberfenster	imposte	transom window
Rautenfenster	fenêtre treillagée/ à losanges	lattice window
Schallschutzfenster	fenêtre acoustique/ à vitrage isolant	acoustic/ sound reducing window
Schaufenster	vitrine	display window
Schiebefenster [horizontal]	fenêtre coulissante/ à coulisse	Canadian/ horizontally sliding sash window
Schiebefenster [vertikal]	fenêtre anglaise/ à guillotine	sash window
Schwingfenster	fenêtre basculante/réversible	balance/swing window
Stahlfenster	fenêtre en acier/ métallique	steel window
Sturmfenster	contre-fenêtre	double/outside/storm window
Verbundfenster	fenêtre double/composée	composite/duplex window
Vorfenster	contre-fenêtre	double/outside/storm window
Wärmedämmfenster	fenêtre à vitrage isolant/ multiple	heat-insulating window
Winterfenster	contre-fenêtre, fenêtre d'hiver	double/outside/storm window
zweiflügeliges Fenster	fenêtre à deux vantaux	two leaf window
FERN	distant, éloigné, lointain	distant, remote
Fernbedienung	commande à distance	remote control
Fernbetätigung	commande à distance	remote control
Fernbetrieb	commande à distance	remote control
Ferngas	gaz à longue distance	grid gas
Ferngespräch	appel téléphonique	phone call
Fernheizung	chauffage urbain/ à distance	(long) distance heating
Fernmeldewesen	télécommunications	telecommunication
Fernsehen	télévision	television
Fernseher	téléviseur	television set, TV-set
Fernsprecher	téléphone	telephone
Fernsteuerung	commande à distance	remote control
Fernverbindungen	communications interurbaines	trunk connections
Fernverkehr	trafic interurbain	long distance traffic
Fernverkehrslinie	grande ligne	trunk line
Fernverkehrsstraße	grande route, route nationale	trunk road
Fernwärmeversorgung	chauffage à distance/urbain	(long) distance heating
FERTIG	achevé, fini	finished, ready(-made)
Fertigbadezimmer	salle de bains préinstallée	prefab(ricated) bathroom
Fertigbau	construction en préfabriqué, préfabrication	prefab(ricated)/system building
Fertigbeton	béton frais/ prêt à l'emploi	ready-mix concrete
Fertigbetonteile	éléments préfabriqués en béton	precast concrete elements
Fertigerzeugnisse	produits finis	finished products
Fertigfenster	fenêtre prête à poser	prefab window
Fertigfabrikate	produits manufacturés	manufactured/wrought goods
Fertiggarage	garage préfabriqué	prefabicated garage box
Fertighaus	maison de catalogue	prefabricated home
Fertigmörtel	mortier prémélangé	ready-mix mortar
Fertigprodukte	produits finis	finished products
Fertigteil	élément fini/préfabriqué	finished/prefabricated element

Fertigteilbau	construction en éléments préfabriqués	element building, precast construction
Fertigteildecke	plancher en éléments préfabriqués	precast suspended floor
Fertigstellung	(par)achèvement, finition	completion, finish(ing)
Fertigstellungsfrist	délai d'achèvement	time for completion, completion date
Fertigtüren	portes manufacturées/usinées	factory made/ /manufactured doors
Fertigwaren	produits finis	finished products
Betonfertigteil	élément préfabriqué en béton	precast concrete element
rohbaufertig	les gros oeuvres terminées	finished in the rough
schlüsselfertig	clé en mains/ sur porte	ready for immediate occupation, turnkey
FERTIGEN	fabriquer, produire	to make/manufacture/produce
Schwarzdeckenfertiger	finisseuse	asphalt paver
FERTIGUNG	fabrication, production, usinage	fabrication. making, manufacture, production
Fertigungsgemeinkosten	frais généraux d'exploitation	factory overheads
Fertigungshalle	halle de fabrication	factory building/hall
Fertigungskosten	frais de fabrication/production	production cost(s)
Massenfertigung	production en série	mass/quantity production
FEST [Feier]	fête	feast, festival
Festsaal	salle des fêtes	assembly room
FEST [unveränderlich]	ferme, fixe, solide	firm, fixed, invariable, regular
Festbrenn=/kraft=stoff	combustible solide	solid fuel
feste Stoffe	matériaux solides	solid materials
festes Angebot	offre ferme	firm offer
Festgeld	dépôt à terme	fixed/time deposit
Festmeter	stère [de bois de tronc]	cubic meter [of trunk timber]
Festpreis	prix fixe/forfaitaire	fixed/set price
Festpunkt	point fixe	fixed point, origin
festsetzen	fixer	to fix
die Schadenssumme festsetzen	fixer les dommages-intérêts	to assess the damages
Preisfestsetzung	mise à prix	fixing the price
feststehend	fixe, inamovible	fixed
Feststeller	arrêtoir	stop
Feststellung	constatation	statement
amtliche Feststellung	constat	certified/official statement
festverzinslich	à taux d'intérêt fixe	fixed interest bearing
festverzinsliches Darlehn	prêt forfaitaire	fixed interest loan
Festzeit-Geldanlage	placement à terme	fixed time deposit
Festzeitdarlehn	prêt à durée déterminée/ à terme	loan at fixed term
feuerfest	incombustible, ignifuge	fire-proof
rißfest	résistant à la déchirure	tear resistant
wetterfest	résistant aux intempéries	weather-proof/-resistant
FESTIGKEIT	résistance, solidité, stabilité	resistance, solidity, strength, toughness
Festigkeitseigenschaft	qualité de résistance	mechanical property
Festigkeitsentwicklung	évolution de la solidité	solidity evolution
Festigkeitslehre	statique, théorie des forces	statics

Festigkeitsprüfung	essai de résistance	resistance test
Abriebfestigkeit	résistance à l'usure	abrasion resistance
Bauwerksfestigkeit	stabilité des gros-oeuvres	structural stability
Biegefestigkeit	résistance à la flexion	bending strength
Bruchfestigkeit	résistance de rupture	ultimate stress
Druckfestigkeit	résistance à l'écrasement	pressure resistance/strength
Knickfestigkeit	résistance au flambage	buckling resistance
Kriechfestigkeit	résistance au fluage	creep resistance
Materialfestigkeit	résistance des matériaux	strength/toughness of materials
Scherfestigkeit	résistance au cisaillement	shear(ing) strength
Schlagfestigkeit	résistance au choc	impact resistance
Verschleißfestigkeit	résistance à l'usure	wear resistance
Zerreißfestigkeit	résistance à la traction	tensile strength
Zugfestigkeit	résistance à la traction	tensile strength
FESTIGUNG	consolidation	consolidation
FETT	gras	fat
Fettdruck	(impression en) caractères gras	bold faced type
FEUCHT	humide, moite	damp, humid, moist
feuchter Nebel	brouillard pluvieux	drizzle, humid fog
kaltfeucht	froid et humide	clammy
FEUCHTE	humidité	humidity
Baufeuchte	humidité des gros-oeuvres	trapped moisture
Bodenfeuchte	humidité du sol	soil moisture
Eigenfeuchte	humidité propre	proper humidity/moisture
relative Feuchte	humidité relative	relative humidity
FEUCHTIGKEIT	humidité	dampness, humidity, moisture
feuchtigkeitsbeständig	résistant à/ à l'épreuve de l'humidité	moisture-proof
Feuchtigkeitsbeständigkeit	résistance à l'humidité	moisture resistance
Feuchtigkeitsgehalt	teneur en humidité, degré d'humidité/ hygrométrique	amount/degree of humidity, moisture content/percentage
Feuchtigkeitsisolierung	étanchéification, hydrofugeage, imperméabilisation [2] (couche d')étanchéité	damp-proofing, insulation of moisture [2] damp proof course
Feuchtigkeitsmesser	hygromètre, hygroscope	hygrometer
Feuchtigkeitsregulierung	réglage de l'humidité	moisture control
Feuchtigkeitsverlauf	évolution de la diffusion hygrométrique	moisture content evolution
aufsteigende Feuchtigkeit	humidité ascendante	ascending/capillary moisture
Durchfeuchtung	humidification, prise d'humidité	moistening, soaking
Isolierung gegen Feuchtigkeit	imperméabilisation	waterproofing
Isolierschicht gegen Feuchtigkeit	barrière, couche imperméable	damp(proof) course
Luftfeuchtigkeit	humidité atmosphérique/ de l'air	air humidity/moisture
FEUER	feu [2] incendie	fire
Feueralarm	alerte au feu	fire-alarm
Feuerausbreitung	propagation du feu	spreading of fire
Feuerbekämpfung	lutte contre l'incendie	fire-fighting
Feuerbeständigkeit	résistance au feu	fire resistance
Feuerbeton	béton réfractaire	refractory concrete
feuerfest	résistant au feu	fire proof/resisting
feuerfestes Glas	verre anti-feu/ à feu	fire resisting glass
feuerfeste Stoffe	produits incombustibles/ignifuges	fireproof materials

feuerfester Ziegel	brique réfractaire	fire brick
Feuerhahn	bouche d'incendie	fire cock/hydrant/plug
feuerhemmend	ignifuge, pare-feu	fire-proofing, flame resistant
feuerhemmende Wand	cloison pare-feu	fire-wall/ -resistant partition
Feuerhydrant	bouche d'incendie	fire cock/hydrant/plug
Feuerleiter	échelle d'incendie/ de sauvetage	fire escape/ladder
Feuerlöscher	extincteur	fire extinguisher
Feuerlöschgase	gaz d'extinction de feu	fire extinguishing gases
Feuerlöschgeräte	appareils d'extinction	fire-extinguishing/fighting gear
Feuer=/Brand=mauer	mur coupe-/pare-feu	fire-barrier/-wall
Feuermeldegerät	détecteur d'incendie	automatic (fire) detector
Feuersbrunst	incendie	conflagration, fire
Feuerschutzmittel	(produit) ignifuge	fire-proofing agent/product
Feuerschutztür	porte coupe-/pare-feu	fire(-resisting) door
Feuerverhalten	comportement au feu	fire behaviour
Feuerversicherung	assurance-incendie	fire insurance
Feuerverzinkt	zingué au feu	hot dip galvanized, zinc coated
Feuerwache	poste d'incendie/ de pompiers	fire station
Feuerwarngerät	avertisseur d'incendie	fire-alarm device
Feuerwehr	service d'incendie/ des pompiers	fire-brigade
(Feuerwehr)trockenleitung	colonne sèche	dry conduit/water-pipe
Feuerwiderstand	résistance au feu	fire resistance
FICHTE	épicéa, sapin rouge	epicea, pine-tree
Fichtenholz	(bois de) sapin	pine-wood, spruce
Fichtenschindel	bardeau de sapin rouge	spruce shingle
FILIALE	succursale	branch (establishment)
FILIGRANDECKE	prédalle	filigree floor [backing casting concrete for slabs]
FILM [dünne Haut]	film, membrane	membrane
FILTER	filtre	filtre
FILZ	feutre	felt
Filzbahn	bande/lé de feutre	felt web
Asphaltfilz	feutre asphalté	asphalted felt
Bitumenfilz	feutre bitumé	bituminized felt
Nadelfilz	feutre aiguilleté	needle felt
FINALITAET	finalité	finality
FINANZ	finance	finance
Finanzabteilung	section financière	financial section
Finanzausschuß	comité/commission des finances	committee of finance
Finanzbedarf	besoins financiers/ de fonds	financial needs/requirements
Finanzberater	conseiller financier	financial adviser
Finanzgesetzgebung	législation financière	financial law
Finanzgesundung	consolidation des finances	consolidation of finance
Finanzinstitut	institut financier	financial institute/institution
Finanzhilfe	aide financière	financial aid, financing
Finanzkontrolle	contrôle financier	financial check-up/control
Finanzkrise	crise financière	financial crisis
Finanzmann	financier	financier
Finanzpolitik	politique financière	financial policy
Finanzreform	réforme financière	financial reform
Finanzsachverständiger	expert financier	financial expert
Finanzwesen	finance	finance

FIN-FLA

Finanzwirtschaft	régime financier	financial organization
Finanzwissenschaft	science(s) financière(s)	financial science(s)
Sanierung der Finanzen	assainissement financier	financial rehabilitation
FINANZIELL	financier	financial
finanzielle Hilfe	aide financière	financial aid
finanzielle Mittel	moyens financiers	financial resources
FINANZIERUNG	financement, mise en fonds	financing
Finanzierungskosten	frais de financement	cost/expenses of financing
Finanzierungsmittel	moyens financiers	financial means
Finanzierungsplan	plan de financement	financing scheme
Finanzierungsorgan	organisme de financement	financing institution
Finanzierungsquelle	source de crédit/financement	credit source
Finanzierungssystem	système de financement	financing system
Ausfinanzierung	financement complémentaire intégral	complementary integral financing
Eigen=/Selbst=finanzierung	autofinancement	self financing
Freifinanzierung	financement privé	free/private financing
Fremdfinanzierung	financement par des capitaux empruntés	outside financing
Gesamtfinanzierung	ensemble des moyens de financement	total means of financing
öffentliche Finanzierung	financement public	public financing
Teilfinanzierung	financement partiel	partial financing
Zwischenfinanzierung	financement intérimaire	intermediate financing
FIRMA	firme, maison	business, company, firm
Firmenname	appellation/dénomination/ raison sociale	business/firm/registered name
Firmenregister	registre de commerce	trade directory
FIRNIS	vernis	lacquer, varnish
FIRST	faîte, faîtière	ridge
Firstbalken	faîtage, (solive) faîtière	ridge, roof-tree
Firstbrett	planche de faîtage	ridge board
Firsteindeckung	faîtage	ridge roofing
Firstpfette	panne faîtière	ridge purlin
Firstziegel	tuile faîtière/ en faîteau	crest/ridge tile
Kreuzfirst	faîte croisée/ en croix	cross-ridge
FISCH	poisson	fish
Fischgräte	arête de poisson	fish bone
Fischgratparkett	parquet à bâtons rompus	fish-bone parquet
FISKALISCH	fiscal	fiscal
Fiskalerleichterung	allégement fiscal	reduction of taxation
Fiskalgebühren	droits fiscaux	fiscal fees, taxes
FLACH	horizontal, plan, plat	flat, flush, plane
Flachbau	construction basse	low(-rise) building
Flachbauweise	principe de constructions basses	low-rise construction manner
Flachdach	toiture plate/ -terrasse	flat roof
Flachdachausstieg	accès de toiture-terrasse	flat roof exit
Flacheisen	fer feuillard/plat	flat bar, hoop iron
Flachgründung	fondations superficielles	flat/shallow foundations
Flachheizkörper	radiateur plane/plat	flat radiator
Flachtür	porte contre-plaquée	flush door

Flachziegel	tuile plate/ à écaille	flat roofing tile
FLAECHE	plan, superficie, surface	area, plain, surface, space
Flächenaufteilung	zonage	zoning
Flächenbedarf	besoin en surface	space/surface requirements
flächenbündig	de niveau, affleuré	flush
Flächenenteignung	expropriation par zones	expropriation by zones
Flächengewicht	poids par unité de surface	weight by unit area
Flächenheizung	chauffage radiant	radiant heating
Flächeninhalt	aire, contenance, superficie	(surface) area
Flächenmaß	mesure de superficie	square measure
Flächennutzung	utilisation du sol/ des surfaces	soil utilization
Flächennutzungsindex	indice d'occupation des sols	soil occupancy index
Flächennutzungsplan	plan de zonage	zone-use/ zoning plan
flächenversetzt	à surfaces décalées	staggered
Abstellfläche	espace de rangement	storage space
Auflagefläche	surface d'appui	bearing/working surface
bebaubare Fläche	surface constructible	permitted ground coverage
bebaute Fläche	emprise au sol, surface bâtie	built-up/covered area
Freifläche	espace libre	clear/open space
Gemeinschaftsfläche	espace collectif	collective space
Geschoßfläche	surface d'étage/ de plancher	floor space area
Geschoßflächenzahl	rapport surface d'étage - surface du terrain	floor space/ plot ratio
Geschoßflächenziffer	coefficient (maximum) d'utilisation, CMU	floor space ratio
Grünfläche	espace vert/planté	green/open/planted area/space
Heizfläche	surface de chauffe	heating surface
Nutzfläche	surface utile	useful space
Oberfläche	surface	surface
Oberflächenwasser	eaux de surface	surface water
Stellfläche [Verkehr]	aire/surface de stationnement	parking area
Tragfläche [Statik]	surface d'appui	bearing/working surface
unbebaute Fläche	espace libre	open space
Wasserfläche	nappe/plan/surface d'eau	water sheet
Wohnfläche	surface habitable	habitable surface, living floor space, net dwelling/living area
Mindestwohnfläche	surface minimale d'habitation	minimum dwelling surface
FLAMME	flamme	flame
flammenhemmend	ignifuge	fire-resistant
FLAN(T)SCH	aile, bride, semelle	flange
Flantschrohr	tuyau à brides	flanged pipe
Flantschschieber	vanne à brides	flanged valve
Flantschverbindung	joint à brides	flange coupling
Breitflanschträger	poutrelle à ailes parallèles	broad-flanged/Differing beam
FLASCHE	bouteille	bottle
Flaschengas	gaz en bouteilles	cylinder/bottled gas
Flaschenhals	goulot	bottle-neck
Flaschen=winde/=zug	palan	hoist, pulley block
Gasflasche	bouteille à gaz	gas cylinder

FLA-FLU

FLAUTE	calme, marasme, morte-saison, période creuse	calm, depression, dullness, stagnation
Geschäftsflaute	stagnation des affaires	dullness of business
Marktflaute	marché calme	flat market
FLECHTEN	entrelacer, tresser	to bind/plaid/wreathe
Flechtwerk	entrelacs	wattle, wickerwork
FLIEGE	mouche	fly
Fliegen=draht/=gitter	toile métallique	fly-screen
FLIESE	carreau, dalle	tile, flag(-stone), paving-stone
Fliesenarbeiten	travaux de carrelage/dallage	tiler work, tiling
Fliesenbelag	carrelage, dallage	tiling
Fliesenboden	dallage, pavage, pavement	tile paving, floor tiling
Fliesenkleber	colle pour carreaux	tile (bonding) adhesive agent
Fliesenleger	carreleur	tile layer, tiler
Betonfliese	carreau/dalle en béton	concrete (floor) tile
Steinzeugfliese	carreau céramique/ en grès cérame	ceramic tile
Wandfliese	carreau mural	wall tile
FLIESSEN	couler	to flow/stream
Fließband	chaîne roulante/ de montage	assembly line, conveyor belt
Fließbandarbeit	travail à la chaîne	chain work
Fließbandmontage	montage à la chaîne	progressive assembly
fließender Verkehr	circulation en mouvement	moving vehicles
fließendes Wasser	eau courante	running water
FLUCHT	fuite, évasion ² alignement, enfilade, rangée	escape, flight ² range, row
Fluchtstab	jalon	(ranging/surveyor's) staff, stake
Fluchtlinie	alignement	alignment, building line
Baufluchtlinie	alignement des bâtiments	building alignment
Straßenfluchtlinie	alignement de rue	street alignment
fluchtrecht	affleurant, bien aligné	flush, level, well aligned
Fluchtstab	mire	levelling staff, surveyor´s rod
Fluchtweg	issue/sortie/voie de secours	escape route, way of escape
Landflucht	exode rurale, désertion des campagnes	rural depopulation
Treppenflucht	volée d'escalier	flight of stairs
FLUG	vol	flying, flight
Flugbild	photographie/vue aérienne	aerial photography/view
Flughafen	aéroport	airport
Flugplatz	aérodrome	air field
FLUEGEL	aile ² battant, vantail	wing ² leaf [door, window]
Flügelfenster	fenêtre à la française/ croisée	casement window
Flügeltür	porte brisée/ à deux battants	leaf/ double-wing door
Fensterflügel	battant de fenêtre	window leaf
Gebäudeflügel	aile d'un bâtiment	wing of a building
Kippflügel	vantail à rabattement	flap/hopper leaf
Türflügel	battant de porte	leaf/wing of door
Schwingflügel	battant à bascule	balance/swing leaf
zweiflügelig	à deux battants/vantaux	double wing, two leaf ...
FLUR	les champs ² entrée, vestibule	field(s), plain ² entrance, hall
Flurbereinigung	remembrement parcellaire	field clearing

Flurbuch	cadastre	register of lands
Flurname	lieudit, nom toponymique	field-/place-name
Hausflur	corridor, vestibule	(entrance-)hall, vestibule
Treppenflur	palier	landing
FLUSS	courant, fleuve, flux, rivière	current, flux, river, stream
flußabwärts	en aval	down-river/-stream
flußaufwärts	an amont	up-river/-stream
Flußkies	gravier fluvial/ de rivière	river gravel
Flußsand	sable de rivière	river sand
Verkehrsfluß	flux de la circulation	traffic flux/stream
Wärmefluß	courant thermique, flux de chaleur	heat flux, thermal current
FLUESSIG	liquide	fluid, liquid
flüssige Brennstoffe	combustibles liquides	liquid fuels
Flüssiggas	gaz liquide	liquid gas
Flüssigkunststoff	résine artificielle liquide	fluid plastic
flüssige Mittel	liquidités, trésorerie	cash in hands, liquidity, treasury
FLÜSSIGKEIT	liquide ² fluidité	liquid ² fluidity
Verkehrsflüssigkeit	fluidité de la circulation	traffic fluidity
FLUT	flux, marée	flood, flux
Flutlicht	illumination [par projecteurs], lumière à grands flots	floodlight
Flutlichtanlage	système de projecteurs pour illumination	flood light projector equipment/system
Flutlichtstrahler	projecteur d'illumination	flood light projector
Nippflut	marée de mortes eaux	nip tide
Springflut	marée de vives eaux, ras/raz de marée	spring tide
FOLGE	complément, conséquence, effet, résultat, suite ² série	complement, consequence, result ² series, continuation
Folgeeinrichtungen der Wohnung	prolongements du logement	ancillary amenities/facilities of dwelling
Folgekosten	frais subséquents	follow-up cost
FOLIE	feuille, membrane	film, foil, membrane, sheet
Bau=/Kunststoff=folien	plastique en feuilles	plastic foils
FONDS	fonds	fund(s)
Fonds für Gebietserschließung	fonds pour aménagement régional	funds for site preparation
Fonds für wirtschafliche und soziale Entwicklung	fonds de développement économique et social	funds for economic and social development
Abschreibungsfonds	fonds d'amortissement	sinking fund
Ausgleichsfonds	fonds de compensation/ de péréquation	control fund
Geschäftsfonds	fonds de commerce	goodwill
Investment Fonds	fonds d'investissement	investment fund
Reservefonds	fonds de réserve	reserve fund
FORDERUNG	exigence, condition ² créance	condition, requirement ² claim, credit
Abtretung einer Forderung	cession/délégation de créance	assignment of a claim, surrender of a credit
strittige Forderung	créance litigieuse	litigious claim

FORDERUNG

uneinbringliche Forderung	créance irrécouvrable	bad debt
zweifelhafte Forderung	créance douteuse	doubtful/dubious claim/credit
FOERDERN	promouvoir, subventionner [2] extraire, transporter	to promote/subsidize [2] to convey/extract/haul
Förderband	convoyeur à ruban, courroie de transport, tapis roulant	belt conveyor, conveyer belt, endless belt
Förderbarkeit	éligibilité à l'aide (publique)	eligibility for (public) aid
Förderkübel	benne	bucket
Förderschnecke	hélice transporteuse, transporteur à vis, vis sans fin	spiral/worm conveyor
Fördervorrichtung	transporteur	carrier
FOERDERUNG	encouragement, promotion [2] extraction, transport	promotion, furtherance [2] hauling, mining
Förderungsabbau	réduction de l'aide	reduction of subsidies
Förderungsaktion	action/mesure de promotion	furthering/promotion action
Förderungsbewerber	candidat/demandeur de secours	applicant for help/promotion
Förderungsmittel	moyens de promotion	furtherance means
Förderungsziel	but de la promotion	promotion/ public aid purpose
Einfamilienhausförderungspolitik	politique pavillonnaire	policy of single family house promotion
Absatzförderung	promotion des ventes	sales promotion
Objektförderung	aide directe	direct help
Subjektförderung	aide à la personne	individualized help
Wasserförderung	élévation d'eau	lifting of water
FORM	forme	form, shape
formbar	plastique	plastic
Formbarkeit	plasticité	plasticity
formbeständig	indéformable	that will not loose its shape
Formbeständigkeit	indéformabilité	form stability
Formblech	tôle profilée	sectional sheet iron
Formgips	plâtre à mouler/ de moulage	moulding plaster
Formschale	moule	matrix, mould
Formstück	pièce moulée	casting
Formstück für Leitungen	raccord pour conduites	pipe fitting
Formstudie	étude plastique	plastic design
Rechtsform	forme/statut juridique	legal form/status
Wohnform	forme d'habitation	dwelling type
kreisförmig	circulaire, rond	circular, round
röhrenförmig	tubulaire	tubular
zellenförmig	cellulaire	cellular
FOERMLICH	en bonne et due forme	formal, in due form
förmliche Mitteilung	notification, signification	notice, notification
FORMULAR	formulaire	form
Antragsformular	formulaire de demande	application form
Einzahlungsformular	bulletin de versement	paying-in slip
Überweisungsformular	bulletin de virement	transmittance form
FORMULIERUNG	formulation	wording
FORSCHER	chercheur	research worker
FORSCHUNG	recherche	research

Forschungsanstalt	institut de recherche	research institute
angewandte Forschung	recherche expérimentale	experimental research
Bauforschung	recherche (scientifique) du bâtiment	building research
Betriebsforschung	recherche opérationnelle	operational research
Grundlagenforschung	recherche fondamentale	fundamental research
Konjunkturforschung	analyse/étude des marchés	trade research
Marktforschung	étude des marchés	market research
Meinungsforschung	sondage d'opinion	public opinion research
Raumforschung	recherche en matière d'aménagement du territoire	planning research
Strukturforschung	recherche des structures	structural research
Zukunftsforschung	futurologie	futurology
FORST	forêt	forest, wood(land)
Forstwesen	eaux et forêts, sylviculture	forestry
Forstwirtschaft	exploitation forestière, sylviculture	forestry, management of forests
FORTBILDUNG	perfectionnement	advanced training
Fortbildungskurs	cours de recyclage/ perfectionnement	complementary training, improvement courses
Fortbildungsunterricht	enseignement postscolaire	advanced training
FORTGANG	avancement, progrès	progress
Fortgang der Arbeiten	avancement/marche des travaux	progress of works
FOTO	photographie	photo
Fotozellenschaltung	commande par cellule photoélectrique	photoelectric control
FRACHT	cargaison, fret	cargo, carriage, freight, load
Frachtbeförderung	transport de marchandises	freight service/transport
frachtfrei	franc de port	carriage-free
Fracht(geld)	fret, prix du transport	freight(age)
FRANKO	franco	carriage-free, prepaid
Frankopreise	prix franco	prices free of charge
Frankopreise einschl. Versicherung, C.I.F.	prix franco assurance inclue, C.I.F.	cost, insurance, freight, C.I.F.
FREI	libre	free
frei Bahnhof/Station	franco/rendu en gare	free on rail
frei Bestimmungsort	franco lieu de destination	free to destination
frei (Abgangs)hafen, F.A.S.	franco quai, F.A.S.	free alongside ship, F.A.S.
frei Haus	franco domicile	free delivery
frei Schiff, F.O.B.	franco à bord, F.O.B.	free on board, F.O.B.
freie Höhe	hauteur libre	clearance
freie Rücklage	réserve libre/volontaire	free/general/voluntary reserve
freie Vergabe	adjudication libre	negotiated tender
freie Vereinbarung	accord à l'amiable	mutual agreement
freibleibend	sans engagement	not binding, without liability
freibleibendes Angebot	offre sans engagement	free offer
Freifinanzierung	financement privé	free/private financing
freihändig	à l'amiable, de gré à gré à main levée	by mutual agreement [2] freehand
freihändiger Kauf	achat à l'amiable	amicable purchase
freihändiger Verkauf	vente de gré à gré	sale by mutual agreement

FRE-FRE

freihändig gezogener Strich	trait corrompu/ à main libre	freehand line
freischaffender Planer	urbaniste-conseil	planning consultant
freistehend	isolé	isolated
freistehender Pfeiler	poteau isolé	isolated pier
freistehendes Haus	pavillon isolé	detached house
freitragend	autoportant	self-carrying
freiwillig	volontaire	voluntary
freiwillige Reserve	réserve volontaire/libre	free/general/voluntary reserve
Freibetrag	montant exonéré (d'impôts)	amount free of tax
Freifläche [unbebaut]	espace libre (de constructions)	open space
Freigabe	déblocage	decontrol, release, unblocking
Mietfreigabe	déblocage/libération des loyers	rent release
Freigelände	terrain libre	open air ground
Freihandel	libre échange	free trade
Freihandelszone	zone de libre échange	free trade area
Freiland	campagne ouverte	open fields
Freilandklima	climat en pleins champs	open field climate
Freilegung	exposition, mise à nu	exposition, uncovering
Freilichttheater	théâtre en plein air	open air theatre
Frei(luft)bad	piscine de plein air	open air swimming pool
Freiluftschule	école en plein air	open air school
Freimachung	déblaiement, dégagement	clearing
Freiraumhöhe	hauteur libre	clearance
Freitreppe	perron	(flight of) steps, perron
Freizeitanlagen	aménagements/équipements de loisir	leisure occupation arrangements
Freizeitbeschäftigung	activités de loisir	leisure/spare time activities
Freizeitgestaltung	activités dirigées, aménagement des loisirs	leisure-time planning
Freizeitflächen	espaces réservés aux loisirs	leisure grounds
Freizeit=raum/=werkstatt	atelier de bricolage	hobby room
frachtfrei	franc de port	carriage free, post paid
gebührenfrei	exempt de droits/taxes	free of charges/taxes
hypothekenfrei	franc/libre d'hypothèque(s)	free of mortgages
hypothekenfreies Grundstück	bien non grevé/ libre d'hypothèque	clear estate
kreuzungsfreier Verkehr	circulation sans croisement	intersectionfree road
staubfrei	exempt de/ sans poussière	dust-free
im Freien	à ciel ouvert, en plein air/vent	in the open (air)
Markt im Freien	marché en plein vent	open air market
Spiele im Freien	jeux en plein air	outdoor games
FREIHEIT	liberté [2] exemption	freedom [2] exemption
Gebührenfreiheit	exemption de taxes	exemption of charges
Keuzungsfreiheit	absence de croisements à niveau	grade separation
Steuerfreiheit	exemption/exonération d'impôts	tax exemption/relief
FREMD	étranger	foreign, strange
Fremdarbeiter	travailleur étranger	foreign worker
Fremdfinanzierung	financement par capitaux étrangers	outside financing
Fremdkapital	capitaux empruntés/extérieurs	borrowed/external funds

FREMDER [Ausländer]	étranger	foreigner
FREMDER [Unbekannter]	étranger	stranger
Fremdenindustrie	industrie hôtelière/touristique	tourist industry/trade
Fremdenverkehr	tourisme	tourist traffic
FRIEDHOF	cimetière	cemetery
FRIGORIE	frigorie	frigorie, frigory
FRISCH	frais ² frais, frisquet	fresh ² chilly
Frischbeton	béton frais	green/unset concrete
Frischwasser	eau fraîche/froide	cold water
Frischwasserzuleitung	alimentation en eau froide	cold feed
FRIST	délai, terme	(allowed/specified) limit/time
Fristablauf	expiration du délai	expiration of period
frist=gemäß/=gerecht	dans les délais	at the agreed date, punctually
Fristüberschreitung	dépassement de délai	exceeding the specified time
Fristverlängerung	prolongation de délai	extension of given time
Ausführungsfrist	délai d'exécution	term of completion/execution
Fertigstellungsfrist	délai d'exécution	term of completion/execution
Kündigungsfrist	délai de congé	term of notice
Lieferfrist	délai de livraison	term of/ time for delivery
Nachfrist	délai supplémentaire, sursis	additional period of time, respite
Verjährungsfrist	délai de prescription	term of limitation, time of peremption
Zahlungsfrist	délai de paiement	term of payment
Verlängerung der Zahlungsfrist	atermoiement	letter of respite
kurzfristig	à court terme	short dated/term
langfristig	à long terme	long-dated/term
mittelfristig	à moyen terme	medium dated/term
nach Ablauf der Frist	après expiration, passé le délai	upon expiration of time allowed
vor Ablauf der Frist	avant expiration du délai, dans le délai prescrit	within the allowed time
FRONT	façade, front	façade, front
Frontlänge	longueur de façade	frontage
Seitenfront	façade latérale/ de côté	flank/side front
FROSCH	grenouille	frog
Froschauge(nfenster)	lucarne à lunette, oeil de boeuf	bull's eye, semicircular window
FROST	gel, gelée	frost, below zero temperature
Frostbecken	bassin de gelée	frost hollow
Frostbeständigkeit	résistance au gel	frost resistance
frostfrei	à l'abri du gel	safe from frost
Frostgefahr	danger/risque de gel	frost danger/risk
Frostschutz	protection antigel	frost protection
Frostschutzmittel	antigel	antifreeze (agent/product)
frostsicher	à l'abri du gel	frost-proof/-resistant
frostsichere Tiefe	profondeur de pénétration du froid/ à l'abri du froid	frostproof depth
Frosttag	jour de gelée	subzero day
Frostwechsel	gel et dégel	frost and thaw
Frostwetter	temps de gelée	frosty/subzero weather
FUCHS	renard ² carneau	fox, ² boiler flue/outlet/uptake
FUCHSSCHWANZ(säge)	scie égoïne	hand-saw

FUGE	joint	joint
Fugeisen	fer à rejointoyer	jointing iron
Fugenabdeckschiene	rail/profilé couvre-joint	joint masking rail/section
Fugenabdeckstreifen	couvre-joint	joint-masking/-covering strip
fugenarm	avec peu de joints	with few joints only
Fugendichtung	(matériau de)calfeutrage/ jointoiement	caulking, joint sealing (material)
Fugendichtungsstreifen	bandes couvre-joint	joint strips
fugenlos	sans joint	jointless, seamless
Fugenmörtel	mortier de jointoiement	joint pouring mortar
Fugenverguß	coulage des joints	joint pouring
Fugenverstrich	jointoiement, scellement	bonding, flushing, jointing
Fugen herstellen	hourder	to joint
Fugen ausfugen	jointoyer	to flush
Arbeitsfuge	joint de reprise	construction joint
Dehnungsfuge	joint de dilatation	dilatation/expansion joint
Falzfuge	joint à feuillure	rabbet joint
geschlossene Fuge	joint plein	flush joint
Lagerfuge	joint d'assise/ de lit/ de long	bed/supporting joint
Mörtelfuge	joint de mortier	mortar joint
offene Fuge	joint creux/ouvert	hollow/open joint
Schattenfuge	joint d'ombre	open/shadowing groove/joint
Stoßfuge	joint montant/vertical/ de tête	butt-/side-/ vertical joint
überdeckte Fuge	joint à clin/recouvrement	lap-joint
FUEHREN	conduire	to guide/lead
die Bücher führen	tenir les livres	to keep the books
ein Ladengeschäft führen	tenir un magasin	to run a shop
spannungsführender Draht	fil sous tension	charged/live wire
FUEHRER	conducteur, guide	guide, leader, operator
Führerschein	permis de conduire, carte rose	driving license
Geschäftsführer	gérant, directeur	(managing) director, manager
Kranführer	conducteur de grue, grutier	craneman, crane operator
FUEHRUNG	conduite, direction	conduct
Führungsschiene	coulisse, glissière, guide,	guide-rail/-track, slide
Betriebsführung	gestion d'entreprise	management
Buchführung	comptabilité	accounting, book-keeping
Geschäftsführung	gérance	management
Linienführung einer Straße	tracé d'une route/rue	lie of a road/street
Überführung	passage supérieur	overpass, fly-over
Unterführung	passage inférieur/souterrain	subway, underpass
FUELLEN	remblayer, remplir	to bank/fill up
Füllelement	élément de remplissage	filling element
Füllerde	terre de remblai	filled/filling up earth
Füllkörper	bloc/parpaing de remplissage, entrevous, hourdis	filler block
Füllkörperdecke	dalle hourdée	filler block floor
FUELLUNG	panneau, remplissage	filling, panel(ling)
Füllung(sfeld)	pan(neau)	panel
Füllungstür	porte à panneaux	panel(led) door
Glasfüllung	panneau de verre	glass pane(l)
Hinterfüllung	remplissage de/par derrière	back fill

FUELLUNG		
Holzfüllung	pan(neau) de bois	wooden panel
Türfüllung	panneau de porte	door panel
FUNDAMENT	assise, fondation	footing, foundation
Fundamentaushub	fouille des fondations	foundation excavating/pit
Fundamentfeuchte	humidité des fondations	foundation moisture
Fundamentplan	plan des fondations	ground plan
Einzelfundament	fondation individuelle	(foundation) base
Streifenfundament	fondation continue	strip foundation
FUENF	cinq	five
Fünfjahresplan	plan quinquennal	five year plan
FUNGIZIDE	fongicides	fungicides, rot-proofing products
FURNIER	placage	veneer
FURNIERUNG	contre-placage	veneering
FURNIEREN	contre-plaquer	to veneer
FUERSORGE	sollicitude, soins	care
Sozialfürsorge	service social	social service
Sozialfürsorger(in)	assistant(e) social(e)	social worker
Voks=/öffentliche Fürsorge	assistance publique	poor-relief
FUSS	pied	foot
Fußabstreicher	décrottoir, essuie-/gratte-pieds	foot-/shoe-scraper
Fußgitter	décrottoir	foot-/shoe-scraper
Fußleiste	plinthe	baseboard, plinth
Fußleistenheizung	chauffage par plinthes	baseboard heating
Fuß=matte/=teppich	paillasson, tapis-brosse	door mat
Fußpfette	longrine, panne inférieure	eaves purlin
Fußwärme	chaud au toucher [pied]	foot warmth, contact heat
Fußwaschbecken	pédiluve	foot-bath, pediluvy
FUSSBODEN	plancher	floor
Fußbodenbelag	revêtement de sol	floor covering
Fußboden brett	lame/planche de parquet	floor board, parquet block
Fußbodenheizung	sol chauffant	underfloor heating
Fußbodeninstallationen	installations encastrées/noyées dans le sol	underfloor equipments
Fußbodenkleber	colle pour revêtements de sol	adhesive for floor coverings
Fuß(boden)leiste	plinthe	base-board, plinth, skirting-board
Fußbodenplatte	carreau de sol	flooring tile
Fußbodenunterlage	sous-dalle/--parquet	subfloor
Bretterfußboden	plancher simple	batten flooring
FUSSGAENGER	piéton	pedestrian
Fußgängerbereich	zone pédestre/piétonne	pedestrian precinct
Umgestaltung zum Fußgängerbereich	piétonisation	pedestrianization
Fußgängerbrücke	passerelle	footbridge
Fußgängerinsel	refuge pour piétons	pedestrian island/refuge
Fußgängerstreifen	passage clouté/ pour piétons	pedestrian/zebra crossing
Fußgängerüberführung	passage supérieur pour piétons	pedestrian overbridge/overpass
Fußgängerunterführung	passage inférieur pour piétons	pedestrian underpass
Fußgängerverkehr	circulation pédestre	pedestrian traffic
Fuß(gänger)weg	chemin pédestre/piéton(nier)	footpath, walk(way)
die Fußgänger betreffend	pédestre	pedestrian

FUTTER [Türbekleidung]   bâti, chambranle   lining
Futter und Bekleidung [Tür]   encadrement, huisserie   lining and architrave, door frame
Futterstufe   contremarche   riser
FUTTERAL   étui, gaine   casing, cover, sheath

GABARIT	gabarit	gauge
GABELUNG	bifurcation, embranchement	bifurcation, road junction
GALERIE	coursive, galerie	alley-way, arcade, gallery
GALVANISIERT	galvanisé	galvanized, zinc coated
GANG	déplacement, marche	march, progress, walk
	² couloir, corridor	² corridor, passage
Bogengang	arcade	arcade, archway, colonnade
Geschäftsgang	marche des affaires	course of business
GANZ	entièrement, en entier	all, total. whole
Ganzglastür	porte à ouvrant tout en verre	all-glass door
GARAGE	garage	garage
Garagenbox	box de garage	lock-up garage
Garagenräume	ensemble/espace des garages	garaging
Garagenstellplatz	emplacement au garage	garage parking place
Garagentor	porte de garage	garage door
Garagenzufahrt	(voie d')accès au garage	garage drive
Fertiggarage	garage préfabriqué	prefab(ricated) garage
Hochgarage	parking à étages	multistorey car park
Tiefgarage	garage souterrain	underground garage/parking
GARANTIE	garantie	guarantee, surety, warranty
Garantieabzug	dixième/retenue de garantie	guarantee deduction, retention money
Garantieanzahlung	arrhes, dépôt de garantie	caution/earnest money
Erfolgsgarantie	garantie de bonne fin	success guarantee
Risikogarantie	garantie de bonne fin/ du risque	risk/success guarantee
zehnjährige Garantie	garantie décennale	ten years' guarantee
GARDEROBE	armoire à vêtements, penderie, vestiaire	clothes' closet, cloakroom, wardrobe
GARDINE	rideau	curtain
Gardinen=leiste/=schiene	rail/tringle à rideau	curtain track
GARTEN	jardin	garden
Gartenarbeiten	jardinage, horticulture	gardening, horticulture
Gartenarchitekt	(architecte) paysagiste	landscape gardener
Gartenarchitektur	art des jardins	landscaping, gardening
Gartenbank	banc de jardin	garden seat
Gartenbau	culture jardinière, jardinage	gardening, horticulture
Gartenbeet	plate-bande	flower-bed
Gartenerde	terre franche/végétale, terreau	surface/top/vegetable soil, mould
Gartenhofhaus	maison à atrium/ à cour intérieure/ à patio	atrium/court/patio house
Gartenkolonie	colonie-jardins	garden house allotment
Gartenleuchte	lampadaire de jardin	garden light
Gartenleuchten	éclairage de jardin	garden lights
Gartenmöbel	mobilier de jardin	garden furniture
Gartenschlauch	tuyau d'arrosage	garden-/water-hose
Gartenstadt	cité-jardin	garden city
Gartenweg	allée de jardin	garden path
Baumgarten	jardin fruitier, verger	orchard
Obstgarten	jardin fruitier, verger	orchard
Blumengarten	jardin d'agrément	flower garden
Dachgarten	jardin toiture	roof garden

GAR-GAT

GARTEN		
Dauergarten	jardin permanent	permanent garden
Gemüsegarten	jardin potager	kitchen garden
Kindergarten	jardin d'enfants	kindergarten, nursery school
Schrebergarten	jardin ouvrier	allotment garden
GAERTNER	jardinier	gardener
Landschaftsgärtner	jardinier paysagiste	landscape gardener
GAERTNEREI	horticulture, établissement maraîcher	gardener's establishment, nursery
Gemüsegärtnerei	jardin(s) maraîcher(s)	market garden
GAS	gaz	gas
Gasarmaturen	robinetterie à gaz	gas fittings and taps
Gasbadeofen	chauffe-eau à gaz	gas-fired water heater
Gasbeton	béton alvéolé/cellulaire/-mousse	cellular/foam/gas concrete
Gasbrenner	brûleur à gaz	gas burner
gasdicht	hermétique	air-tight
Gasdruckminderungsanlage	détendeur de gaz	gas expander
Gasgeräte	appareils à gaz	gas appliances
Gasflasche	bouteille à gaz	gas cylinder
Gashahn	robinet à gaz	gas cock
Gasheizkessel	chaudière à gaz	gas heating boiler
Gasheizung	chauffage à gaz	gas-fired heating
Gasinstallation	installation de gaz	gas carcassing
Gasherd	cuisinière à gaz	gas cooker
Gasleitung	conduite de gaz	gas conduit/pipe
Gasofen	poêle/radiateur à gaz	gas heater/stove
Gasschieber	robinet/vanne à gaz	gas tap/valve
Gas-Sensor	détecteur de gaz	gas detector
Gasventil	soupape à gaz	gas valve
Gasversorgungsnetz	réseau de distribution de gaz	gas mains /supply services
Gaswächter	interrupteur de sûreté	gas failure device
Gas-Wasserbereiter	chauffe-eau à gaz	gas water heater, geyser
Gaswerk	usine à gaz	gas works
Gaszähler	compteur à gaz	gas meter
Auspuffgas	gaz d'échappement	exhaust gas
Erdgas	gaz naturel	natural/rock gas
Ferngas	gaz à longue distance	grid gas
Flaschengas	gaz en bouteilles	bottled/cylinder gas
Flüssiggas	gas liquide	liquid gas
Heizgas	gaz de chauffasge	heating gas
Kochgas	gaz de cuisine	cooking gas
Kohlengas	gaz carbonique	carbon gas
Stadtgas	gaz de ville	Dowson gas
GASSE	rue, ruelle	alley, lane, narrow street
Sackgasse	cul-de-sac, impasse	cul-de-sac, dead end street
GAST	hôte, invité, visiteur	guest, visitor
Gastarbeiter	travailleur étranger	foreign/immigrant worker
Gästezimmer	chambre d'amis	guest/spare room
Gastgeber	hôte	host
Gaststätte	hôtel, hostellerie, restaurant	inn, tavern
GATTE	époux, mari	husband, partner
Gatten	époux, mari et femme	partners, husband and wife
Gattin	épouse	wife

GATTER	clôture/grille à clairevoie	gate, railing
GATTUNG	espèce, genre, nature	family, kind, sort
Gattungswert	veleur générique	generic value
GAUBE	lucarne	attic/dormer window
Gaubenwange	paroi latérale d'une lucarne	dormer cheek
Giebelgaube	lucarne à deux pans	gabled (roof) dormer
Schleppgaube	fenêtre en chien assis	dustpan dormer
Walmgaube	lucarne à croupe	hip(ped) (roof) dormer
GEBAEUDE	bâtiment, construction, édifice, immeuble	building, construction, structure
Gebäudeabstand	écartement entre constructions	distance between buildings
Gebäudearten	espèces de construction	types of buildings
Gebäudelehre	précis/théorie de construction	building sciences
Gebäudeöffnungen	ouvertures d'un bâtiment	building apertures
Gebäudetechnik	technique de construction	building technique
Gebäudevorsprung	avant-corps/saillie/encorbellement d'un immmeuble	projecting part of building
Bürogebäude	immeuble administratif/ de bureau	office building
Dienstbotengebäude (pl)	communs	offices and outhouses
dreigeschossiges Gebäude [2 Stockwerke!]	immeuble à 3 niveaux/ à 2 étages	two storeyed building
Fabrikgebäude	bâtiment de fabrique	factory building/premises
mehrgechoßiges Gebäude	immeuble à étages	multistorey building
landwirtschaftliches Gebäude	bâtiment de ferme	farm building
Mietgebäude	immeuble locatif, maison de rapport	tenement building
Nebengebäude	annexe, dépendance	annex, auxiliary/subsidiary building
Wohngebäude	bâtiment résidentiel, immeuble à appartements/ d'habitation	residential building
Orientierung eines Gebäudes	orientation/exposition d'un bâtiment	exposure of a building
GEBAEULICHKEIT	bâtiment, construction, édifice	building, construction
GEBEN	donner	to give
Kredit geben	octroyer un crédit	to give credit
Rechenschaft geben	rendre compte	to rendre account
zur Hypothek geben	donner en hypothèque, hypothéquer	to mortgage
GEBER	donneur	giver
Auftraggeber	commettant	commissioner, customer, orderer
Arbeitgeber	employeur, patron	employer, principal
Darlehensgeber	bailleur, prêteur	money lender
Geldgeber	bailleur de fonds	money lender
Kreditgeber	créditeur, prêteur	creditor
Ratgeber	conseil(ler)	advisor, counsellor
GEBIET	territoire, zone	area, zone
Gebiet für spätere Bebauung	zone d'aménagement différé	zone of deferred development
Gebiet mit Baubeschränkung [Aufstockungsverbot]	zone non altius tollendi	zone non altius tollendi
Gebietsausweisung	définition de(s) zones	definition of zones

GEB-GEB

Gebietserschließung	aménagement/viabilisation d'une région/zone	regional development, site preparation
Fonds für Gebietserschließung	fonds pour aménagement du territoire	funds for regional development/ site preparation
gebietsweise Enteignung	expropriation par zones	expropriation by zones
Gebietswissenschaft	science des régions	regional science
Absatzgebiet	débouché, marché	market, outlet
Auflockerungsgebiet	zone à dégager/ de dégagement	clearance aerea
Ballungsgebiet	zone de forte concentration	concentration/ supreme density area
Baugebiet	zone à bâtir	building zone
Bausperrgebiet	zone non aedificandi	zone non aedificandi
bebautes Gebiet	domaine/tissu bâti	buikt up zone
Betätigungsgebiet	champ opérationnel	operational field
Einzugsgebiet	zone tributaire	tributary area
Entwicklungsgebiet	région à développer/ en voie de développement	development area
Erholungsgebiet	espaces de récréation	recreation area
Erschließungsgebiet	zone d'urbanisation/ à urbaniser	urbanization zone
Erzgebiet	bassin minier	mining basin
Gewerbegebiet	zone d'activité	area for trade and crafts
Industriegebiet	zone industrielle	industrial area/site
Mischgebiet	zone mixte	zone for mixed use
Naturschutzgebiet	parc natonal. réserve	national park, protected site
Sanierungsgebiet	zone d'assainissement, îlot insalubre	habilitation area, slum clearance zone, slum site
Siedlungsgebiet	zone d'urbanisation	urbanization area
Stadtgebiet	région urbaine ² teritoire d'une ville	urban area/region , ² territory of a town
Steinkohlengebiet	bassin houillier	coal/mining basin
Wohngebiet	zone d'habitation/résidentielle	residential area/zone
GEBIRGE	massif montagneux	mountains
Gebirgskette	chaîne de montagnes	mountain chain/range
Gebirgsluft	air de haute montage	mountain air
GEBLAESE	soufflerie, ventilateur	blower, fan, ventilator
Gebläsebrenner	brûleur/chaudière à soufflerie	blower burner
Luftstrahlgebläse	diffuseur d'air	air diffuser
Sandstrahlgebläse	sableuse	sander
GEBRAUCH	emploi, jouissance, utilisation	use, using, utilization
Gebrauchsabnahme	réception définitive	final acceptance
Gebrauchs=artikel/=gegenstand	objet d'usage (courant)	article/commodity for every day use
Gebrauchslast	surcharge d'utilisation	use load
Gebrauch machen	se servir de	to make use of
von einem Vorzugsrecht Gebrauch machen	lever une option	to raise an option
gebrauchsfertig	prêt à l'emploi/ l'usage	ready for use
GEBÜHR	droit à payer, honoraire, vacation, ² impôt, taxe	charge, due, fee ² duty, tax
Gebührenbefreiung	exemption de taxes	exemption from duty
gebührenfrei	libre de taxes, sans frais	free of charges
Gebührenfreiheit	exemption de taxes	exemption from duty

GEBUEHR		
Bearbeitungsgebühr	frais de dossier	processing fee
Einschreibegebühr	droit d'enregistrement/ de recommandation	registration fee,
Erbschaftsgebühren	droits de succession	estate duty, tax on transfer of property
Fiskalgebühren	droits fiscaux	fiscal fees, taxes
Mahngebühr	frais de sommation	charge for notification
Notariatsgebühren	droits de notaire	notary's fees
öffentliche Gebühren	taxes publiques	public charges
Stempelgebühr	droit de timbre	stamp duty
Straßengebühren	taxes de voirie	street charges
Ueberschreibungsgebühren	droit de mutation	transfer duty
Vermittlungsgebühr	commission	brokerage, commission
GEBURT	naissance	birth
Geburtenkontrolle	contrôle/limitation des naissances, règlementation de la natalité	birth control
Geburtenrückgang	dénatalité	falling birth rate
Geburtenzahl	natalité	birth rate
GEBUESCH	bocage, taillée	bushes, shrubbery, underbrush
GEDAEMPFT	amorti, en sourdine	damped
schallgedämpft	insonorisé	damped, soundproof
GEEIGNET	apte à, capable de, qualifie pour	fit for, qualified to
GEFAHR	danger, péril, risqie	danger, peril, risk
Gefahrenzulage	prime pour travaux dangereux	danger bonus/money
Einsturzgefahr	danger d'écroulement	danger of collapsing
GEFAEHRDUNG	danger pour, risque de	endangering; jeopardy
Umweltgefährung	mise en péril de l'environnement	jeopardizing of environment
GEFAELLE	déclivité, gradient, inclinaison, pente	declivity, downgrade, gradient, inclination, incline, pitch
Gefällbeton(schicht)	béton de pente	breeze/sloping concrete
Gefällmesser	clinomètre	clinometer
Dach mit starkem Gefalle	comble a forte pente	high pitched roof
mit Gefälle verlegt	posé en pente	laid to falls
GEFANGEN	captif, en prison	captive, prisoner
gefangenes Grundstück	terrain enclavé	enclaved plot of land
gefangene Luft	air renfermé	entrapped air
gefangenes Zimmer	pièce sans accès direct	room without individual access
GEFAESS	récipient, vase	container, receptacle, tank
(Aus)dehnungsgefäß	vase d'expansion	expansion tank
GEFLECHT	treillis	lattice, trellis(work)
Drahtgeflecht	treillis métallique/ de fil de fer	wire mesh/netting
Lattengeflecht	lattis	lath/trellis work
GEFOERDERT	aidé, encouragé, favorisé	furthered/helped/promoted
von der Gemeinde gefördert	avec l'aide financier de la commune	rate aided
öffentlich/staatlich gefördert	avec l'aide finacier de l'Etat	government aided/subsidized
GEFRIERGERAT	congélateur	deep freezer
Gefriergeräte	équipement de congélation	deep freezing equipment
GEGEN	contre, envers	against, towards
gegen bar	au comptant, contre caisse/ espèces	(against/for) cash

Gegenbuchung	contre-écriture	counter-entry/part, cross-entry
Gegendruck	contre-pression	counter-pressure
Gegenentwurf	contre-projet	counter-project
Gegenexpertise	contre-expertise	counter-valuation
Gegenforderung	contre-créance, demande reconventionnelle	counterclaim
Gegenfurnier	contreplacage	veneer
Gegengefälle	contre-pente	reverse slope
Gegenkräfte	contre-forces	counter-acting/opposing forces
Gegenleistung	compensation, contre-partie	counter-performance, return service
Gegenmutter	contre-écrou, écrou de serrage	hold-down/ lock nut
Gegenpartei	contrepartie	counterpart, opposite/other party
gegenseitig	mutuel, réciproque	mutual, reciprocal
in gegenseitigem Einverständnis	de gré à gré, d'un commun accord	by mutual agreement
Gegenseitigkeit	mutualité, réciprocité	mutuality, reciprocity
Gegensprechanlage	interphoine, parlophone	two-way telephone
Gegenstrahlung	contre-rayonnement	counter-radiation
Gegenströmung	contre-courant	counter-current
Gegenstufe	contre-marche	riser
gegenüber	en face, vis-`s-vis	across from, facing, opposite to
gegenüberstehen	faire face, se trouver en face	to face
Gegenversicherung	contrelettre	revoking agreement
Gegenwert	contre-valeur, équivalent	equivalent, exchange value
Gegenzeichnung	contreseing, contre-signature	counter-signature
GEGEND	contrée, région, site	area, district, region, zone
GEGENSTAND	article, objet	article, item, object
Gebrauchsgegenstand	article d'usage (courant)	article for every day use
GEHALT	contenance, teneur, titre	amount, contents, degree
	² indemnité, paye, salaire, traitement	² emoluments, pay, salary, wages
Gehaltsabtretung	cession de salaire	surrender/transfer of salary
Gehaltsempfänger	employé, salarié	salary earner/worker
Gehaltsliste	feuille d'émargement/ des salaires	pay-roll
Feuchtigkeitsgehalt	degré d'humidité, teneur en humidité	degree of humidity, moisture content
GEHAEMMERT	martelé	hammered, wrought
GEHAEUSE	boisseau, boitier, carter	box, carter, casing, housing
Gurtwicklergehäuse	cage d'enroulement	tape roller casing
GEHEN	aller, marcher	to go/walk
Gehbelag	revêtement de sol	floor finish
Gehweg	chemin pédestre, trottoir	footpath
GEHOBELT	raboté	planed, wrought
GEHOEREN	appartenir	to belong to
GEHOEREND	appartenant, faisant partie	belonging to
zu einem Gut gehörende Ländereien	les tenants d'un domaine	lands marching with an estate
zu einer Immobilie unzertrennbar gehörende Mobilien	immeubles par destination	fixtures unseparable from real estate, landlord's fixtures

GELAENDE	terrain, terre	ground, land
Geländeantrieb	traction à quatre roues	all/four wheel drive
Geländeaufnahme	levé du terrain	ground survey
Geländebeschaffenheit	configuration/nature du terrain	lie/nature of the land
Geländebeschreibung	topographie	topography
Geländeerschließung	aménagement/viabilisation d'un terrain	land development
geländegängig	(roulant sur) tout terrain	having cross-country mobility
geländegängiges Fahrzeug	véhicule tout terrain	cross-country vehicle, off-roader
Geländekunde	topographie	topography
Geländesprung/=stufe	dénivellation	step in ground level
abfallendes Gelände	terrain en pente	sloping ground
Baugelände	chantier, terrain à bâtir	building site
erschlossenes Gelände	terain aménagé/viabilisé	developed/serviced land
Fabrikgelände	terrain de l'usine	factory site
Freigelände	zone extérieure/ à ciel ouvert	open air area/site
im Gelände	sur le terrain	in the field
Rohgelände	terrain brut/ non aménagé	raw land
sumpfiges Gelände	terrain marécageux	marshland
unerschlossenes Gelände	terrain vague	waste ground/land
welliges Gelände	terrain ondulé	undulating ground/land
GELAENDER	accoudoir, balustrade	balustrade, railing
Geländerstab	balustre	banister
Brückengeländer	garde-fou	guard-rail
Treppengeländer	balustrade/rampe d'escalier	staircase balustrade/banisters
GELAUFEN	couru	run
gelaufene Zinsen	intérêts courus	accrued interest
GELD	argent, monnaie	money
Geldabfindung	indemnité en espèces	cash/monetary indemnity
Geld=ab/=ent=wertung	dévaluation monétaire	devaluation, devalorization
Geldanlage	placement (d'argent)	investment (of funds)
Geldaufwertung	revalorisation monétaire	revaluation of money
Geldbedarf	besoins de fonds	financial requirements, want of money
Geldbeschaffungskosten	frais de mobilisation de fonds	fund raising cost
Geldbeständigkeit	stabilité monétaire	monetary stability
Geldentschädigung	indemnisation en espèces	cash/monetary indemnity
Geldgeber	bailleur de fonds	money lender
Geldmittel	liquidités, moyens financiers	funds, liquid means
Geldschrank	coffre-fort, tésor	safe
eingebauter Geldschrank	coffre-fort encastré	wall-safe
Geldschwankungen	fluctuations monétaires	monetary fluctuations
Geldumlauf	circulation monétaire	monetary circulation
Geldverknappung	resserrement du marché monétaire	scarcity of money
Abstandsgeld	dédit	fine, forfeit(ure), penalty,
das Geld betreffend	monétaire	monetary
Einzahlungsgelder	dépôt	deposit
Festgeld	dépôt à terme	time deposit
Frachtgeld	fret, prix du transport	freight(age)

GELD		
Kindergeld	allocations familiales	child(rens') allowance
Mündelgelder	deniers/fonds pulillaires	trust money
Reugeld	dédit, droit de repentir	fine, forfeit(ure), penalty,
Schlüsselgeld	pas de porte, denier d'entrée,	smart money
Spargeld	épargne	savings
Stempelgeld	indemnité de chômage	unemployment benefit
Wohngeld	allocation (de) logement	dwelling allowance, rent subsidy
GELEGENHEIT	occasion	occassion, opportunity
Gelegenheitsarbeit	travail occasionnel	casual/odd job
GELEGENTLICH	occasionnel	casual, occasional
gelegentlicher Nebenverdienst	revenu casuel	incidental earnings
GELENK	articulation, jointure,	articulation, joint
Gelenkradlader	chargeuse articulée sur pneus	articulated loader on wheels
GELENKT	dirigé	controlled, guided
gelenkte Wirtschaft	économie dirigée	controlled economy
Kreuzgelenk	articulation à croisillon	universal joimt
Kugelgelenk	articulation à rotule	ball and socket joint
GELERNT	formé, qualifié	skilled
gelernter Arbeiter	ouvrier qualifié/spécialisé	skilled worker
ungelerntert Arbeiter	ouvrier non qualifié	unskilled worker
GELTEND	valable	valuable
geltend machen	se prévaloir de	to put forward
Geltendmachung	exercice [dun droit]	assertion
GEMAESSIGT	modéré, tempéré	moderate, temperate
gemäßigtes Klima	climat modéré	temperate climate
gemäßigte Zone	zone modérée	temperate zone
GEMEIN	bas, commun, ordinaire	common, general, low
gemeiner Wert	valeur vénale	market value
Gemeinbedarf	besoins collectifs	common needs
Fertigungsgemeinkosten	frais généraux de fabrication	general/trade expenses, factory overheads
Gemeinnutz	utilité publique	public utility
gemeinnützige Gesellschaft	société d'utilité publique	public utility society
Gemeinnützigkeit	utilité publique	public utility
Anerkennung der Gemeinnützigkeit	déclaration d'utilité publique	recognition of public utility
Gemeinrecht	droit commun	comon law
Gemeinwohl	bien public	public weal/welfare
GEMEINDE	commune	borough, municipality, township
von der Gemeinde gefördert	aidé par la commune	rate-aided
zwischengemeindlich	intercommunal	regarding several municipalities
Gemeinde=Einnehmer	reveveur communal	rate collector
Gemeinde=Entwicklungsprogramm	programme de développement communal	town development programme
Gemeinderat	conseil communal	town council
Gemeinderatsmitglied	conseiller communal	(town) councillor
Gemeindereglement	règlement communal/ de police	by(e)-law
Gemeindesteuer	impôt communal	local tax
Gemeindeverband	association de communes	association of local authorities
Gemeindeweg	chemin commmunal/vicinal	local road

GEMEINSAM	conjointement, en commun,	common, collective, jointly
gemeinsame Haftung	responsabilité conjointe	joint responsability
gemeinsamer Hof	cour commune	common court-yard
gemeinsame Teile	partie communes	common parts/spaces
GEMEINSCHAFT	communauté	community
Gemeinchaftsanlage	installation commune, équipement collectif	collective equipment, public amenity, communal facility
Gemeinschaftsantenne	antenne collective	collective aerial
Gemeinschaftsarbeit	travail d'équipe	team work
Gemeinschafts-Brauseanlage	douches collectives	shower range
Gemeinschaftseinrichtungen	équipements/services communs	community amenities/facilities,
Gemeinschaftsgründung	société de participation	joint venture
Gemeinschaftsküchen	cuisine pour communautés	kitchen for communities
Gemeinschaftszentrum	centre civique/social	civic/community centre
Arbeitsgemeinschaft	communauté de travail/ d'entreprises	work(ing) team, joint companies
Gütergemeinschaft	communauté/union de biens	joint estate of husband and wife
GEMEINSCHAFTLICH	collectif, commun, non privatif	collective, common
gemeinschaftliches Eigentum	indivision	joint ownership
gemeinschaftliche Einrichtungen	services collectifs	collective services
GEMISCHT	mêlé, mixte	mixed
gemischte Nutzung [Gebäude]	occupation mixte	mixed occupation
gemischtwirtschaftliche Gesellschaft	société d'économie mixte	company with both public and private capital/estate
GEMUESE	légume	vegetable, greens
Gemüsebau	culture maraîchère	cultivation of vegetables
Gemüsegarten	jardin potager	kitchen-garden
Gemüsegärtnerei	culture maraîchère	market garden, trunk farming
GENEHMIGEN	agréer	to agree
genehmigter Plan	plan approuvé	approved/statutary plan
GENEHMIGUNG	approbation, autorisation, permis	approval, authorization, permit
Genehmigung der Pläne	approbation des plans	approval of plans
Baugenehmigung	autorisation de bâtir, permis de construire	building licence/permit, planning permission
Genehmigungsverfahren	procédure d'approbation	approval procedure
GENEIGT	incliné, en pente	pitched, sloping
GENERAL ...	général	general
Generalplan	plan directeur/ d'ensemble	master plan
Generalstab	quartier général, état major	headquarter
Generalstabskarte	carte d'état-major	ordnance survey map
Generalunkosten	frais généraux	overheads
Generalunternehmer	entrepreneur général	general/main contractor
GENERATOR	générateur	current generator
Heißluftgenerator	générateur d'air chaud	air generator
GENORMT	normalisé, standardisé	standardized
GENOSSENSCHAFT	(société) coopérative	co-operative, mutual association
Absatzgenossenschaft	(société) coopérative de vente	marketing co-operative
Baugenossenschaft	(société) coopérative de construction	building co-operative

GENOSSENSCHAFT		
Kreditgenossenschaft	(société) coopérative de crédit	credit co-operative
Wohnungsgenossenschaft	(société) coopérative de logement	housing co-operative
Wohnungsbaugenossenschaft	(société) coopérative pour la construction d'habitations	home building co-operative
GENOSSENSCHAFTLER	coopérateur	co-operationist
GENOSSENSCHAFTLICH	coopératif	co-operative
genossenschaftliches Wohnungswesen	logement coopératif	co-operative housing
GENUSS	jouisance	use
Genußantritt	entrée en jouissance, prise de possession	entrance into/ taking possession
GEOGRAPHIE, Erdkunde	géographie	geography
GEOLOGIE	géologie	géologiy
GEOMETER	géomètre	land surveyor
GEOMETRIE	géométrie	geometry
geometrisches Zeichnen	dessin géométrique	linear drawing
GEOTHERMIE	géothermie	geothermics
GERADE	droit	straight
gerade Treppe	escalier droit/ à rampe droite	straight staircase/(flight of) stairs
GERAET	appareil, dispositif	apparatus, appliance, device
Geräteraum	débarras, local de nettoyage	room for cleaning equipment
Gerätespielplatz	place de jeux équipée	equipped playground
Elektrogerät	appareil électrique	electric appliance
Gasgerät	appareil à gaz	gas appliance
Gefriergerät	congélateur	deep freezing equipment
Haushaltsgerät	appareil ménager	domestic/household appliance
elektrisches Haushaltsgerät	appareil électroménager	electric domestic appliance
Heizgerät	appareil de chauffage	heating appliance
Kleingerät	petit appareil	small(er) appliance
Klimagerät	climatiseur	air conditioning unit
Kochendwassergerät	chauffe-eau de cuisine	hot water boiler
Kühlgerät	réfrigérateur	refrigerator unit
Lüftungsgerät	aérateur, ventilateur	fan (coil) unit
Prüfgerät	appareil d'épreuse/ d'essai	testing apparatus
Regelgerät	appareil de commande	regulating device
Reinigungsgerät	ustensile de nettoyage	cleaning utensil
Spielgerät	agrès, matériel de jeu	sport equipment
Turngerät	agrès de culture physique	athletic sport equipment
Waschgerät	ustensile à laver le linge	washing appliance
GERAEUSCH	bruit	noise
geräuscharm	silencieux	low-noise, silent
Geräuscheffekt	bruitage, intensité sonore	noise effect, noisiness
geräuschlos	sans bruit	noiseless
Geräuschpegel	niveau sonore	noise level
geräuschvoll	bruyant	noisy
Außengeräusch	bruit (de l')extérieur	external noise
Grundgeräusch	bruit de fond	ground noise
GERECHT	juste, conforme	just, fit, suitable
fach=/sach=gerecht	conforme aux règles de l'art/ du métier	according to the rules of craft, correctly

GERECHT		
fristgerecht	dans les délais	in due time, within the allowed time
GERICHT	tribunal	court of justuce, law-court
Gerichtshof	Cour de justice	Court
im Zuständigkeitsbereich des Gerichtes	du ressort de la Cour	within the competence of the Court
Gerichtskosten	frais de justice/procès	law/legal charges
Gerichtssachverständiger	expert judiciaire	legal expert, expert witness
Gerichtsverfahren	procédure judiciaire	legal procedure
Gerichtsvollzieher	huissier judiciaire/ de justice	bailiff, sheriff's officer
Amtsgericht	tribunal d'instance	Court of first instance
Landgericht	tribunal de grande instance	Court of second instance
Friedensgericht	justice de paix	justice of peace
Schiedsgericht	tribunal arbitral conseil des prud'hommes	Court of arbitration/award, industrial (trade) court
Schiedsgerichtsverfahren	arbitrage	arbitration
GERICHTLICH	judiciaire	judicial, judiciary
gerichtliche Entscheidung	décision judiciaire	court decision, sentence
gerichtlicher Verkauf	vente judiciaire	sale by order of the Court
GERICHTET	orienté	oriented
nach Süden gerichtet	orienté vers le sud	facing south
GERING	faible, modeste, petit	little, small
geringe Mittel	faibles ressources, moyens modestes	scanty means, small ressources
GERUCH	odeur	odor
Geruchverschluß	siphon, trappe d'écoulement	(S-)trap, waste-trap
Leitung mit Geruchverschluß	conduite siphonnée	siphoned duct/tube
GERUEST	échafaudage ² ossature	scaffold(ing) ² frame, skeleton
Hängegerüst	échafaudage suspendu/volant	hanging/suspended scaffold
Rohrgerüst	échafaudage tubulaire	tubular scaffold
Stahlgerüstbau	construction à ossature métallique	steel frame construction
GESAMT	total	complete, entire, overall, total. whole
Gesamtbetrag	montant total	total amount/sum
Gesamtertrag	revenu total	overall profits, total proceeds
Gesamtfinanzierung	ensemble des moyens de financement	total means of financing
Gesamtgewicht	poids total	overall weight
Gesamtkostenpreis	prix global	overall/total price
Gesamtplan	plan d'ensemble	general/key/master/overall plan
Gesamtverkehrsplan	plan général des circulations	general traffic plan
GESCHAEFT	affaire(s), commerce, marché transaction ² boutique, magasin	business, commerce, trade, transaction ² shop, store
ein Geschäft führen	tenir un magasin	to run a shop
Geschäftsanteil	mise, part sociale	business share
Geschäftsaufgabe	cessation d'exploitation	closing an exploitation
Geschäftsbedingungen	conditions de commerce	terms of business
Geschäftsbericht	compte-rendu de gestion	business report
geschäftsfähig	capable de contracter	legally competent, capable to contract

Geschäftsflaute	stagnation des affaires	dullness of trade
Geschäftsfonds	fonds de commerce	goodwill
Geschäftsführer	gérant, directeur	manager, director
geschäftsführender Gesellschafter	associé gérant/directeur	managing partner
Geschäftsführung	gérance, gestion, direction	(buisiness) management
Geschäftsgang	marche des affaires	course of business
Geschäftshaus	immeuble/maison de commerce	commercial building
Geschäftsjahr	année sociale, exercice	business/financial year
Geschäftsmann	commerçant, marchand, négociant, homme d'affaires	businessman, dealer, merchant
Geschäftspassage	galerie de boutiques	arcade of shops
Geschäftsraum	bureau, local commercial, magasin	commercial premises, office, shop
Geschäftsraummietvertrag	bail commercial	commercial lease
Geschäftsrückgang	ralentissement des affaires	decline in business
Geschäftssitz	siège commercial/social	chief/registered office
Geschäftsstelle	agence, bureau	office, agency
Geschäftsstraße	rue commeçante/marchande	shopping street
Geschäftsunfähigkeit	incapacité judirique	legal disability
Geschäftsunkosten	frais généraux/ d'administration	overheads
Geschäftsunternehmen	entreprise commerciale	business concern
Geschäftsvertreter	représentant de commerce, commis-voyageur	business agent, salesman
Geschäftsviertel	quartier commercial	business area
Geschäftszentrum	centre commercial	business/commercial centre
Filialgeschäft	succursale	branch (establishment)
Einzelhandelsgeschäft	magasin de vente (au détail)	retail shop
Scheingeschäft	marché fictif	dummy transaction
Speditionsgeschäft	entreprise de transport	carrying company
Temingeschäft	marché/opérations à terme	forward deal, time-bargain
GESCHAEUMT	expansé	foamed
GESCHIRR [Küche]	vaisselle	pottery, vessel
Geschirrspülmaschine	lave-vaisselle	dish washer
GESCHLIFFEN	poli	polished, wrought
GESCHLOSSEN	fermé	closed
geschlossene Bebauung	aménagement en îlots fermés, implantation en continu	block system planning, compact development
GESCHOSS [Stockwerk]	niveau	floor, level
Geschoßbau	(construction d')immeuble(s) a étages	(construction of) multistorey building(s)
Geschoßdecke	dalle d'étage/ portante	structural floor
Geschoßeigentum	propriété par étage	ownership by appartment
Geschoßfläche	surface d'étage hors tout	floor space area
Geschoßflächen=zahl/=ziffer	coefficient (maximum) d'utilisation du sol, CMU	floor space ratio, plot ratio
Geschoßhöhe	hauteur d'étage	height from floor to floor
lichte Geschoßhöhe	hauteur sous plafond	height between floors
Geschoßplan	plan horizontal	floor plan
Geschoßwohnung	appartement	flat
Geschoßzahl	nombre de niveaux	number of floors
eingeschossiges Haus	bungalow, maison sans étage/ à rez-de-chaussée	bungalow, house with only one storey

GESCHOSS		
zweigeschoßig	à deux niveaux, à (un) étage	one-storeyed, two-level
zweigeschoßige Wohnung im Mehrfamilienhaus	appartement [en] duplex	maisonnette
dreigeschoßig	à trois niveaux, à deux etages	two-storeyed
mehrgeschoßig	à étages (multiples)	multi-storied/-storeyed
vielgeschoßig	à étages (multiples)	multi-storied/-storeyed
Dachgeschoß	étage dans les combles	attic/garret floor, loft
Kellergeschoß	sous-sol	basement, subsoil
Kellergeschoßwohnung	(logement en) sous-sol	basement flat
Obergeschoß	étage	stor(e)y,
Staffelgeschoß	étage en retrait	set back storey
Zwischengeschoß [über Erdg.]	mezzanine	mezzanine
GESCHUETZT	protégé, à l'abri de	protected
geschützter Mieter	locataire protégé	sitting tenant
witterungsgeschütz	à l'abri des intempéries	weather protected
GESCHWINDIGKEIT	vitesse	speed, velocity
die GESCHWORENEN	les jurés	jury
GESELLE	compagnon	workman
GESELLSCHAFT	compagnie, société	company, firm
Gesellschaft bürgerlichen Rechts	société civile	private company
Gesellschaft mit beschränkter Haftung	société à responsabilité limitée	public limited company
Gesellschaft ohne Gewinnzwecke	société sans but lucratif	non-profit company
Gesellschaft für Lärmbekämpfung	Association contre le bruit	Noise Abatement Society
Gesellschaftsbericht	compte-rendu aux actionnaires	annual/business/operating report
Gesellschaftseinlage	apport social/ de sociétaire	business share
Steuer auf Gesellschafts= einlage	droit d'apport	duty on capital contribution
Gesellschaftskapital	capital social	joint/registered capital
Gesellschaftskommissar	commissaire aux comptes	auditor
Gesellschaftsordnung	édifice social, structure sociale	social structure
Gesellschaftssitz	siège social	chief/registered office
Gesellschaftssteuer	impôt sur les sociétés	tax on (the formation of) companies
Gesellschaftsvermögen	patrimoine social/ d'affectation	assets of the company
Gesellschaftsvertrag	acte constitutif de société, statuts	articles of association, corporate contract
Aktiengesellschaft	société par actions	joint stock company
Baugesellschaft	société de construction	construction/housing society
Dachgesellschaft	holding, société-mère	holding/parent company
gemeinnützige Gesellschjaft	société d'intérêtpublic/ d'utilité publique	public utility society
gemischtwirtschaftliche Gesellschaft	société d'économie mixte	company with both public and private capital/estaste
Handelsgesellschaft	société commerciale	commercial/trading company
offene Handelsgesellschaft	société en nom collectif	privat partnership
Holdinggesellschaft	société holding	holding company
Immobiliengesellschaft	société immobilière	property/ real estate company
Industriegesellschaft	société industrielle	industrial company/society
Kommanditgesellschaft	société en commandite (simple)	limited (liability)/ sleeping partnership

GES-GES

GESELLSCHAFT		
Kommanditgesellschaft auf Aktien	société en commandite par actions	limited partnership by shares
Realkreditgesellschaft	société de crédit immobilier	mortgage society
Treuhandgesellschaft	société fiduciaire	trust company
Verbrauchergesellschaft	société de consommation	consumers' society
Versicherungsgesellschaft	compagnie d'assurance	insurance company
GESELLSCHAFTER	actionnaire, sociétaire	shareholder, stock holder
Gesellschafterversammlung	assemblée générale	general/shareholders' meeting
beschränkt haftender Gesellschafter	(assoicié) commanditaire	general/limited/silent partner
geschäftsführender Gesellschafter	associé gérant/directeur	managing partner
persönlich haftender Gesellschafter	commandité	active/responsible/unlimited partner
stiller Gesellschafter	commanditaire	general/limited/silent partner
GESELLSCHAFTLICH	mondain, social, de société	social, related to society
gesellschaftliche Rangordnung	l'échelle sociale	the social ladder
GESETZ	loi	act, law
Gesetzbuch	code	code (of law)
Gesetzesübertretung	infraction	infringement, offence
Bausparkassengesetz	loi régissant les caisses d'épargne-logement	building societies' act
Verkehrsgesetz	code de la route	highway code
GESETZGEBUNG	droit, législation	legislation, legislature
Agrargesetzgebung	loi agraire	land act
Finanzgesetzgebung	législation financière	financial law
Handelsgesetzgebung	code de commerce	commercial law
GESETZLICH	légal	legal
gesetzliche Haftpflicht	responsabilité légale	legal liability/responsibility
gesetzliche Hypothek	hypothèque légale	mortgage foreseen by law
gesetzliche Miete	loyer légal	legal rent
gesetzliche Reserve	réserve légale	legal reserve
GESIMSE	corniche	cornice
Gesimsleiste	moulure	moulding
Gesimsschalung	coffre/coffrage de corniche	cornice boarding
GESINTERT	fritté	sintered
GESPUNDET	bouveté	tongued and grooved
GESTALTER	celui qui détermine la forme	designer, shaper
Landschaftsgestalter	architecte/jardinier paysagiste	landscape architect/designer/gardener
Raumgestalter	décorateur, ensemblier	internal/interior decorator/designer
GESTALTUNG	façonnement, formation	design, shaping
architektonische Gestaltung	composition architecturale	architectural design
Freizeitgestaltung	aménagement des loisirs	leisure-time planning
Grundrißgestaltung	agencement du logement	ordering of house
Heimgestaltung	aménagement intérieur du chez soi	home decoration
Heimgestaltung und Hauswirtschaft	arts ménagers	home decoration and domestic economy

GESTALTUNG réaménagement redevelopment, replanning
 Neugestaltung
 Umgebungsgestaltung aménagement extérieur/ des environmental design
 alentours
 städtebauliche Gestaltung composition de l'urbanisme town planning conception
GESTEHUNGSKOSTEN prix coûtant/ de revient prime/production cost
 Progression der progressivité du coût progressiveness of cost
 Gestehungskosten
GESTEHUNGSPREIS prix coûtant/ de revient primecost, cost price
GESTEIN pierres, roche mineral, rock, stone
 Gesteinskunde pétrographie, pétrologie petrology
 Kalksandgestein grès calcaire chalky sandstone
 loses Gestein roche meuble loose rock
 weiches Gestein roche tendre soft rock
 gewachsenes Gestein roche saine bedrock
GESTELL bâti, châssis, chevalet, étagère frame, shelf, stand
GESTOSSEN [Tapete] posé bout à bout butt joined
GESTREUT dispersé dispersed
GESTRICHELT hachuré hatched
 gestrichelte Linie trait discontinu broken line
GESTRUEPP broussaille, fourré, maquis brake, scrub, thicket
GESUCH demande, requête application, petition, request
GESUND sain, valide [2] salubre healthy, well [2] salubrious
 gesunde Wohnung logement salubre healthy dwelling
GESUNDHEIT santé health
 Gesundheits=amt/=dienst service sanitaire health services
 gesundheitsschädlich insalubre insanitary, noxious
 Gesundheitsschutz protection sanitaire sanitary protection
 öffentliche Gesundheit hygiène/salubrité publique public health
 öffentliches Gesundheitswesen santé publique public health, sanitation
 Volksgesundheit hygiène/santé/salubrité publique public health
GESUNDHEITLICH sanitaire sanitary
GESUNDUNG convalescence, rétablissement convalescence, recovery
 Gesundung der Wirtschaft rétablissement économique economic recovery
 Finanzgesundung consolidation des finances consolidation of finances
GETEILT [in Abschnitten] en sections sectional
GETRENNT séparé separate
 getrennte Haftung responsabilité séparée seperate liability
 Straße mit getrennten route à chaussées séparées dual carriage-way
 Fahrbahnen
GETROCKNET séché dried
 luftgetrocknet séché à l'air air-dried, air-dry
 ofengetrocknet séché au four kiln-dried
GEVIERT carré square
 Häusergeviert ilot/pâté de maisons block/compound of houses
GEWAECHS plante, végétal herb, plant
 Gewächshaus serre hothouse
GEWAEHR garantie guarantee
 ohne Gewähr sans garantie without responsability
GEWAEHREN accorder, consentir to allow/grant
 ein Darlehen gewähren consentir/octroyer un prêt to grant a loan
 Kredit gewähren allouer un crédit to grant credit

GEWALT	force, pouvoir	force, power, strength
Amtsgewalt	autorité administrative	administrative authority
Mißbrauch der Amtsgewalt	abus d'autorité/ de pouvoir	abuse of adminsitrative authority
Fall höherer Gewalt	cas de force majeure	act of God
Schlüsselgewalt	pouvoir des clés	power of the keys
GEWAENDE	embrasure, jambage	jamb, reveal
GEWASCHEN	lavé	washed
gewaschener Sand	sable lavé	sharp/washed sand
GEWAESSER	eau(x)	water(s), floods
Gewässerkunde	hydrolographie˙	hydropraphy
GEWEBE	texture, tissus	fabric, tissue, web
Baustahlgewebe	grillage/treillis soudé	steel/welded fabric, reinforcement mesh
Drahtgewebe	tissu métallique	wire gauze
Drahtziegelgewebe	treillage/treillis céramique	bricanion/clay lathing
GEWELLT	ondulé	corrugated, undulating
GEWENDELT	tournant	winding
gewendelte Stufe	marche tournante	spiral step, winder
GEWERBE	commerce, industrie, métier	business, craft, industry, trade
Gewerbeinspektion	inspection du travail	factory inspection
Gewerbeordnung	réglementation des professions	trade regulations
Gewerbeplanung	planification des activités	trade planning
Gewerbepolizei	inspection du travail	factory inspection
Baugewerbe	(industrie/métiers du) bâtiment	building industry/trades
Beherbergungsgewerbe	industrie hôtelière	hotel trade
GEWERBLICH	industriel	industrial
gewerblich genutztes Grunddstück	terrain industriel	industrial site
GEWERKSCHAFT	syndicat, union syndicale	trade union
Arbeitergewerkschaft	sysndicat ouvrier	labour/trade union
GEWERKSCHAFTLER	syndicaliste	trade unionist, union member
GEWICHT	poids	weight
Fehlgewicht	poids déficitaire, manque de poids	deficiency in weight
Gesamtgewicht	poids total	overall weight
Gleichgewicht	équilibre	balance, equilibrium
Gleichgewichtsstörung	déséquilibre	lack of balance
Raumgewicht	poids volumétrique, densité apparente/volumétrique	bulk density, volume weight
spezifisches Gewicht, Rohwichte	densité/gravité/poids spécifique	specific/gravity/unit weight,
Ungleichgewicht	déséquilibre	lack of balance
GEWINDE	filet, pas de vis	thread, worm
Gewindeschneider	filière, taraudeuse	screw cutter
Gewindeschneidemaschine	machine à taraudeur	tapping machine
gewindeschneidende Schraube	vis autotaraudeuse	self-tapping screw
GEWINN	bénéfice, intérêt, profit	benefit, interest, profit
Gewinn und Verlust	profits et pertes	profit and loss
Gewinn und Verlustrechnung	compte de profits et pertes, compte de résultats	profit and loss/ revenue and appropriation account
Gewinnanteil	tantième	percentage, quota, share
Gewinnausfall	manque à gagner	absence/loss of profit
Gewinnausschüttung	répartition des bénéfices	distribution of profit

gewinnbringend	bénéficiaire, lucratif, rentable	lucrative, paying, profitable
Gewinnrücklage	(fonds de) provision	appropriated surplus
Gewinnsaldo	solde bénéficiaire	profit balance
Gewinnspanne	marge bénéficiaire	profit margin
Gewinnverteilung	répartition des bénéfices	distribution of profit
Gewinnvortrag	report de(s) bénéfice(s)	surplus brought forward
Betriebsgewinn	bénéfice d'exploitation	operating/trading profit
Bruttogewinn	bénéfice brut	gross profit
Buchgewinn	bénéfice comptable	paper profit
Reingewinn	bénéfice/produit net	net profit
Scheingewinn	profit fictif	paper profit
Gesellschaft ohne Gewinnzweck	société sans but lucratif	non-profit company
GEWINNUNG	production	production
GEWITTER	orage	thunderstorm
Gewitterfront	front d'orage	front of a thunderstorm
gewitterig	orageux	thundery, stormy
Gewitterneigung	tendance orageuse	thunderstorm tendancy
GEZEITEN	marées	tides
Gezeitenkraftwerk	centrale marémotrice	tidal power station
Gezeiten=strom/=strömung	courant de marée	tidal current
GIEBEL	fronton, pignon	gable/-end)
Giebeldach	toit en bâtiere/ à deux versants	gable/ridged/saddle roof
Giebelfenster	fenêtre à/de pignon	gable window
Giebelmauer	mur pignon	gable-wall
Giebelzinne	acrotère	acroterion
Fenstergiebel	pignon de fenêtre	window gable
GIESSEN	couler	to pour/shed
Gießmasse	matière à couler	fluid compound
GIPS	plâtre	plaster
Gipsdiele	plaque de plâtre	plaster board/slab
Gipsfaserplatte	panneau en plâtre armé de fibres de verre	fibreglass reinforced plaster panel
Gipskartonplatte	panneau de plâtre en carton, carton-plâtre, placoplâtre	gypsum plaster panel
mit Gipskartonplatten versehen	muni de panneaux en carton-plâtre	plasterboarded
Gipsstein	bloc en plâtre	plaster block
Gipstrog	auge	mortar trough
Gipsputz	enduit de plâtre, plafonnage,	gypsum finish, coat of plaster
Alabastergips	plâtre d'albâtre	alabaster, handfinish plaster
Baugips	gypse, plâtre gris/ à bâtir	building plaster
Formgips	plâtre à mouler/ de moulage	moulding plaster
Maurergips	gypse, plâtre gris/ à bâtir	building plaster
Naturgips	gypse, pierre à plâtre	gypsum/plaster rock/stone
Rohgips	gypse, pierre à plâtre	gypsum/plaster rock/stone
GIPSER	plafonneur, plâtrier	plasterer
Gipserarbeiten	plafonnage, plâtrerie	plaster works
GIROKONTO	compte de virement	drawing account
GITTER	claire-voie, grillage, grille	grating, grid, grille, railing, lattice-work
Gitterbalken	poutre à croisillons/ en treillis	lattice girder/truss

GIT-GLA 136

Gitterfenster	fenêtre grillagée/ à barreaux	grated window
Gittermast	mat/pylône en treillis	lattice mast/pylon
Gitternetz [Raster]	grille, trame	grid, screen
Gitterrost	grille (horizontale), caillebottis	grid, area grating
Gittertor	portail grillagé/ à clairevoie	lattice/trellised gate
Gitterträger	poutre à croisillons/ en treillis	lattice girder/truss
Gittertür	porte en lattis/ à clairevoie	lattice door
Gitterwand	grille de séparation	lattice partition
Gitterwerk	grillage, treillis(sage)	grate, grating, lattice (work)
Gitterziegel	brique alvéolée/trouée	hollow/honeycomb brick
Ausstattungsgitter	grille d'équipement	grid of amenities
Fußabstreifgitter	décrottoir	foot/shoe scraper
Laubgitter	filtre de feuilles	flashing mesh/strainer
Rollgitter	grille à enroulement	roller/rolling grille
Scherengitter	grille extensible	collapsable/collapsible gate
Schnee(fang)gitter	grille garde-neige	snow guard
Schutzgitter	grille protectrice	barrier guard, protective grille
Stabgitter	grille à barreaux	bar grating
Ziergitter	grille décorative	ornamental grille
GLAS	verre	glass
Glasbaustein	brique/pavé/pierre de verre, dalle lumineuse	glass block/brick/slab
Glasbeton	béton translucide	translucent concrete
Glasdach	ciel vitré, toit en verre	glass roofing, glazed roof
Glasdeckenstein	pavé de verre	glass paving brick
Glasfalz	feuillure de vitrage	rebate for putty
Glasfaser	fibre de verre	glass fibre, fibreglass
Glasfaserbeton	béton armé de fibres de verre	glass fibre reinforced concrete
Glasfasergewebe	tissus de (fils de) verre	fibreglass fabric
Glasfliese	careau/dalle de verre	glass slab/tile
Glasfüllung	pan(neau) de verre	glass pane(l)
Glasleiste	baguette de vitrage	glazing strip
Glasmarkise	marquise (en verre)	glass porch
Glaspapier	papier-verre/-émeri	emery/glass/sand-paper
Glasprismenstein	dalle/prisme de verre	reflecting glass prism/slab
Glasrohr	tuyau en verre	glass pipe
Glasschaum	mousse de verre, verre cellulaire	foamglass
Glasscheibe	carreau, vitre	pane of glass
Glasseide	soie de verre	spun glass
Glasstein	brique de verre	glass brick
Glaswand	cloison/paroi vitrée	glazed wall, glass partition
Glastür	porte ajourée/vitrée	glazed door
Glasveranda	véranda vitrée	glass veranda(h)
Glasversicherung	assurance bris de glace	glass-breakage insurance
Glasvordach	marquise en verre	glass porch
Glaswolle	laine de verre	glass wool
Glaswollmatte	natte en laine de verre	glass wool mat/quilt
Glasziegel	brique/dalle/tuile de verre	glass slab/tile
Akrylglas	verre acrylique	acrylic glass
Antikglas	verre antique	antique glass
Bleiglas	verre de plomb	flintglas

GLAS		
Buntglas	verre teinté	stained/tinted glass
Drahtglas	verre armé/grillagé	georgian/wired glass
Einscheibensicherheitsglas	verre trempé	case hardened safety glass
emailliertes Glas	verre émaillé	enamelled/painted glass
Farbglas	verre teinté	stained glass
Fensterglas	verre à vitres	sheet-/window-glass
feuerfestes Glas	verre à feu/ réfractaire	refractory glass
Fließ=/Float=glas	verre flotté	float glass
Flintglas	verre de plomb	flint glass
Gußglas	verre coulé	cast glass
Hartglas	verre dur/trempé	hard/tempered glass
Isolierglas	verre/vitrage isolant	insulated glass, sealed double glazing
Kathedralglas	verre cathédrale	cathedral/stained glass
kugelsicheres Glas	verre pare-balle	bulletproof glass
Mattglas	verre dépoli/satiné	frosted/obscure glass
Mehrscheibensicherheitsglas	verre feuilleté	multilayer glass
metallbeschichtetes Glas	verre plaqué/métallisé	metallized glass
Ornamentglas	verre décoratif/imprimé	decorative/ornamental glass
Plexiglas	perspex	perspex
Preßglas	verre moulé/pressé	pressed glass
Rauchglas	verre fumé	smoked/tinted glass
Riffelglas	verre cannelé	ribbed glass
Rohglas	verre brut/cru/grossier	raw/rough glass
Schaumglas	verre expansé/(multi)cellulaire	foamglass
schußfestes Glas	verre pare-balle	bulletproof glass
Schwimmglas	verre flotté	floatglass
Sicherheitsglas	verre de sécurité, glace sécurisée	safety/shatterproof glass
Sonnenschutzglas	verre antisolaire/pare-soleil	antisun/solar glass
Spiegelglas	verre poli/ à glace	plate/polished glass
Tafelglas	verre moulé	sheet glass
Uberfangglas	verre doublé/plaqué	cased/flashed glass
undurchsichtiges Glas	verre opaque	obscure glass
Verbundglas	verre feuilleté	multilayer glass
Walzglas	verre laminé	rolled glass
Wasserstandsglas	tube de niveau	gauge-glass
GLASER	vitrier	glazier
Glaserarbeiten	vitrerie	glazing, glaziery
Glaserkitt	mastic de vitrier/ durcissant	(glazing) putty
GLATTEIS	verglas	glazed frost
GLATTSTRICH	chape lisse en béton	smoothed cement topping
GLAETTEN	lisser	to planish/smooth
Betonglättmaschine	égalisateur de béton	power troweller
mit der Kelle glätten	lisser à la truelle	to trowel
GLAUBE	croyance, foi	faith
Treu und Glauben	bonne foi	bona fides
Verstoß gegen Treu und Glauben	abus de confiance	breach of trust
GLAEUBIGER	créancier	creditor
Hypothekengläubiger	créancier hypothécaire	mortgagee
Pfandbriefgläubiger	obligataire	bond-holder/-owner

GLEICHGEWICHT	équilibre	balance, equilibrium
Gleichgewichtsstörung	déséquilibre	lack of balance
GLEICHRICHTER	redresseur de courant	rectifier
GLEICHSTROM	courant continu	continuous/direct current
GLEIS [Geleise]	rail(s), voie	rails
Gleiskette	chenille	caterpillar track
Gleiskettenantrieb	commande par chenilles	caterpillar drive
Gleiskettenfahrzeug	autochenille, véhicule chenillé	caterpillar
Gleiskettenzugmaschine	tracteur chenillé/ sur chenilles	caterpillar tractor
GLEITEN	glisser	to slide
gleitende Arbeitszeit	horaire dynamique/flexible/ variable / à la carte	flexible working hours
gleitende Skala	échelle mobile	sliding scale
gleitende Lohnskala	échelle mobile des salaires	sliding scale of wages
Gleitklausel	clause de fluctuation	fluctuation clause
Gleitriegel	pêne, verrou	sliding bolt
Gleitschalung	coffrage glissant/montant	sliding/slip form/shuttering
Gleitschiene	glissière	slide rail
Gleitschutz	antidérapant	non-skid device
gleitsicher	antidérapant	non-skid/-slipping
Gleitwiderstand	résistance au glissement	slide resistance
GLETSCHER	glacier	glacier
GLIEDERUNG	articulation, composition, organisation, structure	articulation, composition connection, organisation
innere Gliederung	articulation intérieure	inner organization
Kostengliederung	structure/éléments/ventilation du coît	cost elements/components
GLOBAL	global	global, overall
Globalbetrag	montant global	global sum
Globaldarlehn	prêt global/forfaitaire	lump loan
GLOCKE	cloche	bell
Glockenspiel	carillon	chimes
GRABEN	fossé, rigole, tranchée [2] bêcher, creuser, forer	channel, ditch, trench [2] to dig/trench
Grabarbeiten	creusement du fossé	trench work, trenching
Grabenaushebung	fouilles en tranchée	trenching
Grabenaushub	fouilles de tranchée	spoil of a trench
Grabenbagger	excavateur de fossé/tranchée	trench excavator, trencher
Grabensohle	fond du fossé	trenche floor
einen Graben ausheben	creuser une tranchée	to cut/dig a trench
Kabelgraben	tranchée pour cables	cable trench
Leitungsgraben	tranché pour conduites	mains' trench
Straßengraben	caniveau, fossé, rigole	ditch, drain
GRAD	degré	degree
Grad Celsius	centigrade	centigrade
Grad Kälte	degré au-dessous de zéro	degree below zero
Grad Wärme	degré (au-dessus de zéro)	degree above zero
Gradtagzahl	degré.jours	degree-days
Kühlgradtage	degré-jours de réfrigération	overheating degree-days
Sättigungsgrad	degré/niveau de saturation	saturation level
Verwandtschaftsgrad	degré de parenté	consanguinity degree
Wirkungsgrad	coefficient de rendement	(degree of) efficiency

GRADER [Straßenhobel]	niveleuse	grader
Motorgrader	niveleuse (à moteur)	motorgrader
GRANIT	granite	granite
Granitbeton	béton graniteux	granite concrete
GRANITO	granito, terrazzo	terrazzo
GRANULIERT	granulé	granulated
granulierte Hochofenschlacke	laitier granulé	granulated blast furnace slag
GRANULOMETRIE	granulométrie	granulometry
GRAS	herbe	grass
Grassteine	pierres à gazon	[hollow slabs to be laid in lawns]
GRAT	croupe, arête	arris, edge, hip, line
Gratbalken	arêtier	hip beam/rafter
Gratbinder	ferme cornière	hip truss
Gratsparren	arêtier, chevron d'arête	hip rafter
Gratziegel	tuile d'arêtier	hip (roof)tile
Dachgrat	arête d'un comble/toit	hip of roof
GRAUPELN	grésille	hailstones, sleet
GRAVITATION	gravitation	gravitation
GREIFEN	empoigner, prendre, saisir	to grasp
Greifbagger	excavateur à benne/grappin	excavator
GRENZE	frontière, limite	border, frontier, limit
Grenzabstand	marge de reculement	distance from building to plot limit
Grenzberichtigung	redressement de limite	readjustment of border
Grenzfall	cas limite	borderline case
Grenzgäner	frontalier	frontiersman
Grenzlinie	ligne de démarcation, limite	boundary/demarcation line
Grenzschicht	couche limite	boundary layer
Grenzstein	borne	boundary mark/stone
Grenzstreitigkeit	conflit de démarcation	boundary dispute
Grenzwert	valeur limite	critical limit, threshold value
Belastungsgrenze	charge de rupture ² limite de grèvement	critical load ² limit of encumbrances
Beleihungsgrenze	limite de prêt	limit on the granting of loan
Darlehnsgrenze	plafond de prêt	maximum loan
GRIFF	poignée	handle
Drehgriff	poignée tournante, olive	olive-shaped/ turning handle
Stoßgriff	poignée fixe/ de tirage	pull-to handle
GROB	gros(sier)	big, bulky, coarse
Grobkies	gravier grossier, gros gravier	coarse gravel, grit
Grobkornbeton	béton caverneux/ sans fines	no-fine concrete
Grobsand	sable rude/ à gros grains, gros sable	coarse sand, grit
GROSS	grand	big, large, main
Großeinkauf	achat en gros	bulk buying
Großflächenleuchte	lampadaire pour grandes surfaces	large area specular illuminator
Großhandel	commerce de gros	wholesale trade
Großhändler	marchand en gros	wholesale dealer
großjährig	majeur	of full age
Großjährigkeit	majorité	majority
Großraumbüro	bureau paysagé	[big office without partitions]

Großraumsiedlungsgebiet	conurbation	conurbation
Großstadt	grande ville, métropole	big city, metropolis
Großwohnanlage	grand ensemble	large housing estate
GROESSE	dimension, étendue, format, grandeur, taille, volume	dimension, importance, size, volume
Korngröße	calibre, granulométrie	grain size
Korngrößenabstufung	granulométrie	granulometric composition
Korngrößenabstimmung	calibrage	grading
natürliche Größe	grandeur nature/ d'exécution	full scale, full/life size
Uebergröße	grande taille	oversize
Wohnungsgröße	dimension du logement	size of dwelling/accommodation
GROSSIST	marchand en gros	wholesale dealer
GRUBE	fosse	pit
Grubensand	sable de carrière/fouille	pit sand
Grubenkies	gravier de carrière/gravière	pit gravel
Abortgrube	fosse d'aisance	cesspool
Baugrube	fouille de construction	building/foundation pit
Faulgrube	fosse septique	septic tank
Kiesgrube	gravière	gravel-pit
Sandgrube	sablière	sand-pit
Schiefergrube	ardoisière	slate-quarry
Senkgrube	fosse d'aisance	cesspit, cesspool
Sickergrube	puisard, puits perdu	soakaway
Steingrube	carrière	stone-pit
GRUEN	vert	green
Grünanlage	espace vert, surface verte	green plot, greens
öffentliche Grünanlage	verdure publique	public greens
Grünfläche	espace vert	green/open space
Grüngürtel	ceinture verte	green belt
Grünstreifen [Autobahn]	terreplein	[green strip between lanes]
Grünzone	zone verte	green zone
Begrünung	verdissement	greening
GRUND	cause [2] base, fond [3] sol, terrain, terre	cause, ground [2] base, bottom, [3] earth, ground, soil
Grundanstrich	couche de fond/ d'accrochage	primer (coat)
Grund und Boden betreffend	foncier	of the land
Grundbegriff	notion de base	fundamental concept
Grundbesitz	bien foncier, propriété foncière	land(ed) property, real estate
Grundbesitzer	propriétaire foncier/immobilier	land/ real estate owner
Grundbesitzinvestierung	placement immobilier	real investment
Grundbesitzverwalter	administrateur foncier	estate/land agent
Grundbuch	registre foncier	land register
Grundbuchamt	registre foncier	land-office
Grunddienstbarkeit	servitude (foncière)	real servitude, easement on real estate
Grundeigentum	propriété foncière, bienfonds	land(ed) property
Uebertragung von Grund= eigentum	transcription immobilière	transcription of real estate sale
Grundeigentümer	propriétaire foncier/ terrien	land owner, land(ed) proprietor
Grundeis	glace de fond	ground ice
Grunderwerbssteuer	droit de mutation	transfer duty

Grundfläche	(surface de) base	ground surface/area
Grundgeräusch	bruit de fond	ground noise
Grundgüter	biens fonciers/immobiliers	real assets/estate
Grundgüter betreffend	foncier, immobilier	regarding real property
grundieren	apprêter, imprimer	to prime
Grundkredit	crédit foncier	credit on landed property
Grundlage	base	basis
Grundlagenforschung	recherche fondamentale	fundamental research
Grundlärmpegel	bruit de base/fond	ground noise
Grundlast	servitude	easement
Grundlinie	ligne de base/référence	base/datum/ground line
Grundlohn	salaire de base	basic wage
Grundmauer	fondation	foundation
Grundpfahl	pilot, pilier de fondation	pile, foundation pillar
Grundrente	rente foncière	ground rent, land annuity
Grundriß	plan horizontal, coupe/	floor/ground plan
	vue en plan	
im Grundriß	en plan	on plan
Grundrißansicht	vue en plan, section horizontale	plan view
Grundrißaufnahme	levé planimétrique	planimetric survey
Grundrißgestaltung	agencement du bâtiment	disposition/ordering of building
Grundrißplan	plan horizontal	floor/ground plan
Grundsteuer	impôt foncier	land (and building) tax
		tax on real property
Grundstoff	matière première	raw material
Grundstoffindustrie	industrie de base	basic/primary industry
Grundwasser	eau souterraine/ de fond	subsoil/(under)ground water
Grundwasserabsenkung	rabattement de la nappe d'eau	lowering the water table
Grundwasserpegel	niveau hydrostatique	water table
Grundwasserstand	niveau de l'eau souterraine	underground water level,
Vordergrund	avant-plan	foreground
Mittelgrund	moyen plan	middle ground
Hintergrund	arrière-plan	background
GRUNDSTUECK	(bien-)fonds, bien foncier,	parcel/patch/piece of land
	parcelle, terrain	
Grundstücksaufteilung	morcellement (d'un terrain)	plotting/subdivision (of estate)
Grundstückserschließung	viabilisation d'un terrain	site development
Grundstücksertrag	revenu foncier	return yield of real property
Grundstückserwerb	acquisition foncière/ du terrain	purchase of site/ real estate
Grundstücksfläche	contenance d'un terrain	area of a site
Grundstücksfrontlänge	largeur de façade/sur rue	frontage of a site
	d'un terrain	
Grundstückskosten	coût du terrain	cost of land
Grundstücksmakler	agent immobilier	real estate agent/broker
Grundstücksmarkt	marché immobilier	property/ real estate market
Grundstücksnutzumg	utilisation du terrain	land use
Grundstückspfändung	saisie réelle	seizure of real estate
Grundstücksverkauf	vente immobilière/ d'immeuble	sale of property/ real estate
Grundstücksverwalter	administrateur de biens	property manager
angrenzende Grundstücke	les tenants et aboutissants	adjacent estates
Baugrundstück	place/terrain à bâtir	building lot/ground

GRU-GUR

GRUNDSTUECK		
bebaubares Gundstück	terrain bâtissable/construisible	developed land
bebautes Grundstück	terrain bâti	built up site
dienendes Grundstück	fonds servant	servant tenement
Eckgrundstück	immeuble d'angle/ de coin	corner site
gefangenes Grundstück	terrain enclavé	enclaved plot of land
herrschendes Grundstück	fonds dominant	dominant tenement
hügeliges Grundstück	terrain accidenté	hilly ground
hypothekenfreies Grundstück	bien franc d'hypothèques	clear estate
hypothekarisch belastetes Grundstück	immeuble hypothéqué	mortgaged property
Industriegrundstück	terrain industriel	industrial area/site
nacktes Grundstück	terrain nu	bare ground
unbebautes Grundstück	terrain non bâti	vacant plot
unbelastetes Grundstück	terrain non grevé	estate free from encumbrances
GRUENDER	créateur, fondateur	founder
Gründeranteile	parts de fondateur	founder's/primal shares
GRUNDIEREN	apprêter	to ground/prime
GRUNDIERUNG	couche d'apprêt/d'impression	priming, prime coat
GRUENDUNG	fondation	foundation
Gründungsmitglied	membre fondateur	founding member
Gründungspfahl	pieu de fondation	foundation pile
Einzelgründung	fondation individuelle	single foundation
Flächengründung	fondation par radier	raft foundation
Flachgründung	fondation superficielle	shallow foundation
Pfahlgründung	fondation sur pieux	pile(d) foundation
Plattengründung	fondation par radier	raft foundation
Rostgründung	fondation par radier	raft foundation
Streifengründung	fondation continue/filante	strip foundation
Tiefgründung	fondation profonde	deep foundation
GUCKEN	regarder, guigner	to look/peep
Guckfenster	vasistas	peep-window
Guckloch	judas (optique)	Judas-/peep-hole
GUMMI	caoutchouc	rubber
Gummibahn	bande/feuille/lé de caoutchouc	sheet rubber, rubber sheet
Gummibelag	revêtement en caoutchouc, caoutchoutage	rubber flooring
Gummidichtung	garniture de joint en caoutchouc.	rubber joint
Gummifliese	carreau en caoutchouc	rubber tile
Gummimanschette	douille en caoutchouc	rubber sleeve
Gummiprofil	profilé en caoutchouc	rubber section
Gummischlauch	tuyau en caoutchouc	rubber hose
Schaumgummi	caoutchouc mousse	foam(ed) rubber
GURT	bande, courroie, sangle	girdle, strap
Gurtföderer	tapis roulant, convoyeur à ruban	belt conveyor
Gurtwickler	enrouleur de sangle, tambour d'enroulement	hoist winder
Gurtwicklerkasten	boîte d'enrouleur	hoist winder box
Rolladengurt	sangle de volet roulant	shutter hoist
Stahlbetongurt	chaînage en béton armé	reinforced concrete tie

GUERTEL	ceinture	belt
Gürtelbahn	ligne de ceinture	circular railway
Grüngürtel	ceinture verte	green belt
GUSS	coulée	casting
Gußasphalt	asphalte coulé	poured asphalt
Gußbeton	béton coulé	cast/liquid/poured concrete
Gußeisen	fonte	cast iron
Gußglas	verre coulé/moulé	cast/rolled glass
Gußnaht	bavure	burr
Gußrohr	tuyau en fonte	cast-iron pipe
Aluminiumguß	aluminium coulé, pièce coulée en aluminium	aluminium casting, cast aluminium
GUT	bien, bien-fonds, domaine, [2] bon	estate, farm, property [2] good
Gutsbesitzer	propriétaire foncier	land owner
Gutschrift	note de crédit	credit note
Gutsverwalter	administrateur/régisseur	estate/land agent, farm bailiff
bewegliches Gut	bien meuble/mobilier	movable (property) personal estate
landwirtschaftliches Gut	domaine/fonds agricole	agricultural holding
Erbgut	patrimoine	heritage, patrimony
zu einem Gut gehörende Ländereien	les tenants d'un domaine	lands marching with an estate
GUETER	biens, produits	commodities, goods, products
Güter in Nutznießung	biens en viager	life estate
Gütergemeinschaft	communauté de biens	joint property
eheliche Gütergemeinschaft	communauté des biens	joint estate of husband and wife
Gütermakler	courtier en immeubles	land-agent
Güterstand [ehelicher]	régime matrimonial	matrimonial system
Gütertrennung	séparation de biens	separation of estates
Güterverwaltung	administration de(s) biens	property management
Bedarfsgüter	articles de première nécessité	necessaries
fabrikhergestellte Güter	produits usinés	factory-made goods
Gemeinschaftsgüter	biens commun(autaire)s	joint property [of husband and wife]
Grundgüter	biens fonciers/immobiliers	real assets/estate
Grundgüter betreffend	foncier, immobilier, réel	real
Investitionsgüter	biens d'investissement	capital/investment goods
Mobiliargüter	biens meubles	personal assets
Verbrauchsgüter	biens de consommation	consumers' goods
Wirtschaftsgüter	biens économiques	economic goods
GUTHABEN	avoir, créance, crédit	claim, credit, balance (due)
Bankgutheben	avoir en banque/compte	account credit
Bausparguthaben	avoir en compte d'épargne-crédit	personal stake of a building-saver
Sparguthaben	avoir sur compte d'épargne	savings account
Vorrechtguthaben	créance privilégiée	preferential claim
GUETLICH	amiable	amicable
gütliche Einigung	accord à l'amiable	private agreement
auf gütlichem Wege	à l'amiable, de gré à gré	by agreement
GUTSCHREIBEN vb	créditer, passer au crédit	to credit

HAFEN	port	harbour
Abgangshafen	port de départ/ d'embarquement	embarkation/starting harbour
frei Abgangshafen, FAS	franco quai, FAS	free alongside (ship), FAS
Ankunftshafen	port d'arrivée	port of arrival
Bestimmungshafen	port de destination	port of destination
Einschiffungshafen	port de départ/ d'embarquement	embarkation/starting harbour
Entladehafen	port de déchargement/livraison	port of delivery/discharge
Flughafen	aéroport	airport
Versandhafen	port de charge(ment)/ d'expédition	port of l(o)ading
HAFTEN	adhérer, coller ² répondre de	to adhere ² to be liable for
Haftgrund	couche d'accrochage	etching/self-etch primer
Haftmittel	adhésif, moyen d'accrochage	adhesive (agent)
Haftschicht	couche d'accrochage	adhesive layer
Haftvermögen	force d'adhésion, pouvoir adhérent	adhesive capacity/power, adhesivity
HAFTPFLICHT	responsabilité	liability
Haftpflichtversicherung	assurance responsabilité civile	public liability insurance
Unternehmerhaftpflicht- versicherung	assurance-réparation	employer's liability insurance
Berufshaftpflicht	responsabilité professionnelle	professional liability
bürgerliche Haftpflicht	responsabilité civile	civil liability
gemeinsame Haftpflicht	responsabilité conjointe	joint responsibility
getrennte Haftpflicht	responsabilité séparée	several liability
gesetzliche Haftpflicht	responsabilité légale	legal responsibility
Solidar-Haftpflicht	responsabilité solidaire	joint and several responsibility
strafrechtliche Haftpflicht	responsabilité délictueuse	liability from offences
unbeschränkte Haftpflicht	responsabilité illimitée	unlimited liability
zivilrechtliche Haftpflicht	responsabilité civile	civil liability
HAFTUNG	adhérence, accrochage, ² responsabilité	adhesion, ² liability, responsibility
HAGEL	grêle	hail
Hagelbildung	formation de grêle	hail formation
Hagelkorn	grêlon	hailstone
Hagelschauer	orage de grêle	hailstorm
HAGELN	grêler	to hail
HAHN [Ventil]	robinet, valve, vanne	cock, crane, tap, valve
Absperrhahn	robinet d'arrêt	cut off/ stop cock
Entleerungshahn	robinet de vidange	draw-off cock
Feuerhahn	bouche d'incendie	fire cock/hydrant
Gashahn	robinet à gaz	gas cock
Wasserhahn	robinet (à eau), prise d'eau	cock, tap
HAKEN	crochet	hook
Deckenhaken	tire-fond	long bolt, spike screw
HALBSCHEIDLICH	mitoyen	intermediate
halbscheidliche Mauer	mur mitoyen	common/party wall
HALBSCHEIDLICHKEIT	mitoyenneté	joint ownership [of party wall]
HALBSTAATLICH	parastatal	semi-governmental
HALDE	coteau, pente	hill-side, slope
Schutthalde	décharge publique)	refuse dump

HALLE	bâtiment, hall(e), vestibule	building, hall, lobby, vestibule
Hallenbad	piscine couverte	indoor swimming pool
Fertigungs=/Fabrick=halle	halle de fabrication	factory hall
Lagerhalle	entrepôt	(industrial) storage building
Turnhalle	salle de gymnastique	gym(nasium)
Markthalle	marché couvert	market hall, indoor market
HALTBAR	durable, solide, stable	durable, stable
Haltbarkeit	durabilité	durability
HALTER	support	support
Halterung	amarre, attache	fastener, retainer
Abstandhalter	cale, cavalier, espaceur	distance block/holder/piece, spacer
HALTESTELLE	arrêt	stop, station
Haltestelleninsel	refuge d'embarquement	loading island
(Auto)bushaltestelle	arrêt d'autobus	bus stop
Bedarfshaltestelle	arrêt facultatif	request stop
feste Haltestelle	arrêt fixe	regular stop
HALTUNG	maintien	maintenance, upholding
Instandhaltung	entretien, maintenance	maintenance, upkeep
HAMMER	marteau	hammer
hammerrecht behauen	équarri au marteau	hammer dressed
automatischer Hammer	marteau automatique	automatic hammer
Drucklufthammer	marteau piqueur/pneumatique	air hammer, pneumatic drill
Elektrohammer	marteau électrique	electric hammer
Fallhammer	mouton	drop hammer, monkey, ram
Preßlufthammer	marteau piqueur/pneumatique	air hammer, pneumatic drill
Rammhammer	marteau pilon/ de battage	power hammer
HAND	main	hand
Handantrieb	commande à (la) main	hand drive
Handbrause	douche à main	hand-/ movable shower/spray
Handgeld	arrhes, dépôt de garantie	earnest money
Handlanger	manoeuvre, aide-maçon	handy-man, helper
Handlauf	main-courante	hand/top rail
Händetrockner [elektrisch]	sèche-mains	hand dryer
Handtuch	essuie-mains, serviette	towel
Handtuchhalter	porte-serviettes	towel holder/rail
Handwaschbecken	lave-mains	hand (wash) basin
Handwerk	métier, artisanat	(handi)craft, trade
Handwerksunternehmen	entreprise artisanale	craft industry
Handwerkszeug	outil(s) à main	hand tool(s)
Handwerkszweig	corps de métier	corporation, trade branch/group
Regeln des Handwerks	règles du métier	craft rules
Handwerker	artisan	craftsman
öffentliche Hand	autorité/main publique	the (public) Authorities
HANDEL	commerce	commerce, trade
Handelsbank	banque commerciale	trading bank
Handelsbetrieb	entreprise commerciale	trading business
Handelsgeschäft [einschl. Kundschaft]	fonds de commerce	business, goodwill
Einzelhandelsgeschäft	commerce/magasin de détail	retail shop/store
Handelsgesetzbuch	code de commerce	commercial code

Handelsgesetzgebung	législation sur le commerce	commercial/trade law
Handelsniederlassung	comptoir, établissement	commercial establishment
Handelskammer	Chambre de Commerce	Chamber of Commerce
		[US] Board of Trade
Handelsrecht	droit commercial	commercial/trade law
Handelsplatz	place/ville marchande	business/trading place/town
Handelsregister	registre de commerce	trade register, register of companies
Handelsvertreter	représentant de commerce	business agent
Handelswert	valeur marchande	trade-(in) value
Detailhandel	commerce de détail	retail business/trade
Einzelhandel	commerce de/vente au détail	retail business/trade
Freihandel	libre échange	free trade
Freihandelszone	zone de libre échange	free trade area
Großhandel	commerce de gros	wholesale business
HAENDLER	commerçant, marchand	dealer, merchant, tradesman
Einzelhändler	détaillant, marchand au détail	retailer
Immobilienhändler	agent immobilier	real estate broker/agent, realtor
HANDLUNG	acte, action	act, action
handlungsfähig	capable d'agir/ d'ester	capable of acting
Handlungsbevollmächtigter	fondé de pouvoir, mandataire	agent, proxy
Handlungsvollmacht	(plein) pouvoir, procuration	power, procuration, proxy
HANG	pente, versant	declivity, slope
Hang(auf)wind	courant anabatique/ de pente	anabatic/up wind
Hangabwind	vent catabatique/descendant	catabatic/downslope wind
Hanglage	(position en) pente	slope (position)
Nordhang	versant nord	northern slope
HAENGEN	pendre, être accroché/suspendu	to hang
Hängedecke	plafond suspendu, faux plafond	hung/suspended ceiling
Hängegerüst	échafaud(age) suspendu/volant	flying/hanging/suspended scaffold(ing)/stage
Hängerinne	gouttière extérieure/suspendue	projecting gutter
HARMONIKA	accordéon	accordion, concertina
Harmonikatür	porte harmonica/pliante	folding door
Harmonikawand	paroi pliante	folding partition
HART	dur	hard
Hartbrandstein [Klinker]	brique recuite/vitrifiée	hard burnt brick, clinker
Hart(faser)platten	panneau dur, plaque en fibre dure	hardboard
Hartfaser-Lochplatte	panneau perforé en fibre dur	perforated hardboard
Hartschaum	mousse dure	rigid foam
Hartglas	verre trempé	hard/tempered glass
Hartholz [Laubholz]	bois dur/feuillu/franc	hard/leaf wood
Hartschaumplatte	panneau isolant de mousse dure	hard plastic foam board
HAERTE	dureté ² rigueur, sévérité	hardness ² rigour, severity
Härtegrad	degré de dureté	degree of hardness
Härtefall	cas de rigueur	case of hardship
HAERTEN	durcir	to harden
Schnellhärter [Beton]	durcisseur	hardener
HAERTUNG	durcissement	hardening

HARZ	résine	resin
harzhaltig	résineux	resinous
Kunstharz	résine artificielle/synthétique	plastic, synthetic resin
HAUBE	calotte, hotte	cap, hood
Dunsthaube	hotte aspirante/ d'aération	air dome, hood
Wrasenabzugshaube	hotte aspirante/ d'aération	air dome, hood
HAUPT	tête [2] capital, général, principal	head [2] chief, general, main
Hauptbuch	grand-livre	general ledger
Hauptbuchhalter	chef comptable	chief/head accountant
Hauptdarlehn	prêt principal	main loan
Hauptfassade	façade principale/ de devant	forefront, front façade
Hauptleitung	conduite d'approvisionnement/ publique	mains, key/master services
Hauptgeschäftsstelle	siège (social)	chief/main office
Haupt(geschäfts)zeit	heures de pointe	peak/rush hours
Hauptkanal [Abwasser]	égout collecteur	main sewer
Hauptmauern	murs principaux	main walling
Hauptraum	pièce principale	main room
hauptsächlich	principal(lement)	main(ly), principal(ly)
Hauptstadt	capitale, métropole	capital, metropolis
Haupttür	porte extérieure/ d'accès/ d'entrée	entrance/front/main/outer/ street door
Hauptverkehrszeit	heures de pointe	peak/rush hours
Hauptversammlung [Gesellschafter]	assemblée générale	general meeting
HAUS	maison	house
Haus ohne Aufzug	maison sans ascenseur	walk up house
Hausanschluß	raccordement au réseau	branch (line)
Hausarbeit	travail à domicile/ domestique	domestic/home work
Hausarbeitsraum	pièce pour travaux ménagers	domestic utility room
Hausbesitz	propriété immobilière	house property
Hausbesitzer	propriétaire foncier/ d'une maison	freeholder, house owner, landlord
Hausbewirtschaftung	gestion immobilière	housing management
Hausbrand	combustible domestique	domestic fuel
Hauseingang	entrée d'immeuble/ de maison	house entrance, entrance hall
Hauseingangstür	porte d'entrée	building/entrance/front door
Hauserwerber	acquéreur d'une maison, accédant à la propriété	buyer of a house, prospective owner
Hausflur	vestibule, hall d'entrée	entrance hall
Hausfrieden	paix domestique	domestic peace and security
Hausfriedensbruch	violation de domicile	illegal entry
Hausgarten	jardin particulier	rear/back/kitchen garden
Hausgeräte	appareils ménagers	domestic appliances
Haushalt	ménage [2] budget	household [2] budget
den Haushalt betreffend	ménager	concerning the household
Einpersonen-Haushalt	ménage d'une seule personne	single person household
Haushaltsarbeit	travail ménager	domestic/house work
Haushaltsbudget	budget de ménage	household budget
Haushaltsgeräte	articles/ustensiles de ménage	household utensils
Elektro-Haushaltsgeräte	appareils électroménagers	electric domestic appliances

HAU-HAU

Haushaltsplan	budget	budget
Haushaltstyp	type de ménage	type of household
Haushaltsvorstand	chef de ménage	head of household
Hausherr	maître de maison	host, master
Hauskauf	acquisition d'une maison	acquisition/purchase of a house
Hausmeister	concierge	caretaker, janitor
Hausmeisterkosten	frais de gardiennage	caretaking cost
Hausmüll	ordures ménagères	garbage
Hausrat	meubles (meublants), mobilier	household furniture/stuff
Hausschlüssel	clé de la maison	front-door key
Haustechnik	génie technique	technical and mechanical design
haustechnische Leuchten	luminaires domestiques	domestic light fixtures
Haustelefon	téléphone intérieur	home telephone, interphone
Haustiere	animaux domestiques	domestic animals
Haustür	porte d'entrée	entrance/front/main door
Haustürfernseher	interphone vidéo, vidéo-portier	front door television
Haustürtelefon	téléphone-portier, parlophone	front door telephone, intercom
Hausverwalter	gérant immobilier	property manager
Hausverwaltung	gérance immobilière	estate management
Hauswand	façade	façade
Hauswart	concierge	caretaker, janitor
Hauswirt	propriétaire	freeholder, landlord
Hauswirtschaft	économie domestique	domestic economy, house-keeping
alleinliegendes Haus	maison isolée	isolated house
angebautes Haus	maison jumelée	semi-detached house
Appartementhaus	maison à appartements	apartment house, block of flats
Atriumhaus	maison à patio	atrium/patio/court-yard house
Bürohaus	immeuble administratif/ de bureau	office building
Doppelhaus	maison jumelée	twin-house
dreigeschoßiges Haus	maison à deux étages	two-storey house
Duplexhaus [2 Wohnungen]	maison duplex	duplex house [2 households]
ebenerdiges Haus	maison sans étage/ de plain-pied	bungalow
Eckhaus	maison d'angle/ de coin	corner house
Einfamilienhaus	maison individuelle/monofamiliale/unifamiliale	single family house
eingebautes Haus	maison de rangée/ entre pignons	linked/row-/terrace-house
eingeschoßiges Haus	maison sans étage	bungalow
Einzelhaus	pavillon, maison séparée	detached house
Ertragshaus	maison de rapport	tenement building/house
erweiterungsfähiges Haus	maison extensible	expandable house
Fachwerkhaus	maison en colombage	half timbered house
Ferienhaus	maison de vacance	vacation cottage/house
Fertighaus	maison de catalogue/ pavillon préfabriqué	prefabricated house
freistehendes Haus	maison séparée, pavillon	detached house
Gartenhaus	chalet, pavillon, tonnelle	bower, summer house
Geschoßhaus	bâtiment à étages	multi-storey/multifloor building
herrschaftliches Haus	hôtel, maison de maître	mansion
Hochhaus	immeuble-tour, gratte-ciel	high-rise/tower building, sky-scraper

HAUS		
Kettenhaus	maison de rangée/ entre pignons	linked/row-/terrace-house
kleines Haus, Häuschen	maisonnette	small house
Lagerhaus	entrepôt	warehouse
Landhaus	maison de campagne	cottage, country house
Laubenganghaus	maison à coursives	balcony/deck/gallery access house
Mehrfamilienhaus	immeuble collectif/plurifamilial	block of flats
Miethaus	immeuble locatif	tenement building/house
Patrizierhaus	hôtel particulier	private residence
Pförtnerhaus	conciergerie, loge du portier	doorkeeper office
Punkthaus	immeuble concentré	point block/building
Punkthochhaus	immeuble-tour (concentré)	tower building
Rathaus	hôtel de ville	city hall
Rauchhaus	fumoir	smoke house
Reihenhaus	maison de rangée/ en bande/ entre pignons/jointive	linked/row/terrace/town/ serial house
Reihenendhaus	maison d'about/ en fin de rangée	end row-house
Seitenhaus	maison latérale	semi-detached house
städtisches Haus	maison urbaine	town house
Staffelhaus	maison à demi-niveaux	split-level house
Terrassenhaus	immeuble/maison à gradins	hillside/staggered/stepped building
Treppenhaus	cage d'escalier	stairway, stair well
Waschhaus	laverie, lavoir, buanderie	wash-house
Wirtshaus	bistrot, café, débit de boissons	bar, inn, public house, tavern
zerlegbares Haus	maison démontable	demountable house
HAEUSER	maisons	houses
Häuserblock	îlot/pâté de maisons	block of houses
Häusergeviert	îlot/pâté de maisons	block of houses
Häuserzeile	bande/rangée de maisons	row of houses, terrace
HAUSTEIN	pierre de taille	cut/dressed/free/work stone
HEBEL	levier	lever
Bedienungshebel	levier de commande	operating lever
HEBEN	lever	to lift
Hebefenster	fenêtre à guillotine	sash window
HEFT	cahier	paper book
Lastenheft	cahier des charges	contract specifications
HEFTEN	agrafer	to fasten/staple
Heftmaschine	agrafeuse	stapler
HEIM	chez-soi, domicile, foyer	home
Heimarbeit	travail à domicile	home work
Heimarbeiter	travailleur en chambre	home-worker
Heimfallrecht	droit de retour	right of reversion
Heimgestaltung	arts ménagers	domestic decoration
Heimstätte	petite propriété terrienne	homestead
Altersheim	maison de repos/retraite	old peoples' home
Arbeiterheim	foyer de travailleurs	labourers' home
Behelfsheim	logement de fortune/provisoire	emergency/temporary house
Eigenheim	maison en propriété	owner occupied house
Eigenheimbesitzer	propriétaire occupant	owner-occupier
Eigenheimerbauer	constructeur de maisons individuelles	home-builder

HEI-HEI 150

HEIM		
Eigenheimpolitik	politique d'accession au foyer	owner occupancy policy
Ledigenheim	foyer de célibataire	bachelors' home/hostel
HEIRAT	mariage	marriage
Heiratsalter	âge matrimonial	age of marriage
Heiratsvertrag	contrat de mariage	marriage contract/settlement
Heiratsziffer	taux de mariage	marriage rate
HEISS	chaud	hot
heiße Zone	zone torride	torrid zone
Heißluft	air chaud	hot air
Heißluftgenerator	générateur d'air chaud	air generator
Heißmischtragschicht	couche de support à chaud	hot mix bearing layer/screed
Heißwasser	eau chaude	hot water
Heißwassergerät	chauffe-eau	hot water appliance
Heißwasser=bereiter/=boiler	chauffe-eau	geyser, (hot) water boiler/heater
Heißwasserheizung	chauffage à eau chaude	hot water heating
HEIZEN	chauffer	to heat
Heizanlage	installation de chauffage	heating plant/system
Heizfläche	surface de chauffe	heating surface
Heizgerät	appareil de chauffage	heating appliance/unit
Heizkabel	câble chauffant	heating cable
Heizkeller	chaufferie	boiler room
Heizkessel	chaudière	(central) heating boiler
Heizkesselabzug	carneau/sortie de chaudière	boiler outlet
Heizkörper	calorifère, radiateur	calorifier, radiator
Heizkörperabdeckplatte	tablette sur radiateur	radiator top
Heizkörperverkleidung	cache-radiateur	radiator casing
Heizkörperventil	soupape/ventilateur de radiateur	vent
Flachheizkörper	radiateur plane	flat radiator, radiant pane
Rippenheizkörper	radiateur à ailettes	ribb(ed)/strip radiator
Heizkosten	frais de chauffage	heating cost
Heizkostenverteiler	compteur de chaleur	heat meter
Heizkraft	pouvoir chauffant, valeur/ puissance calorifique	calorific power, heating value
Heizkraftwerk	centrale thermique	power/thermal station
Heizleiste	plinthe chauffante	baseboard heater
Heizlüfter	aérotherme	air heater
Heizöl	fioul, fuel, mazout	fuel-oil
Heizperiode	période de chauffe	heating period
Heizplatte	panneau chauffant	heating panel
Heizraum	chaufferie	boiler room
Heizsonne	radiateur parabolique	bowl-fire
Heizstab	tube de chauffage par rayonnement	radiant heating tube
Heizstrom [Radio]	courant de chauffage	filament current
Heiztherme	chaudière murale à gaz	mural gas boiler
Heizwasser	eau de chauffage	heating (hot) water
Heizwert	pouvoir chauffant, valeur/ puissance calorifique	calorific power, heating value
Heizwiderstand	résistance électrique	electric heating resistance
Heizwirkung	effet calorifique	calorific/heating effect

HEIZUNG	chauffage, chauffe	heating (system)
Heizungsanlage	installation de chauffage	heating installation/system
Heizungsbau	installation de chauffage	heating installation
Heizungsbrenner	brûleur de chauffage	burner
Heizungsinstallateur	installateur de chauffage chauffagiste	heating engineer
Heizungskamin	cheminée (du chauffage)	chimney, smoke stack
Heizungskeller	chaufferie	boiler room
Heizungspumpe	accélérateur de circulation	accelerator, accelerating pump
Heizungsrohr	tuyau de chauffage	heating pipe
Heizungsrücklauf	retour	return (pipe)
Heizungstechniker	technicien en chauffage	heating engineer
Heizungsvorlauf	aller	flow (pipe)
Blockheizung	chauffage par immeuble/ groupe d'immeubles	block heating
Dachheizung	chauffage avec chaufferie dans les combles	heating system with burner in the attic
Dampfheizung	chauffage à vapeur	steam heating
Deckenheizung	chauffage rayonnement plafond	ceiling panel/radiant heating
Einrohrheizung	chauffage monotube	one pipe heating system
elektrische Heizung	chauffage électrique	electric heating
Etagenheizung	chauffage central individuel	individual/private central heating
Fernheizung	chauffage urbain/ à distance	(long) distance/ district heating
Fußbodenheizung	chauffage rayonnement plancher, sol chauffant	floor heating
Fußleistenheizung	chauffage par plinthe	baseboard/skirting heating
Gasheizung	chauffage au gaz	gas heating
Heißluftheizung	chauffage par air propulsé	hot air heating
Kohlenheizung	chauffage au charbon	coal heating
Koksheizung	chauffage au coke	coke heating
Konvektorheizung	chauffage par convecteur	convector heating
Oelheizung	chauffage au mazout	oil heating
Sammelheizung	chauffage collectif/groupé	collective heating
Solarheizung	héliochauffage	solar heating
Speicherheizung	chauffage par accumulateur	accumulation heating
Stadtheizung	chauffage urbain	district/urban heating
Strahlungsheizung	chauffage par rayonnement	radiant/radiation heating
Wamluftheizung	chauffage à air chaud/propulsé	hot air heating
Warmwasserheizung	chauffage à eau chaude	hot water heating
Zentralheizung	chauffage central	central heating
HELLHOERIGKEIT [Wohnung]	sonorité	noisiness
HELLIGKEIT	clarté, lumière	brightness, clearness
Helligkeitsgrad	intensité/puissance lumineuse luminosité	brilliance, light/luminous intensity
HEMMEN	entraver, freiner	to hamper/slacken/ slow up
feuerhemmend	ignifuge	fire-retarding/-retardant
HERAUSGABE [Rückgabe]	restitution	restitution
Klage auf Herausgabe	action en restitution	action for restitution
HERBERGE	auberge	inn, lodge, lodging
HERBST	automne	autumn
Herbstwetter	temps d'automne	autumnal weather

HER-HIT

HERZ	coeur	heart
Herzholz	coeur du bois, moelle	heartwood
HERD	four, foyer	cooker, fire-place
Elektroherd	cuisinière électrique	electric cooker
Gasherd	cuisinière à gaz	gas cooker
Kochherd	cuisinière	cooker, kitchen-stove
HERKUNFT	origine	origin
Eigentumsherkunft	origine de propriété	origin of ownership
HERR	maître, seigneur	master
herrenlos	abandonné, sans maître	unclaimed, unowned
Bauherr	maître de l'ouvrage	builder [owner of the property]
Zimmerherr	locataire en meublé	lodger
HERRICHTUNG	aménagement, arrangement	preparation
Herrichtung von Wohnungen	aménagement d'habitations	providing of dwellings
HERRSCHAFTLICH	de maître	first/high class
herrschaftliches Haus	hôtel (particulier), maison de maître	hotel, mansion
HERRSCHEN	dominer	to dominate
herrschendes Grundstück	fonds dominant	dominant tenement
HERSTELLEN	confectionner, fabriquer, faire	to fabricate/make/manufacture
HERSTELLER	fabricant	manufacturer
HERSTELLUNG	fabrication, production	manufacture, production
Herstellungskosten	frais de fabrication/production	prime/production cost
Massenherstellung	fabrication/production en série	mass/quantity/volume production
HILFE	aide, assistance, secours	aid, assistance, help
Hilfsarbeiter	ouvrier non qualifié	unqualified/unskilled worker
Hilfsgerät	appareil auxiliaire	aid
finanzielle Hilfe	aide financière	financial aid/help
Individualhilfe	aide individualisée	individualized help
Objekthilfe [Eigenheimerwerb]	aide directe à la construction, aide à la brique	direct building subsidies, help to the bricks
HIMMEL	ciel	sky, heaven
Himmelsäquator	cercle équatorial	equinoctial circle
Himmelsrichtung	point cardinal	cardinal point, quarter of the heaven
Himmelsstrahlung	rayonnement céleste	sky radiation
HINTERFUELLUNG	remplissage de derrière	fill(ing), backfill
HINTERGRUND	arrière-/troisième plan	background
HINTERHOF	arrière-cour	back yard
HINTEREINGANG	entrée de service	back/secondary/side entrance
HINTERLASSENSCHAFT	héritage, succession	inheritance, estate
Intestathinterlassenschaft	succession ab intestat	intestate estate
HINTERLEGUNG	consignation	consignation, deposit
HINTERLUEFTUNG	ventilation par derrière	(backside) ventilation
HINTERTUER	porte arrière/ de dégagement	back/secondary door
HITZE	chaleur	heat
hitzebeständig	calorifuge, résistant à la chaleur	heat resisting
Hitzeeinwirkung	effet de la chaleur	heat effect
Hitzegrad	degré de chaleur	intensity of heat
Hitzestrahlung	rayonnement de chaleur	heat radiation
Hitzestress	contrainte thermique	thermal stress
Hitzewelle	vague de chaleur	heat spill/wave

HOBBYRAUM	local de bricolage	odd jobs' room
HOBEL	rabot	plane
Hobelbank	établi de menuisier	carpenter's/joiner's bench
Hobelmaschine	raboteuse	planing machine
Erdhobel	racloir, scraper,	scraper
Nuthobel	rabot à languette	grooving plane
Straßenhobel	grader à lame, niveleuse	grader
HOBELN	raboter	to plane
HOCH	haut	high
Hochbau	bâtiment, construction de surface	building
Hochbauamt	service des travaux publics, inspection des bâtiments	municipal/public works, surveyor's office
Hoch= und Tiefbau	génie civil, construction de surface et enterrée, bâtiments/travaux publics	civil engineering
Hochdruck	haute pression	high pressure
Hoch(druckgebiet)	zone anticyclonique/ de haute pression	anticyclone, high (pressure area)
Hochhaus	immeuble-/maison-tour, gratte-ciel	high-rise/tower building/block, sky-scraper
Hochhausbau	construction de gratte-ciel	high-rise building
hochkant	de chant	edgeways, edgewise, set on edge
Hochleistungs-...	de grande puissance, de grand rendement	heavy duty, high-duty/-powered
Hochnebel	brouillard élevé	high fog
Hochofen	haut-fourneau	(blast) furnace
Hochofenschlacken	laitier, scories de fer, mâchefer	blast furnace/ iron slags
granulierte Hochofenschlacke	laitier granulé de haut-fourneau	granulated blast furnace slag
Hochofenzement	ciment de laitier	blast furnace/ slag cement
Hochschule	académie, université	academy, high-school, university
technische Hochschule	académie technique	technical/technological university
Hochspannung	haute tension	high tension/voltage
Hochspannungsleitung	ligne de haute tension	high tension/ power/ transmission cable/line
hochstämmig	à haute tige, de haute futaie	high grown, tall standards
Hochwald	(haute) futaie, forêt haute	high forest/timber/wood
Hochwasser	crue des eaux	floods, high water
hochwertig	de qualité supérieure	of high value
hochwertiger Zement	ciment à haute résistance	high resistance cement
HOECHST...	maximal. maximum	maximum, peak
Höchstbelastung	charge maximale	maximum load
Höchstmiete	loyer légal	legal rent
Höchstwert	valeur-limite/-plafond	value limit
HOF	cour ² ferme	(court-)yard ² farm
Hofablauf	siphon de cour	yard trap
Belüftungshof	cour d'aération/ intérieure	aeration/inner court
Belüftungshof zwischen Keller= geschoß und Straße	cour anglaise, [CH]: saut de loup	area, basement light shaft
gemeinsamer Hof	cour commune	common court-yard
Lichthof	cour vitrée, gaine de jour	skylight, well

HOH-HOL

HOEHE	hauteur ² altitude	height, elevation ² altitude
(kopf)freie Höhe	hauteur libre/ de libre passage	clearance, headroom
lichte Höhe	hauteur libre/ de libre passage	clearance, headroom
Höhenfestpunkt	repère	bench mark
höhengerecht	au/en niveau	to level
Höhenkurort	station de montagne	mountain resort
Höhenlage	altitude	altitude
Höhenlinie	courbe topographique/ de niveau, cote d'altitude	contour line
Höhenlinienkarte	carte topographique	contour map
Höhenplan	plan de nivellement/ des niveaux/ topographique	contour map
Höhenquote	cote de niveau	bench mark
Höhenrost	grille des cotes	level grid
Höhenunterschied	dénivellation, différence de niveau	difference/step in level, offset
Höhenwind	vent en altitude	upper wind, wind in high altitude
Ausgangshöhe	base	basis
Bezugshöhe	cote de référence	fixed datum
Fallhöhe	hauteur de chute	drop height
HOEHER	supérieur	upper
höhere Gewalt	force majeure	act of God
HOHL	creux, creuse	hollow
Hohlbalken	poutre creuse/évidée	box beam
Hohlblech	tôle creuse	cavity tray
Hohlblock	bloc creux	hollow block/pot
Hohlkörper	bloc/corps creux	hollow body/pot/unit
Hohlkörperdecke	plancher à entrevous/hourdis	hollow concrete floor
Deckenhohlkörper	corps creux pour plafond, entrevous, hourdis	hollow filler block for floor slab
Hohlkehle	gorge, moulure	groove, (grooved) moulding
kleine Hohlkehle	gorget	narrow groove
Hohlmauer	mur creux/ à double paroi/ à matelas d'air	cavity/hollow wall
Hohlraum	cavité, fente, vide	cavity, void
hohlraumarm	de faible pourcentage en vides	with low content of voids
Hohlraumauskleidung	garniture pour cavité	cavity lining
Hohlraumisolierung	isolation des cavités	cavity insulation
Hohlprofil	profilé creux, tube	hollow section
Hohlstein	bloc/parpaing creux	hollow block
Betonhohlstein	bloc creux en béton	hollow concrete block
Hohlziegelstein	brique alvéolée/creuse/trouée	air/cavity/cellular/hollow brick
HOEHLE	caverne	cave, cavern
Höhlenwohnung	habitation-caverne	cave dwelling
HOLDING(gesellschaft)	société holding	holding company
HOLZ	bois	timber, wood
Holzarbeit	travail en bois	woodwork
Holzbalken	poutre de bois	timber joist
Holzbalkendecke	plancher en poutres de bois	timber joist floor
Holzbalkenlage	solivage	system of timber joists
Holzbau(weise)	construction en bois	timber/wood construction
Holzbeize	teinture pour bois	wood stain

Holzbelag	revêtement en bois	wood covering/lining
Holzbodenbelag	revêtement de sol en bois	timber boarding, wood floor covering
Holzfaser	fibre de bois	wood fibre
Holzfaserdämmplatte	panneau poreux	soft/insulating fibre board
Holzfaserhartplatte	panneau dur en fibres de bois	(fibre) hardboard
Holzfaserplatte	panneau en fibres de bois	wood fibre board
Holzfüllung	pan de bois	wooden panel
Holzfurnier	placage en bois	timber veneer
Holzimprägnierung	imprégnation du bois	impregnation of wood
Holzkonservierung	conservation du bois	wood preservation
Holzkonstruktion	charpente/construction en bois	wood construction/framing
Holzleiste	liteau en bois	timber batten
Holzmaserung	veinure du bois	wood veins
Holzparkett	parquet	parquet flooring
Holzpflaster	pavé de bois	wood(en) paving
Holzsäge	scie à bois	wood saw
Holzschalung	revêtement en bois	boarding
mit Holzschalung versehen	revêtir de bois	to board
Holzschutz	protection du bois	wood preservation
Holzschutzmittel	produit pour la conservation du bois	wood protective product
Holzspäne	copeaux de bois	wood chips/shavings
Holzspanplatte	panneau en copeaux de bois	agglomerated board, wood chips panel
Holzsparren	chevron de bois	wooden rafter
Holzsparrendach	comble à chevrons	timber structure
Holzstab [Parkett]	lame de bois/parquet	parquet block
Holzstaub	farine de bois	wood dust/flour
Holztäfelung	boisage, boiserie, lambrissage	wainscot, timber cladding/panelling
Holztragwerk	charpente en bois	timber-work, wood structure
Holztränkung	inhibition/imprégnation du bois	impregnation/soaking of wood
Holzverkleidung	boisage, boiserie, lambrissage	wainscot, timber cladding/panelling
Holzwolle	laine de bois	wood wool
Holzwolleplatte	panneau en laine de bois	wood wool slab
Holzwolle-Hartschaum-Verbundplatte	panneau composite en laine de bois et mousse dure	complex wood wool and hard foam board
Holzzement	ciment de bois	crack filler
HOLZARTEN	essences (de bois)	species, varieties (of wood)
SIEHE BAUM		
astreiches Holz	bois branchu	branchy wood
astreines Holz	bois sans branches/noeuds	branchless wood
Bauholz	bois de construction	lumber, timber
Edelholz	bois précieux	high grade timber/wood
gelagertes Holz	bois séché à l'air	air seasoned wood
Hartholz	bois franc/feuillu	hard wood
Kantholz	bois équarri	rectangular/squared timber
Kernholz	bois parfait/ de coeur	heart wood
Lagerhölzer	lambourdes	draft battens

HOLZ		
Langholz	bois en long	(long) timber
Langholzwagen	camion grumier	timber truck
Laubhölzer	bois feuillus	deciduous/foliage wood
lufttrockenes Holz	bois séché à l'air	air-seasoned/season wood
Nadelholz	bois conifère/résineux	coniferous/resinous wood
Nutzholz [im Wald stehend]	bois debout/ sur pied	standing timber
Preßholzplatte	panneau en copeaux de bois	chip-/press-board
Rundholz	bois rond	rough/round timber
Schnittholz	bois débité/ de sciage	saw/sawed/sawn timber
Spaltholz	bois de refend	fire-wood, sticks
Sperrholz	contreplaqué	plywood
Splintholz	(bois d')aubier	sapwood
Stammholz [mit Rinde]	bois de grume	stem/trunk wood
Steinholz	xylolythe	xylolith
Weichholz	bois conifère/résineux	coniferous/resinous wood
	(bois d')aubier	sap wood
windschiefes Holz	bois gauchi	twisted timber
Zimmerholz	bois de charpente	timber
Quellen des Holzes	gonflement du bois	swelling of wood
Reißen des>Holzes	gercement du bois	cracking of wood
Werfen des Holzes	déjettement/ gauchissement	warping of wood
	du bois	
HONORAR	honoraire	charge, fee
Gutachterhonorar	honoraire d'expert	valuation fee
HOEREN	écouter, entendre	to hear
Hörbarkeit	audibilité, perceptibilité	audibility, audibleness
Hörschwelle	seuil d'audibilité	threshold of audibility
HORIZONTAL	horizontal, à niveau d'eau	horizontal, level
HOTEL	hôtel	hotel
Hotelpension	hôtel meublé	boarding house
HPL-PLATTEN	laminés à haute pression en	high pressure laminates
	feuilles	
HUBTOR	porte levante	lift-away door
HUEGEL	colline	hill
hügeliges Grundstück	terrain accidenté	hilly ground
HUMAN	humain	human
Humanoekologie	écologie humaine	human ecology
Humanwissenschaften	sciences humaines	human sciences
HUMUS	humus, terreau, terre végétale	humus, (vegetable) mould,
		top soil
HUETTE	cabane [2] aciérie, forge(s)	cabin [2] iron-works, steel-mill
Hüttenbims	laitier expansé	expanded/foamed slag
Hüttensand	sable de laitier	slag sand
Hüttenschlacke	laitier, mâchefer, scories de	blast-furnace/ iron slags
	laitier	
Hüttenstein	aggloméré/brique de laitier	clinker/ slag-sand block
Schutzhütte	abri	cover, shelter
HYDRANT	borne/bouche d'incendie	fire-cock/-plug, hydrant

HYDRAULIK	hydraulique	hydraulics
Lufthygiene	épuration/hygiène de l'air	air pollution control
hypothekenfreies Gundstück	bien franc d'hypothèques	clear estate
HYDRODYNAMIK, Strömungslehre	hydrodynamique	hydrodynamics
HYDROLOGIE, Lehre vom Wasser	hydrologie	hydrology
HYDRAULISCH	hydraulique	hydraulic
hydraulische Mechanik	mécanique hydraulique	hydraulic mechanics
Hydraulikbagger	excavateur/pelle hydraulique	hydraulic shovel
HYDROSTATIK	hydrostatique	hydrostatics
HYGIENE	hygiène	hygiene
HYGIENISCH	hygiénique	hygienic
hygienische Verbesserungen	améliorations hygiéniques	sanitary improvements
Hygienedienst	service d'hygiène	sanitation service
HYGIENIKER	hygiéniste	hygienist
Hypothekarlebensversicherung	assurance-vie hypothécaire	life assurance covering a
HYPOTHEK	hypothèque	mortgage
Hypothekarvertrag	contrat hypothécaire	mortgage agreement/deed
Hypothekenbestellungsurkunde	contrat hypothécaire	mortgage agreement/deed
Hypothekenbrief	contrat hypothécaire	mortgage agreement/deed
Hypothekenbank	banque/comptoir hypothécaire	mortgage bank
		mortgage credit
Hypothekarschuldner	débiteur hypothécaire	mortgage debtor, mortgagor
Hypothekeneintragungsschein	bordereau d'inscription	mortgage inscription form
Hypothekenrecht	droit hypothécaire	mortgage law
Hypothekendarlehn	crédit/prêt hypothécaire	mortgage loan
Hypothekenmarkt	marché hypothécaire	mortgage market
Hypothekenregister	registre des inscriptions	mortgage register
Hypothekenpfand	gage hypothécaire	mortgage security
Hypothekargläubiger	créancier inscrit/hypothécaire hypothécaire	mortgagee of a mortgage
Ablösung von Hypotheken	purge des hypothèques	official discharge of mortgages
öffentliche Hygiene	hygiène/salubrité publique	public health, hygiene, sanitation
Hypothekarschuld	dette hypothécaire	registered charge
Hypothekenbewahrer	conservateur des hypothèques	registrar of mortgages
Hypothekenamt	bureau/conservation des hypothèques	registration (office) of mortgages
Löschung einer Hypothek	radiation d'une inscription hypothécaire	entry of satisfaction of mortgage
Streichung einer Hypothek	radiation d'une inscription hypothécaire	cancellarion/vacation/waiver of a mortgage
eine Hypothek bestellen	constituer une hypothèque	to create a mortgage
eine Hypothek bewilligen	consentir une hypothèque	to grant a mortgage
zur Hypothek geben	hypothéquer, donner en hypothèque	to mortgage
eine Hypothek nehmen	lever/prendre une hypothèque	to raise a mortgage
eine Hypothek eintragen	inscrire une hypothèque	to register a mortgage
frei von Hypotheken	franc/libre d'hypothèques	unencumbered, unmortgaged
Löschungsbewilligung einer Hypothek	mainlevée d'hypothèque	waiver of mortgage

HYPOTHEK

erste/erstrangige Hypothek	hypothèque première en rang/ de premier rang	first mortgage
ewige Hypothek [ohne Rückzahlung]	hypothèque fixe [sans remboursement]	fixed mortgage [no redemption]
gesetzliche Hypothek	hypothèque légale	mortgage foreseen by law
vertragliche Hypothek	hypothèque conventionnelle	contractual mortgage
vorrangige Hypothek	hypothèque antérieure en rang/ supérieure en rang	prior mortgage
Zwangshypothek	hypothèque judiciaire	mortgage ordered by court

HYPOTHEKARISCH

	hypothécaire	pertaining to mortgage
hypothekarische Sicherung	garantie hypothécaire	mortgage guarantee
hypothekarisch nicht gesichert	chirographaire	unsecured

IDEE	idée	idea
Ideenwettbewerb	concours d'idées	[competition on conceptions]
IDENTITAET	identité	identity
Identitätsbeweis durch Zeugen	acte de notoriété	affidavit attested by witness
IDEOLOGIE	idéologie	ideology
IGNIFUGIERUNG	ignifugation	fire-proofing
IMMISSION	immission	immission
IMMOBILIE	immeuble, bien foncier	immovable(s), real estate
Immobiliarbeschlagnahme	saisie immobilière	attachment of real property
Immobiliargüter	biens immeubles/immobiliers	real estate
Immobiliarkredit	crédit immobilier	credit on real property
Immobiliarwerte	valeurs immobilières	real estate values
Immobilienberater	conseil(ler) immobilier	real estate consultant
Immobilienbesitz	propriété immobilière	real estate/property
Immobiliengesellschaft	société immobilière	property/ real estate company
Immobilienhändler	agent immobilier	broker, real estate agent, realtor
Immobilien-Investmentfonds	fonds de placement immobilier	real estate investment fund
Immobilienmarkt	marché immobilier	real estate market
Immobiliensachverständiger	expert en immeubles	real estate consultant
Immobiliensteuer	impôt foncier/immobilier	land tax
IMPRAEGNIERUNG	imprégnation, imperméabilisation	impregnating, water-proofing
Imprägniermittel	produit d'imprégnation	impregnating/penetrating product
Parkettimprägnierung	vitrificateur, vitrification	parquet vitrifyer/vitrifying
INDEX	indice	index
Index=zahl/=ziffer	chiffre-/nombre-indice	index number
Baukostenindex	indice du coût de la construction	building cost index
Belegbarkeitsindex	indice de capacité d'occupation	occupation capacity index
Flächennutzungsindex	indice d'occupation du sol	soil occupancy index
kompensierter Index	indice pondéré	weighted index
Lebenshaltungsindex	indice du coût de la vie	cost of living index, escalator
INDEXIERUNG	indexation	pegging of prices, linking of prices to an index
INDIREKT	indirect	indirect
indirekte Beleuchtung	éclairage indirect	indirect lighting
indirekte Steuern	impôts indirects	excise revenue
INDIVIDUELL	individuel	individual, personal, private
Individualhilfe	aide individualisée/personnalisée	individualized help
Individualwert	valeur de convenance	personal/special value
Individualwertentschädigung	indemnité de convenance	convenience compensation, compensation for lost amenities
individuelle Einrichtungen	services individuels	individual services
INDOSSAT	endossataire, endossé	endorsee
INDOSSANT	avaliste, endosseur, donneur d'aval	endorser, indorser, surety
INDOSSIERUNG	endossement	endorsement
INDUSTRIALISIEREN	industrialiser	to industrialize
industrialisiertes Bauen	construction industrialisée	industrialized building

IND-INH

INDUSTRIALISIERUNG	industrialisation	industrialization
Industrialisierung der Bautechnik/ des Bauwesens	industrialisation de la construction	industrialization of building (techniques)
INDUSTRIE	industrie	industry
Industrieanlage	installation industrielle	factory, plant, works
gesundheitsschädliche Industrieanlage	établissement insalubre	noxious industry/plant
Industriearbeiter	ouvrier d'usine	industrial worker
Industrieböden	sols industriels	industrial flooring
Industriegebiet	terrains industriels, zone industrielle	industrial area/site
Industriegesellschaft	société industrielle	industrial company/society
Industriegrundstück	terrain industriel	industrial site, site for industrial purpose
Industrietor	porte de hangar	industrial door
Industrieunternehmen	entreprise industrielle	industrial concern
Industriezone	zone industrielle	industrial area
Bauindustrie	industrie du bâtiment	building industry
Eisenindustrie	industrie sidérurgique, sidérurgie	iron/steel industry/-trade
Fremdenindustrie	industrie hôtelière/touristique	tourist industry
Glasindustrie	industrie du verre, verrerie	glass-industry/works
Grundstoffindustrie	industrie de base/ primaire	basic/primary industry
Metallindustrie	industrie métallurgique, métallurgie	metal works, metallurgy
Verarbeitungsindustrie	industrie manufacturière/ de transformation	manufacturing/processing/ transforming industry
Veredelungsindustrie	industrie de finissage	finisher industry
INDUSTRIELL	industriel	industrial
industrielle Zivilisation	civilisation industrielle	industrial civilization
INFORMATION	information, renseignement	information
INFRAROT	infrarouge	infrared
Infrarotheizung	chauffage/ radiateur infrarouge	infrared heater/heating
Infrarotmelder	détecteur infrarouge	infrared detector
Infrarotstrahler	radiateur infrarouge	infrared heater
Infrarotstrahlung	rayonnement infrarouge	infrared radiation
INFRASTRUKTUR	infrastructure	infra-/sub-structure
INGENIEUR	ingénieur	engineer
Ingenieurbau	construction du génie civil	civil engineering building
Ingenieurbüro	bureau de construction	engineering office, consulting engineer
Ingenieurwesen	ingénierie, engineering	engineering
Bauingenieur	ingénieur civil/constructeur	civil/structural engineer
beratender Ingenieur	ingénieur conseil	consultant/consulting engineer
Chefingenieur	ingénieur -directeur/ en chef, directeur technique	chief/managing engineer
Diplomingenieur	ingénieur diplômé	graduate engineer
Verkehrsingenieur	ingénieur de la circulation	traffic engineer
INHABER	détenteur, propriétaire	bearer, holder, possessor
Inhaberaktie	action au porteur	bearer share
Inhaberpapiere	effets/titres au porteur	bearer bonds/securities

Inhaberscheck	chèque au porteur	bearer/open cheque, cheque to bearer
Aktieninhaber	actionnaire	share-holder
Depositeninhaber	déposant	depositor
Pfandbriefinhaber	obligataire	bond-holder/-owner
INHALT	contenance, contenu, teneur, volume	capacity, content(s), volume
Flächeninhalt	contenance, superficie, surface	(surface) area, superficial content
Luftinhalt	cube/espace/volume d'air	air cube/volume
Rauminhalt	volume	cubic content, volume
INLAND	intérieur	inland, home country
Inlandsmarkt	marché intérieur	internal market
INNEN	à l'intérieur	in(side), within
Innen=.....	intérieur	indoor, inner, internal, interior, inside
Innenanstrich	peinture intérieure	indoor/interior paint(ing)
Innenarchitekt	architecte-décorateur, ensemblier	interior decorator
Innenarchitektur	architecture d'intérieur	inner decoration/furnishing
Innenausbau	second oeuvre	(internal) finish
Innenausstattung	aménagement intérieur	inner architecture, furnishing
Inneneinrichtung	aménagement intérieur	inner architecture, furnishing
Innenhof	cour intérieure	inner/interior court
Innenhofentkernung	dégagement des cours intérieures	clearing of inner courts
Innenleuchte	luminaire d'intérieur	indoor luminary/ light fixture
innenliegend	situé à l'intérieur	inside situated
innenliegendes Zimmer	pièce sans fenêtre	windowless room
Innenputz	enduit intérieur	(internal) plaster
Innenraffstore	store vénitien intérieur	indoor venetian blind
Innenraum	intérieur, pièce intérieure	inside, interior room/volume
(Innen)Raumklima	climat intérieur	indoor climate
Innenstadt	cité, centre de ville	city, down town, town centre
Innentreppe	escalier intérieur	interior staircase
Innentür	porte intérieure/ d'intérieur	chamberdoor, internal door
Innenwand	cloison(nement)	internal/partition wall
nicht tragende Innenwand	cloison non portante	non load bearing partition
tragende Innenwand	cloison portante	load bearing partition
INNER	interne	internal
innere Gliederung	articulation intérieure	inner organization
innere Spannung	tension intérieure,	internal pressure, stress
innerer Wert	valeur intrinsèque	intrinsic/specific value
INSEKT	insecte	insect
Insektenbefall	molestation/envahissement d'insectes	insect infestation/injury
insektenfest	résistant aux insectes	insect resistant
Insektenpulver	poudre insecticide	insect powder
insektenvernichtend	insecticide	insecticide
Insektenvernichtung	destruction des insectes	extermination of insects
Insektenvernichtungsmittel	(produit) insecticide	insecticide

INS-INV 162

INSEL	île	island, isle
Fußgänger=/Rettungs=insel	refuge (pour piétons)	pedestrian island/refuge, streetrefuge
INSPEKTION	contrôle, inspection	inspection, supervision, survey
Gewerbeinspektion	inspection du travail	factory inspection
INSPEKTOR	contrôleur, inspecteur, surveillant	overseer, supervisor, surveyor
INSTALLATEUR	installateur	fitter
Elektroinstallateur	électricien	electrician
Heizungsinstallateur	installateur de chauffage	heating fitter
Sanitärinstallateur	installateur sanitaire, plombier-zingueur	pipe/sanitary fitter, plumber
INSTALLATION	installation	installation
Installationsarbeiten	plomberie	leadwork, plumbing
Installationsblock	bloc sanitaire préassemblé	preassembled plumbing unit
Installationswand	paroi pour équipements/ avec équipements préintégrés	wall for services, precast wall with pre-installed services
Installationsboden	plancher surélevé pour gaines et conduites	floor for underfloor wiring and piping
Installationsgeräusche	bruits provenant d'installations sanitaires	noise produced by sanitary plumbing system
Installationsplan	plan d'équipement	scheme of services and technical equipment
Installationszelle	cellule sanitaire préfabriquée	precast sanitary cubicle
Elektroinstallation	installation(s) électrique(s)	electrical installation
Gasinstallation	installation de gaz	gas carcassing
Heizungsinstallation	installation de chauffage	heating installation/system
Sanitärinstallation	installation sanitaire	plumbing/sanitation system
INSTANDHALTUNG	entretien, maintenance	maintenance, upkeep, service
laufende Instandhaltung	maintenance courante	current maintenance
Instandhaltungsarbeiten	travaux d'entretien	maintenance work
Instandhaltungskosten	dépenses/frais d'entretien	maintenance cost/expenses, occupancy expenses, (cost of) upkeep
INSTANDSETZUNG	réparation, (re)mise en état	overhauling, rehabilitation, repair (work)
INSTANZ	instance	instance
Instanzgericht	tribunal de première instance	court of first instance
Berufungsinstanz	instance d'appel	appeal instance
großes Instanzgericht	tribunal de grande instance	court of second instance
INSTITUT	institut(ion), établissement	institute, institution
Bauforschungsinstitut	institut de recherche scientifique du bâtiment	building research institute
Finanzinstitut	institut financier	financial institution
Kreditinstitut	organisme de crédit	credit institution
INSTITUTION	institution	institution
Berufsinstitutionen	institutions professionnelles	professional institutions
INVALIDE	invalide	invalid/disabled (person)
Invalidenrente	rente-accident/ d'invalidité	(physical) disability annuity/ pension

INVALIDITAET	invalidité	disability, disablement, invalidity
Invaliditätsversicherung	assurance-invalidité/	disablement insurance
	d'incapacité de travail	
INVENTAR	inventaire	inventory
INVENTUR	(établissement d') inventaire	stock taking
Inventur machen	dresser/faire l'inventaire	to take stock
INVERSIONSWETTERLAGE	inversion atmosphérique	atmospheric inversion
INVERZUGSETZUNG	mise en demeure	official notice, summons
Inverzugsetzung durch Gerichtsvollzieher	mise en demeure par exploit d'huissier	formal notice served by bailiff
ohne vorherige Inverzugsetzung	sans mise en demeure préalable	without notice
INVESTIEREN	investir	to invest
INVESTIERUNG [Investment]	investissement, placement	investment
Investierungsausgaben	dépenses d'investissement	investment expenditures
Investitionsprogramm	programme d'investissement	investment program
Investmentfonds	fonds d'investissement/ de placement	investment fund
Immobilien-Investmentfonds	fonds de placement immobilier	real estate investment fund
INVESTITION	investissement, placement	investment
Investitionsgüter	biens d'investissement	investment goods
Fehlinvestition	investissement mal orienté, mauvais investissement	bad/false investment, investment failure
INWENDIG	intérieur	inner, interior
ION	ion	Ion
Ionendichte	densité des ions	ionic density
IONISCH	ionique	ionic
IONISIERUNG	effet électronique, ionisation	ionization
ISOBARE	ligne isobare	isobar
isobarisch	isobare/isobarique	isobaric
ISOLIEREN	isoler	to insulate
Isolierband	ruban isolant, chatterton	insulating/rubber tape
Isolierfenster	fenêtre isolante/ à vitrage multiple	(heat) insulating/ multiple glazed window
Isolierglas	verre/vitrage isolant	insulating glass
Isoliermaterial	produit d'isolation	insulating material/product
Isoliermaterial für Fassaden	produits d'étanchéité pour façades	waterproofing products for exterior wall surfaces
Isoliermatte	matelas/natte d'isolation	insulation/insulating quilt
Isolierplatte	panneau isolant	insulating panel
Isolierraum	pièce d'isolement	isolation room
Isolierschicht	couche d'isolation	damp course, insulating layer
schallisolieren	insonoriser	to insulate/soundproof
ISOLIERUNG	isolation	insulation, ² isolation
Feuchtigkeitsisolierung	étanchéité, étanchement	damp/water proofing
Lärmisolierung, Schallisolierung	isolation acoustique/sonore, insonorisation	sound insulation/proofing, noise abatement
Körperschallisolierung	isolation du bruit d'impact	insulation of impact noise
Luftschallisolierung	Isolation du bruit aérien	insulation of aerial sound
Trittschallisolierung	isolation du bruit d'impact	insulation of impact noise
Wärmeisolierung	isolation thermique	heat/thermal insulation
ISOTHERMISCH	isotherme	isothermal
Isolierungsmessung	mesurage de l'effet d'isolation	measuring the insulation efficiency

JAHR	an, année, exercice	year
Jahresabschluß	bilan annuel/ de clôture	annual accounts/balance, balance sheet
Jahresrate	annuité	annuity
Jahreszeit	saison	season
Fünfjahresplan	plan quinquennal	five-year-plan
Geschäftsjahr	année sociale, exercice	financial year
Kalenderjahr	année civile	legal year
laufendes Jahr	année en cours	current year
Steuerjahr	année fiscale	fiscal year
Vierjahresplan	plan quadriennal	four-year plan
...JAEHRIG	de... ans	...years old, lasting ... years
einjährig	de un an	one year old
zweijährig	de deux ans, biennal, bisannuel	two years old, biennial
dreijährig	de 3 ans, triennal	3 year old, triennial
vierjährig	... quadriennal	quadrennial
fünfjährig	.... quinquennal	quinquiannial
zehnjährig	décennal	decennial
hundertjährig	centenaire	centenary, secular
tausendjährig	millénaire	millennial
JAEHRLICH	annuel	annual, yearly
JALOUSETTE	store vénitien	venetian blind
JALOUSIE	jalousie	jalousie, continental/Italian/ louver shutter
Jalousiebrettchen	lame/planchette de jalousie/ persienne	slat of Italian shutter
Faltladen mit Jalousieeinsatz	persienne repliable	folding louvered shutter
Fensterladen mit Jalousie-einsatz	volet à battants ajourés, persienne	slatted/venetian shutter
JAUCHE	purin	manure
Jauchegrube	fosse à purin	manure pit
JUGEND	jeunesse	youth
Jugendkriminalität	délinquance juvénile	juvenile delinquency
Jugendstil	art nouveau	art nouveau, modern style
JUNGGESELLE	célibataire	bachelor
JURISPRUDENZ	jurisprudence	case law, jurisprudence
JURISTISCH	juridique	juridical
juristische Person	personne morale	body corporate, legal person
JURY	jury	jury, the examiners
JUSTIEREN	ajuster, régler	to adjust
Justiermutter	écrous de réglage	levelling nuts
JUTE	jute	Hessian

KABEL	câble	cable
Kabelabdeck=stein/=ziegel	couvre-câble	cable cover/sheath/tile
Kabeldurchführung	passage de câble	cable passage
Kabeleinzugskasten	boîte de tirage	[box for pulling in cables]
Kabelführung	chemin/guidage de(s) câbles	cable run
Kabelgraben	tranchée pour câbles	cable trench
Kabelkanal	gaine électrique/ de câbles	cable/wiring conduit/duct
Kabelkran	blondin	cableway
Kabelmantel	enveloppe de câble	cable sheathing
Kabelmarkierungsband	bande de marquage pour câbles	cable marker
Kabelrohr	tube guide-fil	cable conduit/piping
Kabelschelle	attache de fixation pour câble	cable clip
Kabelschiene	cache-câble	cable cover
Kabelschutzrohr	tuyau de protection pour câble	cable (protective) pipe
Heizkabel	câble chauffant	heating cable
Verkabelung	câblage	cabling, twisting, wiring
KABINE	cabine	booth, compartment, cubicle
Duschekabine	cabine de douche	shower compartment/cubicle
Fernsprech=/Telefon=kabine	cabine publique/téléphonique	telephone booth
KABINETT	cabinet	closet, cabinet
KACHEL	carreau (mural)/émaillé	stove/wall tile
Kachelofen	poêle de faïence/à la prussienne	Dutch/tiled stove
Verkachelung	carrelage mural	(wall) tiling
KALENDER	calendrier	calendar
Kalenderjahr	année civile	legal year
KALK	calcaire, chaux	lime(stone)
Kalkanstrich	badigeon, lait/peinture de chaux	white-wash
Kalkbrühe	badigeon, lait de chaux	milk of lime, white-wash
kalkhaltig	calcaire	calcareous
Kalkmörtel	mortier de chaux	lime mortar
Kalkputz	crépi/enduit à la chaux	lime/rough cast/plaster
Kalksandstein	grès calcaire [2] brique silico-calcaire	chalky sandstone [2] sand-lime/lime-sand brick
Kalkstein	calcaire, pierre à chaux	limestone
Kalktünche	badigeon, lait de chaux	lime-/white-wash
Kalkwerk	usine à chaux	lime works
Kalkzementmörtel	mortier bâtard/chaux-ciment/ à prise lente	compo/gauged mortar
Baukalk	chaux (de construction)	lime
Fettkalk	chaux blanche	fat/pure/rich lime
Löschkalk	chaux caustique	slaked lime
gebrannter Kalk	chaux vive	quicklime
gelöschter Kalk	chaux éteinte	hydrated lime
KALKULATION	calcul	calculation, computation
Kalkulationsfehler	erreur de calcul, mécompte	error in/ mis- calculation
falsche/Fehl= Kalkulation	calcul erroné, faux calcul	miscalculation
Preiskalkulation	analyse/calcul des prix	price calculation, costing
KALKULATOR	calculateur	estimator
KALKULIEREN	calculer	to calculate/price
KALORIE	calorie	calorie
KALORIK, [Wärmelehre]	thermologie	theory of heat, thermology

KALORIMETRIE, [Wärme-messung]	calorimétrie	calorimetry
KALT	froid	cold
Kaltfront	front froid	cold front
Kaltluft	air froid	cold air
Kaltluftbecken	bassin d'air froid	frost-hollow, pool of cold air
Kaltluftsee	bassin d'air froid	frost-hollow, pool of cold air
kaltes Klima	climat froid	cold climate
kalte Zone	zone glaciale	cold/frigid zone
KAELTE	froid	cold
Kältebrücke	pont thermique	cold bridge
Kälteschutz	protection thermique	thermal protection
Kältefront	front froid	cold front
Kälteinsel	îlot de froid	cold island
Kälteperiode	période froide/ de froid	cold spell
Kältewelle	vague de froid	cold wave
KAMIN	cheminée, conduit de fumée [2] cheminée à feu ouvert	chimney [2] open fire place
Kamin über Dach	souche de cheminée	chimney stack
Kamin=aufsatz/=kappe/=kopf	mitre, mitron. champignon/ chapeau de cheminée	chimney cowl/outlet/pot, mitre
Kaminformstein	boisseau	chimney flue tile
Kaminheizkessel	chaudière d'âtre	fireplace boiler
Kaminputztür	trou de suie, porte de ramonage	soot trap
Kaminrohr	boisseau	chimney flue tile
Kaminwange	jambage de cheminée	jamb side/ cheek of fire place
Kaminhut	cape(tte) de cheminée	chimney cap
Lüftungskamin	cheminée d'aérage/d'aération/ de ventilation/ ventilée	vent(ilation) shaft/stack
KAMMER	chambre	closet, room
Räucherkammer	fumoir	smoke chamber
Speisekammer	garde-manger	larder, pantry
Trockenkammer	étuve, séchoir	drier, drying chamber/room,
KAMPF	lutte	contest, fight
Kampf gegen Elendswohnungen	lutte contre les taudis	slum clearance campaign
Kampf gegen den Lärm	lutte contre le bruit	noise abatement campaign
Kampfbahn	arène, stade	arena, stadium
KAEMPFER [Fenster]	meneau horizontal	transom (bar)
KANAL	canal(isation), égout [2] conduit(e), gaine	canal, channel, drain, sewer [2] conduit, duct, passage
Kanaldeckel	couvercle de trou de visite	manhole/man-way cover, manlid
Kanalguß	élément en fonte pour égout	cast-iron unit for sewerage
Kanalleitung	(conduite de) canalisation	drainage piping, sewerage
Kanalnetz	réseau d'assainissement/d'égout	sewage system, sewerage
Kanalrohr	tuyau d'égout	foul/refusewater/sewage pipe
Kanalschacht	regard, trou d'homme/ de visite	manhole
Abwasserkanal	égout	sewer
Hauptkanal	(égout) collecteur	main sewer
Leitungskanal	gaine	duct
Luft=/Lüftungs=kanal	évent, conduit d'air, gaine d'aération/ de ventilation	air-duct/-flue, vent hole
Mischwasserkanal	réseau combiné d'égout	combined sewer

KANAL		
Regenwasserkanal	réseau pluvial	storm/ surface-water sewer
Sammelkanal	(égout) collecteur	main sewer
Unterwasserkanal	tunnel hydrodynamique	underwater testing channel
Windkanal	tunnel aérodynamique	wind channel/tunnel
KANALISATION	canalisation	(service) mains, sewerage
Trennkanalisation	réseau d'égout du système séparateur	separate sewer system
Mischkanalisation	réseau combiné d'égout, réseau d'égout du système mixte	combined sewer system, one pipe waste plumbing system
KANTE	arête	angle, edge, line
Kanteisen	cornière, protège-angle	angle-bar/-bead-/iron, corner bar
Kantenschutz	baguette d'angle, protège-angle	corner guard
Kantenschutzprofil	profilé protège-angle	corner-guard section
Kantholz	bois équarri	rectangular/squared timber
hochkant	debout, de champ	set on edge
baumkantig	à arêtes flacheuses	[showing wane on edges]
fehlkantig	aux arêtes irrégulières	bevelled, unsharply edged
scharfkantig	à arêtes vives	sharply edged, edgy
Oberkante	bord/niveau supérieur	top/upper level
Unterkante	bord/niveau inférieur	bottom/lower level
Vierkant=eisen/=stahl	acier/fer carré	square iron, section steel
KANTINE	cantine	canteen
KAPAZITAET	capacité	capacity, power
elektrostatische Kapazität	capacité électrostatique	capacitance
Ladekapazität [Schiff]	capacité de chargement	tonnage
Transportkapazität	capacité de transport	carrying capacity
KAPITAL	capital, capitaux	capital
Kapitalabfindung	indemnité en capital	capital indemnity, lump sum
Kapitalanlage	investissement, placement de capitaux	investment (of funds)
Kapitalaufwand	dépenses de capital	capital expenditure
Kapitalbildung	formation de capitaux	capital formation
Kapitaldarlehn	prêt de capital	capital loan
Kapitaleinlage	apport de capital	capital contribution
Kapitalerhöhung	augmentation de capital	rise of capital
Kapitalintensität	intensité de capital	capital intensity
kapitalintensiv	capitalistique, à forte part de capital	capital intensive
Kapitalkonto	compte de capital	stock account
Kapitalkosten	coût de capital	capital cost
Kapitalmarkt	marché des capitaux	capital market
Kapitalreserve	réserve de capital	accumulated surplus
Kapitalschuld, Zinsen und Nebenkosten	redû en principal, intérêts et accessoires	principal, interest and sundry charges
Kapitalsteuer	impôt sur le capital	property tax(es)
Kapitalsubvention	subvention en capital	capital-subsidy [non refundable]
Kapitalumlauf	roulement de fonds	circulation of capital
Kapitalvermögen	capital	capital fortune
Aktienkapital	capital social	joint capital/stock
Anfangskapital	capital initial	initial capital

KAPITAL
- Anleihekapital — capital emprunté — borrowed/loan capital
- Betriebskapital — fonds de roulement — trading fund, working capital
- Eigenkapital — capital propre/personnel — equity capital, personal funds
- Fremdkapital — capitaux extérieurs — borrowed/loan capital
- Gesellschaftskapital — capital social — joint capital/stock
- gezeichnetes Kapital — capital souscrit — subscribed capital
- Privatkapital — capital privé — private capital
- Stammkapital — capital-actions — deferred share capital
- verfügbares Kapital — capital disponible — spare capital
- voll eingezahltes Kapital — capital entièrement libéré/versé — capital paid in full

KAPITALISIERUNG — capitalisation — capitalization
- Zinskapitalisierung — capitalisation des intérêts — interest capitalization

KAPITEL — chapitre — chapter

KAPPE — bonnet, calotte, taque — cap
- Schornsteinkappe — mitre, mitron (de cheminée) — chimney cowl/cap

KAPPSTREIFEN — solin — flashing

KARUSSELL — carrousel — merry-go round, roundabout
- Verkehrskarussel — croisement à sens giratoire — roundabout

KAPUTT — détraqué — crank(y)

KARTE — carte, fiche — card(board), map
- Kartennetz — quadrillage d'une carte — map grid
- Bevölkerungskarte — carte démographique — demographical map
- Bodenkarte — carte géologique/pédologique — soil map
- Generalstabskarte — carte d'état major — ordnance survey map
- Höhenlinienkarte — carte topographique — contour map
- Karteikarte — fiche (de répertoire) — index card
- Kennkarte — carte d'identité — identity card
- Klimakarte — carte climatologique — climatological map
- Kreditkarte — carte de crédit — credit card
- Lagekarte — carte de situation — situation map/plan
- Landkarte — carte géographique — (land)map
- Lochkarte — carte perforée — perforated/punch card
- Lohnsteuerkarte — carte d'impôt de salaire — income tax card
- Luftvermessungskarte — carte aérométrique — aerometric map
- Planquadratkarte — carte quadrillée — grid map
- Seekarte — carte marine — (sea-)chart
- Sternenkarte — carte du ciel — astronomical chart/map
- Straßenkarte — carte routière — road map
- Übersichtskarte — carte générale — general/survey map
- Windhäufigkeitskarte — carte de fréquence des vents — wind frequency map
- Windkarte — carte des vents — wind chart

KASKOVERSICHERUNG — assurance tous risques — comprehensive insurance

KASSE — caisse — cash-box, pay-desk
- Kassenabschluß — arrêté/balance de caisse — balancing of cash account
- Kassenbestand — (espèces) en caisse, liquidités — cash balance/ in hand
- Kasseneingänge — entrées en caisse — cash receipts
- Kassenkonto — compte caisse — cash account
- Kassensturz — arrêté de la caisse — making up the cash
- Bausparkasse — caisse d'épargne de construction — building society
- Depositenkasse — Caisse des Dépôts et Consignation — Deposit and Consignment Office

KASSE		
Krankenkasse	caisse de maladie	sickness insurance fund
Pensionskasse	caisse de pension	pension fund
Portokasse	caisse des menues dépenses	petty cash, petty expenses fund
Sparkasse	Caisse d'Epargne	Savings-Bank
KASSETTE	caisson	coffer, pan
Kasettendecke	plafond a caissons	coffered/waffle ceiling
KASSIERER	caissier	cashier, cash clerk
KASTEN	boîte, caisse, caisson, coffre	bin, box, chest
Kastenfenster	fenêtre à double châssis	double frame window
Kastenrinne	chéneau	box/square gutter
Kastenschloß	serrure d'applique	rimlock
Briefkasten	boîte aux lettres	letter-box
Postbriefkasten	boîte aux lettres	pillar box
Rolladenkasten	coffre de volet roulant	shutter box(ing)
Sandkasten	bac à sable	sand-box
Sinkkasten	siphon de décantation	slop sink
Spülkasten [WC]	(réservoir de) chasse d'eau	WC tank
Verteilerkasten [elektr.]	boîte/coffret de distribution	connecting box
KATASTER	cadastre	cadastre, land-register
Katasteramt	bureau du cadastre	land registry office
Katasterauszug	extrait cadastral	copy/extract of cadastral entry
Katasterbezeichnung	désignation cadastrale	cadastral designation
Katasterertrag	revenu cadastral	cadastrasl revenue [fictitious]
Katasterplan	plan cadastral/parcellaire	cadastral map
KATHEDRALE	cathédrale	cathedral
Kathedralglas	verre cathédrale	cathedral/stained glass
KAUF	achat, acquisition	acquisition, purchase
Kaufangebot	offre d'achat	offer/proposal of acquisition
Kaufanwärter	candidat-acquéreur	applicant for owner-occupancy
Kaufauflösung	résiliation de la vente	annulment of acquisition
Kaufauflösung wegen Täuschung	rédhibition	redhibition
kaufauflösender Fehler	vice rédhibitoire	redhibitory defect
Kaufkraft	pouvoir d'achat	buying/purchasing capacity/power
Kaufmann	commerçant, marchand	dealer, merchant, tradesman
Diplomkaufmann	diplômé de l'école de commerce	graduate of a business school
Kaufmiete	location-attribution/-vente	hire-purchase
Kaufmietvertrag	contrat de location-vente	hire-purchase contract
Kaufurkunde	acte de vente	deed of sale
Kaufversprechen	promesse d'achat	promise of acquisition
Kaufvertrag	contrat de vente	bill of sale, sale's contract
freihändiger Kauf	vente de gré à gré	amicable purchase
Ratenkauf	achat à tempérament	hire-purchase
Rückkauf	rachat, réméré	repurchase
Rückkaufsrecht	droit de rachat/réméré	right of repurchase
Vorkauf	préemption	pre-emption
Vorkaufsrecht	droit de préemption	right of pre-emption
KAEUFER	acheteur, acquéreur	buyer, purchaser, vendee
KAUTION	caution, dépôt de garantie	caution(-money), earnest money
KEHLE	cornière, gorge, noue, noulet	channel, flute, groove, throat
Kehlbalken	entrait supérieur, faux entrait	collarbeam

Kehlbalkendach	comble à entrait	collar roof
Kehlblech	noquet	valley flashing
Kehlgratbalken	arêtier retroussé/ de noue	valley channel beam, valley rafter
Kehlpfette	panne faîtière	ridge purlin
Kehlziegel	tuile cornière/ de noue, noue	valley tile
Dachkehle	cornière, noue	(valley-)channel
Hohlkehle	cannelure, gorge	channel moulding, hollow groove
KEHREN	balayer	to sweep
Kehricht	balayures, ordures ménagères	sweepings, rubbish
Straßenkehrmaschine	balayeuse mécanique	road-/street-sweeper
KEHRWERT	nombre inverti	reverted number
Kehrwert der Wärmeleitzahl	résistivité thermique	thermal resistivity
KEIL	cale, clavette, coin	wedge
KELLE	truelle	trowel
KELLER	cave, cellier, sous-sol	basement, cellar
Kellerausbau	agrandissement/aménagement de la cave	basement expansion/finishing
Kellerdecke	dalle sur sous-sol	basement ceiling
Kellergeschoß	sous-sol	basement
Kellergeschoßwohnung	(logement en) sous-sol	basement flat
Kellerlichthof [zwischen Keller und Bürgersteig]	cour anglaise, [CH] saut de loup	area
Kellerlichtschacht	puits de lumière [du soupirail]	basement light shaft
Kellerluke	soupirail	basement window
Kellerraum	local en sous-sol	basement-room
Heizungskeller	chaufferie	boiler room
Kohlenkeller	cave à charbon	coal cellar
Vorratskeller	cave à provisions	storage cellar
Waschkeller	buanderie	wash room
Weinkeller	cave à vin, cellier	wine-cellar
KENNKARTE	carte d'identité	identity card
KERAMIK	céramique	ceramics
Baukeramik	céramique du bâtiment	building ceramics
KERN	noyau, l'essentiel	gist, heart
Kernholz	bois de coeur	heart wood
KESSEL	chaudron	kettle
Kesselraum	chambre de chauffe, chaufferie	boiler room
Heizkessel	chaudière	(central heating) boiler
Wasser=druck/=hebe=kessel	hydrophore	hydrophore
KETTE	chaîne	chain
Kettenbagger	pelle sur chenilles	caterpillar/crawler excavator
Kettenfahrzeug	autochenille, véhicule chenillé	caterpillar, crawler
Kettenlader	chargeur à chaînes/chenilles	caterpillar/crawler loader
Kettenschaufel	pelle sur chenilles	caterpillar/crawler shovel
Ketten=winde/=zug	palan, treuil	hoist, windlass
Kettenzugmaschine	tracteur sur chenilles	caterpillar tractor
Meßkette	chaîne d'arpenteur	measuring chain
Schneekette	chaîne de neige	tire chains
KIEFER	pin (sylvestre)	pine, scotch fir
Kiefernholz	bois de (sa)pin	pine wood

KIE-KIT

KIES	gravier	gravel
Kiesbeton	béton de gravier	gravel concrete
Kiesgrube	gravière	gravel pit
Kiesnest	nid/poche de cailloux/gravier	gravel pocket
Kiessand	sable de gravier	gravel sand
Kiessplitt	gravier concassé, gravillons	gravel chips
Feinkies	gravier fin	fine (grained) gravel
Flußkies	gravier fluvial/roulé/de rivière	river gravel
gebrochener Kies	gravier concassé	broken gravel
Grobkies	cailloux, gravier grossier	coarse gravel
natürlicher Kies	gravier	gravel
Rheinkies	gravier de rivière/ du Rhin	river/Rhine gravel
Rollkies	rocaille	rubble
Rundkies	galets ronds	round gravel
Schlackenkies	gravier de crassier/laitier	slag gravel
Schotterkies	grenaille	refuse grain
KIESELSTEIN	caillou, galet	pebble
KIND	enfant	child
Kindergarten	école maternelle, jardin d'enfants	kindergarten, nursery school
Kindergeld	allocation familiale	child(rens')/family allowance
kinderlos	sans enfants	childless
kinderreich	ayant beaucoup d'enfants	having numerous children
kinderreiche Familie	famille nombreuse	large family
Kinderspielplatz	place de jeux	playfield, playground
Kindersterblichkeit	mortalité infantile	infant death-rate
Kindertagesstätte	crèche, garderie d'enfants	day nursery, crèche
Kinderwagen	landau, voiture d'enfants	perambulator, pram
Kinderzimmer	chambre d'enfant(s)	childrens' room
Kinderzulagen	allocations familiales	child(rens') allowance
KIOSK	kiosque	kiosk
Blumenkiosk	kiosque à fleurs	flower stall
Musikkiosk	kiosque à musique	bandstand
Zeitungskiosk	kiosque (à journaux)	news(paper)-stall
KIPPE	(lieu de) décharge	dumping ground/place
KIPPEN	(faire) basculer	to dump/tip
Kipper	camion culbuteur	dumper, tipper, dump lorry
Muldenkipper	camion-benne	dump truck
Kippfenster	fenêtre à soufflet	bottom hinged/ hopper/hospital window
Kippflügel	battant à soufflet	bottom hinged leaf
Kipptor	porte basculante	fly-over/glide/up and over door
Kippschalter	culbuteur, interrupteur à bascule	tumbler switch
KIRCHE	église	church
Kirchenarchitektur	architecture ecclésiastique	ecclesiastical architecture
Kirchenfenster	vitrail	church window
kirchliches Zentrum	centre cultuel	worship centre
KITCHENETTE	petite cuisine	kitchenette
KITT	mastic	compound, mastic, putty
Kittfalz	feuillure à mastic	rabbet/rebate for glazing
Kittmesser	spatule de vitrier	putty knife
Glaskitt	mastic, pâte de verre	glazier's putty

KIT-KLA 172

KITT
- *Dichtungskitt* — mastic de calfeutrage — caulking/sealing compound
- *Oelkitt* — mastic à l'huile — (glazier's) putty
- *voll in Kitt versetzt* — à bain de mastic — glazed in double putty

KITTEN — mastiquer — to cement/lute/putty

KLAFTER [Brennholz] — corde [bois coupé] — cord [=3,625 m³ of sawn timber]

KLAGE — plainte ² action — complaint ² action, (law)suit
- Klage auf Herausgabe — action en restitution — action for restitution
- gegen jemand Klage erheben — porter plainte contre, intenter un procès à — to bring an action against some one
- *Anfechtungsklage* — action en annulation/nullité — annulment/nullity action
- *Auflösungsklage* — action en résolution — action for rescission
- *Drittwiderspruchsklage* — tierce opposition — opposition by third party
- *Räumungsklage* — action en éviction/expulsion — action for ejection
- *Schadenersatzklage* — action en dommages et intérêts — law suit for damages
- *Schriftfälschungsklage* — inscription en faux — plea of forgery

KLAEGER — plaignant, prétendant — claimant, plaintiff
- *Nebenkläger* — partie civile — party claiming damages [in a criminal case]

KLAMM — gorge — gorge

KLAMPE — taquet — clamp, cleat, clasp, cramp

KLAPPE — clapet ² trappe — valve ² flap, trap
- Klappladen — volet battant/contrevent — folding/hinged shutter
- Klappladen mit Lichtblende — (volet à) persienne — louvred/slatted blind/shutter
- *Abgasklappe* [Schornstein] — volet de réglage — draught stabilizer
- *Luftklappe* — clapet à air, volet d'aération — air lock
- *Rauchklappe* — clapet de cheminée — smoke valve
- *Schornsteinklappe* — clapet de cheminée, volet de réglage — draught stabilizer, smoke valve

KLAEREN — clarifier, décanter, purifier — to clarify/clear/defecate/purify
- Kläranlage — installation/station de décantage/décantation/ d'épuration — purification/sewage plant, sewage/treatment works
- *Kleinkläranlage* — fosse septique — septic tank
- Klärbecken — bassin de décantation — clearing/settling basin
- Klärgrube — fosse septique — septic tank
- Klärschlamm — boue(s) d'épuration — sewage sludge
- *Abwasserklärung* — épuration/traitement des eaux résiduaires/usées — sewage processing/purification, (waste) water clarifying/renewing
- *biologische Klärung* — traitement biologique — biological filtration

KLASSE — classe — class
- *arbeitende Klasse* — classe ouvrière — wage-earning classes
- *einkommensschwache Klasse* — classe à faible revenu — low income group
- *Mittelklasse* — classe(s) moyenne(s) — middle class
- *niedere Klasse* — classe inférieure, prolétariat — lower class, proletariate

KLAUE — griffe [de fauve] — claw
- Klauenhammer — arrache-clou, pied de biche — nail claw/extractor/puller

KLAUSEL — clause — clause
- *Abstandsklausel* — clause de dédit — forfeit clause
- *Auflösungsklausel* — clause résolutoire — resolutory clauise
- *Rücktrittsklausel* — réserve de désistement — escape clause
- *Schiedsklausel* — clause compromissoire — arbitration clause

KLAUSEL		
Schutzklausel	clause de protection	hedge clause
Testamentsklausel	disposition testamentaire	clause of a will
KLEBEN	coller	to glue
Klebemörtel	enduit adhésif	adhesive compound, bonding mortar
Kleber, Klebstoff	adhésif, colle, matière collante	adhesive, glue
KLEEBLATT	feuille de trèfle	cloverleaf
Kleeblattkreuzung	carrefour en feuille de trèfle, échangeur d'autoroute	cloverleaf junction
KLEID	habit, robe, vêtement	dress, garment
Kleiderablage	vestiaire	cloakroom
Kleiderschrank	armoire à habits, garde-robe	closet, wardrobe
Kleiderhaken	patère, portemanteau	clothes peg, coatrack
KLEIN	petit	small
kleines Haus	petite maison, maisonnette	small house
Kleinausgaben	menues dépenses, menus frais	petty expenses
Kleingarten	jardin ouvrier	allotment garden
Kleingerät	petit appareil	smaller appliance
Kleinhändler	détaillant, marchand au détail	retailer
Kleinkind	enfant en bas âge	infant, toddler
Kleinlastaufzug	monte-documents, petit monte-charge	smaller hoist
Kleinkläranlage	fosse septique	septic tank
Kleinküche	cuisinette, kitchenette	kitchenette
Kleinmaterial	menu matériel	minor materials
Kleinparkett	parquet mosaïque	mosaïc parquet
Kleinreparaturen	menues réparations	minor repairs
Kleinschlag	blocage, gros gravier, pierraille, rocaille	broken/crushed stone/rock, chips, hardcore, rubble
Kleinschlag=bettung/=unterlage	lit de rocaille	rubble bed
Kleinstwohnung	logement minimal	minimum dwelling
KLEMME	borne, pince, serre-fils	clamp, clip, binding screw
Klemmleiste	baguette de serrage	glazing/grip bead
Klemmprofil	profil(é) de pinçage/serrage	clip fixing section
Klemmschraube	borne/vis de serrage	bonding screw, terminal
KLEMPNER	ferblantier, plombier, zingueur	plumber, sheet-metal worker, tinsmith, zinc-roofer
Klempnerarbeit	zinguerie	zinc-roofing/-work
Klempnerwaren	ferblanterie	tin-ware
KLETTERN	grimper	to climb
Kletterbaum	perche	climbing pole
Klettergerüst	charpente à grimper	climbing frame
Netternetz	filet à grimper	climbing net
Kletterpilz	champignon à grimper	climbing mushroom
Kletterschalung	coffrage grimpant	climbing formwork
Kletterseil	corde à grimper	climbing rope
KLIMA	climat	climate
Klimaanlage	conditionnement d'air, installation de climatisation	air conditioning (system)
Klima-art	type de climat	climate type

KLI-KNI

Klima-atlas	atlas climatologique	climatic atlas
Klimadaten	dates/données climatiques	climate data
Klimadatenbuch	catalogue/répertoire des données climatologiques	climate data book
Klimadecke	plafond climatisant	air conditioned/ventilated ceiling
Klimagerät	climatiseur	air conditioning unit
klimagerecht	conforme au climat	fit for climate
klimagerechte Architektur	architecture conforme au climat	design with climate
klimagerechtes Bauen	construction conforme au climat	building/design with climate
Klimakarte	carte climatologique	climate map
Kilmatechnik	technique de conditionnement	air conditioning techniques/engineering
Klimaveränderung	altération du climat	alteration of climate
Klimazone	zone climatique	climatic region/zone
arides Klima	climat aride	arid climate
Außenklima	climat extérieur	outdoor climate
feuchtes Klima	climat humide	humid climate
Freilandklima	climat en plein champ	open field climate
gemäßigtes Klima	climat tempéré	temperate climate
Höhenklima	climat de montagne	mountain climate
kontinentales Klima	climat continental	continental climate
künstliches Klima	climat artificiel	artificial climate
Makroklima	macroclimat	macroclimate
maritimes Klima	climat maritime	maritime climate
Mikroklima	microclimat	microclimate
Raumklima	climat ambiant/intérieur	indoor climate
Tropenklima	climat tropique	tropical climate
Wohnklima	ambiance de l'habitation	living climate
Wüstenklima	climat désertique	desert climate
KLIMATISCH	climatique	climatic
KLIMATOLOGE	climatologiste, climatologue	climatologist
KLIMATOLOGIE	climatologie	climatology
Stadt= und Bau=klimatologie	climatologie en urbanisme et architecture	urban and building climatology
KLINGEL	sonnette	(door-/house-)bell
Klingelknopf	bouton/poussoir de sonnette	bell-button/push
Klingelstrom	courant faible	weak current
Klingeltransformator	transformateur de sonnerie	bell transformer
KLINKE	béquille, clenche, poignée	handle, latch
KLINKER	clinker ² brique recuite/vitrifiée	clinker ² engineering brick
KLOSETT	WC, lieu d'aisance, toilettes	WC, (water) closet, lavatory, toilet
chemisches Klosett	WC chimique	chemical closet
KNAGGE	gousset	cleat
KNAPPHEIT	manque, pénurie	lack, shortage
Kreditknappheit	pénurie de crédit	credit stringency
KNICKEN	briser, plier, plisser	to bend/break/buckle
Knickfestigkeit	résistance au flambage	buckling resistance
Knickspannung	tension de flambage/flambement	buckling stress
KNICKUNG	flambage, flambement, fléchissement, flexion	bending, buckling, deflection

KNIE	genou	knee
Knierohr	raccord/tuyau coudé/ en coude	elbow/knee of pipe
Kniestock	jambette	jamb
Kniestockwand	mur de jambette	jamb wall
KNOPF	bouton	button, knob
Bedienungsknopf	bouton de commande/réglage	control knob
Klingelknopf	bouton/poussoir de sonnette	bell-button/push
KNOTEN	noeud	knot
Knotenpunkt	carrefour, noeud d'assemblage	junction, knot
Eisenbahnknotenpunkt	noeud ferroviaire	railway junction
Verkehrsknotenpunkt	noeud routier	road junction
kreuzunsfreier Verkehrs-Knotenpunkt	carrefour dénivelé, échangeur	flyover/intersectionfree junction
KOCHEN	bouillir, cuire	to cook
Kochecke	coin-cuisine	cooking corner
Kochendwassergerät	chauffe-eau de cuisine	hot water boiler
Kochgas	gaz de cuisine	cooking gas
Kochgerät	batterie/ustensile de cuisine	cooking utensil
Kochherd	cuisinière	cooker, kitchen stove
Kochnische	niche-/coin-cuisine	kitchen recess, kitchenette
Kochschrank	placard-cuisine	cooking cupboard
KODEX	code	code
KOEFFIZIENT	coefficient, facteur	coefficient, factor
(Aus)Dehnungskoeffizient	coefficient de dilatation	coefficient of expansion
Schallschluckkoeffizient	coefficient d'absorption phonique	sound-absorption factor
Sicherheitskoeffizient	coefficient de sécurité/sûreté	safety factor
KOHLE	charbon	coal
Kohlekraftwerk	centrale thermique à charbon	coal power plant
Kohlenbecken	bassin houiller	coal basin/district
Kohlenbergwerk	charbonnage	coal mine/pit, colliery
Kohlengebiet	bassin houiller	coal basin/district
Kohlenheizung	chauffage au charbon	coal heating
Kohlenrevier	bassin houiller	coal basin/district
KOKS	coke	coke
Koksheizung	chauffage au coke	coke heating
KOLLEGIUM	collège	board, body
Kollegium der Aufsichtskommissare	collège des commissaires (de surveillance)	board of auditors
KOLLEKTOR	capteur	collector
KOLLISION	collision	collision
Interessenkollision	collision d'intérêts	crash of interests
KOLONIE	colonie	colony, house development
KOMFORT	confort, commodité	comfort, conveniences
Komfortmangel	inconfort	discomfort
mit allem Komfort	grand/ tout confort (moderne)	all modern conveniences
KOMMANDIT-GESELLSCHAFT	(société en) commandite	limited (liability) / sleeping partnership
Kommanditaktiengesellschaft	(société en) commandite par actions	partnership limited by shares
Kommanditist	commanditaire	dormant/general/limited partner

KOM-KON

KOMMISSAR	commissaire	commissioner
Gesellschaftskommissar	commissaire aux comptes/ de surveillance	auditor
KOMMISSION	commission	board, commission, committee [2] allowance, brokerage
KOMMUNAL	communal	communal
Kommunalverwaltung	administration communale/ locale, pouvoirs locaux	local government
Kommunalwirtschaft	économie urbaine	urban economy
Kommunalwissenschaften	sciences urbaines	urban sciences
KOMPENSIEREN	compenser	to compensate
kompensierter Index	indice compensé	weighted index
KOMPETENT	capable, compétent	able, competent
KOMPETENZ	compétence, ressort	competence
KOMPLEMENTAER	complémentaire	complementary
Komplementär(partner)	associé commandité	responsible/working partner
KOMPRESSOR	compresseur, surpresseur	compressor
Anstrichkompressor	compresseur à peinture	paint compressor
KOMPRIMATOR	presse	pressing unit
Müllkomprimator	presse à ordures	refuse pressing unit
KONDENSAT	(eau de) condensation, eau condensée	condensate
KONDENSATION	condensation	condensation
KONDITIONSRAUM	salle de musculation	fitness room
KONDUKTION	conduction	conduction
KONFLIKT	conflit	conflict, clash(ing)
Arbeitskonflikt	conflit de travail	labour/trade dispute
Interessenkonflikt	conflit d'intérêts	clash of interests
KONJUNKTUR	conjoncture, situation économique	economic situation, favourable market
Konjunkturbericht	rapport sur l'évolution du marché	market report
Konjunkturforschung	analyse/étude du marché	market analysis/research
Hochkonjunktur	essor de la conjoncture, vague de prospérité	boom (conditions), business prosperity
rückläufige Konjunktur	récession	declining economic activity
KONKORDAT	concordat, préventif de faillite	agreement, scheme of composition
KONKURRENZ	concurrence	competition
konkurrenzfähig	compétitif	competitive
KONKURS	banqueroute, déconfiture, faillite	bankruptcy, failure, insolvency
Konkurserklärung	mise en faillite	adjudication of insolvency
Konkurseröffnungsantrag	déclaration de faillite	petition in bankruptcy
Konkursmasse	actif/masse de la faillite	bankrupt's/insolvent estate
Konkursschuldner	failli	(adjudicated) bankrupt
Rehabilitierung eines Konkursschuldners	réhabilitation d'un failli	discharge in bankruptcy
Konkursverwalter	curateur de faillite	bankruptcy trustee
betrügeischer Konkurs	banqueroute, faillite frauduleuse	fraudulent bankruptcy
KOENNEN	pouvoir [2] savoir-faire, tour de main	to be able [2] know-how

KONSERVIERUNG	conservation	conservation, preservation
Holzkonservierung	conservation du bois	wood preservation
KONSIGNATION	consignation, dépôt	consignment
KONSOLE	console, corbeau	(wall) bracket, console, corbel, modillion
KONSTRUKTEUR	constructeur, projeteur	designer
KONSTRUKTION	(système de) construction	construction (system)
Konstruktionsbüro	bureau de construction/d'études	drawing/planning office
Konstruktionsdetails	détails de construction	constructive details
Konstruktionsfehler	vice de construction	structural defect, faulty design/construction
Konstruktionstechnik	engineering, ingénierie	engineering
Konstruktionszeichner	dessinateur-constructeur/	structural draftsman
Konstruktionszeichnung	plan de construction/d'exécution	shop/working drawing
Dachkonstruktion	système de toit	roof structure
Holzkonstruktion	construction/structure en bois	wood construction/framing
Stahlkonstruktion	construction métallique	steel (frame) construction
tragende Konstruktion	système portant, structure portante	(load)bearing structure/system
KONSUMENT	consommateur	consumer
KONTAKT	contact	contact
Kontaktkleber	colle au néoprène/ de contact	contact adhesive
Kontaktwärme	chaleur au toucher	contact heat
Steckkontakt	prise électrique/ de courant	wall plug
KONTINENT	continent	continent
kontinentales Klima	climat continental	continental climate
KONTO	compte	account
ein Konto ausgleichen	balancer/solder un compte	to balance an account
ein Konto überziehen	mettre un compte à découvert tirer à découvert	to overdraw an account
Kontenabschluß	arrêté/balance d'un compte	balancing of an account, balance-sheet
Kontenauszug	extrait/relevé de compte	(extract/statement of) account, bank return
Kontokorrent	compte courant	current account
Kontokorrentkredit	crédit ouvert/ en compte courant/ sur notoriété	credit on overdraft, open/ personal/unsecured credit
Kontenmanipulierung	trucage des comptes	cooking of accounts
Kontenplan	plan/schéma comptable	chart/schedule of accounts
Kontenrahmen	plan/schéma comptable/ de comptabilisation	chart/schedule of accounts
Kontensperrung	blocage d'un compte	account blocking/freezing
Konto-Ueberziehung	découvert, dépassement	overdraft
Debitorenkonto	compte débiteur	debit account
Erfolgskonto	compte de résultats	profit and loss account
gemeinsames Konto	compte (con)joint	joint account
Gewinn=und Verlustkonto	compte de profits et pertes	profit an loss account
Girokonto	compte de virement	drawing account
Interimkonto	compte d'ordre	adjustment account
Kassenkonto	compte caisse/ d'espèces	cash account
Schuldkonto	compte débiteur, débit	debit (account)

KON-KOR

Rechnungsabgrenzungs-konto	compte transitoire	suspense account
Uebergangskonto	compte transitoire	suspense account
Verlustkonto	compte (des) pertes	deficit account
Wertberichtigungskonto	compte d'ordre	adjustment account
KONTRAHENT	partie adverse	adversary/opposite party,
	² partie contractante	² contracting party
KONTROLLE	contrôle, inspection,	control, inspection, survey,
	vérification	verification
Kontrolleuchte	lampe-témoin	pilot/telltale/warning lamp
Kontrolltafel	tableau de contrôle	control panel
Finanzkontrolle	contrôle financier	financial control
Geburtenkontrolle	réglementation de la natalité	birth control, family planning
Materialkontrolle	examen des matériaux	testing materials
KONTROLLEUR	contrôleur, inspecteur,	examiner, inspector, verifier
	vérificateur	
KONTROVERSE	controverse	controversy, dispute
KONVEKTION	convection	convection
KONVEKTOR	convecteur	convector (heater)
Konvektorheizung	chauffage par convection	convector heating
KONVENTION	accord, convention, traité	agreement, convention
koventionell	conventionnel ² traditionnel	conventional ² traditional
Konventionalstrafe	peine conventionnelle	contractual penalty
KONVERTIERBAR	convertible	convertible
konvertierbare Obligation	obligation convertible	convertible debenture
KONZEPT	brouillon, concept, minute	concept, first draft, rough copy
KONZESSION	concession	franchise, licence
Konzessionsvertrag	franchisage	franchising
KOORDINATE	coordonnées	co-ordinates
KOORDINIERUNG	coordination	co-ordination
Modularkoordinierung	coordination modulaire	modular co-ordination
KOPF	chef, tête	head
Kopfband	aisselier, contrefiche	strut
kopffreie Höhe	hauteur libre	head-room
Kopfstein	caillou de chaussée, pavé arrondi	cobble
KORB	panier	basket
Korbbogen	arc en anse de panier	basket handle arch,
		compound arch
KORK	liège	cork
Korkparkett	parquet de liège	cork floor covering/finish
Korkplatte	carreau de liège	cork tile
Preßkork	aggloméré de liège	cork conglomerate
KORN	grain, graine	grain
Korngröße	calibre, granulométrie	grain size, grading
Korngrößenabstimmung	calibrage, granulométrie	grading, granulometric
		composition
Kornzusammensetzung	calibrage, granulométrie	granulometric composition
Sandkorn	grain de sable	grain of sand
KOERNUNG	calibrage, granulométrie	grading, granulometry
KOERPER	corps	body
Körperbehinderter	handicapé physique	disabled person

Körperpflege	soins hygiéniques	body hygiene
Körperschall	bruit d'impact/ de masse	body/impact/ structure-borne noise/sound
Körperschalldämmung	insonorisation contre le bruit d'impact	impact noise abatement
Beleuchtungskörper	appareil d'éclairage, luminaire	lighting appliance/fitting
Hohlkörper	corps creux	hollow body
Hohlkörperdecke	plancher à entrevous/hourdis	hollow concrete floor
Deckenhohlkörper	entrevous, hourdis	hollow filler block for slabs
Heizkörper	calorifère, radiateur	radiator
KOERPERSCHAFT	corps, corporation, personne morale	body (corporate), corporation, juristic person, legal status
Körperschaftssteuer	impôt corporatif/ sur les sociétés	corporation income tax
KORRIDOR	corridor, couloir	corridor, hall, passage(-way)
KORROSION	corrosion	corrosion
Korrosionsschutz	protection contre la corrosion	corrosion protection
Korrosionsschutzmittel	produit anticorrosif	anticorrosive product
KOSMOS	cosmos, univers	cosmos, universe
kosmisch	cosmique	cosmic
kosmische Strahlung	radiation cosmique	cosmic radiation
KOSTEN	coût, frais	cost, expenditures, charges
Kostenanschlag	devis, estimation des frais	cost estimate
Kostenanschlagssumme	montant du devis	budget figure
Kostenaufstellung	état/relevé des frais	cost-sheet, statement of cost
Kostenaufwand	dépenses, frais	expenditure
Kostenbestandteil	élément de/du coût	cost element
Kostendeckung	couverture des frais	cost covering
Kostengliederung	articulation/ventilation (des éléments) du coût	apportionment of cost
Kostengrenze	coût maximum	price limit
kostenlos	exempt de frais, gratuit	free (of charge), gratuitous, gratis
Kostenlosigkeit	gratuité	gratuitousness
Kostenmiete	loyer de stricte rentabilité	cost rent
Kostennutzen Rechnung	analyse de la valeur d'utilité, confrontation coût-utilité	cost-benefit/-profit analysis
Kostenpreis	prix coutant	cost price
Kostenrechnung	état des frais	statement of charges
Kostenüberwachung	contrôle des coûts	cost control
Kostenveranschlagung	calcul analytique du coût	budgeting
Kostenvoranschlag	devis préliminaire, estimation libre/préliminaire du coût	preliminary/provisional estimate of cost
Aktenkosten	frais d'acte	completion charge
Anschaffungskosten	coût/frais d'achat	initial/purchase cost/expenses
Baukosten	coût/frais de construction	building costs/expenses
Baukostenindex	indice du coût de la construction	building cost index
Betriebskosten	dépenses d'exploitation, frais de gestion	operational/operating/running cost, working expenses
Bewirtschaftungskosten	frais d'exploitation	operational/operating cost

KOSTEN

Einregistrierungskosten	droit d'enregistrement	registration fee, taxes on transfer of property
Erschliessungskosten	frais d'aménagement/ de viabilisation	development cost
Fertigungskosten	frais de fabrication	production cost
Fertigungsgemeinkosten	frais généraux d'exploitation	factory overheads
Finanzierungskosten	frais de financement	financing expenses
Frachtkosten	fret, prix du transport	freight (charges), freightage
Geldbeschaffungskosten	frais de mobilisation de fonds	cost of money raising
Gemeinkosten	frais généraux	overheads, general/trade expenses
Gemeinkostenumlage	répartition des frais accessoires	apportionment of indirect cost
Gerichtskosten	frais de justice/procès	law/legal charges
Gesamtkostenpreis	coût global/total	overall cost price
Geschäftsunkosten	frais généraux	overheads, general/trade expenses
Gestehungskosten	coût de revient	flat/prime cost
Grundkosten	coût de base ² coût du terrain	basic cost ² ground cost
Hausmeisterkosten	frais de gardiennage	caretaking cost
Instandhaltungskosten	frais d'entretien	(cost of) upkeep, maintenance cost, occupancy expenses
Lebenshaltungskosten	coût de la vie	cost of living
Lebenshaltungskostenindex	indice du coût de la vie	cost of living index, escalator
Lohnkosten	frais de main-d'oeuvre	labour cost
Machinen= und Gerätekosten	frais de l'équipement	plant cost
Materialkosten	frais de matériaux/matériel	material cost
Nebenkosten	faux frais, frais accessoires	incidental expenses
Reisekosten	frais de déplacement/voyage	travelling charges
Reparaturkosten	frais de réparation	repair cost
Selbstkosten	prix coûtant/ de revient	cost of production, net cost
Verwaltungskosten	frais d'administration	administrative/managing cost
Werbungskosten	frais professionnels	expenses account, professional cost
wiedereinbringbare Kosten	dépenses récupérables	recoverable expenses
Wohnkosten	coût du logement	dwelling/housing cost

KRAFT

Kraftfahrzeug	voiture automobile	motor vehicle
Kraftfahrzeugbrief	carte grise, permis de circulation	car license
Kraftlinie	ligne de force	line of force
Kraftverbrauch	consommation d'énergie	power consumption
Kraftverkehr	circulation motorisée	motor traffic
Kraftwagen	(voiture) automobile	motor vehicle, automobile
Kraftwagenbestand	parc automobile	motor pool, stock of motor vehicles
Kraftwagendichte	taux de motorisation	motorization rate
geländegängiger Kraftwagen	voiture tous terrains	field/ off-highway car, offroader
Last(kraft)wagen	camion	motor lorry. van [US]: truck
Personen(kraft)wagen	voiture de tourisme	motor/passenger car
Deckkraft	pouvoir couvrant	covering/obliteration power, opacity
Gegenkräfte	contre-forces	counterforces

KRAFT

Heizkraft	pouvoir chauffant, puissance calorique	calorific/heating power/value
Kaufkraft	pouvoir d'achat	buying/purchasing capacity/power
Leistungskraft	capacité, puissance	capacity
Leuchtkraft	intensité/puissance lumineuse, pouvoir éclairant	illuminating power, luminosity
Wasserkraft	énergie hydraulique, houille blanche	hydraulic/water power
Arbeitskräfte	main d'oeuvre	labour, manpower
Fachkräfte	main d'oeuvre qualifiée	skilled labour
KRAFTWERK	centrale, station, usine	power plant/station
Elektrokraftwerk	centrale électrique	electrical/generating/power station
Gezeitenkraftwerk	centrale marémotrice	tidal power station
Heizkraftwerk	centrale thermique	(thermal) power plant/station
Wärmekraftwerk	centrale thermique	(thermal) power plant/station
Wasserkraftwerk	usine hydro-électrique	hydro-electric generating station
KRAGEN	col	collar
Blaukragen	cols bleus/noirs, secteur secondaire/industriel	blue collars, secondary/ industrial sector
= Schwarzkragen		
Grünkragen	cols verts, secteur primaire/ agricole	green collars, primary/ agricultural sector
Weißkragen	cols blancs, secteur tertiaire, services	white collars, tertiary sector, services
KRAGEN vb *[hervor=]*	faire saillie	to project
Kragstein	console, corbeau	bracket, console, corbel
Kragtrittplatte	giron en porte à faux	projecting tread
KRAMPE	cavalier	cramp
KRAN	grue	crane
Kranarbeit	travail à la grue	cranage
Kranführer	conducteur de grue, grutier	craneman, crane operator
Kranwagen	camion-/wagon-grue	crane van/wagon
Baukran	grue de chantier	building crane
Brückenkran	pont roulant	crane runway, travelling crane
Drehkran	grue à pivot/ à tour pivotante	revolving/slewing crane
Fahr(barer) Kran	grue mobile	mobile crane
Kabelkran	blondin	cableway
Lastwagenkran	camion-grue	van crane [US]: truck crane
Laufkran	pont roulant	crane runway, travelling crane
Portalkran	grue à portique	gantry, portal crane
Schwenkkran	grue à pivot/ à tour pivotante	revolving/slewing crane
Turmdrehkran	grue à tour pivotante	rotary tower crane
KRANK	malade	sick
Krankengeld	allocation/indemnité de maladie	sickness benefit/pay
Krankenhaus	hôpital	hospital
Krankenhausbau	construction hospitalière	hospital building
Krankenkasse	caisse de maladie	health insurance, sick fund
Krankenversicherung	assurance-maladie	health/sick(ness) insurance
KRATZEN	gratter	to scrape/scratch
Kratzeisen	brette [2] décrottoir, gratte-pieds	scraper [2] door-/shoe-scraper
Wolkenkratzer	gratte-ciel	sky-scraper

KRE-KRE

KREDIT	crédit	credit
Kredit gewähren	accorder/octroyer un crédit	to grant a credit
Kredit kündigen	dénoncer/retirer un crédit	to call-in/withdraw a credit
Kreditanstalt	établissement de crédit	loan bank
Krediteröffnung	ouverture d'un crédit	opening of credit
Kreditfähigkeit	pouvoir d'emprunt, solvabilité	borrowing power, financial soundness
Kreditgeber	créditeur, prêteur. bailleur de fonds	creditor
Kreditgenossenschaft	société coopérative de crédit	credit cooperative
Kreditgrenze	limite/plafond/seuil de crédit	limit of credit
Kreditinstitut	institut/organisme de crédit	credit institution
Kreditkarte	carte de crédit	credit card
Kreditknappheit	pénurie de crédit	credit stringency
Kreditmarkt	marché financier	money market
Kreditnehmer	emprunteur	beneficiary, borrower
Kreditverkauf	vente à crédit	credit sale, sale on credit
Kreditwirtschaft	écxonomie basée sur l'emprunt	credit based economy
kreditwürdig	digne de crédit	creditable, credit-worthy
Kreditwürdigkeit	solvabilité	solvency
Einschätzung der Kreditwürdigkeit	estimation de la solvabilité	credit-rating
Bankkredit	crédit bancaire	bank loan
Baukredit	crédit de construction	building loan
Blankokredit	crédit ouvert/ à découvert/ en blanc	blank/unsecured credit
Bodenkredit	crédit foncier	credit on landed property
Bodenkreditanstalt	crédit foncier	(land) mortgage bank
Bürgschaftskredit	crédit cautionné/ sur caution	bail/guaranteed credit
eingefrorene Kredite	crédits gelés	frozen credit
Immobilienkredit	crédit immobilier	credit on real property, mortgage credit
Kontokorrentkredit	crédit en compte courant	blank/cash/open credit
Realkredit	crédit hypothécaire	mortgage credit
Uebergangskredit	crédit intérimaire,	intermediate/temporary credit
= Zwischenkredit	crédit-relais	intermediate/temporary credit
KREIDE	craie	chalk
KREIS	cercle	circle
Kreisabschnitt	segment	segment
Kreisausschnitt	secteur	sector
kreisförmig	circulaire	circular
Kreissäge	scie circulaire	circular/disc saw
Kreissegment	segment	segment
Kreisverkehr	circulation giratoire	rotary/roundabout traffic
KREUZ	croix	cross
Kreuz(wechsel)schalter	interrupteur d'escalier	three way switch
Kreuzverstrebung	contreventement	cross/transverse (wind)bracing
KREUZUNG	carrefour, croisement	crossing, intersection, junction
Kreuzung in zwei Ebenen	croisement dénivelé	interchange
kreuzungsfreier Verkehr	circulation sans intersection	intersectionfree traffic
Kreuzungsfreiheit	absence de croisements à niveau	grade separation

Kreuzungsring, Verteilerkreis	carrefour giratoire	roundabout
Kreuzungsring in zwei Ebenen	échangeur giratoire, giratoire dénivelé	rotary interchange
Autobahnkreuzung	échangeur d'autoroute	interchange
ebenerdige Kreuzung	croisement à niveau	level crossing
Fahrradkreuzung	passage pour cyclistes	bicycle crossing
Fußgänger=kreuzung/ überweg	passage clouté/zébré/ pour piétons	pedestrian/zebra crossing
Kleeblattkreuzung	échangeur en (feuille de) trèfle	cloverleaf interchange
Straßenkreuzung	carrefour, croisement (de rues)	cross-roads, road intersection
KRIECHEN	cheminer, ramper ² fluage [béton]	to creep ² creep(ing) [concrete]
Kriechdehnung	dilatation due au fluage	creep strain
kriechfest	résistant au fluage	creep resistant
Kriechmaß	mesure de fluage	creeping rate
KRIEG	guerre	war
Kriegsschäden	dommages de guerre	war damages
KRIMINALITAET	criminalité, délinquance	delinquency
Jugendkriminaslität	délinquance juvénile	juvenile delinquency
KRITERIUM	critère, critérium	criterion
Zuteilungskriterien	critères d'allocation	grant criteria
KRITISCH	critique	critical
kritischer Wert, Grenzwert	seuil critique	critical limit, threshold value
KRUEMMER [Bogen]	coude	elbow, knee
KRUEPPEL	estropié, infirme, invalide	cripple
Krüppelwalm	croupe bâtarde/boiteuses	half hip
Krüppelwalmdach	comble à croupe bâtarde, toit à pans coupés	(half) hipped roof, hip and gable roof
KUEBEL	baquet, benne, godet	bucket
Kübelwagen	camion-benne	bucket-car
Baggerkübel	godet d'excavateur	excavator bucket
Förderkübel	benne	bucket
Schürfkübel	godet d'excavateur	excavator bucket
Schürfkübelbagger	drague(ur), excavateur à godets	dragline, dredge, bucket excavator
KUECHE	cuisine	kitchen
Küchenabfall	détritus, ordures (ménagères)	garbage, (household) rubbish
Küchenbalkon	balcon de(vant la) cuisine	kitchen balcony
Küchengeräte	appareils domestiques/ de cuisine	domestic/kitchen appliances
Küchenzelle	bloc-cuisine	unitized kitchen-unit
Anbauküche	cuisine par éléments	element/unit kitchen
Einbauküche	cuisine encastrée/incorporée	built-in kitchen
Eßküche	cuisine-dînette	dining kitchen
Gemeinschaftsküche	cuisine commune	common kitchen
Gemeinschaftsküchen	cuisines pour collectivités	kitchens for communities
Kleinstküche	cuisinette, kitchenette	kitchenette
Waschküche	buanderie, lavoir	wash-house, washing kitchen
Wohnküche	cuisine-séjour/-living	dining/parlour kitchen
KUGEL	balle, bille	ball, bullet
kugelsicheres Glas	verre pare-balles	bullet-proof glass
Kugelrückschlagventil	clapet à bille	ball valve

KUEHL	frais, frisquet, froid	chilly, cold, cool
Kühlanlage	installation de réfrigération	cooling plant, refrigeration system
Kühlaggregat	agrégat de réfrigération	cooling/refrigeration unit
Kühlgerät	réfrigérateur	cooling/refrigeration unit
Kühlgradtage	degrés-jours de réfrigération	overheating degree days
Kühllast	charge frigorifique	cooling load
Kühlraum	chambre froide	cold store, cooling chamber
Kühlschrank	frigo, réfrigérateur	refrigerator
Kühltruhe	congélateur	deep-freezer
Kühlturm	refroidisseur	cooling tower
Kühlwirkung	effet de réfrigération	cooling effect
Kühlzelle	réfrigérateur	refrigeration unit
KULISSE	coulisse, glissière	grove, slide, sliding rail
KULT, Kultus	culte	worship
Kult(us)zentrum	centre cultuel	worship centre
KULTUR	culture, civilisation	culture, cultivation, civilization
Kulturzentrum	centre culturel	cultural centre
kulturelle Einrichtungen	équipements culturels	cultural facilities
KUNDE	information, nouvelle	information, news
	[2] connaissance, science	[2] knowledge, science
	[3] client	[3] customer, client
Kundenkreis	achalandage, clientèle	clients, customers, good will
Bodenkunde	pédologie	pedology
Erdkunde	géographie	geography
Gesteinskunde	pétrographie	petrography
Gewässerkunde	hydrologie	hydrology
Staatsbürgerkunde	instruction civique	civics
KUENDIGEN	congédier, donner congé	to dismiss/ give notice/ pay off
	[2] démissionner [3] dénoncer	[2] to quit a job/ sign off
		[3] to denounce/ give notice
einen Kredit kündigen	dénoncer un crédit	to call in a credit
KUENDIGUNG	congé, dénonciation, préavis, résiliation	cancellation, notice
Kündigung einer Einlage	préavis de retrait de fonds	notice of withdrawal of deposit
Kündigungsentschädigung	indemnité de résiliation	cancelment fine
Kündigungsfrist	délai de préavis	period/term of notice
Kündigungsgrund	motif du congé	argument for notice
Kündigungsrecht	droit de résolution	right of withdrawal
KUNST	art	art
kunstgerecht	selon les règles de l'art/ du métier	correct, skilful, workmanlike
Kunstholz	bois reconstitué/synthétique	artificial/synthetic wood
Kunstlicht	éclairage/lumière artificielle	artificial light
Kunstschlosser	serrurier d'art	art locksmith
Kunstschlosserei	serrurerie d'art	art locksmithery/ metal work(s)
Kunstschmiedearbeit	ouvrage de fer forgé	art locksmithery/ metal work(s)
Kunststein	pierre artificielle/reconstituée/ synthétique	artificial/cast stone
Kunstwerk	oeuvre d'art	work of art
Baukunst	architecture, art de bâtir	architecture, art of building
Regeln der Kunst	règles de l'art	rules of art
die bildenden Künste	les arts plastiques	the plastic arts
die schönen Künste	les beaux arts	the fine arts

KUNSTHARZ	résine artificielle/synthétique	plastic, synthetic resin
Kunstharzbinder	liant plastique	plastic binder
Kunstharzputz	crépi synthétique	plastic finish
kunstharzverleimt	collé à la résine synthétique	resin bonded
KUNSTSTOFF	matière plastique/synthétique	plastics, synthetic material
Kunststoffbelag	revêtement en plastique	plastic covering
kunststoffbeschichtet	plastifié	pasticized
kunststoffbeschichtetes Blech	tôle plastifiée/ enduite de résine artificielle	plastic-coated/ plasticized sheet, skinplate
kunststoffbeschichtete Filzbahn	feutre plastifié	plastic coated felt web
Kunststoffliese	carreau en plastique	plastic tile
Kunststofffolie	feuille en plastique	plastic foil/sheet
Kunststoff-Folien	plastique en feuilles	plastic foils/sheets
Kunststoffglas	Plexiglas	Plexiglas
Kunststofflaminat	plastique stratifié	plastic laminates
Kunststoffplatte	carreau en plastique	plastic tile
Flüssigkunststoff	matière plastique liquide	liquid plastic
KUENSTLICH	artificiel	artificial
künstliche Beleuchtung	éclairage artificiel	srtificial lighting
künstliche Trocknung	étuvage, séchage au four	kiln-drying, steam-curing
KUPFER	cuivre	copper
Kupferblech	cuivre en feuilles/lames	sheet copper
KUPPEL	coupole, dôme	cupola, dome
Lichtkuppel	coupole d'éclairage (zénithal), hublot galbé	domelight
KURATOR	curateur	curator, trustee
KURATORIUM	conseil administratif (scientifique)	board of trustees
KUR	cure	cure, treatment
Kurort	station thermale, ville d'eau	health resort
Höhenkurort	station climatique/ de montagne	mountain resort
KURS	cours, taux	quotation, rate
Kurse der Termingeschäfte	cours pour les opérations à terme	forward rates
Kursgewinn	bénéfice de change	exchange profit
Kursnotierung	cotation	exchange quotation
Kurssturz	effondrement des cours	fall in prices, slump
Börsenkurse	cours en bourse	stock exchange quotations
Umrechnungskurs	cours de conversion	conversion rate
Wechselkurs	cours de(s) change(s)	rate of exchange
KURS(US)	cours, stage	course
Abendkurse	cours du soir	evening classes
Erwachsenenkurse	cours d'adultes	evening classes
Ferienkurse	cours de vacance	holiday courses
Fernkurse	cours par correspondance	correspondence school
KURVE	courbe, tournant, virage	bend, curb, curve, turn
Haarnadelkurve	tournant en épingle à cheveux	hairpin bend/curve
Siebkurve	courbe granulométrique	sifting curb
KURZ	court	short
kurzfristig	à court terme, à brève échéance	short dated/term, at short notice
kurzfristiges Darlehn	prêt à court terme	short term loan

Kurzschluß	court-circuit	short circuit
Kurzwellen	ondes courtes	short waves
Kurzwellenbereich	gamme des ondes courtes	short wave range
kurzwellige Strahlung	rayonnement à ondes courtes	short wave radiation
KUERZUNG	diminution, raccourcissement, réduction	reduction, shortening
Lohnkürzung	diminution/réduction des salaires	cut-in/ reduction of wages

LACK	laque, vernis	enamel, (lacquer) varnish
Lackfarbe	peinture au vernis	high-gloss paint
lackveredelte HP-Platte	panneau laqué	lacquered hardboard
Firnislack	vernis	varnish
Schleiflack	vernis flatting/ à polir	high-gloss paint, rubbing varnish
LADEN	boutique, magasin [2] volet	shop, store [2] shutter
Ladeneinrichtung	installation de magasin,	shop fitting/fixtures
Ladenpassage	passage	arcade
Ladenstraße	rue commerçante	shopping street
Ladenzentrum	centre commercial/ d'achat	shopping centre
Faltladen	persienne repliable, volet pliant	folding blind/shutter
Klappladen	volet battant/ de brisure	hinged shutter
Schiebefensterladen	volet à coulisse	draw/sliding shutter
LADEN vb	charger	to load
Laderampe	quai de chargement	loading (and unloading) ramp
Ladeschaufel	benne de chargement	bucket-loader
LADER	chargeur, chargeuse	loader
Gelenkradlader	chargeuse articulée sur pneus	articulated loader on wheels
Kettenlader	chargeur à chaînes/chenilles	caterpillar/crawler/track type loader
Raupenlader	chargeur à chaînes/chenilles	caterpillar/crawler/ track type loader
Raupenschaufellader	chargeuse sur chaînes	caterpillar loader/shovel
Schaufellader	pelle mécanique	motor shovel
Tieflader	camion à châssis surbaissé	low-bed truck/van
Ueberkopflader	marineuse	overhead hauler
LADUNG	charge(ment), cargaison	freight, load, shipment
LAGE	emplacement, site, situation [2] couche	location. site, situation [2] coat, layer
Lage eines Grundstücks	situation d'un terrain	lay/lie of the land
Lagebestimmung	détermination de l'emplacement	position determination
Lageplan	plan de situation	layout-/site-plan, situation map
Absatz=/Markt=lage	situation du marché	market situation
rückläufige Absatzlage	marché orienté à la baisse	falling market
Anstrichlage	couche de peinture	(individual) coat of paint
Balkenlage	solivure	system of binders and joists
Packlage	lit de rocaille	stone bedding
Steinlage	couche de maçonnerie	course of masonry
LAGER	camp [2] dépôt, entrepôt, stock [3] appui, assise, couche, lit	camp [2] expository, depot, stock [3] bearing, layer, support
Lagerbestand	(en) stock	stock
Lagerfuge	joint d'assise	bed/layer/support joint
Lagerführer	magasinier	material surveyor
Lagerhalle	entrepôt	industrial storage building
Lagerhaus	dépôt, entrepôt	staple/store/ware house
Lagerholz	lambourde	beam bearing, wall plate
Lagerhölzer	gîtes [de parquet]	draft/floor battens/sleepers
LAIBUNG	embrasure, jambage	reveal
LAMELLE	lamelle	lamella
Lamellenkragdach	marquise lamellaire	cantilevered sun blind

LAMPE	lampe	lamp
Lampenmast	lampadaire	standard lamp, lamp standard
Lötlampe	lampe à souder	soldering lamp
Stehlampe	lampe à pied, lampadaire	standard lamp
LAND	campagne, pays, terre	country, land
Landarbeiter	ouvrier agricole	farm hand/labourer
Landarbeiterwohnung	maison ouvrière rurale	housing for rural worker
Landbesitz	propriété foncière/terrienne	land(ed) property
Landbesitzer	propriétaire foncier/terrien	land-holder/ owner/ proprietor
Landbevölkerung	population rurale	rural population
Landerwerb	acquisition de terre(s)	land acquisition
Landesentwicklung	développement national	national development
landesplanerisch	concernant l'aménagement du territoire	with regard to regional or national planning
Landesplanung	aménagement national	national planning
Landflucht	désertion des campagnes,	rural depopulation
Landgericht	tribunal de grande instance	country court
Landhaus	maison de campagne	cottage, country house
Landkarte	carte géographique	geographical map, landmap
Landmesser	arpenteur, géomètre	land surveyor
Landschaft	paysage	landscape
Stadtlandschaft	paysage urbain	townscape, urban landscape
zersiedelte Landschaft	campagne vérolée	poxed landscape
Zersiedlung der Landschaft	prolifération urbaine, construction désordonnée en campagne	urban sprawl, ill-regulated building in the open country
Landschaftsarchitekt	architecte-paysagiste	landscape architect
Landschaftsarchitektur	architecture paysagiste, paysagisme	landscape design, landscaping
Landschaftsgärtner	jardinier paysagiste	gardener
Landschaftsgestalter	architecte-paysagiste	landscaper
Landschaftsordnung	aménagement des paysages	landscape planning
Landschaftspflege	conservation des paysages	landscape management
Landschaftsschutz	préservation/protection/ sauvegarde des paysages/sites	landscape preservation
Landstraße	(grand-)route	(high)road, highway
Landvermessung	arpentage, topographie	land-survey(ing)
Landvermessungskarte	plan cadastral	cadastral survey
Landwirtschaft	agriculture	agriculture, farming
landwirtschaftliches Grundstück	terrain agricole	agricultural land
landwirtschaftliches Gut	ferme, fonds agricole	farm, agricultural holding
landwirtschaftspolitisch	agraire	agrarian
Ackerland	terre arable	arable land
Bauland	terrain(s) à bâtir/viabilisé(s)	developed site
Baulandbeschaffung	achat/acquisition de terrains (viabilisés)	acquisition/purchase of (developed) land
Brachland	terrain(s) en jachère	fallow ground
Erschließung von Land	viabilisation de terrains	development of land
erschlossenes Land	terrains aménagés/équipés/ viabilisés	serviced land
flaches Land	campagne	open country
Flachland	pays plat, plaine	plain country

LAND		
Rohland	terrain brut/ non aménagé	unserviced land
unerschlossenes Land	terrain non aménagé/viabilisé	waste land
LAENDLICH	rural	rural
LANG	long	long
Langlebigkeit	longévité	longevity, long life
langfristig	à long terme	long term
langfristiges Darlehn	prêt à long terme	long term loan
Langholz	bois en long	(long) timber
Langholzwagen	camion grumier/pour le bois long	timber truck
Langschild	plaque longue	backplate
Langwellen	ondes longues	long waves
langwellig	à ondes longues	long wave ...
langwellige Strahlung	rayonnement à ondes longues	long wave radiation
LAENGE	longueur	length
Längenmaß	mesure linéaire/ de longueur	linear measure, measure of length
Längenverlust	retrait	shrinkage
Schenkellänge	longueur d'aile [cornière]	length of flange [angle iron]
LAENGS	le long de, dans le sens de la longueur	along(side), longitudinal
Längsfuge	joint d'assise/ de long	bed/layer joint
Längsleitung [Schall]	transmission latérale	flanking [of sdound]
Längsneigung	pente longitudinale	gradient, inclination
Längsschnitt	coupe/section longitudinale/ en long	longitudinal section
Straßenlängsschnitt	profil en long d'une route	longitudinal road section
LAERCHE	mélèze	larch-tree
Lärchenholz	(bois de) mélèze	larch (wood)
LAERM	bruit	noise
Lärmbekämpfung	lutte contre le bruit	noise abatement/control, noise prevention
Lärmbekämpfungsgesellschaft	association contre le bruit	noise abatement society
Lärmbelästigung	pollution sonore, gêne par le bruit	noise nuisance
Lärmdämmung	isolation contre le bruit	noise abatement
Lärmdämmfenster	fenêtre acoustique	acoustic window
Lärmemission	émission de bruit	noise emission
Lärmentwicklung	dégagement de bruit	noise formation
lärmgedämpft	insonorisé	muffled
Lärmgewöhnung	accoutumance au bruit	habituation to noise
Lärmschutz	protection contre le bruit	noise protection/control
Lärmübertragung	transmission du bruit	noise transmission
Fluglärm	bruit résultant de l'aviation	aircraft noise
Installationslärm	bruit provenant d'installations sanitaires	noise from sanitary fixtures
Verkehrslärm	bruit causé par la circulation	traffic noise
LAST	charge	load
Lastenaufzug	élévateur, monte-charge/ -matériaux	freight-elevator, goods-lift, hoist
Lastenberechnung	calcul des charges	load calculation/computation

Lastenheft	cahier des charges	contract specifications
Lastenrechnung	calcul des charges	charge computation
Lastenzuschuß	contribution aux charges	charge allocation
Lastschalter	disjoncteur	circuit-breaker, cut-cut
Lastschrift	écriture au débit [2] note de débit	debit-entry [2] debit note
Lastwagen	camion	motor lorry, van [US]:truck
Lastwagenkran	camion-grue	truck-crane
Platformlastwagen	camion plate-forme	platform truck/van
Auflast	surcharge	live load
Eislast	surcharge due à la formation de glace	ice load stress, ice overload
Familienlasten	charges de famille	dependants
Kühllast	charge frigorifique	cooling load
Nutzlast	charge utile	useful/working capacity/load
Probelast	charge d'épreuve/ d'essai	test load
ruhende Last	charge au repos	dead load
soziale Lasten	charges sociales	social expenditures
Zinsenlast	charge d'intérêts	interest charge
zu Lasten von	à charge de	chargeable to
zu meinen Lasten	à ma charge	chargeable to me, dependable on me
LASUR	(peinture-)glacis	scumble, stain finish
Lasurfarbe	glacis	scumble, stain finish
LATERNE	lanterne	lamp, lantern
Straßenlaterne	réverbère	street lamp
LATEXFARBE	couleur/peinture au latex	latex paint
LATTE	latte, liteau	batten, lath
Lattengeflecht	lattis	lathwork
Lattenrost	caillebotis	grating, trellis
Lattentür	porte à claire-voie/ en lattis	ledged batten door
Latten=verschlag/=wand	cloison à claire-voie	lattice partition
Dachlatte	latte de toiture	roof lath, counterbatten
Dachlattung	lattis de toit	roof battens
Meßlatte	mire	offset/levelling staff, surveyor´s pole
(Meß)Lattenablesung	lecture de mire	staff reading
Nivellierlatte	mire	offset/levelling staff, surveyor´s pole
LATTEN vb	voliger	to batten/lath
LATTUNG	lattis, voligeage	(roof) battens, lathing
LAUB	feuillage	foliage, leaves
Laubbaum	arbre feuillu	deciduous tree
Laubholz	(bois) feuillu, bois dur	hard-/leaf-wood
Laubgitter	grille d'arrêt de feuilles mortes	leaf retaining grate/strainer
Laubsäge	scie à chantourner	bow-/jig-saw
Lauwald	forêt à essences feuillues	deciduous forest/wood
LAUBE	arcade, tonnelle	arcade, arbour
Laubengang	berceau, charmille, coursive	arcade, balcony, gallery
Laubenganghaus	immeuble à coursives	balcony /deck/gallery access house
Laubenkolonie	lotissement de jardins (ouvriers)	allotment gardens

LAUF	allure, cours(e), courant, fonctionnement, marche, roulement	course, pace, progress, running, walking
Laufbreite	enmarchement	flight width
Laufgang	coursive, galerie	gallery
Laufkatze	palan roulant	crane crab, overhead tackle
Laufzeit	durée de remboursement	term of redemption/ reimboursement
Handlauf	main-courante	had-/top-rail
Treppenlauf	rampe/volée d'escalier	flight of stairs
zweiläufige Treppe	escalier à deux volets	pair of stairs
LAUFEN [vb]	courir	to run
laufende Aufwendungen/Ausgaben	dépenses courantes	current expenses
laufendes Jahr	année en cours	current year
LAEUFER	coureur	runner
Läuferschicht	assise de panneresses	stretcher course
Läuferverband	appareil en panneresses	stretcher bond
Treppenläufer	chemin/tapis d'escalier	stair carpet
LAUT	son ² bruyant, haut, intense	sound ² loud, noisy, sonorous
Lautheit	bruyance, sonorité	loudness, noisiness
Lautsprecher	haut-parleur	loudspeaker
Lautsprecheranlage	système de diffusion	loudspeaker system
Lautsprecheranlage	(système de) sonorisation	loudspeaker equipment
Lautstärke	intensité/puissance sonore,	noise/sound intensity/level, loudness
Lautwirkung	effet sonore	sound effect
Lautzeichen	signal acoustique/sonore	acoustic sign
LAUTEN [vb]	avoir la teneur	to purport/read/run
auf den Namen lautend	nominatif	nominal
LAEUTEN	sonner	to ring the bell
Läutezeichen	sonnerie	bell/acoustic sign
LAWINE	avalanche	avalanche, snow-slip
Lawinengefahr	danger d'avalanche	danger of avalanche
LEBEN	vie	life
Lebensaussicht	chances de survie	life expectancy
Lebensdauer	durée de vie	duration of life, life span
Lebenserwartung	chances de survie	life expectancy
Lebenserwartungstabelle	tables de survie	(expectation of) life tables
Lebenshaltung	train de vie	standard of life/living
Lebenshaltungskosten	coût de la vie, frais de subsistance	cost of living/subsistence
Lebenshaltungskostenindex	indice du coût de la vie	cost-of-living index, escalator
Lebenshaltungsniveau	niveau de vie	standard of living
Lebensklima	environnement, milieu	environment, surroundings
Lebenslänglich	à perpétuité, à vie	for life, lifelong
Lebensunterhalt	subsistance	subsistence
Lebensversicherung	assurance-vie	life insurance
Lebensversicherungspolize	police (d'assurance) -vie	life-policy
Lebenszeit	durée de vie	lifetime, duration of life
auf Lebenszeit	à vie, viager	for life

LECK	fuite	leak(age), leaking
leck sein	avoir une fuite, faire eau	to leak/ be leaking
LEDIG	célibataire	bachelor, unmarried
Ledigenheim	foyer de célibataires	bachelors' home/hostel
LEE(seite)	côté protégé/sous le vent	lee(-side)
LEER	inoccupé, libre, vacant, vide	empty, free, unoccupied, vacant
Leerleitung	tuyau d'attente/ de réserve	empty wall/wiring conduct
Leerstehen [von Räumen]	inoccupation	vacancy
leerstehend	inoccupé, vacant	free, unoccupied, tenantless, vacant
Leerstelle [unbedruckt]	blanc, espace vide	blank (space), window
LEGALITAET	légalité	lawfulness, legality
LEGAT	legs	bequest
LEGEN	coucher, mettre, placer, poser	to lay/place/put
LEGER	poseur	layer
Fliesenleger	carreleur	tiler, tile layer
Parkettleger	parqueteur	parquet layer
Bodenleger	poseur de revêtements de sol	floor layer
Parkettlegerei	parquetage	flooring, parquetry
LEGIERUNG	alliage	alloy
Leichtmetallegierung	alliage léger	light alloy
LEHM	limon, terre glaise	loam
Lehmbau	bousillage ² construction en terre glaise	loam building/construction
Lehmausfüllung	bousillage, torchis	loam filling
LEHRE	apprentissage ² doctrine, science ³ calibre, gabarit, jauge	apprenticeship ² doctrine, science ³ gauge
Baulehre	architecture, technique de la construction	architecture, building sciences
Lichtlehre [Optik]	optique	optics
Wärmelehre	thermologie	thermology
Volkswirtschaftslehre	sciences économiques	economics
LEHRLING	apprenti	apprentice
LEIB	corps	body
Leibrente	rente viagère/ à fonds perdu	life annuity
Leibrentenempfänger	rentier (en) viager	annuitant
Verkauf gegen Leibrente	vente à fonds perdu	sale against life annuity
LEIBUNG [Laibung]	ébrasement, ébrasure, jambage	embrasure, reveal
LEICHT	léger	light(-weight)
leichter Nebel	brumasse, brume	light fog, mist
Leichtbauplatte	panneau léger (de construction)	light weight building panel
Leichtbauweise	construction légère	light-weight construction
Leichtbeton	béton léger	light-weight concrete
Leichtdach	toit (plat) léger	light (weight) roof
Leichtmetall	métal léger	light metal
Leichtmetallegierung	alliage léger	light alloy
LEICHTIGKEIT	facilité, ² légèreté	facility, ² lightness
LEIHEN	emprunter ² prêter	to borrow ² to lend
LEIM	colle	adhesive, glue
Leimfarbe	couleur à la colle, détrempe	glue colour/paint, temper
Leimbinder	ferme en bois lamellé/collé	glued/ laminated roof frame

LEIN	lin	flax, linseed
Leinfaser	fibre de lin	linseed fibre
LEISTE	baguette, bande, languette, listeau, listel, moulure	fillet, ledge, moulding, ridge, strip, tongue
Eckleiste	cornière, protège-angle	angle/corner bar/iron
Fußleiste	filet d'embase, plinthe	base/skirting board
Gesimsleiste	moulure	ledge, moulding, sill
Heizleiste	plinthe chauffante	baseboard/skirting heater
Rolladenleisten	lame(lle) de volet	slat of blind
Scheuerleiste	filet d'embase, plinthe	base/skirting board
Traufleiste	jet-d'eau, larmier, rejéteau	nose, weather moulding
Tropfleiste	jet-d'eau, larmier, rejéteau	nose, weather moulding
Zierleiste	baguette, listel, listeau	moulding
LEISTUNG	capacité, débit, force, performance, prestation, puissance, rendement	capacity, efficiency, output, power, performance, prestation, work
Leistungsabfall	baisse de rendement	decline of efficiency/output
Leistungsbeschreibung	bordereau des travaux et fournitures	bill of quantities, specification of works
Leistungsfähigkeit	capacité de rendement, puissance	capacity, efficiency, power
Leistungskraft	capacité de rendement, puissance	capacity, efficiency, power
Leistungslohn	salaire au rendement/ à la tâche	task wages
Leistungspflichtiger	prestataire	person liable
Leistungsprämie	prime de rendement	efficiency bonus/premium
Leistungsverzeichnis	bordereau des travaux et fournitures	bill of quantities, specification of works
Leistungszulage	prime de rendement	efficiency bonus/premium
Arbeitsleistung	rendement	output
Dienstleistungen	services	services
Gewährleistung	caution(nement)	guarantee, guaranty
Hochleistungs.....	de grande puissance	heavy-duty, high capacity
Sicherheitsleistung	constitution de garantie	security
Wärmeleistung	rendement thermique	thermal efficiency
LEITEN	conduire, diriger, guider, mener	to direct/guide/lead
schlecht leiten	mal diriger ² mal conduire	to misdirect/mismanage, ² to conduct poorly
Leitbild	guide, idéal, modèle	guide, model, pattern
leitfähig	conductible	conducting, conductive
Leitfähigkeit	conductibilité, pouvoir conducteur	(con)ductibility
Wärmeleitfähigkeit	conductibilité thermique	thermal conductibility
Leitpfosten	poteau de balisage	marking post
Leitplan	plan pilote	pilot plan
Leitplanke	glissière de guidage/sécurité	crash barrier, guide rail, safety fence
Leituntersuchung	étude-pilote	pilot study
Leitschiene	glissière, coulisse	slide, direction
Leitwert	conductance ² valeur pilote	conductance ² pilot value
Leitzahl	coefficient de conductibilité	conductivity factor
Wärmeleitzahl	coefficient de conductibilité thermique	thermal conductivity

Leitzinsen [Diskont, Lombard]	taux directeur	cardinal/key/prime rates
LEITER	échelle [2] conducteur, guide, directeur	ladder [2] conductor, director, guide, leader, manager
Leitergerüst	échafaudage suspendu/volant	flying/hanging/suspended scaffold
Leiterrecht	tour d'échelle	right of repair
Bauleiter	conducteur des travaux, directeur de chantier	superintendent
Blitzableiter	paratonnerre	lightning conductor
Feuerleiter	échelle de sauvetage	fire-escape (ladder)
Stromleiter	conducteur électrique/ de courant	(current) conductor
Wärmeleiter	conducteur de chaleur	heat conductor
Werkstättenleiter	chef d'atelier	foreman
LEITUNG	conduite, câble, canalisation, fil [2] conduction [3] gestion administration, direction	cable, conduit, duct, pipe, piping [2] conduction [3] direction, management
Leitungen	conduites	ducts, ducting, ductwork
Leitungsgraben	tranchée pour la pose de conduites	cable/ductwork trench
Leitungskanal	gaine	duct
Leitungsnetz	réseau des conduites	net(work)/netting of mains
Leitungsrohr	(tuyau de) conduite/ canalisation	conduit, duct, pipe, tube
Leitungsschacht	orifice de visite, puisard, regard	distribution shaft, inspection port, mains' shaft, manhole
Leitungsschlitz	entaille/saignée pour conduites	conduit slot
Leitungssystem	ensemble des conduites	ducting system
Leitungswasser	eau de conduite/ du robinet	tap water
Leitungszubehör	accessoires de canalisation	piping accessories
Ableitung	canalisation évacuatrice [2] transmission	drain pipe [2] transfer, transmission
Anschlußleitung	conduite de raccordement	service main
Druckleitung	conduite forcée/ sous pression	pressure pipe
elektrische Leitung	conduite électrique	electric cable/wiring
Entlüftungsleitung	(tuyau de) ventilation	vent pipe
Frei(luft)leitung	ligne aérienne	overhead line/wires
Gasleitung	conduite à gaz	gas conduit/pipe
Hauptleitung	conduite/canalisation principale	main (duct)
Heizungsleitung	tuyauterie de chauffage	piping for heating system
Hochspanungsleitung	ligne de haute tension	power line
Kanalleitung	(conduite de) canalisation	drainage/sewage pipe/piping
Leerleitung	conduite d'attente	empty wiring pipe
Luftleitung	conduite d'air	air conduit/duct
Naß = und Trockenleitungen	conduites d'eau et conduites sèches	wet and dry water pipes
Nebenleitung	conduite secondaire	branch (duct)
Oberleitung	ligne aérienne	overhead line/wire(s)
Rohrleitung(en)	tuyauterie	piping, tubing, pipes and tubes
Steigleitung(srohr)	canalisation ascendante, tuyau montant/ de montée	riser, rising main, uptake pipe

LEITUNG

Umlauf=/Umwälz=leitung	conduite de circulation	circulation pipe
Versorgungs= und Entsorgungs-	conduites d'adduction et	mains and sewers
leitungen	d'évacuation	
Zuleitung	conduite d'adduction/d'amenée	delivery/feed/supply line/pipe
Wärmeleitung	conductibilité thermique	heat conductibility/conduction
Wasserleitung	conduite d'eau	water conduit/pipe
Wasserhauptleitungen	réseau d'eau	water mains
LEUCHTE	lampe, luminaire	lamp, lantern, lighting fitting
Deckenleuchte	plafonnier	ceiling lamp
Gartenleuchte	lampadaire de jardin	garden lamp
Großflächenleuchte	lampadaire pour grandes surfaces	large area specular illuminator
Straßenleuchte	lampadaire, réverbère	street lamp
Zweckleuchte	appareil d'éclairage fonctionnel	special purpose lighting fixture
Wandleuchte	(lampe d')applique	bracket-lamp, wall light
LEUCHTEN [vb]	briller, luire, donner de la lumière	to light, to give light
Leuchtdecke	plafond lumineux	(il)luminated/lighted ceiling
Leuchtdichte	brillance, densité lumineuse	luminous density
Leuchtkörper	corps lumineux	lamp
Leuchtkraft	luminosité, pouvoir éclairant, puissance lumineuse	illuminating power, luminosity
Leuchtschild	enseigne lumineuse	luminous sign
Leuchtstärke	luminosité, pouvoir éclairant, puissance lumineuse	illuminating power, luminosity
Leuchtstoffröhre	tube fluorescent/lumineux	fluorescent/vacuum tube, strip lighting
Leuchtwand	paroi lumineuse	luminous/light-diffusing wall
Leuchtwerbung	publicité lumineuse	neon publicity
Leuchtwerbeanlage	enseigne lumineuse	luminous advertising sign
LEUTE	gens	people
Privatleute	particuliers	private parties
LICHT	clair ² lumière	bright ² light
lichtbeständig	résistant à la lumière	lightfast, not fading
Lichtblende	abat-jour, diffuseur	louver, (sun-)shade
Lichtbrechung	réfraction	refraction of light
lichtdurchlässig	translucide	translucent
Lichtdurchlässigkeit	translucidité	light transmittance
lichtecht	résistant à la lumière	lightfast, not fading
Lichteffekt	effet lumineux	luminous effect
Lichteinheit	unité de lumière	light unit
Lichtfluß	flux lumineux	light flow
Lichtgeschwindigkeit	vitesse de la lumière	light velocity
Lichthof	cour intérieure, gaine de jour	light shaft
Lichtkuppel	coupole translucide, hublot galbé	glazed cupola, domelight
Lichtlehre	optique	optics
Lichtpause	bleu	print
Lichtpausgerät	tireuse de plans, tube à tirage	sliding tube, tube slide
Lichtreflexion	réflexion de la lumière	light reflection

Lichtreklame	réclame lumineuse	neon publicity
Lichtschacht [Kellerfenster]	puits de lumière	basement light shaft
Lichtstärke	intensité/puissance lumineuse	intensity of light
Lichtstrahlung	rayonnement lumineux	radiation of light
Lichtwelle	onde lumineuse	light wave
Nordlicht	lumière zodiacale	aurora borealis, northern light
Oberlicht	imposte	fan-light, transom window
	² lumière d'en haut/zénitaale	² light from above, skylight
Oberlichtöffner	dispositif pour ouvrir l'imposte	fan-light opener
Sonnenlicht	lumière du soleil	sun-light
Tageslicht	(lumière du) jour	day-light
LIEFERANT	fournisseur	supplier
LIEFERN	fournir, livrer	to deliver/supply
Lieferbeton	béton frais/ prêt à l'emploi	ready-mix concrete
Lieferfrist	délai de livraison	term of delivery
LIEFERUNG	fourniture, livraison, remise	delivery, provision, supply(ing)
Lieferung und Pose	fourniture et pose	supply and fix
LIEGENSCHAFT	bien-fonds, bien foncier, fonds de terre, immeuble	landed property, real estate
Liegenschaftsverkauf	vente d'immeuble	sale of property/ real estate
Einkünfte aus Liegenschaften	revenus fonciers	return yield of real estate
LIFT	ascenseur, monte-charge	elevator, lift
Fassadenlift	nacelle de façade	cradle (for external maintenance)
LINDE	tilleul	lime-tree
LINEAL	règle	rule(r)
LINEAR	linéaire	linear
LINIE	ligne, trait	line
Linienführung einer Straße	tracé d'une rue	lay/lie of a road
Baufluchtlinie	alignement de façade	building alignment/line
Bezugslinie	ligne de référence	base-/datum-/ground-line
Buslinie	ligne d'autobus	bus/coach line
durchgezogene Linie	trait plein	continuous line
Eisenbahnlinie	ligne de chemin de fer	railway
Fluchtlinie	alignement	alignment
freihändig gezogene Linie	trait corrompu	free-hand (drawn) line
gerade Linie	ligne droite	straight line
gestrichelte Linie	ligne discontinue/interrompue/ à bâtons rompus	broken line
Grenzlinie	ligne de démarcation, limite	boundary/demarcation line
Höhenlinie	courbe topographique/ de niveau	contour line
Höhenlinienkarte	carte topographique	contour map
Kraftlinie	ligne de force	line of force
punktierte Linie	(trait en) pointillé, ligne pointillée	dotted line
Sraßenfluchtlinie	alignement de rue	street alignment/line
Punktstrich Linie	trait mixte	dot an dash line
LIPPE	lèvre	lip
Lippendichtung	joint d'étanchéité à lèvres	lip-joint/-sealing
LIQUIDITAET	liquidité	liquidity
Liquiditätsstörungen	déséquilibre de trésorerie	imbalance of liquid funds
LISTE	bordereau, état, liste, relevé	list, sheet, statement, table
Anwesenheitsliste	feuille/liste de présence	attendance list, roll-call

LISTE		
Lohnliste	feuille d'émargement, liste des salaires	pay list, register of wages
Preisliste	bordereau des prix, prix-courant	price-list, schedule of prices
LIVING	(pièce de) séjour, living	sitting/living room
LOCH	trou	hole
Lochfeile	queue de rat	rat-tail(ed file)
Lochkarte	carte perforée	punch-/perforated card
Lochsäge	scie à guichet	key-hole saw
Lochziegel	brique alvéolée/creuse/perforée	cavity/hollow/perforated brick
Guckloch	judas (optique)	Judas/peep hole
Mannloch	regard, trou d'homme	manhole
Schlüsselloch	trou de serrure	key hole
LOCHEN	perforer	to perforate/punch
LOEFFEL	cuiller, godet, louche	bucket, spoon
Löffelbagger	excavateur/pelle à godets	shovel dredger, stripping shovel
Tieflöffel	godet rétro	excavator bucket
LOGGIA	loggia	loggia
LOHN	gages, paye, salaire	pay, wage(s)
Lohnabtretung	cession de salaire	surrender of wages, transfer of salary
Lohnangleichung	alignement/réajustement des salaires	salary/wage (re)adjustment
Lohnbuchhaltung	bureau de paye	pay (roll) office
Lohnempfänger	salarié	wage-earner
Lohnerhöhung	hausse/majoration des salaires	rise of wages, wage increase
Lohnfächer	éventail des salaires	salary range
Lohnliste	liste des salaires, feuille d'émargement	pay-list/-roll/-sheet, register of wages
Lohnkosten	frais de main d'oeuvre	labour cost
Lohnskala	échelle des salaires	scale of wages
gleitende Lohnskala	échelle mobile des salaires	sliding scale of wages
Lohnsteuer	impôt sur les salaires	income tax on wage, payroll tax
Lohnstundendsatz	salaire horaire	wage per hour
Lohntarif	tarif des salaires	wage rate
Lohnzuschlag	sipplément de salaire	bonus, extra pay
Akkordlohn	salaire à forfait/ à la pièce/ à la tâche	piece/task wages
Ecklohn	salaire de référence	reference wages
Grundlohn	salaire de base	basic wages
Leistungslohn	salaire à forfait/ à la pièce/ à la tâche	piece/task wages
Stücklohn	salaire à forfait/ à la pièce/ à la tâche	piece/task wages
Stundenlohn	salaire horaire/ par heure	time-wages, wages per hour
LOKAL [Raum]	local, pièce, salle	room, premises
LOKAL [örtlich]	local	local
Lokalverwaltung	administration locale, pouvoirs locaux	local administration/government
LOMBARD	prêt sur titres	loan (up)on securities
Lombardkredit	crédit sur gages/titres	credit on security/secured credit
Lombardzinsfuß	intérêts sur crédit à gages	interest on secured credit

LOS-LUF 198

LOS	destin ² lot	destiny ² ticket
durch das Los entscheiden	disposer par tirage au sort	to ballot
LOSE	défait, détaché	loose, movable
loses Erdreich	terre meuble	loose earth/soil
loses Gestein	roche meuble	loose rock
LOESCHEN	effacer, éteindre, étouffer, ² radier, rayer	to erase/extinguish/ put out ² to release
Feuerlöscher	extincteur	fire extinguisher
LOESCHUNG	extinction, ² radiation	extinction ² annulment, cancellation
Löschung einer Hypothek	radiation d'une hypothèque	entry of satisfaction of a mortgage
Löschungsbewilligung (Hypoth.)	mainlevée d'hypothèque	authorization for cancellation of a mortgage
LOESEN	délier détacher, séparer, ² dissoudre ³ résoudre	to detach/loosen/undo/untie ² to dissolve ³ to solve
Lösemittel	diluant, dissolvant	diluting/dissolving product
Löslichkeit	solubilité	solubility
LOT	(fil/niveau à) plomb, niveau de maçon	lead, plumb-bob/-level/-line, plummet
lotrecht	d'aplomb, perpendiculaire	perpendicular, vertical
außer Lot	hors d'aplomb	out of plumb/plummet
im Lot	d'aplomb	right in the plummet
LOETEN	souder	to braze/solder
Lötlampe	lampe à souder	soldering lamp
Lötung	brasage	brazing
LUECKE	brèche	gap
Lückenschließung	bouchage des brèches	filling of the gaps
Baulücke	brèche entre bâtiments	gap between buildings
LUFT	air	air
die Luft betreffend	aérien	aerial
Luft=aufnahme/=bild	photographie/vue aérienne	aerial photography/view
Luftaustrittgitter	grille de sortie d'air	air discharge grille
Luftbefeuchter	humidificateur (d'air)	(air) humidifier
Luftbewegung	circulation de l'air	air flow
Luftbildvermessung	aérométrie. photogrammétrie	aerometric survey, photogrammetry
luftdicht	étanche à l'air, hermétique	air tight, hermetical
Luftdruck	pression atmosphérique/ barométrique	atmospheric/barometric pressure
Luftdruckschwankung	variation barométrique	variation of atmospheric/ barometric pressure
Luftdurchlaß	déperdition/passage d'air	air leakage
Lufteinlaß	admission d'air	air admission
Lufteintrittsöffnung	bouche/entrée d'air	air inlet, vent(ilator)
Luftelektrizität	électricité atmosphérique	atmospheric electricity
Lufterneuerung	renouvellement de l'air, aérage, aération, ventilation	air renewal, ventilation
luftdurchlässig	perméable à l'air	pervious to air
Luftfeuchte	humidité atmosphérique/de l'air degré hygrométrique de l'air	air moisture
Luftgebläse	diffuseur d'air	air diffuser
Luftgeschwindigkeit	vitesse de l'air	air speed

luft=getrocknet/=trocken	séché à l'air	air-dried
Luft=güte/=qualität	qualité de l'air	air quality
Luftheizung	chauffage par air propulsé	(warm) air heating
Warmluftheizung	chauffage par air propulsé	(warm) air heating
Luftheizgerät	aérotherme	air heater
Lufthülle	atmosphère	atmosphere
Lufthygiene	épuration/hygiène de l'air	air hygiene, pollution control
Luftinhalt	cube/espace d'air	air cube
Luftkabel	câble aérien	overhead cable
Luftkanal	conduit d'air, évent	air channel/flue/duct, vent
Luftklappe	clapet/volet à air/ d'aération	air lock/flap/valve, clack-valve
Luftporenbildner	adjuvant pour béton cellulaire	concrete aerator
Luftreinhaltung	préservation de l'air, protection de l'atmosphère	air control/preservation
Luftreinigung	épuration de l'air	purification of air
Luftschall	bruit aérien	aerial/airborne noise/sound
Luftschallisolierung	isolation contre le bruit aérien	insulation of aerial noise
Luftschicht	couche/lame/matelas d'air	air cushion/space, cavity
Luftschicht-Mauerwerk	mur creux/ à matelas d'air	cavity/hollow wall
Luftschlitz	fente d'aération	vent slot
Luftschutz	protection aérienne	passive civil defence
Luftschutzkeller	abri antiaérien	bunker
Luftstrom	courant de l'air	air current
Luftströmung	écoulement de l'air	air stream
luftroken	sec/séché à l'air	air dry
lufttrockenes Holz	bois séché à l'air	season(ed) wood
Lufttrocknung	séchage à l'air	air-drying
Lufttrübung	turbidité de l'air	air turbidity
Luftumwälzgerät	ventilateur par circulation de l'air	air ciculation fan
Luftvermessung	levé aérien/photogrammétrique	aerial/photogrammetric survey/ mapping
Luftvermessungskarte	carte aéro(-photogram)- métrique	aerometric map
Luftverschmutzung	pollution atmosphérique	air pollution
Luftwärme	calorique de l'air	air heat/temperature
Luftwirbel	tourbillon d'air, vortex	whirl, vortex
Luftzuführung	adduction/amenée d'air	air intake
Luftzug	courant d'air	draught
Abluft	air vicié	foul/viciated air
Außenluft	air extérieur, atmosphère	atmosphere
Druckluft	air comprimé	compressed air
Drucklufthammer	marteau pneumatique	air hammer, pneumatic drill
Gebirgsluft	air de haute montagne	mountain air
Heißluft	air chaud	hot/warm air
LUEFTUNG	aération, aérage, ventilation	aeration, ventilation
Lüftungsanlage	installation de ventilation	ventilation system
Lüftungsflügel [Fenster]	battant basculant supérieur, vantail d'aération	aeration leaf, hospital window hopper
Hinterlüftung	ventilation du côté arrière	backside aeration/ventilation
Stoßlüftung	ventilation par à-coups	discontinued ventilation
Verdrängungslüftung	ventilation par refoulement/ (sur)pression	pressed air ventilation

Lüftungsdecke	plafond ventilé	ventilated/ventilation ceiling
Lüftungsgeräte	ventilateurs	fans and fan coil units
Lüftungsgitter	grille d'aération	ventilator grille
Lüftungskamin	cheminée de ventilation	aeration flue
Lüftungskanal	conduit d'air, évent, gaine de ventilation	air channel/duct/flue,
Lüftungslamellen	abat-jour, volet d'aération	louvers
Lüftungsöffnung	ouverture/trou d'aération	vent(-hole), ventilator
Lüftungsschacht	puits d'aération	aeration shaft
Lüftungsrohr	(tuyau de) ventilation	vent pipe
Lüftungsschneise	corridor/couloir d'aération	aeration corridor
Lüftungsverluste	déperditions (thermique) par infiltration	heat loss by air infiltration
Fensterlüftung	ventilation naturelle	window ventilation
Querlüftung	ventilation transversale	cross/transverse ventilation
Zwangslüftung	ventilation mécanique	mechanical ventilation
LUKE	trappe	hatch(way), trap
Bodenluke	faîtière, lucarne, tabatière	attic/roof light
Dachluke	faîtière, lucarne, tabatière	attic/roof light
Kellerluke	soupirail	air hole, basement window
Lichtluke	hublot d'éclairement	air/ sky-light
LUV	lof, côté (du) vent	luff, weatherside
Luveffekt	effet d'aspiration	luff effect

MACHEN	faire, fabriquer, rendre	to make, produce, effect
Inventur machen	dresser/faire l'inventaire	to take stock
Nutzbarmachung	mise en valeur	valorization
MAGAZIN [Lager]	entrepôt	storage premises/shed
MAGER	maigre	lean, meagre
Magerbeton	béton maigre	lean-mix/weak concrete
MAGNESIT	ciment de Sorel/magnésien, oxydo-clment	magnesium oxychloride, Sorel's cement
magnesitgebunden	lié au ciment de Sorel	oxychloride-magnesium bound
MAGNET	aimant	magnet
Magnetschiene	bande/rail magnétique	magnetic strip
MAGNETOPHON	appareil enregistreur, magnétophone	tape recorder
MAHAGONI	acajou	mahogany
Mahagoniholz	(bois d')acajou	mahogany (wood)
MAHNUNG	avertissement, sommation	notice
Mahngebühr	frais de sommation	charge for notification
förmliche Mahnung	mise en demeure	formal notice, summons,
ohne vorherige Mahnung	sans mise en demeure	without notice
MAKADAM	macadam	macadam
MAKLER	agent de change/ d'affaires, courtier	broker, jobber
Maklerbüro	agence immobilière	estate agency
Maklergebühr	(droit/provision de) courtage	brokerage
Gundstücksmakler	agent immobilier, courtier en immeubles	land/ real-estate agent
MAKROKLIMA	macroclimat	macroclimate
MALEN	peindre	to paint
MALER	peintre	painter
Malerarbeiten	peinturage, (travaux de) peinture	painting
MAMMUTBAUM	séquoia	red wood, sequoia
MANDANT	client, commettant, mandant	client, customer. mandator
MANDAT	mandat, pouvoir	authorization, brief, mandate
MANDATAR	mandataire	mandatory
MANGEL	absence, manque, pénurie [2] défaut, défectuosité, imperfection, vice	absence, deficiency, lack, shortage, shortness [2] fault, defect(iveness), flaw, shortcoming
Mangel an Arbeitskräften	pénurie de main-d'oeuvre	labour shortage
Mangelhaftigkeit	imperfection	defectiveness, shortcoming
Mangelrüge	avis/notification des défauts	notification of defects
Sachmangel	faute, défaut	fault, flaw
Wassermangel	manque/pénurie d'eau	scarcity of water
Wohnungsmangel	pénurie de logements	housing shortage
MANIPULIEREN	manipuler, tripoter, truquer	to rig/tamper
Kontenmanipulierung	trucage des comptes, faux en écritures	cooking/falsification of accounts
MANN	homme	man
Mannloch	orifice de visite, trou d'homme	man-hole, man-way

Mannlochverschluß	(couvercle de) regard	manhole cover/lid
Finanzmann	financier	financier
Geschäftsmann	homme d'affaires, marchand	dealer, merchant
Kaufmann	marchand	dealer, merchant
Zimmermann	charpentier	carpenter
MANSARDE	mansarde	attic room
Mansardendach	toit à la Mansard, comble brisé	mansard roof
MANNSCHAFT	équipe, troupe	gang, personal
Mannschaftsräume	baraque pour ouvriers pièces pour le personnel	workmens' hut, rooms for personnel
MANSCHETTE	douille	sleeve
MANTEL	manteau ² enveloppe, gaine	cloak, coat ² case, jacket
Mantelbeton	béton d'enrobage	protecting concrete
Mantelrohr	gaine électrique	electric cable duct/sheath
Kabelmantel	gaine pour câble	cable sheath
MARGE	marge	margin
Gewinnmarge	marge de bénéfice	profit margin
Sicherheitsmarge	marge de sécurité	safety/security margin
MARITIM	maritime	maritime
maritimes Klima	climat maritime	maritime climate
MARKIERUNG	marquage, signalisation	marking
Fahrbahnmarkierung	marquage horizontal	road(way) marking(s)
MARKISE	marquise, store à projection	awning, blind
Glasmarkise	marquise vitrée	glass porch
Rollmarkise	store à projection/rouleau	roller blind
Sonnenmarkise	store de soleil	sun-blind
MARKE	marque (de fabrique)	brand, trade-mark
MARKT	marché	market
Mark im Freien	marché à ciel ouvert/ en plein vent	open air market
Marktflaute	marché calme	flat market
Marktförderung	promotion des ventes	sales promotion, marketing
Marktforschung	analyse/étude du marché	market investigation/research
Markthalle	marché couvert	market hall, covert/indoor market
Marktlage	situation du marché	market condition, state of the market
rückläufige Marktlage	marché orienté à la baisse	falling market
Marktmiete	loyer du marché	market rent
Marktordnung	réglementation du marché	market regulations
Marktpreis	cours du marché, prix courant	current/ market- price
Marktuntersuchung	état de marché	market investigation/survey
Marktwert	valeur marchande/vénale	market value
Marktwirtschaft	économie de marché/ de libre économie	(free-)market economy
Arbeitsmarkt	marché du travail	labour market
Grundstücksmarkt	marché immobilier	property/real-estate/site market
Hypothekenmarkt	marché hypothécaire	mortgage market
Immobilienmarkt	marché immobilier	real estate market
Kapitalmarkt	marché des capitaux	capital market

MARKT	marché financier	money market
Kreditmarkt	marché à ciel ouvert/	open air market
offener Markt	en en plein vent	
Terminmarkt	marché à terme	time bargain
Vermarktung	écoulement, marketing	marketing
MARMOR	marbre	marble
Marmorarbeiter	marbrier	marble mason
Marmorkunststein	marbraglio, marbre reconstitué	artificial/reconstituted marble
MASCHE	maille	mesh
Maschendraht	treillis métallique/ de fils de fer	wire mesh/netting, mesh/screen wire
MASCHINE	machine	machine
Maschinen und Geräte	matériel (de production)	plant
Maschinenbuchhaltung	comptabilité mécanographique	use of booking machines
Maschinenschreiben	dactylographie	type-writing
Abwaschmaschine	machine à laver la vaisselle	dish washer
Austauschmaschine	machine de remplacement	spare machine
Buchungsmaschine	machine comptable	accounting/booking-machine
Datenverarbeitungsmaschine	ordinateur électronique	(electronic) computer
Gewindeschneidmaschine	taraudeuse	thread/screw cutter, tapper
Gleiskettenzugmaschine	tracteur chenille	caterpillar tractor
Heftmaschine	agrafeuse	stapler
Hobelmaschine	raboteuse	planing machine
Niveliermaschine	niveleuse, racleuse, scraper	(motor) grader, scraper
Planiermaschine	niveleuse	(motor) grader
Ramm-Maschine	batteuse de pieux, sonnette	pile driver
Rechenmaschine	calculatrice, machine à calculer	calculating machine, computer
Sandstreumaschine	sableuse	sander
Schreibmaschine	machine à écrire	typewriter
Straßenkehrmaschine	balayeuse mécanique	road-/street-sweeper
Waschmaschine	lessiveuse automatique	washing machine, automatic washer
Zugmaschine	tracteur	tractor
Zugmaschine auf Rädern	tracteur sur pneus	tractor on wheels
MASERUNG [Holz]	madrure, nervure, veinure	graining, veins
MAß	dimension, mesure	measure(ment), size, standard
nach Maß gemacht	fait sur mesure	made to measure, purpose made
Maßangabe [Plan mit]	plan coté	dimensioned sketch
Maßbeständigkeit	stabilité dimensionnelle	dimensional stability
Maßgenauigkeit	degré d'observation des mesures	dimensional accuracy
Maßnehmen	mesurage	measuring, measurement
Maßnahme	mesure, opération	expedient, measure, step
Agrarmaßnahme	mesure agraire	agrarian/land measure
Planungsmaßnahme	mesure de planification	planning measure
Sparmaßnahme	mesure d'économie	economy measure
städtebauliche Maßnahme	mesure d'urbanisme	planning measure
Strafmaßnahme	mesure punitive, sanction	punitive sanction, penalty
Maß nehmen	prendre la mesure	to take measure
Maßstab	échelle, règle	scale
Verkleinerungsmaßstab	échelle de réduction	reducing scale

MAS-MAT

Maßzahl	cote	dimension figure, quota
Aufmaß	mesurage, métrage, métré	quantity surveying
Bandmaß	mètre à ruban, roulette (d'arpentage)	tape-line/-measure, measuring-/ rule-/surveyors' tape
Flächenmaß	mesure de superficie	square measure
Raummaß	mesure de volume	cubic measure
Raumbedarfsmaß	encombrement	overall dimension
Rohbaumaß	mesures entre murs nus	measure bewteen unplastered walls
Stahlbandmaß	roulette métallique	measuring spring tape
MASSE	foule, masse, quantité	bulk, crowd, lump, mass, quantity
Massenberechnung	recherche des quantités	finding out quantities
Massenermittlung	estimation des quantités	estimate of quantities
Massenmerzeugung	fabrication/production en série	bulk/mass/quantity production
Massenfertigung	fabrication/production en série	bulk/mass/quantity production
Massenherstellung	fabrication/production en série	bulk/mass/quantity production
Massenproduktion	fabrication/production en série	bulk/mass/quantity production
Massenverkehr	transport public	public transport
Massenverzeichnis	bordereau des quantités	bill of quantities
Konkursmasse	actif/masse de la faillite	insolvent estate, total amount of bankruptcy
MASSIV	massif, solide	bulky, massive, solid
Massivbau	ouvrage maçonné/ en dur	non combustible construction
Massivbauart	construction en dur	non combustible construction
Massivbeton	béton monolithe	mass/monolithic concrete
Massivdecke	plafond en dalle pleine, plancher massif	solid (upper) floor
Massivmauer	mur plein	solid masonry wall(ing)
MAST	mât, poteau, pylône	mast pole, pylon
Betonmast	pylône en béton	concrete pole
Fahnenmast	hampe	flag-pole
Gittermast	mât/pylône en treillis	lattice mast/pylon
Lampenmast	lampadaire	lamp standard
MATERIAL	matériel, [2] matière [3] matériau	material, equipment, implements
Materialbeanspruchung	effort des matériaux	stress of materials
Materialfehler	défaut/vice de matériel	defect of/ fault in material
Materialfestigkeit	résistance des matériaux	strength/toughness of material
Materialkennwert	caractéristique du matériau	material characteristics
Materialknappheit	pénurie de matériaux	scarcity of materials
Materialkontrolle	contrôle des matériaux	checking of materials
Materialkosten	frais de matériaux	material cost
Materialkunde	connaissance des matériaux	knowledge/science of materials
Materialmuster	échantillon de matériau	sample of material
Materialprobe [Prüfling]	éprouvette	test piece/sample
Materialprüfung	essai de matériau(x)	material testing
Materialprüfungsanstalt	laboratoire d'essai de matériaux	material testing institute/ laboratory/service
Befestigungsmaterial	matériel de fixation/scellement	sealing equipment
Belagsmaterial	matériau de revêtement	cladding/surfacing material
Betriebsmaterial	matériel de production	working stock

MATERIAL	matériau de revêtement	cladding/surfacing material
Oberflächenmaterial	matière brute	raw material
Rohmaterial	(matériaux) tout venant	ungraded products
unkalibriertes Material	matériau de revêtement	cladding material
Verkleidungsmaterial	matériel	material
MATERIELL	mathématique	mathematics
MATHEMATIK	mathématique	mathematical
MATHEMATISCH	valeur mathématique	calculated value
mathematischer Wert	mat	dull, mat, unpolished
MATT	couleur mate	flat colour
Mattfarbe	verre dépoli/mat/sablé	frosted/ground/obscure glass
Mattglas	dépolir	to dull/frost
matt schleifen	natte	mat, quilt
MATTE	armature par grillages soudés	mesh reinforcement
Mattenbewehrung	paillasson	door-mat
Fußmatte	natte en laine de verre	glass wool mat/quilt
Glaswollmatte	mur	wall(ing)
MAUER	couronnement	coping
Mauerabdeckung	chaperon	coping stone
Mauerabdeckstein	tablette de couronnement	coping stone
Mauerabdecktablette	gradin, redent d'un mur	offset of wall
Mauerabsatz	raccordement au/sur mur	abutment with wall
Maueranschluß	percée dans un mur	opening/passage in wall
Mauerdurchbruch	assèchement d'un mur	wall drying
Mauerentfeuchtung	baie dans un mur	opening in a wall
Maueröffnung	assise d'un mur	course of a wall
Mauerschicht	entaille/saignée dans un mur	channel/groove in a wall
Mauerchlitz	[pour conduites noyées]	[for concealed conducts]
Mauerverband	appareil d'un mur	masonry bond
Mauervorsprung	encorbellement, saillie	corbelling, projection,
abgestufte Mauer	mur en gradins	stepped wall
Außenmauer	mur extérieur	external wall
Böschungsmauer	contre-mur, mur de soutènement	retaining wall
Brandmauer	mur coupe-feu	fire(proof) wall/barrier
duchbrochene Mauer	mur ajouré/évidé	perforated/ open work wall
Einfriedigungsmauer	mur de clôture	enclosing/enclosure wall
getreppte Mauer	mur en gradins	stepped wall
Giebelmauer	pignon	gable (end) wall
Grundmauer	mur de fondation	foundation wall
halbscheitliche Mauer	mur mitoyen	party-wall
Hauptmauern	murs principaux	main walling
Hohlmauer	mur creux	cavity/hollow wall
niedere Mauer	murette	dwarf wall
Staumauer	digue, mur de barrage	dam, retaining wall
Stützmauer	mur de soutènement	retaining wall
Tragmauer	mur porteur	load-bearing wall
Verblendmauer	mur de parement/revêtement	cladding wall
Verblendung einer Mauer	parement d'un mur	wall cladding/lining
Verbundmauerwerk	mur composite	composite walling
Vormauer	mur de parement	forewall [2] frost resisting wall
	[2] mur résistant au gel	

MAUER

zweischalige Mauer	mur creux/ à double paroi	cavity wall
Zwischenmauer	cloison, mur de refend	partition (wall)
MAUERN vb	maçonner	to build (a wall)
einmauern	sceller (dans un mur)	to embed/immure/ wall in
hintermauern	bâtir un mur derrière	to back
im Verband mauern	maçonner en appareil	to bond
über die Hand bauen	maçonner à contre-main	to build overhand
vermauern	maçonner, murer	to wall in/up
zumauern	condamner, murer	to wall up/in
MAUERWERK	maçonnerie	masonry, walling
Mauerwerksabfangung	reprise en sous-oeuvre	underpinning of wall
Mauerwerksanker	ancre mural	masonry anchor, wall tie
aufgehendes Mauerwerk	maçonnerie en élévation	rising masonry
Betonmauerwerk	maçonnerie en béton	concrete walling
Bruchsteinmauerwerk	maçonnerie en moellons	rubble masonry/work
Massivmauerwerk	mur plein	solid walling
Paramentmauerwerk	parements en moellons	ashlar work, stone cladding
Setzen des Mauerwerks	tassement de la maçonnerie	settling of walls
Trockenmauerwerk	maçonnerie à sec	dry masonry
Ziegelmauerwerk	maçonnerie en briques	brickwork
zweischaliges Mauerwerk	maçonnerie creuse	hollow walling
MAURER	maçon	mason
Maurerarbeiten	(travaux de) maçonnerie	brick-laying, masonry
Maurerhandwerk	maçonnerie, métier de maçon	brick-laying, masonry
Maurerkelle	truelle	trowel
Maurerpolier	contremaître maçon	head-mason
Maurerwage	niveau de maçon	(air/water) level
MAXIMAL	maximal, maximum	maximal, maximum
Maximalspannung	tension maximum	maximum voltage/strain/stress
MECHANIK	mécanique	mechanics
MECHANISCH	mécanique	mechanical
MECHANISIERUNG	mécanisation	mechanization
MEDIZIN	médecine [2] médicament, remède	medicine
Arbeitsmedizin	médecine du travail	occupational medicine
Wohn(ungs)medizin	médecine de l'habitation	housing medicine
sozio-medizinische Einrichtungen	équipements/installations sociomédicales	health and social services
MEER	mer	sea
Meereshöhe	niveau de la mer, zéro normal	sea level
Meeresströmung	courant marin	current of the sea
Meersand	sable de mer/ des dunes	sea/dune/marine sand
MEHL	farine, poudre	dust, flour, powder
Sägemehl	sciure de bois	saw dust
MEHR	davantage, plus de	more
Mehrausgabe	excédent de dépense, dépense excédentaire	additional expenditure, sum in excess
Mehrbedarf	besoins additionnels	additional requirements
Mehrbelastung	surcharge	surplus load
Mehreinnahme	excédent de recette	additional receipts
Mehrertrag	excédent, surplus	surplus

Mehrfamilienhaus	immeuble à appartements/ collectif/plurifamilial	block of flats, multiple family block
mehrgeschoßig	à étages multiples	multi-storey
Mehrgewicht	excédent de poids, surpoids	excess/surplus weight, overweight
Mehrgewinn	bénéfice excédentaire	additional/surplus profit
Mehrheit	majorité	majority
Mehrheitsbeschluß	décision majoritaire	majority decision
Mehrjährig	pluriannuel	pluriannual
mehrphasig	polyphasé	polyphase
Mehrscheibensicherheitsglas	verre feuilleté	laminated safety glass
Mehrschicht-Sperrholzplatten	contreplaqué multicouche, panneaux contrecollés	multilayer plywood, multiply board
mehrsprachig	polyglotte	multilingual
Mehrwert	plus-value, valeur ajoutée	added/increment/surplus value
mehrwertig	polyvalent	multi-/poly-valent
Mehrwertigkeit	polyvalence	multi-/poli-valency
Mehrwertsteuer	taxe de valeur ajoutée	added value/ betterment tax
Mehrzweck=	multifonctionnel	multipurpose
Mehrzweckraum	salle polyvalente	multipurpose room
MEINUNG	avis, opinion	opinion
Meinungsaustausch	échange de vue	interchange of views
Meinungsforscher	enquêteur	public opinion investigator
Meinungsforschung	enquête par sondage, sondage d 'opinion	public opinion investigation
MEISTER	maître, patron	boss, foreman, master
Meisterbrief	brevet de maîtrise	mastership certificate
Meisterprüfung	examen de maîtrise	mastership examination
Meisterschaft	maîtrise	mastership
Hausmeister	concierge, portier	caretaker, janitor
MELDUNG	annonce, information, rapport	anouncement, information, report
Fehlmeldung	état néant	deficiency report
MEMBRANE	membrane	membrane
MENGE	masse, multitude, quantité	amount, number, quantity
Mengenberechnung	bordereau/calcul des quantités	bill/computation of quantities
Mengeneinheit	unité de quantité	unit of quantity
Mengenlehre	théorie des ensembles	quantum theory
Mengenrabatt	rabais de quantité	quantity/volume discount
Mengenverlust	perte de volume	loss of volume
MENNIGE	minium (de fer)	minium
MENSCH	homme, être humain	human being, man
Menschenführung	commandement, conduite des hommes	personal management
menschengerecht	à l'échelle humaine, conforme aux besoins de l'homme,	humane, in accordance with human needs
menschlich	humain	human, humane
der menschliche Faktor	le facteur/ l'élément humain	the human factor
MERGEL	marne	marl
MERKMAL	caractéristique, critère	characteristics, criterion
demographische Merkmale	critères démographiques	demographic criteria
Notstandsmerkmale	critères d'indigence	indigence criteria

MER-MIE 208

MERKMALE		
sozial-ökonomische Mm.	critères socio-économiques	socio-economic criteria
Wohlstandsmerkmale	critères de bien-être	welfare criteria
MESOKLIMA	mésoclimat	mesoclimate
MESSE [Ausstellung]	exposition, foire	exhibition, fair
MESSEN vb	mesurer, métrer	to measure/survey
Meßband	mètre à ruban, roulette d'arpentage	tape measure, measuring/rule/surveyor's tape
Meßgerät	appareil de mesure	mesuring device, meter
Meßkette	chaîne d'arpenteur	(measuring) chain
Meßlatte	mire, jalon	offset staff, range pole, surveyor´s rod
Meßstab	règle brisée/divisée	scale
Meßstange	mire, jalon	offset staff, range pole, surveyor´s rod
Meßtisch	planchette (de mesure)	surveyor's table
Meßuhr	compteur	meter
Meßverfahren	procédé de mesurage/repérage	method/process of measurement
Meßvorrichtung	appareil de mesure, compteur	measuring device, meter
Meßwert	valeur mesurée	measurement result, test value
Landmesser	arpenteur, géomètre	land surveyor
Wassermesser	compteur d'eau	water meter
Wärmemesser	calorimètre, compteur de chaleur	calorimeter, heat meter
MESSER	couteau	cutter, knife
Kittmesser	spatule de vitrier	putty knife
Spachtelmesser	couteau/spatule à reboucher	painter's knife, spatula, trowel
MESSING	cuivre jaune, laiton	brass
Messingbeschläge	garnitures en laiton	brass fittings/furniture/hardware
Mesingblech	tôle de laiton	brass sheet, sheet brass
Messing draht	fil de laiton	brass wire
METALL	métal	metal
metallen, aus Metall	métallique	metallic
metallbeschichtetes Glas	verre métallisé/plaqué	metallized glass
Metalldachkonstruktion	ossature métallique de toiture	metal roof structure
Metallindustrie	industrie lourde/métallurgique	metal industry, metallurgy
Metallverarbeitung	usinage des métaux	metal processing
Streckmetall	métal déployé	expanded metal/mesh
METEROROLOGE	météoro-logiste/-logue	meteorologist
METEOROLOGIE	météorologie	meteorology
METER	mètre	meter
Festmeter	mètre cube de bois de tronc	cubic meter of trunk timber
Raummeter	mètre cube de bois empilé, stère	cubic meter of piled fire-wood
METHODE	méthode, procédé, processus	method, process, system
METROPOLE	métropole	metropolis
MIETE	loyer, prix de location	rent(al), hire
Mietagentur	agence de location	house agency
Mietausfall	perte de loyer	renting failure
Mietverlust	perte de loyer	renting failure
Mietausfall=risiko/=wagnis	risque de perte de loyer	rent failure risk
Mietbeihilfe	allocation (de) logement	dwelling allowance, rent subsidy

MIE-MIE

Mieteinigungsamt	commission de conciliation en matière de baux à loyer	conciliatory committee for rent claims
Mieteinnahmen	recettes de loyer, revenu locatif	rental, rent-income/-roll
Mietenfreigabe	libération des loyers	rent release
Mietenstopp	blocage/limitation des loyers	rent freezing/restrictions
Mietergesetzgebung	législation sur les baux à loyer	legislation on leasing
Mieterhöhung	majoration des loyers	increase/rise of rent
Mietertrag	recettes de loyer, revenu locatif	rental, rent-income/-roll
Mietgebäude	immeuble locatif	tenement building/house
Mietpreis	loyer	rent(al), hire
Mietpreisbindung	contrôle des loyers	rent control/restrictions
Mietpreisermäßigung	réduction du loyer	rent rebate/reduction
Mietpreiskontrolle	contrôle des loyers	rent control
Mietrecht	droit de location	law of letting
Mietreparaturen	réparations locatives	repairs incumbent upon the tenant
Mietrückstand	arriérés de loyer, loyer arriéré	rent arrears
Mietsektor	secteur locatif	tenement sector
Mietskaserne	cage à lapins, silo à logements	tenement house
Mietverhältnis	location	lease, tenancy
Mietvertrag	bail, contrat de location	lease, leasehold agreement/deed
Erneuerung des Mietvertrages	renouvellement de bail	renewal of lease
Mietvorauszahlung	avance/prépayement de loyer	rent prepayment
Mietwert	valeur locative	letting/rentable value
Mietwohnung	appartement/logement locatif	tenant occupied flat, tenement
Mietwohnungsbestand	patrimoine locatif	stock of rented property
Mietzins	loyer	rent(al)
Mietzinsbildung	calcul/composition du loyer	rent composition/computation
Mietzulage	allocation (de) logement	dwelling allowance, rent subsidy
Aftermiete	sous-location	sublease, underletting
Geschäftsraummiete	bail commercial	commercial lease
gesetliche/ Höchst= Miete	loyer légal	legal rent
Kauf(anwartschafts)miete	location-attribution/-vente	hire-purchase
Kaufmietvertrag	contrat de location-vente	hire-purchase contract
Kostenmiete	loyer de stricte rentabilité	economic rent
Marktmiete	loyer du marché	market rent
möblierte Miete	loyer en garni/meublé	furnished letting
tragbare Miete	loyer abordable/supportable	accessible/bearable rent
Untermiete	sous-location	sublease, subletting, underlease
Vermietung	location	letting
Vergleichsmiete	loyer de référence	comparative/reference rent
warme Miete	loyer chauffage inclus	rent including heating cost
Wirschaftsmiete	loyer de stricte rentabilité	economic rent
MIETEN	louer	to rent
vermieten	louer	to let, [US]: to rent
MIETER	locataire	leaseholder, lessee, tenant
Mieter in Zahlungsrückstand	locataire retardataire	tenant in arrears
Mieterbeirat	conseil des locataires	tenants' advisory council
Mieterschutz	protection des locataires	tenants' protection
Mieterschutzgesetz	loi sur la réglementation des loyers	rent restriction act

MIE-MIN

Mieterumsetzung	mutation des locataires	transfer of tenants
Aftermieter	sous-locataire	subtenant, underlessee
Untermieter	sous-locataire	subtenant, underlessee
geschützter Mieter	locataire protégé	sitting tenant
Zimmermieter	locataire en garni	lodger
MILBE, Motte	mite	mite
MILCH	lait	milk
Milchkasten	boîte à lait	box for milk delivery
MILIEU	ambiance, environnement, milieu	environment, surroundings
Milieuuntersuchung	étude de milieu	environment investigation
Sozialmilieu	milieu social	social environment
Stadtmilieu	milieu urbain	urban environment
MINDER	moins	less, lesser
Minderbedarf	besoins en moins	reduced requirements
minderbemittelt	moins aisé, économiquement faible	of low income, of moderate means
Minderbemittelte	les économiquement faibles	low income group, the underprivileged
Minderertrag	déficit de rendement	reduced proceeds, return deficit
Mindergewicht	manque de poids, poids déficitaire	deficiency in weight
minderjährig	mineur	minor, under age
Minderjährigkeit	minorité	minority
Minderwert	moins-value	diminution in value, depreciation
minderwertig	de qualité inférieure	inferior, of inferior quality
MINDERUNG	amoindrissement, diminution, rabaissement, réduction	abatement, decrease, diminution, reduction
Minderwert	dépréciation, moins-value	depreciation, decrease/fall in value
Wertminderung	dépréciation	depreciation, decrease in value
MINDEST=	minimal, minimum	least, lowest, minimum
Mindestanforderung	exigence minimale/minimum	minimum requirement
Mindestbedarf	besoin minimum, besoins minima	minimum need(s)
Mindestbemittelte	les moins favorisés	least-favoured
Mindesteinkommen	revenu minimum	minimum income
Mindestlohn [gesetzlicher]	salaire minimum industriel	minimum salary/wage
Mindestwohnung	logement minimal	minimum dwelling
Mindestwohnfläche	surface minimale d'habitation	minimum dwelling surface
Existenzminimum	minimum d'existence	minimum level
MINE [Sprengmine]	mine	mine
MINERAL	minéral	mineral
Mineralfasern	fibres minérales	mineral fibres
Mineralfaserplatte	panneau de fibres minérales	mineral fibre board
Mineralwolle	laine minérale	mineral wool
MINERALISCH	minéral	mineral
MINIMAL	minimal, minimum	minimum
Minimalspannung	tension minimum	minimum voltage/strain/stress
MINISTERIUM	Ministère	Ministry
Wohnungsbauministerium	Ministère de la Construction/du Logement	Ministry of Housing

MINIUM	minium	minium
MINUTE	minute	minute
Minutenschalter	minuterie	automatic time switch
MISCHEN	mélanger, mêler	to mingle/mix
Mischbatterie	(robinet) mélangeur	bath mixer, mixing tap
Mischbauweise	construction mixte	mixing high and low buildings
Mischbebauung	aménagement mixte	mixed pattern of development
Mischgebiet	zone mixte	zone for mixed use
Mischtrommel	tambour mélangeur	rotary mixer, mixing barrel/drum
Mischventil	soupape/vanne mélangeuse	mixer valve
Misch(wasser)kanal	réseau combiné d'égout, système unitaire	combined sewer, mixed sewer system, one pipe waste plumbing system
Betonmischturm	tour à béton	(concrete) mixing tower
MISCHER	mélangeur	mixer
Betonmischer	bétonneuse, bétonnière	concrete mixer
Mörtelmischer	malaxeur à/de mortier	mortar mill
Transportmischer	camion malaxeur	mixer lorry
Zwangsmischer	malaxeur	mixing mill
MISCHUNG	mélange	mixture
Mischungsverhältnis	dosage/profil/proportions du mélange	mix design, mix(ing) proportions, ratio of components
MIßBRAUCH	abus, emploi abusif	abuse, misuse, improper use
Mißbrauch der Amtsgewalt	abus d'autorité/ de pouvoir	abuse of (administrative) authority
Mißwirtschaft	maladministration, mauvaise gestion	mal-administration, misconduct, mismanagement
Rechtsmißbrauch	abus de droit	misuse/violation of right(s)
Vertrauensmißbrauch	abus de confiance	abuse of confidence, breach of trust
MITBEWOHNER	cohabitant	fellow-occupant
MITEIGENTUM	copropriété	co-ownership, copropriety
Miteigentumsanteil	millièmes de copropriété	fractions of co-ownership
Miteigentumsordnung	règlement de copropriété	co-ownership regulations
ungeteiltes Miteigentum	copropriété indivise	joint ownership
MITEIGENTÜMER	copropriétaire	coproprietor, joint/part owner
MITGLIED	affilié, membre	member
Mitgliederversammlung	assemblée générale	general meeting
Gemeinderatsmitlied	conseiller communal	town coucillor
Gründungsmitglied	membre fondateur	founding member
Ratsmitglied	conseiller	council(l)or
Stadtratsmitglied	conseiller municipal	town councillor
Verwaltungsratsmitglied	membre du conseil d'administration	member of the board of administrators
MITMENSCH	prochain, semblable	fellow-being/-creature
MITSCHULDNER	codébiteur	codebtor, fellow-debtor
MITTAG	midi	noon
MITWIRKUNG	coopération	co-operation
MITTEILUNG	avis, communication, information, message	communication, information, message
amtliche Mitteilung	avis, communiqué, notification	notification, notice
förmliche Mitteilung	mise en demeure, notification, signification	notification, formal notice

MIT-MOB

MITTEL	dispositif, moyen, ressource	device, means, ressources
Mittel gegen Ausblühungen	produit antiefflorescent	anti-efflorescence product
beschränkte Mittel	faibles ressources	small ressources, scanty means
Bindemittel	liant	binding product
Brandschutzmitel	(produit) ignifuge	fireproofing product
Feuerschutzmittel	(produit) ignifuge	fireproofing product
Eigenmittel	deniers/moyens/ressources personnel(le)s, fonds propres	personal funds
eingefrorene Mittel	fonds gelés/ non liquides	frozen assets
Etat-mittel	moyens budgétaires	budgetary appropriations
finanzielle Mittel	finances	finances, ressources
flüssige Mittel	liquidités, trésorerie	cash in hand, liquidity, treasury
Frostschutzmitel	antigel	antifreeze
Haftmittel	adhésif	adhesive
Holzschutzmittel	produit pour la protection du bois	timber preservative product
Imprägniermittel	produit d'imprégnation	impregnating product
öffentliche Mittel	fonds publics	public funds
MITTEL=, mittler	moyen	average, medium, middle
mittelfristig	à moyen terme	medium dated/term
mittelfristige Zukunft	avenir à moyen terme	medium range future
Mittelgrund	moyen/second plan	middleground
Mittelklasssen	classes moyennes	middle classes
Mittelpfosten	meneau	mullion
Mittelpunkt	centre, milieu, point central	centre, central point
Mittelspannung	moyenne tension	average tension/voltage/strain
Mittelstreifen [Autobahn]	terre-plein central	central reservation
MITTIG	axial, centrique	axial, central
mittige Belastung	charge centrique	axial/central load
MOEBEL	meuble, mobilier	furniture
Möbel für öffentliche Straßen und Plätze	mobilier urbain	urban furniture
Möbellager	garde-meubles	furniture depository
Möberlschreiner	ébéniste	cabinet maker, joiner
Möbelschreinerei	ébénisterie	cabinet making, joinery
Möbelspeicher	garde-meubles	furniture depository
Möbelstück	meuble	piece of furniture
Möbelwagen	camion de déménagement, tapissière	furniture van
Anbaumöbel	meubles par éléments	element/unit furniture
Aufbaumöbel	meubles par éléments	element/unit furniture
Einbaumöbel	mobilier encastré/incorporé/ à encastrer	built-in fitments/furniture
MOBIL	mobile	mobile
mobile Bauten	constructions mobiles	dismountable buildings
mobile Toilette	toilette sanitaire transportable	mobile lavatory
MOBILIAR	mobilier, ameublement	furniture, movable(s)
Mobilien, die unzertrennbar zur Immobilie gehören	immeubles par destination	landlord's fixtures
Mobiliargüter	biens meubles	personal assets
Mobiliarwerte	valeurs mobilières	stocks and shares, transferable securities

MOEBLIEREN	meubler	to furnish
möbliert wohnen	loger/vivre en garni	to live in lodgings
möblierte Miete	location en meublé	furnished letting
möblierte Wohnung	logement meublé	furnished apartment/flat
möbliertes Zimmer	chambre garnie/meublée	furnished room
MOEBLIERUNG	ameublement	furnishings
MODELL	modèle, maquette	(scale) model
Modellwohnung	logement témoin	show-flat
MODERNISIERUNG	modernisation	modernization
MODUL	module	module, standard unit
Modularkoordination	coordination modulaire	modular coordination
Modulierung	modulation	modulation
MOEGLICHKEIT	possibilité	possibility
Zufahrtmöglichkeit	accessibilité	accessibility, approachability
MOMENT	moment	moment
Bruchmoment	moment ultime/ de rupture	ultimate moment
Trägheitsmoment	moment d'inertie	moment of inertia
Widerstandsmoment	moment de résistance	moment of resistance
MONAT	mois	month
Monatsrate	mensualité	monthly instalment
MONTAGE	assemblage, montage	assembling, assembly, fitting, setting up
Montageband	tapis roulant de montage	assembly line
Montagebau	construction industrialisée/ en éléments préfabriqués	element/industrialized/ prefab- building
Montagefenster	fenêtre prête à poser	prefabricated window
Montageplan	plan d'assemblage/ de montage	assembling plan
Montageschaum	mousse de montage	mounting foam
Montagewand	cloison démontable	movable partition
Fließbandmontage	montage à la chaîne	chain work, progressive assembly
MORALTPLATTE	contreplaqué massif, panneau latté	block/ three-ply board,
MORATORIUM	moratoire	moratorium, respite
MORGEN	matin	morning
Morgengrauen	aube, pointe du jour	dawn, day break
Morgendämmerung	aube, pointe du jour	dawn, day break
Morgenfrost	gelée matinale/nocturne	night frost
Morgenluft	air du matin	morning air
Morgenröte	aurore	dawn
Morgensonne	soleil levant	morning sun
MOERTEL	mortier	mortar
Mörtelbett	lit de mortier	cement/mortar bed
Mörtelbewurf	crépi au mortier	plaster, rough-cast
Mörtelkelle	truelle	trowel
Mörtelmischer	malaxeur de mortier	mortar mill
Mörtelpumpe	pompe à mortier	mortar pump
Mörteltrog	auge	mortar trough
Mörtelzusatz	additif pour mortier	mortar admixture
Dünnmörtel	coulis	grout, slurry
feuerfester Mörtel	mortier réfractaire	fireproof/refractory mortar
Einpreßmörtel	mortier d'injection	grout

MOERTEL		
Kalkmörtel	mortier de chaux	lime mortar
Kalkzementmörtel	mortier bâtard/chaux-ciment/ à prise lente	compo/gauged mortar
Klebemörtel	enduit adhésif	adhesive compound
Vergußmörtel	coulis	grout, slurry
verlängerter Mörtel	mortier bâtard/chaux-ciment/ à prise lente	compo/gauged mortar
Zementmörtel	mortier de ciment	cement mortar
MOSAIK	mosaïque	mosaic
Mosaikparkette	parquet mosaïque	inlaid floor, wood mosaic
Stiftmosaik	mosaïque en grès	floor-tile/stoneware mosaic
MOTOR	moteur	engine, motor
Motorantrieb	commande par moteur	motor drive
Motorgrader	niveleuse (à moteur)	motorgrader
Motor(rasen)mäher	motofaucheuse, tondeuse à moteur	motormower
Motorwinde	treuil mécanique	motor winch
motorisierter Verkehr	circulation motorisée	motor traffic
MOTTE, Milbe	mite	mite
MUFFE	emboîture, manchon, raccord	pipe connection, sleeve, socket
Muffenrohr	tuyau à manchon	spigot and socket pipe
Rohrmuffe	manchon	pipe sleeve
MUEHLE	moulin	mill
Stangenmühle	broyeur à barres	bar crusher
Walzenmühle	broyeur à boulets	ball crusher
MULDE	auge	tray
Muldenkipper	basculeur à auge, camion-benne	dump truck/van
MUELL	balayures, détritus, ordures ménagères	dust refuse, (household) rubbish, garbage
Müllabfuhr	collecte/évacuation/ ramassage des ordures	removal of garbage/refuse
Müllabfuhr(dienst)	service des ordures	sanitation service
Müllabwurf	descente d'/vide- ordures	refuse/rubbish-chute/shaft
Müllaufbereitung	traitement des ordures	refuse treatment
Müllbehälter	poubelle	refuse/waste container
Müllkomprimator	presse à ordures	refuse pressing unit
Müllschlucker	descente d'ordures, dévaloir	garbage disposer/chute/shaft
Müllschluckertür	clapet de dévaloir	(chute) hopper
Mülltonne	poubelle	refuse/waste container
Müllverbrenner	incinérateur (d'ordures)	(waste) incinerator
Müllverbrennung	crémation/incinération des ordures	garbage/refuse burning/ incineration
Müllverrottung	compostage d'ordures	refuse composting
Müllwagen	camion d'ordures, tombereau de nettoyage	dust cart, garbage van/truck
Müllwolf	broyeur d'évier	(kitchen) waste disposal unit
Müllzerkleinerer	broyeur d'évier	(kitchen) waste disposer
Hausmüll	ordures domestiques/ménagères	domestic refuse
städtischer Müll	résidus urbains	town refuse

MUELLER	meunier	miller
Müllertreppe	escalier à jour/ de meunier	loft ladder, stairs without risers
MUENDEL	pupille	ward
Mündelgeld	capital de mineur	trust-money
mündelsichere Anlage	placement de père de famille/ de tout repos	safe/trustee/ narrower-range investment, gilt-edged securities
Mündelvermögen	fidéicommis, patrimoine de mineur	trust property
MUENDLICH	verbal	by word of mouth, verbal
mündlicher Vertrag	contrat verbal	verbal agreement
Vermietung durch mündlichen Vertrag	location verbale	letting by verbal agreement
MUENZE	pièce de monnaie	coin
Münzautomat	compteur à sous/ à paiement préalable	coin/slot meter
MUSIK	musique	music
Musikpavillon	kiosque à musique	band stand
MUSTER	modèle [2] échantillon, épreuve	model, pattern [2] sample
Mustervertrag	contrat-type	model deed
Mustervorschriften	règlement-type	model regulation
Musterwohnung	logement-témoin	show-flat
Mustermesse	foire (d'échantillons)	sample fair
Baumusterschau	expositions permanente d'échantillons de matériaux de construction	permanent exhibition of building materials
Bemusterung	échantillonnage	sampling
Prüfmuster	éprouvette	test piece
MUTTER	mère [2] écrou	mother [2] nut
Mutterboden	terre franche/végétale, terreau	gardening/surface/top/ vegetable soil
Muttererde	terre franche/végétale, terreau	gardening/surface/top/ vegetable soil
Mutterpause	contre-calque	transparent positive original
Gegenmutter	contre-écrou, écrou de blocage/serrage	counter/lock/hold-down nut
Justier(ungs)mutter	écrou de réglage	levelling nut
Sicherungsmutter	contre-écrou, écrou de blocage/serrage	counter/lock/hold-down nut

NACHAHMUNG	contrefaçon, imitation	counterfeit, forgery, imitation
NACHBAR	voisin	neighbour
NACHBARSCHAFT	voisinage	neighbourhood
Nachbarschaftseinheit	unité de voisinage	neighbourhood unit
Nachbarschafts=traube/=zelle	cellule de voisinage	neighbourhood cluster
NACHBEARBEITEN [Stein, Verputz]	ravaler	to redress/resurface
NACHBEHANDLUNG [Beton]	retouche, traitement ultérieur	after-treatment, curing
NACHDATIEREN	postdater	to postdate
NACHFAHRE	descendant	descendant
NACHFOLGER	successeur	successor
Rechtsnachfolger	ayant-droit	legal successor, rightful claimant
NACHERBE	arrière-héritier, héritier substitué	reversionary heir
NACHFRAGE	demande	demand
Angebot und Nachfrage	l'offre et la demande	supply and demand
zahlkräftige Nachfrage	demande solvable	solvent demand
NACHHALL	résonance, retentissement	resonance
Nachhall=dauer/=zeit	durée de résonance	resonance time
NACHKOMME	descendant	descendant
NACHLASS	rabais, réduction, remise [2] héritage, succession	abatement, allowance, deduction, discount [2] assets, estate, inheritance
herrenloser Nachlaß	succession vacante	inheritance in abeyance
offener Nachlaß	succession vacante	inheritance in abeyance
Offenstehen eines Nachlaßes	vacation d'une succession	abeyance of inheritance
Zinsnachlaß	remise d'intérêts	interest rebate, remission of interest
NACHNAHME	encaissement	cash
gegen Nachnahme	contre remboursement	payment on delivery
NACHPRUEFEN	contrôler, vérifier	to check/examine
NACHPRUEFUNG	contrôle, révision, vérification	checking, control, inspection, revision
NACHRECHNEN	recalculer, vérifier	to check/examine/recompute
NACHRICHT	message	messsage
Nachrichtentechnik	(technique de) télécommunication	telecommunication (technique)
NACHSCHLUESSEL	fausse clé, passe-partout	picklock, skeleton key
NACHT	nuit	night
Nachtfrost	gelée nocturne	night frost
Nachtkühle	fraîcheur de la nuit	the cool of the night
Nacht=lampe/=licht	lampe de chevet	bedside lamp
Nachtluft	air nocturne	night air
Nachtriegel	pêne dormant	bolt head, dead bolt
Nachtschaltung	branchement de nuit	night connection/switching
Nachttarif	tarif de nuit	night rate/tariff
Nachttisch	table de chevet/nuit	bedside table
NAECHTLICH	nocturne	nightly, nocturnal
nächtliche Abkühlung	refroidissement nocturne	cooling down at night time
NACHTEIL	désavantage, détriment, préjudice	detriment, disadvantage, prejudice

NACHWEIS	justification, preuve	evidence, indication
Eigentumsnachweis	(établissement de l') origine de propriété	proof of ownership/title, root of title
NACHWUCHS	les jeunes, la relève	the rising generation, junior set
Nachwuchsschwierigkeiten	difficultés de recrutement	recruitment difficulties
NACHZAHLUNG	supplément, payement supplémentaire	additional payment
NACKT	nu	bare, naked, nude
nacktes Eigentum [ohne Nutznießung]	nue propriété	bare ownership, nuda proprietas
nacktes Grundstück [ohne eventuelle Bebauung]	terrain nu	bare ground
NADEL	aiguille, épingle	needle, pin
Nadelbaum	conifère, (arbre) résineux	conifer
Nadelfilz	feutre aiguilleté	needle felt/loom/punch
Nadelholz	bois résineux/tendre	coniferous/soft wood
Nadelwald	forêt de conifères	coniferous forest
Tannennadel	aiguille de sapin	fir-needle
NAGEL	clou, pointe	nail
Nagelbinder	ferme clouée	nailed roof frame
Nageleisen	arrache-clous, pied de biche	nail claw/drawer/extractor
Nagelgerät	appareil à clouer	nailing machine
Nagelzieher	arrache-clous, pied de biche	nail claw/drawer/extractor
Achsnagel	essieu	axle pin
Sparrennagel	dent de loup	rafter nail
Zapfennagel	dent de loup	rafter nail
magazinierte Nägel	clous magasinés	magazine nails
NAGELN	clouer	to nail
NAGELUNG	clouage	nailing
verdeckte Nagelung	clouage invisible	secret nailing
NAH	proche, voisin	close, near
Nahbereich	entourage rapproché, proche environnement	close-range area/environment
Nahverkehr	trafic local/suburbain/ de banlieue	local/short-haul traffic
NAHT	couture, joint, soudure	edge, joint, lap, seam, weld
nahtloses Rohr	tube/tuyau sans soudure	seamless tube
Gußnaht	bavure	burr
Schiebenaht [Dachrinne]	besace	expansion joint
NAME	nom	name
Namensaktie	action nominative	registered share
Namensschild	plaque de nom	name plate
auf den Namen lautend	nominatif	nominal
Firmenname	raison sociale	registered name (of firm)
NASE	nez	nose
Stufennase	nez d'une marche	nose of a step
Tropfnase	chasse-goutte, goutte d'eau, larmier	throat, weather-check/-groove, (water-)drip
Wetternase	chasse-goutte, goutte d'eau, larmier	throat, weather-check/-groove, (water-)drip
NASS	humide, mouillé, trempé	humid, moist, soaked, wet
Naßzelle	cellule d'eau	water cell

NATIONAL	national	national
Nationalökonomie	économie nationale/politique	national/political economy
NATUR	nature	nature
Naturbims	ponce naturel	pumice stone
Naturholz	bois naturel	natural wood
Natursteinplatten	carreaux/plaques en grès	quarry tiles
Naturwerkstein	pierre taillée/ de taille	(stone) ashlar/ashler
NATURALWOHNUNG	logement attribué à titre de rémunération (partielle)	dwelling granted in kind as (part of the) remuneration
NATÜRLICH	naturel	natural
natürliche Größe	grandeur nature	full scale
natürliche Lüftung	ventilation naturelle	window ventilation
NEBEL	brouillard	fog, mist
Nebelbecken	bassin de brouillard	fog hollow
Nebelbildung	formation de brouillard	formation of fog
Nebeldecke	couche de brouillard/brume	mist blanket/layer
Nebelloch	bassin de brouillard	fog hollow
Nebelschicht	couche de brouillard	layer of fog
Nebelschwaden	brouillard flottant	damp fog, fog clouds
Nebelwand	écran de brume	fog/mist screen
Bodennebel	brouillard au sol	ground fog
dichter Nebel	brouillard épais	thick fog
dünner/leichter Nebel	brouillard ténu, brume	mist
feuchter Nebel	brouillard pluvieux	drizzle
Frühnebel	brouillard matinal	early fog
Hochnebel	brouillard élevé	high fog
trockener Nebel	brouillard sec	dry fog
NEBLIG	brumeux	foggy, misty
NEBEN-	accessoire, secondaire	secondary, not principal
Nebeneingang	entrée de service	side entrance
Nebeneinkommen	cumul, revenu accessoire	incidental income
Nebenerzeugnis	produit secondaire	by-product
Nebengebäude	annexe, dépendance, [pl] les communs	annex, out-/subsidiary building
Nebenkläger	partie civile	party claiming damages
Nebenkosten	faux frais, frais accessoires	incidental expenses
Kapitalschuld, Zinsen und Nebenkosten	principal, intérêts et accessoires	principal, interest and sundry charges
Nebenprodukt	produit secondaire	by-product
Nebenraum	pièce contiguë [2] pièce secondaire	adjoining room [2] secondary room
nebensächlich	accessoire, secondaire	accessory, secondary
Nebenschuldner	codébiteur	codebtor
Nebenstelle	succursale	branch office, sub-office
Nebenstraße	petite rue, rue secondaire	by-street
Nebentür	porte de dégagement/service	secondary door
Nebenverdienst	revenu accessoire	additional income
gelegentlicher Nebenverdienst	revenu casuel/occasionnel	casual/incidental earnings
NEHMEN	prendre	to take
zur Miete nehmen	prendre à bail/ en location	to take a lease of
Hypothek nehmen	lever/prendre une hypothèque	to raise a mortgage

NEHMER	partie prenante, preneur	taker
Darlehnsnehmer	emprunteur	borrower
Kreditnehmer	emprunteur	borrower
NEIGUNG [Gefälle]	déclivité, inclinaison, pente	declivity, fall, inclination, pitch, slope
Neigungsmesser	clinomètre, indicateur de pente	clinometer
Neigungswinkel	angle de déclivité/ d'inclinaison	angle of incidence/inclination/ /slope
Dachneigung	inclinaison/pente du toit	inclination/pitch/slope of roof
NENNEN	appeler, nommer	to call/name
Nennbelastung	capacité/charge nominale	nominal load
Nennbetrag	montant nominal	face amount
Nennleistung	débit nominal, puissance nominale	normal output, rated power, rating
Nennwert	valeur nominale	face/nominal/par value
Einlösung zum Nennwert	remboursement au pair	redemption at par
NETTO	net	net
Nettobaufläche	surface nette constructible	net building ground area
Nettoeinkommen	revenu net	net income
Nettowohnfläche	surface habitable nette	net living surface
NETZ	filet, grille, réseau, , trame	grid, net, netting, network
Netzanschluß	branchement sur le secteur, raccordement au secteur	connection to mains
Netzspannung	tension de réseau/secteur	line/mains' voltage
Netzversorgung	alimentation par réseau	mains supply
Gas(versorgungs)netz	réseau (de distribution de) gaz	gas grid/mains
Kanalnetz	réseau/système des égouts	sewerage, sewage system
Leitungsnetz	réseau des conduites	network of pipes
Rohrnetz	tuyauterie(s)	pipe and tube works
Straßennetz	réseau routier	road system, network of roads
Strom(versorgungs)netz	réseau électrique	town mains
Verkehrsnetz	réseau des communications	transportation/communication network/system
Versorgungsnetz	réseau d'approvisionnement	mains
Wasser(leitungs)netz	réseau (de distribution) d'eau	water mains
NEU	neuf, nouveau	new
neue Städte	villes nouvelles	new towns
Neuwert	valeur à neuf	original value, value (as) new
Neubau	nouvelle construction	new building
Neubauarbeiten	travaux neufs	new construction work
Neubewertung	réévaluation	revaluation
Neueinstufung	reclassement	reclassification
Neufestsetzung	rajustement, réajustement	readjustment
Neugestaltung	réaménagement	rearranging, redevelopment,
Neugliederung	regroupement, réorganisation	regrouping, reorganisation
Neuordnung	réforme, réorganisation	reform, reorganization
Neuverteilung	redistribution	redistribution
NICHT	ne pas, non	not
Nicht(be)achtung	inobservation	disregard
Nichtannahme	défaut d'acceptation, refus de réception	non-acceptance, refusal of acceptance

nichtberechtigt	non qualifié	unauthorized, unqualified
Nichtbezahlung	défaut de paiement, non-paiement	default in paying, failure to pay, non-payment
Nichteinigung	absence de conciliation	non-agreement
Nichteisenmetall	métal non ferreux	non ferrous metal
nichtrostend	inoxydable	stainless
NICHTIG	nul, frappé de nullité	invalid, null, void
null und nichtig	nul et de nul effet	null and void
NICHTIGKEIT	nullité, invalidité	nullity, invalidity
Nichtigkeitserklärung	déclaration de nullité	declaration/decree of nullity
Nichtigkeitsklage	action en annulation/nullité	action for annulment, nullity suit
NIEDER [niedrig]	bas, inférieur	low
niedere Klassen	classes inférieures, prolétariat	lower classes, proletariate
Niederdruck	basse pression	low pressure
Niederdruckheizung	chauffage à basse pression	atmospheric/low pressure heating
Niederlassung	établissement, succursale	branch, establishment, settlement
Handelsniederlassung	comptoir	trading station
Zweigniederlassung	succursale	branch (establishment), sub-office
niederreißen	démolir	to dismantle/ pull down
Niederschlag	précipitation	precipitation
Niederschlagsgebiet	aire réceptive de précipitations	precipitation encatchment area
Niederschlagsmenge	pluviosité, quantité de précipitation	amount of precipitation
jährliche Niederschlagsmenge	pluies annuelles	yearly amount of precipitation
Niederspannung [110-380 V]	basse tension	low tension/voltage
Niederspannungsstrom	courant basse tension	low tension electricity
NIESELREGEN	bruine, pluie fine	drizzle
NISCHE	niche	alcove, niche, recess
NIESSBRAUCH	usufruit	benefit, usufruct
Nutznießer	usufruitier	usufructuary, beneficial occupant/owner
NIETE	rivet	rivet, pin
NIPPEL	embout, nipple, raccord	connection
Nische unter Treppe	soupente	recess under stairs
Eßnische	coin de repas,	dinette, dining recess
Fensternische	ébrasement, embrasure	framing/window recess
NIPPFLUT	mortes eaux	neap tide
NIVEAU	niveau	level
Niveauübergang	passage à niveau	grade/level crossing
Niveaulinie	cote/courbe de niveau, ligne topographique	contour/potential line
Lebenshaltungsniveau	niveau de vie	standard of living
NIVELLIEREN	niveler	to grade/level
Nivellierinstument	instrument à niveler, niveau	level(ling instrument)
Niverllierlatte	mire	levelling/offset staff

Nivelliermaschiene	grader à lame, niveleuse, scraper	grader, scraper
Nivellierraupe	niveleuse à chenilles	bulldozer
NIVELLIERUNG	nivellement	level(l)ing
Nivellierung des Angebotes	nivellement de l'offre	levelling of supply
NORDEN	nord	north
Nordhang	versant nord/septentrional	northern slope
Nordlicht	lumière zodiacale	aurora borealis, northern lights
Nordpol	pôle nord	north pole
Nordwind	vent du nord	norther
Nordostwind	vent du nord-est	northeaster
Nordwestwind	vent du nord-ouest	northwester
NORM	norme, règle, standard	rule, standard
Normenausschuß	commission des normes	standard committee
Normentafel	tableau des normes	standard table
Normenvorschrift	règlement de normalisation	stipulated standard
Internationale Normen- organisation [I.S.O.]	organisation internationale de normalisation	International Standard Organization, ISO
Wohnungsnormen	normes de logement	housing standards
NORMAL	normal	normal
Normalnull	niveau de la mer, zéro normal	see level
Normalspannung	tension normale	normal voltage
NORM(IER)EN	normaliser, standardiser	to standardize
Norm(alis)ierung	normalisation, standardisation	standardization
NOT	détresse, nécessité	distress, emergency necessity
Notausgang	porte/sortie de secours	crash door, emergency exit
Notbehelf	expédient, pis-aller	expedient, makeshift
Notbeleuchtung	éclairage de secours/ d'urgence	emergency lighting
Notleuchte	lampe de secours	emergency light
Notmaßnahme	mesure d'urgence	emergency measure
Notruf	appel de secours	emergency call
Notrufsäule	poste d'appel de secours	emergency signal
Notsignal	signal d'alerte	signal of distress
Notstand	état de nécessité/ d'urgence	emergency, state of distress
Notstandsarbeiten	travaux de secours	relief works
Notstandsmerkmale	critères d'indigence	indigence criteria
Notstrom	courant de secours	emergency power
Notstromaggregat	groupe de secours	emergency power station
Notstromanlage	système de courant de secours	emergency power system
Notwohnung	logement provisoire/ de fortune	emergency/unfit dwelling, makeshift quarter
Wohnungsnot	pénurie de logements	housing shortage
NOTAR	notaire	notary (public)
Notariatsgebühren	droits notariaux, frais/ honoraires de notaire	notarial/notary fees
NOTARIELL	notarial	notarial
notarielle Urkunde	acte notarié/authentique	deed authenticated by a notary
Ausfertigung einer notariellen Urkunde	expédition d'un acte notarié	copy of a deed certified by a notary
Urausfertigung einer not. Urk.	minute d'un acte notarié	original of a notarial deed

NOT-NUT

notariell (oder gerichtlich) beglaubigtes Datum	date certaine	legal date
notarielle Schuldverschreibung	obligation notariée	bond of debenture certified by a notary
NOTIEREN	noter, coter	to note/notice/quote
notierte Wertpapiere	titres cotés	quoted bonds
NOTIERUNG	cotation, cote, cours	quotation
NUKLEAR	atomique, nucléaire	atomic, nuclear
Nuklearenergie	énergie nucléaire	atomic/nuclear energy
Nuklearkraftwerk	centrale nucléaire	nuclear power plant
NULL	nul, zéro	null, zero
null und nichtig	nul et de nul effet	null and void
Null-leiter	fil neutre	neutral wire, zero conductor
Nullpunkt	(point) zéro, point de congélation	freezing point, zero
NUMMER	numéro	number
Nummernschild	plaque minéralogique/ de police/ d'immatriculation	licence/number plate
NUR	seulement, uniquement	only
Nurglasleuchte	luminaire en verre	allglass fixture
Nurglaskonstruktion	construction en verre	allglass building
NUSSBAUM	noyer	(wal)nut-tree
Nußbaumholz	(bois de) noyer	walnut (wood)
NUT(E)	entaille, gorge, rainure	groove, split
Nut und Feder	rainure et languette	rabbet and tongue
mit Nut und Feder	bouveté	tongued and grooved
Nut= und Federzapfen	tenon à rainure	split and tongue tenon
Nuthobel	bouvet, rabot à languette	grooving plane
Nut einer Treppenstufe	entaille d'une marche	notch of a step
NUTZEN	bénéfice, profit, utilité	benefit, gain, profit, use
Kostennutzen Rechnung	analyse coût-revenu	cost-profit analysis
öffentlicher Nutzen	utilité publique	public utility
NUTZEN vb	utiliser	to use
Nutzbarmachung	exploitation, mise en valeur	valorization, utilization
Nutzfläche	surface utile	effective/useful area
Nutzgarten	jardin potager	kitchen garden
Nutzholz [stehend im Wald]	bois debout	standing wood
Nutzlast	charge courante/utile, surcharge	live/useful/working load, carrying/loading capacity
Nutznießer	usufruitier	usufructuary
Nutznießer auf Lebenszeiten	usufruitier viager	life-renter, tenant for lifetime
Nutznießung	usufruit	enjoyment, usufruct
die Nutznießung besitzen	posséder en usufruit	to enjoy the usufruct
lebenslängliche Nutznießung	usufruit viager	life-estate/-interest/-rent
Güter in Nutznießung	biens en viager	life estate
Nutznießungsrecht	(droit d') usufruit	right of enjoyment/usufruct
Nutzraum	pièce/surface/volume utile	useful room/space/volume, utility room
NUTZUNG	jouissance, usage, utilisation	tenure, use, utilization
Nutzungsplan	plan de zonage	(use-)zoning plan
Nutz(ungs)wert	valeur d'usage/ d'utilité	economic/useful value

Nutzungsziffer	coefficient (maximum) d'utilisation [CMU]	floor space index/ratio, plot ratio
Bodennutzung	affectation/emploi/utilisation du sol	land use
Flächennutzungsindex	indice d'occupation du sol	soil occupancy index
Flächennutzungsplan	plan de zonage	zone use plan, use zoning plan
Umnutzung	changement d'utilisation	change of/ changing the use

OBDACH	abri, asile	cover, lodging, shelter
obdachlos	sans abri/logis	homeless, roofless
Obdachlosigkeit	absence de logement	absence of accommodation/ lack of dwelling
Obdachlosenwohnung	logement pour sans abri	dwelling for homeless people
OBEN	en haut	above
OBERER	supérieur	upper
Oberfläche	superficie, surface	surface (area)
Oberflächenbehandlung	surfaçage, traitement/usinage des surfaces	surface tooling/treatment
Oberflächengestaltung	aménagement de(s) surfaces	surface design
Oberflächenmaterial	matériel de revêtement	surfacing material
Oberflächenspannung	tension superficielle	surface tension
Oberflächentemperatur	température superficielle	surface temperature
Oberflächenwasser	eaux pluviales, eau de surface	surface water
gerillte Oberfläche	surface nervurée/striée	grooved surface
Straßenoberfläche	fini/surface de la voirie	road surface
oberflächlich	superficiel	superficial
oberflächliche Schätzung	évaluation en gros	assessment, rough estimate
Obergeschoß	étage (supérieur)	upper floor, (upper) stor(e)y
Oberhaupt	chef	chief, head. leader
Familienoberhaupt	chef de famille	head of family
oberirdisch	aérien	above ground, overhead
Oberleitung	direction générale [2] ligne aérienne	direction [2] overhead line
Oberlicht	imposte [2] lanterneau, éclairage zénithal	transom (light/window), fanlight [2] sky light, rooflight, overhead lighting
Oberlichtöffner	ferrement d'imposte	fanlight/rooflight opener
OBJEKT	objet	object
Objektförderung [Wohnungsbau]	aide directe, "aide à la brique"	direct subsidizing, "help to the bricks"
Objekthilfe	aide directe	direct help
Kaufobjekt	objet de la vente	object of sale
OBLIGATION	obligation	debenture bond
Obligationsanleihe	emprunt obligataire	debenture-bond loan
konvertierbare Obligation	obligation convertible	convertible debenture
Trägerobligation	obligation au porteur	bearer bond
Obligationsinhaber	obligataire	bondholder
Obligationsschuldner	débiteur obligataire	bond debtor
OBLIEGEN	incomber, être à charge de	to be incumbent upon
dem Eigentümer obliegende Reparaturen	réparations à charge du propriétaire	repairs incumbent upon the landlord
OBST	fruits	fruit
Obstgarten	jardin fruitier, verger	orchard
OCHSENAUGE	lucarne à lunette, oeil de boeuf	bull's eye (window), semicircular window
OEDE	désert, inculte, vague	bare, bleak, empty
Oedland	(terre en) friche, terrain vague	waste-land
OFEN	four, fourneau, poêle	fire, heater, oven, stove
Ofenheizung	chauffage par poêle	heating by stoves, stove-heating
Ofenrohr	tuyau de poêle	stove pipe/flue

Ofenschirm	garde-feu, pare-étincelles	fire screen
Ofenkachel	carreau de poêle	Dutch tile
Ofensetzer	fumiste	stove setter
Ofensetzerei	fumisterie	stove setting
Ofentrocknung	étuvage, séchage au four	kiln drying, steam curing
Badeofen	chauffe-eau	bath heater, geyser
elektrischer Ofen	appareil de chauffage électrique	electric fire
Gasofen	poêle/radiateur à gaz	gas heater/stove
Kachelofen	cheminée prussienne, poêle aux carreaux glacis	Dutch/tiled stove
Oelofen	poêle à mazout	oil heater
Speicherofen	poêle à accumulation	storage heater
Trockenofen	étuve, four, séchoir	drying chamber, kiln
OFFEN	ouvert	open
offener Markt [im Freien]	marché ouvert/ en plein vent	open-air market
offene Handelsgesellschaft	société en nom collectif	general/private partnership
offen(stehend)er Nachlaß	succession vacante	inheritance in abeyance
offene Stelle	poste vacant, vacance	vacant post, vacancy
offenkundig	notoire	notorious, well-known
Offenkundigkeit	notoriété	notouriousness
OEFFENTLICH	public/publique	public
öffentliches Amt	fonction publique	public employment
	² service public	² public corporation/office
öffentliche Arbeiten	travaux publics	public works
öffentliche Aufträge	marchés publics	public contracts
öffentliche Ausschreibung	soumission publique, concours public d'adjudication	open/public tender
öffentliche Beleuchtung	éclairage public	public/street- lighting
öffentlicher Bereich	domaine/secteur public	public sphere
öffentliches Eigentum	domaine national/public	government estate, public property
öffentliche Finanzierung	financement public	public financing
öffentliche Gebühren	taxes publiques	public charges
öffentliches Gesundheitswesen	santé publique	public health
öffentliche Hand	les pouvoirs publics	public authorities
öffentliche Hygiene	hygiène/salubrité publique	public health, sanitation
öffentliche Mittel	deniers/fonds publics	public funds
öffentlicher Nahverkehr	transport public	short range (public) transportation
öffentlicher Nutzen	utilité publique	public utility
öffentliches Recht	droit public	public law
öffentlicher Sektor	domaine/secteur public	public sphere/enterprise
öffentliche Steuerung	direction par l'Etat	State control
öffentliche Straße	voie publique	public road/street/thoroughfare
öffentliche Submission	adjudication/ soumission publique	open/public tender
öffentlicher Verkehr	transport public	mass/public transport
öffentliche Versteigerung	vente publique	sale by (public) auction
öffentliche Wohlfahrt	assistance publique	poor relief
öffentliches Wohnungswesen	logement public/social	public/social housing
OFFERTE	offre	offer, proposed tender

OFF-ORD 226

OEFFNEN	ouvrir	to open
OEFFNER	dispositif pour ouvrir	opener
Oberlichtöffner	ferrement d'imposte	fanlight/rooflight opener
Türöffner	ouvre-porte/portier électrique	door control gear, door-opener
OEFFNUNG	baie, jour, ouverture	aperture, day(light), opening
geduldete Oeffnung [Fensterrecht]	jour de souffrance	light/window on sufferance
lichte Oeffnung	jour, passage libre	clear passage
lichte Fensteröffnung	jour de fenêtre	aperture of window
Lichtöffnung	ajour	light (hole)
Lufteintritt(söffnung)	bouche d'air, trou d'aération	air inlet, vent hole
Tür= und Fensteröffnungen	les ouvertures d'une maison	doors and windows of a house
OEKOLOGIE	écologie	ecology
Humanökologie	écologie humaine	human ecology
OEKONOMETRIE	économétrie	econometry
OEKONOMIE	économie	economy
ökonomisch	économique	economic
sozialökonomisch	socio-économique	socio-economic
OEKUMENOPOLIS, [Riesenstadt]	oecuménopole	oecumonopolis
OEL	huile	oil
Oelsbscheider	séparateur d'huile	oil interceptor/separator
Oelbrenner	brûleur à mazout	fuel/oil burner
Oelfarbe	couleur/peinture à l'huile	oil paint
Oelheizung	chauffage au mazout	fuel/oil heating (system)
Oelkitt	mastic à l'huile	putty
Oellack	vernis à l'huile	oil varnish
Oelofen	poêle au mazout	oil heater
Heizöl	fioul, mazout	fuel-oil
Leinöl	huile de lin	linseed oil
Mineralöl	huile minérale	mineral oil, petroleum
OMNIBUS	autobus	bus
Omnibusendstation	terminus d'autobus	bus terminal
Omnibushaltestelle	arrêt d'autobus	bus stop
OPERATIV	opérationnel	operational
OPTIK, [Strahlungslehre]	optique	optics
OPTION	option	(right of) option
eine Option aufheben/ausüben	lever une option	to lift/state an option
Optionsfrist	délai d'option	period for stating one's option
ORDENTLICH	ordinaire	orderly, regular
ordentliche Gesellschafterversammlung	assemblée générale annuelle/ordinaire	annual general meeting
ORDINATE	coordonnée (verticale)	ordinate, latitude
Ordinatenachse	axe des ordonnées	y axle
ORDNEN	classer, ordonner, ranger	to classify, to put in order
ORDNER [Akten=]	classeur, dossier	file(r)
ORDNUNG	ordre, organisation, régime, système	organizing, organization, system
Bodenordnung	organisation du sol	land organization/regulation
Gesellschaftsordnung	édifice social, structure sociale	social structure

ORDNUNG		
Gewerbeordnung	réglementation des professions	trade regulations
Marktordnung	réglementation du marché/ des marchés	market regulations
Miteigentumsordnung	règlement de copropriété	co-ownership regulations
Neuordnung	réaménagement	redevelopment, replanning
Rangordnung, gesellschaftliche	l'échelle sociale	the social ladder
Raumordnung	aménagement du territoire	(physical) planning
Raumordnungsforschung	recherche de l'aménagement du territoire	planning research
Verdingungsordnung	règlement d'adjudication	terms and conditions of allocation of contract
Wirtschaftsordnung	organisation économique	economic organization
ORGANIGRAMM	organigramme	operating/organization chart
ORGANISATION	organisation, planification ² organisme	organization, planning ² body
Baustellenorganisation	organisation du/des chantier(s)	site organization
ORIENTIERUNG [Gebäude]	exposition, orientation	exposure, orientation
ORNAMENT	ornement	decoration, ornament
Ornamentfliese	carreau décoratif	decorative tile
Ornamentplatte	panneau décoratif	decorative panel
Ornamentstein	claustra, bloc décoratif	ornamental block
Ornamentglas	verre décoratif/imprimé	decorative/figured/patterned/ rolled glass
ORT	endroit, lieu, place	place, point, site, spot
an Ort und Stelle	sur les lieux	on the premises
vor Ort	sur les lieux	on the premises
Ortbalken	poutre de pignon	top beam
Ortbeton	béton coulé/fait sur place	on site/ in situ concrete
Ortgang	rive	edge, verge
Ortgangverkleidung	solin de rive	verge flashing
ortgeschäumt	expansé sur place	foamed in situ
ortsansässig	établi dans la localité, résident	resident
ortsansässige Bevölkerung	population fixe	resident population
Ortsbefund	état des lieux	inventory of fixtures
Ortsgebiet	agglomération, bâti	agglomeration, built-up area
Ortsname	lieudit, nom de lieu, toponyme	place-name
Ortschiefer	ardoise de pignon/rive	gable/verge slate
Ortstein	tuile de rive	gable/verge tile
Ortsverkehr	trafic local/suburbain/ de banlieue	junction/local traffic
Ortziegel	tuile de rive	gable/verge tile
Ortszentrum	centre bâti/ -ville	town centre
Badeort	station thermale	health resort, spa
Höhenkurort	station de montagne	mountain resort
Standort	emplacement, lieu d'implantation	position, site
Wohnort	domicile	domicile, place of abode/ residence
OSTEN	est	east
Ostwind	vent d'est/ de l'est	east wind, easter
OZEAN	océan	ocean

PAC-PAR

PACHT	bail à ferme, fermage	tenant farming, lease, tenure
Pachtgeld	fermage	farm rent
Pachtgrundstück	tenure/terre à bail	leasehold (estate/property)
Pachtleihe	prêt-bail	lend-lease
Pachtvertrag	bail rural/ à ferme,	farming lease, lease(hold)
	contrat de bail/fermage	agreement/contract/deed
Erbpacht	bail emphytéotique	hereditary/long-term lease
PAECHTER	fermier, locataire	lessee, tenant
PACKEIS	(glace de) banquise, pack	pack-ice
PACKLAGE	blocage, empierrement,	ballasting, hard-core,
	encaissement	stone bedding/packing
verdichtete Packlage	empierrement compacté	consolidated hard-core bed
PALETTE	palette	palet(te)
PALISADE	palissade,	boarding (fence), palisade,
PANZER	blindage, cuirasse	armo(u)r(plate)
Panzerglas	verre anti-/pare-balles	bullet-proof/-resistant glass
Panzerschrank	coffre-fort, trésor	safe
Panzertür	porte blindée/forte	armoured door
PAPIER	papier ² titre	paper ² bond
Aspahltpapier	papier asphalté/goudronné	tarred paper/roofing
Briefpapier	papier à lettre	letter-paper
Durchschreibepapier	papier carbone	carbon/transfer paper
einfaches Papier	papier libre	unstamped paper
Glaspapier	papier de verre/ -émeri	emery/glass/sand paper
Inhaberpapier	titre au porteur	bearer bond
Kohlepapier	papier-carbone	carbon-paper
Kraftpapier	(papier) Kraft	Kraft (paper)
Lichtpauspapier	papier autocopiste/hélio-	blue-print/ calking paper
	graphique, photocalque	
Löschpapier	(papier) buvard	blotting paper
Pauspapier	papier calque	tracing paper
Schmirgelpapier	papier de verre/ -émeri	emery/glass/sand paper
Schreibmaschinenpapier	papier (à) machine	typewriting paper
Schreibpapier	papier à lettre/ à écrire	letter/note/writing paper
Trägerpapier	titre au porteur	bearer bond
ungestempeltes Papier	papier libre	unstamped paper
Transparentzeichenpapier	papier calque	tracing paper
Stempelpapier	papier-timbre/ timbré	stamped paper
Wertpapier	titre	bond
notierte Wertpapiere	titres cotés	quoted bonds
Zeichenpapier	papier à dessin	drawing paper
PAPPE	carton	cardboard
Asphaltpappe	carton/papier goudronné	asphalted/tarred felt/paper/
		roofing
Bitumenpappe	carton/papier bitumé	bitumen felt
Wellpappe	carton ondulé	corrugated card-board
PARAMENT	parement	(fair) face, facing
Paramentmauerwerk	appareil en parements	facing masonry work
PARAMETER	paramètre	parameter
PARK	jardins publics, parc,	enclosure, park, public garden,
	² parc de stationnement	² parking

Parkgarage	garage de stationnement	car park, parking garage/space
Parkgebühr	taxe de stationnement	parking fee
Parkhaus	parking à étages multiples	multi-storey car park
Parkleuchte	lampadaire pour jardins publics	luminaire for public gardens
Parkplatz	(aire/parc de) stationnement, parc à voitures, parking	car park, parking (area/space)
Parkscheibe	disque de stationnement	parking disc
Gebiet mit Parkscheibenzwang	zone bleue	pink zone
Parkstreifen	allée/bande de garage, accotement de stationnement	parking lane
Parkuhr	compteur de stationnement, parcomètre	parking meter
Parkverbotszone	zone d'interdiction de stationnement	no parking zone, yellow band area
Auffangparkplatz, P+R	parking de dissuasion	park and ride area
Autobahnparkplatz	terre-plein de stationnement	lay-by
PARK(IER)EN	garer, stationner	to park (a car)
Parken verboten	parcage/stationnement interdit	no parking!
Parken an Parkuhren	parking à compteur	metered parking
Parken abseits der Straße	stationnement en dehors de la voirie	off-street parking
Parkierungsanlage	aire de stationnement	parking area/facilities
Parkierungsbauten	bâtiments de garage	car park buildings
Längsparken	stationnement parallèle au trottoir	kerb-side street parking
Querparken	stationnement en bataille	cross parking
Schrägparken	stationnement en oblique	angle/diagonal parking
Straßenrandparken	parcage de rue	kerbside parking
PARKERSCHRAUBE	vis autotaraudeuse	self cuttiong screw
PARKETT	parquet	parquet
Parkettimprägnierung	vitrificateur/vitrification de parquet	parquet vitrifier/vitrifying
Parkettfußboden	parquet(age)	parquet floor(ing)
Parkettlegerei	parquetage	flooring, parquetry
Parkettriemen	lame de parquet	timber floor strip
Parkettstab	lame de parquet	timber floor strip
Fischgratparkett	parquet à bâtons-rompus	herringbone parquet
Kleinparkett	parquet mosaïque	mosaïc wood, wood mosaïc
Mosaikparkett	parquet mosaïque	mosaïc wood, wood mosaïc
PARLOPHON	interphone, parlophone	interphone, two way telephone
PARTEI	parti, partie	party
Gegenpartei	partie adverse	opposite/other party
PARTERRE	rez-de-chaussée	ground floor
PARTNER	partenaire	partner
Sozialpartner [pl]	partenaires sociaux	social partners
PARZELLE	parcelle	patch (of land), plot
die Parzelle betreffend	parcellaire	regarding a plot of land
PARZELLIERUNG	lotissement, parcellement	allotment, psrcelling, plotting out
Parzellierungsplan	plan de lotissement	parcelling plan, plot layout

PAS-PEN

PASSAGE	passage	crossing, passage
Passagerecht	droit de passage	right of passage/way
Geschäftspassage	arcade, galerie de boutiques	arcade
Ladenpassage	arcade, galerie de boutiques	arcade
PASSEND	convenant, juste	fit(ting)
schlecht passend	convenant mal, mal ajusté	illfitting
PASSAT [Tropenwind]	alizé	trade wind
PASSIVA	passif, dettes, masse passive	account payable, debts, liabilities
Passivbilanz	bilan déficitaire	adverse balance
Passivkonto	compte débiteur	debit account
Passivposten	élément passif	debit item
Passivsaldo	solde passif	debit balance, balance due, overdraft
Passivzinsen	intérêts passifs	interest payable
Aktiva und Passiva	actif et passif	assets and liabilities
PASSIVIERUNG	inscription au passif	entry on the passive side
PASS-STUECK	cale	block
PATIO	patio	patio
Patiohaus	maison à patio	patio bungalow
PATENTIEREN	breveter	to take out a patent
patentiert	breveté	proprietary
PATRIZIERHAUS	hôtel particulier	private residence
PAUSCHAL	forfaitairement, globalement	in the bulk/lump, by the bulk
Pauschalabschluß	marché forfaitaire	bulk bargain
Pauschalarbeiten	travaux forfaitaires	contractual bulk work
Pauschalbetrag	forfait, montant forfaitaire	flat/global sum, fixed price
Pauschalpreis	prix forfaitaire/global	flat price/rate,global/lump sum price in the lump
Pauschalvergütung	règlement/rémunération forfaitaire/globale	lump(-sum) remuneration, fixed price agreement
Pauschalvertrag	(marché à) forfait	fixed price agreement
Pauschalwert	valeur forfaitaire	overall value
PAUSE	calque ² pause, récréation	counter-drawing, tracing, print ² break, interval, pause, stop
Pauspapier	papier calque/ à calquer	tracing paper
Blaupause	bleu, copie	blue-print
Lichtpause	copie héliographique	caulking, blue-print
Lichtpaus=gerät/=maschine	appareil à calquer, tireuse de plans, tube à tirage	heliographic copier, sliding tube, tube-slide
Lichtpauspapier	papier héliographique	blue-print/caulking paper
Mutterpause	contre-calque	transparent copy
PAVILLON	pavillon	pavilion
Musikpavillon	kiosque à musique	band stand
PECHKIEFER	pitchpin	pitchpine
PEGEL	échelle fluviale, étiage	water-gauge
Pegelstand	niveau (d'un fleuve)	water mark
PENDELN	navetter, osciller	to compute, to swing
Pendeltür	porte oscillante/ va-et-vient	double-action/oscillating/ swing door
Pendelverkehr	navette, trafic va-et-vient	commuter traffic, commuting
tägliches Pendeln	migration journalière	daily commuting

PENDLER	navetteur	commuter
Auspendler	navetteur (sortant)	out-commuter
Einpendler	navetteur (entrant)	in-commuter
PENSION	pension, retraite	pension, retiring allowance
	² pension de famille	² boarding house
Familienpension	pension de famille	boarding house
Hotelpension	hôtel meublé	residential hotel
PERIMETER	périmètre	perimeter
Bebauungsperimeter	périmètre d'agglomération	agglomeration perimeter
PERIODE	période	period
Heizperiode	période de chauffe	heating period
PERMAFROST	gel permanent	permafrost
PERSON	personne	person
Personen in bescheidenen Verhältnissen	personnes de condition modeste	individuals of modest means
Personenaufzug	ascenseur	passenger lift
Personengesellschaft	société civile	partnership, private company
Personenkreis	classe de personnes	category of persons
Personen(kraft)wagen [PKW]	voiture de tourisme	motor/passenger car
Personenstand	état civil	(personal) status
Personenstandsregister	registre d'état civil	register of births, deaths and marriages
Personenzug	train omnibus	passenger train
juristische Person	personne civile/juridique/ morale	artificial/conventional/ juristic person
juristische Person öffentlichen Rechts	personne morale de droit public	body corporate, corporate body
natürliche Person	personne naturelle/physique	natural person
ohne Testament verstorbene Person	personne décédée ab intestat	intestate person
verantwortliche Person	préposé, responsable	person in charge
PERSONAL	personnel	personnel, staff
Personalaufwendungen	dépenses de personnel	expenses on personnel
Personalausweis	carte d'identité	identity card
Personalkredit	crédit personnel/ sur notoriété	personal credit
Personalkriterien	critères de recrutement	staffing criteria
Personaltreppe	escalier de service	back stairs
Baustellenpersonal	personnel de chantier	site staff
Büropersonal	personnel de bureau	indoor/office staff
Hauspersonal	gens/personnel de maison	servants
Lehrpersonal	personnel enseignant	teaching staff
PERSOENLICH	personnel, privé	individual, personal, private
persönliche Bürgschaft	caution personnelle	personal guarantee
persönliches Eigentum [eines Ehepartners]	(bien) propre	separate/personal property
PERSPEKTIVE	perspective	perspective
Frontperspektive	perspective de front	front pespective
Froschperspective	perspective contre-plongeante/ à ras de terre	ground-level/worm´s-eye perspective
Vogelperspektive	perspective plongeante	aerial perspective
PFAD	sentier	footpath

PFA-PFL

PFAHL	pieu, pilot, poteau	pile, pole, stake
Pfahlbau	maison lacustre/ sur pilotis	lake-/pile-dwelling
Pfahlbauweise	construction sur pilotis	pile work building
Pfahlgründung	fondation par pilotis, palification	pile foundation
Pfahlhaus	maison lacustre/ sur pilotis	lake-/pile-dwelling
Pfahljoch	palée, voile de pieux	row of piles
Pfahlramme	sonnette	pile driver, rammer
Pfahlwand	rideau de palplanches/pieux	pile-/plank-wall
Pfahlwerk	pilotis	piling, pile-work
Absteckpfahl	piquet	picket
Grenzpfahl	borne, poteau de bornage	boundary mark(er)/post
Grundpfahl	pilot	pile
Gründungspfahl	pieu de fondation	foundation pile
Holzpfahl	pilot	(wooden) pile
PFAND	gage, nantissement	pledge, pawn,, security
Pfandbrief	obligation foncière	debenture bond
Pfandbriefanleihe	emprunt obligataire	debenture-bond loan
Pfandbriefausgabe	émission d'obligations	issue/issuing of bonds
Pfandbriefgläubiger	(créancier) obligataire	bond holder/owner
Pfandbriefinhaber	(créancier) obligataire	bond holder/owner
Trägerpfandbrief	obligation au porteur	bearer bond
Grundpfand	gage hypothécaire	mortgage security
Grundpfandrecht	droit hypothécaire, [2] hypothèque	mortgage law [2] mortgage
Hypothekenpfand	gage hypothécaire	mortgage security
Hypothekenpfandbrief	obligation hypothécaire	mortgage bond/debenture
PFAENDBAR	saisissable	attachable, distrainable
PFAENDEN	saisir(-arrêter)	to attach/distrain/seize
PFAENDUNG	saisie	attachment, distraint, seizure
Pfändung bei Drittschuldner	saisie (d')arrêt	garnishment
Pfändung des Mobiliars eines rückständigen Mieters	saisie-gagerie	writ of execution on tenant's furniture
Pfändungsbefehl	mandat/ordre de saisie, saisie-arrêt	distress warrant, warrant of distress
Gehaltspfändung	saisie des traitement	attachment on salary
Lohnpfändung	saisie de salaire	attachment of wages
Mobiliarpfändung	saisie-mobilière	distraint on furniture
Verpfändung	mise en gage, nantissement	bailment, pawning, pledging
PFEILER	colonne, pilier, poteau	column, pier, pillar, post
Betonpfeiler	pilier en béton	concrete pillar
Fensterpfeiler	meneau, trumeau	window pier
Strebepfeiler	arc-boutant, contreb(o)utant	buttress
PFETTE	panne	purlin
Pfettendach	toit à pannes	purlin roof
Firstpfette	faîtage, (panne) faîtière,	ridge purlin, roof tree
Fußpfette	panne inférieure, sablière	eaves' purlin
Mittelpfette	panne centrale	intermediate purlin
PFLANZE	plante	plant
Pflanzenfiber	fibre végétale	vegetable fibre
Pflanzendecke	le couvert végétal	vegetation cover
Pflanzenwelt	monde végétal, végétation	flora, vegetation

PFLANZEN vb	planter	to plant
PFLANZUNG	plantation	plantation, planting
Pflanzungen	plantations	shrubs and trees
Schutzpflanzung	plantation protectrice	screen planting
PFLASTER	pavé	pavement
Pflasterstein	pavé	paving stone
Betonpflaster	pavé en béton	concrete paving (stone)
Granitpflasterstein	pavé de granite	pitcher
Holzpflaster	pavé en bois	wood(en) paving (block)
PFLASTERN	paver	to pave/pitch
PFLASTERUNG	pavage	paving, pitching
PFLEGE	entretien, soins	care, maintenance, upkeep
Pflegeheim	maison de soins	nursing house
Denkmalpflege	conservation des monuments	preservation of monuments
Körperpflege	soins corporels/hygiéniques	body hygiene
PFLEGER	gardien, soignant	guardian
Erbschaftspfleger	curateur à la succession	administrator/curator of an estate
Fürsorgepfleger	agent de prévoyance	social worker
Krankenpfleger	garde-malade, infirmier	male nurse, hospital attendant
Nachlaßpflege	curateur à la succession	administrator/curator of an estate
Wohlfahrtspfleger	assistant social	welfare agent
PFLICHT	devoir, obligation morale	duty, moral obligation
Pflichterbe	part réservataire ² réservataire	compulsory portion, lawful share ² heir who cannot be totally disinherited
Pflichtteil	part réservataire	compulsory portion, lawful share
Pflichverletzung	forfaiture, prévarication	neglect/violation of trust
Pflichtversicherung	assurance obligatoire	obligatory insurance
Haftpflicht	responsabilité civile	civil liability
Haftpflichtversicherung	assurance responsabilité civile	liability/ third party insurance
Sozialpflicht des Grundeigentums	obligation sociale de la propriété immobilière	social liability of real estate
PFLICHTIG	sujet à, tenu de	liable/subject to
schadenersatzpflichtig	passible de dommages-intérêts	liable for damages
schulpflichtig	d'âge scolaire	of school age, schoolable
steuerpflichtig	imposable, soumis à l'impôt	liable to pay taxes, taxable
unterhaltspflichtig	tenu de payer les aliments	liable for board/maintenance
versicherungspflichtig	assujetti/soumis à l'assurance obligatoire	subjec to compulsory insurance
PFLOCK	cheville, fiche, piquet, taquet	peg, picket, pin, plug, stake
PFORTE	porte	entrance, gate
PFOERTNER	concierge, portier	care-taker, door-keeper, doorman, janitor, porter
Pförtnerloge	loge du concierge	porter's room
Pförtnerwohnung	logement du concierge	porter's lodge
PFOSTEN	poteau	post
Einfriedigungpfosten	poteau de clôture	fence picket/post/stake
Fensterpfosten	meneau vertical, montant	mullion, munion, monial
Leitpfosten	poteau de balisage	road marker post
Mittelpfosten [Fenster]	meneau	mullion

PFOSTEN	trumeau	pier
steinerner Mittelpfosten	montant	door-post/-stud
Türpfosten		
PHOTOGRAMMETRIE	levé aérien, photogrammétrie	aerial survey, photogrammetry
PHOTOGRAMMETRISCH	photogrammétrique	aerometric,, photogrammetric
photogrammetrische Vermessung	levé aérien/photogrammétrique	aerial/ photogrammetric survey,
PHOTOGRAPHIE	photographie	photography
PHOTOKOPIE	photocopie	photocopy, photo-print
PHYSIK	physique	physics
Bauphysik	physique du bâtiment	building physics
Raumphysik	physique de l'espace	space physics
PHYSIOLOGE	physiologiste,	physiologist
Physiologie	physiologie	physiology
physiologisch	physiologique	phgysiological
PILZ	champignon	mushroom
pilzvernichtend	fongicide	fungicide
PISSEN	pisser, uriner	to piss
Pißbecken	urinoir	urinal bowl
Pißstand	pissoir, urinoir	urinal
PISTOLE	pistolet	pistol
Spritzpistole [Farbe]	pistolet à peindre	paint gun
PKW [Personenkraftwagen]	voiture de tourisme	passenger car
PLAKAT	affiche	poster
PLAN	conception, plan, projet	conception, plan(ning), project
	² dessin, épure	² draft; map
	³ terrain plan	³ ground, plain, plane
Plangebiet	aire couverte par un plan	development area
Planquadrat	carré du plan directeur	grid square
Planquadratkarte	carte quadrillée	grid map
Planskizze	croquis, ébauche, esquisse	rough sketch
Planwirtschaft	économie dirigée/planifiée	controlled/planning economy,
	dirigisme, planisme	economic planning
einen Plan aufnehmen	lever un plan	to draw/survey a plan
Genehmigung der Pläne	approbation des plans	approval of plans
Verkleinerung eines Planes	réduction d'un plan	reduction of a drawing
Vergösserung eines Planes	agrandissement d'un plan	enlargement/magnification
		of a plan
Arbeitsplan	plan de travail,	operation plan, scheme of work
Aufbauplan	plan d'organisation	development plan
Baufluchtplan	plan d'alignement	alignment plan
Bauleitplan	plan directeur	general/master plan
Bauplan	plan de construction	building/construction draft/plan
Detailplan	plan de détail	detail drawing
Entwicklungsplan	plan de développement	development plan
Erweiterungsplan	plan d'extension	extension plan
Fahrplan	horaire	time-table
Finanzierungsplan	plan de financement	financing scheme
Flächenaufteilungsplan	plan de zonage	zoning plan
Flächennutzungsplan	plan d'utilisation des sols	zone use plan
Fundamentplan	plan des fondations	foundation/ground plan
Fünfjahresplan	plan quinquennal	five-year plan

PLAN

Erschließungsplan	plan de viabilisation	development plan
genehmigter Plan	plan approuvé	approved/statutory plan
Generalbebauungsplan	plan directeur	overall development plan
Gesamtplan	plan directeur	comprehensive/overall plan
Geschoßplan	plan d'étage/ horizontal	floor plan
Grundriß(plan)	plan horizontal, vue en plan	floor/ground plan
Haushaltsplan	budget	budget
Höhenplan	plan topographique	contour map
Katasterplan	plan cadastral	cadastral/plot plan
Kontenplan	plan/schéma comptable	chart/schedule of accounts
Lageplan	plan de situation	layout, plan of site
Leitplan	plan directeur	general/master plan
Montageplan	plan de montage	assembling plan
Nutzungsplan	plan de zonage	(use) zoning plan
Parzellierungsplan	plan de lotissement	allotment/parcelling plan
rechtsverbindlicher Plan	plan approuvé	approved/statutory plan
Regionalplan	plan régional	regional plan
Sanierungsplan	plan d'assainissement	reorganization/slum clearance plan
Schaltplan [elt]	schéma de couplage	circuit diagram, wiring scheme
Schichtenplan	plan topographique	contour map
Stadtplan	plan de ville	city map, town plan
Teilbebauungsplan	plan d'aménagement particulier	partial layout plan
Tilgungsplan	plan d'amortissement	program/schedule of redemption
Ueberbauungsplan	plan d'implantation	scheme design
Ubersichtsplan	plan d'ensemble/ général	survey map, general/key plan
Verkehrsplan	plan de(s) circulation(s)	traffic plan
Vermessungsplan	plan d'arpentage	land surveyor's drawing
Vierjahresplan	plan quadriennal	four-year plan
Werkplan	plan d'exécution	working draft
Wirtschaftsplan	plan économique	economic plan
Zahlungsplan	plan de paiement	instalment/settlement plan, payment schedule
Zeitplan	plan d'avancement des travaux	time schedule
Zonenplan	plan de zonage	use zone plan, zone use plan
PLAN [eben]	plat, ras, de plain-pied	flat, level
Planübergang	passage à niveau	level crossing
planfreie Kreuzung	carrefour/croisement dénivelé	crossing-free junction
PLANE	bâche	tarpaulin
PLANEN	planifier, projeter, proposer	to plan/project/scheme/schedule
PLANER	aménageur, concepteur, planificateur, urbaniste	planner
Planerausbildung	formation de l'urbaniste	planner's education
freischaffender Planer	urbaniste conseil	planning consultant
Landschaftsplaner	architecte paysagiste	lanscape architect/gardener
Stadtplaner	urbaniste	town-planner
PLANIEREN	aplanir, niveler	to level/plane/planish
[Planierung]	[2] nivellement, planage, régalage	[2] grading, levelling, planishing
Planiergeräte	appareils de régalage	surface grading devices
Planiermaschine	niveleuse	motor grader

Planierraupe	tracteur niveleur	caterpillar grader
Planierschaufel	louchet	levelling shovel
Exaktplanieren	nivellement précis	stake grading
PLANKE	madrier, planche	batten, board, plank
Leitplanke	glissière de sécurité	crash barrier
PLANUNG	planification, planning	planning
Planungsbehörde	service d'urbanisme	planning authority
Planungsgemeinschaft	commission intercommunale pour l'ajustement des projets d'urbanisme	joint planning board
Planungsmaßnahme	mesure de planification	planning measure
Planungsverfahren	méthode/procédure de planification	planning measure/procedure
Agrarplanung	planification agraire	agrarian planning
Arbeitsplanung	organisation du travail	operational planning
Familienplanung	contrôle des naissances, planning familial	birth control, family planning
Gewerbeplanung	planification des activités	trade planning
Landesplanung	aménagement national	national planning
Raumplanung	aménagement du territoire	physical planning
Regionalplanung	aménagement régional	regional planning
Sozialplanung	planification sociale	social planning
Stadtplanung	aménagement urbain, urbanisme	town planning
Verkehrsplanung	planification de la circulation	traffic planning
Wirtschaftsplanung	planification économique	(economic) planning
Zeitplanung	programmation du travail, programme chronologique	timing
PLASTISCH	plastique	plastic
plastischer Kitt	mastic plastique	plastic mastic/ joint-sealer
plasto-elastischer Kitt	mastic plasto-élastique	plasto-elastic putty
PLATTE	carreau, dalle, plaque, panneau	panel, plate, sheet, slab, tile
Plattenbelag	carrelage, dallage	flagging, paving, tiling
Plattenleger	carreleur	paver, tiler
Asbesthartplatte	carreau thermodurcissable	asphalt tile
Basalt(beton)platte	carreau en béton basaltique	basaltic concrete flag
Bauplatte	panneau de construction	building board/panel
Betonplatte	carreau/dalle en béton/ciment	cement floor tile
Dämmplatte	plaque isolante	insulating board
Dekor(ations)platte	panneau décoratif	decorative panel
Faserplatte	panneau de fibres	fibre board
Fußbodenplatte	carreau de plancher/sol	floor-tile
Gipskartonplatte	placoplâtre	gypsum plaster board
Hanffaserplatte	panneau de chanvre	hemp board
Hart(faser)platte	panneau dur	hardboard
Heizplatte	panneau chauffant	heating panel
Holzfaserplatte	panneau de fibres de bois	wood-fibre board
Holzspanplatte	panneau de copeaux/particules de bois	chip board
Holzwolleplatte	plaque/panneau en laine de bois	wood wool panel
Isolierplatte	panneau isolant	insulating panel
Leinfaserplatte	panneau de fibres de lin	flax board

PLATTE	plaque/tablette de couronnement	coping slab
Mauerabdeckplatte	contreplaqué massif	block board
Moraltplatte	panneau de copeaux de bois	chip board
Preßholzplatte	panneau en paille comprimée	straw board
Preßstrohplatte	panneau de plâtre, placoplâtre	plasterboard
Rigipsplatte	panneau stratifié	laminated board
Schichtplatte	panneau de copeaux de bois	chip board
Spanplatte	dalle	flag(stone)
Steinplatte	carreau en grès cérame	stoneware tile
Steinzeugplatte	panneau latté	block board
Tischlerplatte	carreau vinylique	vinyl tile
Vinylplatte	carreau mural	wall tile
Wandplatte	panneau en fibres de bois	insulating fibre board
Weichfaserplatte	plaque ondulée	corrugated sheet
Wellplatte	emplacement, endroit, lieu, place	place, spot, square
PLATZ		
Bauplatz	place à bâtir	building site/lot/plot
Dorfplatz	place de village	village green
Handelsplatz	place/ville marchande	trading place/town
Kinderspielplatz	aire/place de jeux	playground
Müllplatz	décharge publique, dépotoir	refuse/rubbish dump
Parkplatz	parc/place de stationnement	car park, parking place
Spielplatz	aire/place de jeux	playground
Wendeplatz	aire de révolution, raquette	apron, turnabout
PLENARSAAL	grande salle, salle des séances	session room
PLENARSITZUNG	réunion plénière	full session
PLEXIGLAS	perspex	perspex
PODEST	palier	(half)landing, out-end
POLAR	polaire	polar
Polararchitektur	architecture polaire	polar architecture
Polareis	glaces polaires	polar ice
Polarfront	front polaire	polar front
Polargürtel	cercle polaire	frigid zone, polar circle
Polarklima	climat polaire	polar climate
Polarkreis	cercle polaire	frigid zone, polar circle
Polarstern	(étoile) polaire	polar star
POLIER	contremaître	(general) foreman
POLIEREN	polir	to polish
Poliermaschine	polisseuse	polisher
Poliermittel	produit de polissage	polish(ing) product
POLITIK	politique, sciences politiques	policy, politics
Agrarpolitik	politique agraire	agrarian policy
Bodenpolitik	politique foncière	ground/land policy
Eigentumspolitik	politique de promotion de la propriété	ownership policy
Eigenheimpolitik	politique d'accession au foyer	owner occupancy policy
Finanzpolitik	politique financière	financial/fiscal policy
Einfamilienhauspolitik	politique pavillonnaire	detached house policy
Siedlungspolitik	politique du logement	housing policy
Wachstumspolitik	politique de croissance	growth policy

POLITIK

Wirtschaftspolitik	politique économique, économie politique	economics
Wohnungspolitik	politique de logement	housing policy
POLICE	police	policy
Versicherungspolice	police d'assurance	insurance policy
Rückkauf einer Police	rachat d'une police	surrender of a policy
POLIZEI	police	police
Baupolizei	police des bâtisses	surveyor's office
Gewerbepolizei	inspection du travail	factory inspection
Verkehrspolizei	police routière	traffic police
POLY-	[nombreux]	[numerous]
Polyakrylat	ester polyacrylique	polyacrylate
Polyamid	polyamide	polyamide
Polyäthilen	polyéthylène	polyethylene, polythene
Polyester	polyester	polyester
polymer	polymère	polymere
Polymerisierung	polymérisation	polymerization
Polypropylene	polypropylène	polypropylene
Polystyrol	polystyrène	polystyrene
Polyurethan	polyuréthane	polyurethane
Polyvinyl	polyvinyle	polyvinyl
Polyvinylazetat	acétate de polyvinyle	polyvinylacetate
Polyvinylchlorid	polychlorure de vinyle	polovinylchloride
PORE	pore	pore
Porenbeton	béton alvéolé/cellulaire/mousse	aerated/cellular/foam concrete
Porenbildner	aérateur, produit moussant	aerator
Porenglas	mousse de verre, verre cellulaire	foamglass
PORTAL	portail	portal, porch, front gate
Portalkran	grue à portique, pont roulant	gantry (crane), portal crane
PORTIER	concierge, portier	doorkeeper, porter
PORTLANDZEMENT	ciment portland	portland cement
Eisenportlandzement	ciment de fer	slag cement
PORTO	frais d'affranchissement, port	postage
Portokasse	caisse des menues dépenses	petty expenses fund
Portokosten	frais de port	postage expenses
POSE	pose	placing, laying
auf Putz; offene Pose	montage apparent/en saillie/rapporté	surface mounting
unter Putz/versenkte Pose	montage encastré/noyé/sous (l`)enduit	flush mounting
POST	poste	mail, post(-office)
Postanweisung	mandat de poste	postal oder
Postauftrag	mandat de recouvrement postal	postal collection order
Postbriefkasten	boîte aux lettres postale	pillar/street letter box
Postscheck	chèque postal	postal cheque
Postscheckamt	office des chèques postaux	postal cheque office
Post(schließ)fach	boîte/case postale	post-office box, POB
Postwertzeichen	timbre(-poste)	(postage-)stamp

POSTEN	poste, emploi ² lot	post, station ² job
		³ amount, item
Bilanzposten	élément/poste du bilan	balance item
Aktivposten	élément actif/créditeur	credit item
Ausgleichsposten	contre-passement/-passation	balancing entry
Polizeiposten	poste de police	police station
Verkehrsposten	agent de circulation	traffic policeman
Rechnungsabgrenzungsposten	compte transitoire, poste d'apurement/ de compensation	suspense account
PRÄMIE	prime	allowance, bonus, premium
Anschaffungsprämie	prime d'acquisition	acquisition subsidy
Aufmunterungsprämie	prime d'encouragement	incentive
Bauprämie	prime de construction	building subsidy
einmalige Prämie [Versich.]	prime unique	single premium
Umzugsprämie	prime de déménagement	removal allowance
Versicherungsprämie	prime d'assurance	insurance premium
PRAEZEDENZFALL	précédent	precedent, test case
Präzedenzrecht	jurisprudence	case law
PREIS	prix	price
Ansteigen der Preise	hausse des prix	rise in prices
ermäßigte Preise	prix réduits	cut prices
fallende Preise	prix en baisse	falling prices
steigende Preise	prix en hausse	rising prices
einen Preis aufschlüsseln	détailler un prix	to break down a rate
Preisangebot	offre de prix, prix offert	offer, quoted price
Preisangleich(ung)	réajustement de prix	readjustment of price(s)
Preisauftrieb	hausse des prix	price rise
Preisbindung	prix imposés	fixed prices
Preiserhöhung	majoration de prix	increase in price
Preisfestsetzung	mise à prix	fixing the price
preisgünstig	à bon compte, économique	economical, inexpensive
Preisindexierung	indexation des prix	pegging of prices
Preiskalkulation	analyse des prix, calcul analytique	analytic/price calculation/ computation
Preisliste	barème, liste des prix	price list, scale (of prices)
Preissenkung	abaissement des prix	dropping of prices
Preissteigerung	augmentation/hausse des prix, renchérissement	increase in price(s)
Preisstop	blocage des prix	price freeze/freezing
Preissturz	chute des prix	decline/drop in prices
Preisüberwachung	contrôle des prix	price control
preiswert	à bon compte/marché	low-cost, reasonable
Anschaffungspreis	prix d'achat	initial price
Ausgangspreis	prix d'achat	initial price
Einheitspreis	prix unitaire	flat/unit price
Erwerbspreis	prix d'achat	initial price
Festpreis	prix fixe	fixed price
Frankopreis	prix franco	price including freight/postage
Frankopreis einschl. Versich.	prix franco, assurance comprise	cost-insurance-freight [CIF]
Gestehungspreis	prix de revient	cost price
Mietpreis	loyer, prix de location	rent(al)

PRE-PRO

PREIS

Mietpreisbildung	détermination du loyer	computation of rent
Pauschalpreis	prix forfaitaire	flat price/rate, lump sum
Richtpreis	prix indicatif/-pilote	standard price
Selbstkostenpris	prix de revient	cost price
Sozialpreis [Endpreis für die Gesellschaft]	coût social	social cost

PRESSEN comprimer, presser — to press
Preßglas — verre moulé/pressé — pressed glass
Preßholz — bois comprimé/stratifié — pressed wood
Preßholzplatte — panneau en copeaux de bois — chip-/press-board
Preßkork — aggloméré de liège — cork conglomerate
Preßluft — air comprimé — pressed air
Preßluftbohrer — perforateur pneumatique — pneumatic drill
Preßlufthammer — marteau piqueur/pneumatique — air/pneumatic hammer
PRIMAER — primaire — primary
Primärenergie — énergie primaire — primary energy
PRIVAT — privé — private, personal
Privatbeamte(r) — employé privé — employee
Privatbesitz — propriété privée — private property
Privateigentum — propriété privée — private property
Privateigentümer — propriétaire privé — private owner
Privatentnahme — prélèvement privé — private withdrawal
Privatgesellschaft — société civile/ en nom collectif — private company/partnership
Privatheizung — chauffage individuel/privé — private heating
Privatindustrie — industrie privée — private industry
Privatkapital — capital privé — private capital
Privatklage — action civile — private prosecution
Privatleute — particuliers — private parties
Privatrecht — droit privé — private law
privatschriftlicher Vertrag — acte/contrat sous seing privé — private agreement, simple contract

Privatsektor — secteur privé — private sector
Privatsphäre — intimité personnelle — (personal) privacy
Privatstraße — voie de desserte/ privée — private/service road/way
Privaturkunde — acte sous seing privé — private agreement
Privatwirtschaft — économie libre/privée — free/private economy
PRIVILEG — privilège — privilege
Verkaufsprivilegium — privilège du vendeur — seller's/vendor's lien/ preferential claim

PRIVILEGIERT — privilégié — preferential
privilegierte Bank — banque agréée/privilégiée — chartered bank
PROBE — épreuve, essai, test [2] échantillon, éprouvette — experiment, test(ing) [2] sample

Probebelastung — charge(ment) d'essai/d'épreuve — test load
Probelast — charge d'essai/d'épreuve — test load
Probeloch — trou de sondage — trial bore/hole/pit
Probezeit — période d'essai — time of probation, probationary period

Belastungsprobe — essai de charge — load/resistance test
Biegeprobe — essai à la flexion — bending test
Materialprobe — éprouvette — test piece

PRODUKT	produit ² résultat	produce/product ² result
Abfallprodukt	déchet, sous-produit	by-/waste-product
Bruttosozialprodukt	produit national brut	national gross product
Nebenprodukt	sous-produit	by-product
PRODUKTION	production	output, producing, production
Produktionsausfall	perte de production	production loss
Produktionsgenossenschaft	coopérative de production	production co-operative
Produktionskapazität	capacité de production	production capacity
Produktionsrückgang	baisse de production	production drop
Produktionssteigerung	accroissement/augmentation de la production	increase/rise in production
Produktionszunahme	accroissement/augmentation de la production	increase in production
PRODUKTIVITAET	productivité	productivity, productiveness productive capacity
PROFIL	coupe, gabarit, profil(é)	profile, section
Profilblech	tôle profilée	profile/sectional sheet
Profilbrett	lambris, planche profilée	match board
Profileisen	fer profilé	section(al) iron
Pufilleiste	moulure	moulding
Hohlprofil	profil creux/tubulaire	hollow section
Klemmprofil	profil -clip/ de serrage	clip fixing section
Längsprofil	profil en long	longitudinal section
Querprofil	coupe transversale	cross-section
Querprofil einer Straße	profil de route	road cross-section
U-Profil	profil/section en U	channel section
Wetterprofil	jet d'eau, reverseau	weather-bar/-drip/-groove/
PROGRAMM	programme	program(me)
Bauprogramm	programme de construction	building programme
Gemeinde-entwicklungsprogramm	programme de développement communal	town development program
Investierungsprogramm	programme d'investissement	investment programme
langfristiges Programm	programme à long terme	long term programme
mehrjähriges Programm	programme pluriannuel	pluriannual program
mittelfristiges Programm	programme à moyen terme	medium term program
PROGRESSION	progression	progress(ion)
PROGRESSIVITAET	progressivité	progressiveness, progressivity
Progression der Kosten	progressivité du coût	cost progressivity
PROJEKT	plan, projet ² opération	plan, project, scheme ² deal
Bauprojekt	projet de construction	building project/scheme
PROJEKTION	projection	projection
PROKURA	procuration	(power of) procuration, proxy
Einzelprokura	procuration individuelle/unique	single signature
PROKURIST	fondé de pouvoir	confidential/signing clerk
PROLETARIAT	prolétariat	proletariat
PROMENADE	promenade	walk ² promenade
PROMISKUITAET	promiscuité	promiscuity
PROTOKOLL	procès verbal	minute, record, report ² charge
Protokoll errichten	verbaliser	to charge (for minor offence)
PROVISION	prévision, provision ² commission	funds, provision, security ² allowance, commission

PROZESS

PROZESS	procédé, processus [2] action en justice	process [2] action at law, case, law-suit, trial
Prozeßkosten	frais de justice/procès	law/legal charges
Arbeitsprozeß	procédé de travail	operating process
Herstellungsprozeß	procédé de fabrication	manufacturing process
Strafprozess	affaire pénale, procès criminel	criminal proceedings
Zivilprozess	action/affaire civile, procès civil	civil action/proceedings/suit
PRUEFEN	contrôler, examiner, vérifier	to examine/test/try/verify
Prüfanstalt	laboratoire d'essai	testing institute/laboratory
Prüfgerät	appareil de contrôle/ d'essai	testing machine
Prüfverfahren	méthode d'essai	test method
Prüfvorrichtung	dispositif de contrôle/d'essai	testing device
PRUEFER	contrôleur, réviseur, vérificateur	examiner, inspector, verifyer
Rechnungsprüfer	co;nmissaire/vérificateur aux comptes	auditor
Wirtschaftsprüfer	expert comptable/fiduciaire	chartered accountant
PRUEFLING	éprouvette	test piece
PRUEFUNG	essai [2] examen [2] vérification	examination [2] test(ing) [3] revision, verification
Prüfungsbericht	rapport de révision/ sur les résultats de l'essai	revision report, report on testing result
Abnutzungsprüfung	essai à l'usure	wear out test
Bilanzprüfung	vérification du bilan	balance sheet audit
Buchprüfung	vérification des écritures/ comptes	audit
Materialprüfung	essai de matériau(x)	material testing
Meisterprüfung	examen de maîtrise	mastership examination
Stempeldruckprüfung	essai de pression au poinçon	indentation test
Verschleißprüfung	essai à l'usure	wear out test
PSYCHOLOGIE	psychologie	psychology
angewandte Psychologie	psychologie appliquée	applied psychology
PULT	pupitre	desk
Pultdach	(toit en) appentis, toit à un versant	pent-/shed-roof
PULVER	poudre	powder
pulverförmig	pulvérulent	pouwdry, pulverulent
PUMPE	pompe	pump
Pumpstation	station de pompage	water works
Beschleunigungspumpe	accélérateur de circulation	accelerator
Betonpumpe	pompe à béton	concrete pump
Druckerhöhungspumpe	pompe de relevage	lift pump
geräuschlose Pumpe	accélérateur silencieux	silent accelerator
Heizungspumpe	accélérateur de circulation	accelerator
Mörtelpumpe	pompe à mortier	mortar pump
Saugpumpe	pompe d'épuisement	dewatering pump
Umwälzpumpe	pompe de circulation	circulation pump, circulator
Wärmepumpe	pompe de chaleur	heat pump
Zirkulationspumpe	pompe de circulation	circulation pump, circulator
PUMPEN	pomper [2] pompage	to pump, pumping

PUNKT	point	point
punktgeschweißt	soudé par points	spot welded
Punkthaus	immeuble-tour carrée	point-block
Punktlinie	ligne pointillée	dotted line
Punkt-Strich Linie	trait mixte	dot and dash line
Bezugspunkt	point de référence/repère	reference/zero point
Festpunkt	point fixe	fixed point
Knotenpunkt	jonction, noeud	intersection, junction
Kondensationspunkt	point de rosée	dew point
Mittelpunkt	centre	central point, centre
Sättigungspunkt	point de saturation	saturation point
Schwerpunkt	centre de gravité	centre of gravity
Taupunkt	point de dégel	thawing point
PUTZ	crépi, enduit	plaster, rough cast
auf Putz verlegt	monté en saillie, posé sur enduit	surface mounted
unter Putz verlegt	encastré, noyé, posé sous enduit	concealed, embedded, flush mounted
Putzarbeiter	façadier, enduiseur	plasterer
Putz auf Drahtgewebe	enduit sur bacula	metal lathing plaster
Putzgrund	apprêt, couche d'accrochage	plaster/rendering base
Ausgleichputz	enduit d'égalisation	levelling plaster
Außenputz	crépi, enduit extérieur	rendering
Besenputz	enduit bretté/ au balai	regrating rendering
Dämmputz	enduit isolant/ d'isolation	insulating plaster/rendering
Deckenputz	enduit de plafond	ceiling plaster
Edelputz	enduit de haute qualité	high quality rendering
Fassadenputz	enduit de façade/parement	exterior/façade rendering
Filzputz	enduit feutré	[felt-smoothened rendering]
gestrichener Putz	enduit appliqué au pinceau	brushed paint
Gipsputz	enduit de plâtre, plafonnage	(gypsum) plaster coat, plastering
Glattputz	enduit taloché	smoothed rendering
Innenputz	enduit intérieur	interior plaster(ing)
Kalkputz	enduit à la chaux	lime plaster
Kalkzementputz	enduit de mortier bâtard	lime-cement rendering
Kammputz	enduit peigné	comb rendering, combed stucco
Kellenputz	crépi/enduit à la truelle	trowel applied rough cast
Kratzputz	enduit gratté	[scraped/grated rendering]
Kunstharzputz	crépi synthétique	plastic finish
Rauhputz	crépi(ssage), crépissure	rough-cast/pebble-dash plaster
Reibputz	enduit taloché	smoothed rendering
Spritzputz	mouchetis, tyrolien	tyrolian rendering
Unterputz	sous-enduit	undercoat plaster
Wandputz	enduit mural	wallplaster
Zementputz	enduit au ciment	cement rendering
zweilagiger Putz	enduit en deux couches	two coat work
PUTZEN	nettoyer	to clean(se)
Putzarbeiten	travaux de nettoyage	cleaning
Putzkasten	boîte de nettoyage	inspection box
Putzraum	local de nettoyage, resserre	cleaning equipment room
Putzschraube	vis de nettoyage	cleaning plug, cleanout screw
Putzstutzen	tuyau de nettoyage	cleaning/cleanout tube

QUA-QUI

QUADRAT	carré	square meter
Quadratmeter	mètre carré	square meter
Quadratnetz	cadrillage (de carte)	grid net, square grid
Planquadrat	carré du plan directeur	grid square
Planquadratkarte	carte quadrillée	grid map
QUALIFIKATION	capacité, qualification	ability, capacity, qualification
QUALITAET	qualité	quality
Qualitätsarbeit	travail de qualité	high quality work
Qualitätserzeugnis	produit de qualité	high quality product
Qualitätsware	marchandise de qualité	goods of high class/ superior quality
QUANTITAET	quantité	quantity
QUARTIER	logement, quartier	lodging, quarter
ausquartieren	déloger, déplacer, évincer	to dislodge/displace/evince
QUARTZ	quartz	quartz
Quartzkies	gravier de quartz	quartz chips
Quartzsand	sable de quartz	quartz sand
QUELLE	fontaine, source	source, spring
Quellenfassung	captage d'eau/ de source	collection of water
Quellensteuer	impôt à la base précompte immobilier	tax levied at the source
Quellensucher	radiesthésiste, sourcier	dowser, water-diviner/-finder
Finanzierungsquelle	source de crédit	source of credit
Verkehrsquelle	cause de circulation	traffic generation
Wärmequelle	foyer/source de chaleur	source of heat
QUELLEN	couler, jaillir, sourdre [2] gonfler	to gush/s spring/well [2] to swell
Quellen des Holzes	gonflement du bois	swelling of wood
Quellverkehr	circulation originaire/sortant	originating/outgoing traffic
QUER	en travers	across
Querbalken	poutre traversière	cross-beam/-girder/-piece
Querlüftung	ventilation transversale	cross-ventilation
Querriegel	entretoise	brace, cross-bar
Querträger	traverse, linteau	lintel
Querlatte	contre-latte	roof-batten, slate-lath
Querholz	entretoise	brace, cross-bar
Querpfosten	entretoise	brace, cross-bar
Querprofil	profil en travers	cross-section
Querschnitt	coupe, plan transversal	(cross-)section
Straßenquerschnitt	profil de route	profile of road
Querschnittdarstellung	vue en coupe	cut-away illustration
Querschnittfläche	surface de coupe	sectional area
Querschnittzeichnung	coupe	sectional view
Querstraße	route/rue transversale	cross-road/-street
Querverspannung	contreventement	cross-/wind-bracing
QUITTUNG	quittance, récépissé, reçu, accusé de réception	(acknowledgement of) receipt
"gut für Quittung"	pour acquit	paid, received, S(ettled)
Saldoquittung	quittance pour solde	receipt in full, final/full/ vacating receipt
Schlußquittung	quittance pour solde	receipt in full, final/full/ vacating receipt

QUITTUNG		
"worüber Quittung"	dont (cette) quittance	receipt whereof is hereby acknowledged
QUOTE	cote ² quote-part	mark, proportion ² share, quota
Höhenquote	cote de niveau	bench mark

RABATT	rabais, remise	rebate, reduction
Rabattsatz	taux de remise	discount rate
Barzahlungsrabatt	escompte de caisse, remise pour paiement au comptant	cash discount
Mengenrabatt	rabais de quantité	quantity/volume discount
RABITZ	bacula, treillis céramique	Rabitz cloth fabric
Rabitzdecke	enduit/plafond Rabitz	Rabitz ceiling/plaster(ing)
RACHEN	gosier, gueule	throat
Wolfsrachen	(battée à) gueule de loup	meeting stile joint
RAD	roue	wheel
Radantrieb	commande par roue(s)	wheel drive
Radfahrer	cycliste	cyclist
Radfahrerüberweg	passage pour cyclistes	bicycle crossing
Radfahrweg	piste cyclable	cycle track
Radleitstein	butoir, chasse-roue	spur stone
Gelenkradlader	chargeuse articulée sur pneus	articulated loader on wheels
Fahrrad	bicyclette	bicycle
Reserverad	roue de secours	spare tire/wheel
RADIAL	radial	radial
Radiallüfter	ventilateur centrifuge	fan coil unit
Radialstraße	route/voie radiale	radial road/street
RADIATOR	calorifère, radiateur	radiator
Flachradiator	radiateur plane	flat radiator
Gliederradiator	radiateur sectionné	radiator
RADIOAKTIV	radioactif	radioactive
radioaktiver Niederschlag	retombées radioactives	radioactive precipitation
radioaktive Strahlung	radiation (radioactive)	radioactive radiation
RADIOAKTIVITAET	radioactivité	radioactivity
RADIUS	rayon	radius
Aktionsradius	rayon d'action	radius of action
RAFFEN	relever, retrousser	to snatch up
Raffstore	store vénitien/ à lamelles empilées	venetian blind
RAHMEN	cadre, encadrement ² châssis, chambranle	frame, framing
Rahmenabkommen	convention-cadre/ de base	basic/outline agreement
Blendrahmen	dormant	blind frame
Fensterrahmen	bâti/châssis/dormant de fenêtre	window-frame
Türrahmen	chambranle, huisserie	door frame
Türumrahmung	encadrement de porte	door framing
RAMMEN	damer	to ram
Rammen von Pfählen	battage de pieux	(pile) driving
RAMME	dame(use), demoiselle, mouton, pilon	paving beetle, punner, rammer ² pile driver
Rammbär, Ramme	dame(use), mouton (de sonnette)	drop hammer, punner, ram monkey
Rammhammer	marteau pilon/ de battage	power-hammer
Rammpfahl	pieu battu	driving pile
Rammaschine	*machine à battre des pieux batteuse de pieux, sonnette*	*pile driver*
Dampframme	sonnette de battage à vapeur	*steam driven pile driver*

RAND	bord, bordure	border, edge
Randleiste	rebord	cornice, edge,
Randbalken	poutre de rive	perimeter beam, trimmer
Randstein	bordure (de trottoir)	curb/kerb(stone)
Randsstreifen [Landstraße]	accotement, banquette	roadside
Randziegel	tuile de rive	edge/verge tile
Stadtrand	banlieue	outskirts
Stadtrandsiedlung	cité-jardin, cité de banlieue	garden-city, settlement on the outskirts
Straßenrand	bas-côté, bord de la route	roadside, shoulder
Straßenrandbebauung	construction le long des (grand-)routes	building along the streets, roadside building
RANG	classe, échelon, rang	class, order, rank
Rangordnung	hiérarchie, ordre de préséance	hierarchy, order of precedence
gesellschaftliche Rangordnung	l'échelle sociale	the social ladder
RASEN	gazon, pelouse	lawn, turf
Rasenmäher	tondeuse	lawn-mower
Rasenstein	pierre à gazon	[concrete lawn block]
RAST	halte, pause, relâche	repose, rest(ing)
Rastanlage	aire de repos	resting facility
Rastplatz [Landstraße]	aire de repos/stationnement	lay-by, service area
RASTER	grille, trame	grid, screen
Rasterdecke	plafond -grille/ tramé/ à caissons	open type grid ceiling
Rasterstadt	ville construite en forme de grille	town built in the form of a grid
RAT	conseil	advice, counsel, hint [2] council
Ratgeber	conseil(ler)	adviser, consultant, counsellor
Rathaus	hôtel de ville	city-/town-hall
Ratsmitglied	conseiller, membre du conseil	councillor, council member
Aufsichtsrat	conseil de surveillance, collège des commissaires	board of auditors/ supervisers, supervisory board
Familienrat	conseil de famille	family council
Gemeinderat	conseil communal	borough/city council
Gemeinderatsmitglied	conseiller communal	town council(l)or
Schöffenrat	collège échevinal	board of aldermen
Stadtrat	conseil municipal	city/town council
Stadtrat(smitglied)	conseiller municipal	town council(l)or
Verwaltungsrat	conseil d'administration	board of directors
Verwaltungsratsmitglied	administrateur	member of the board
RATE	acompte [CH]: rate	instalment, part-payment
auf Raten	à tempérament	by instalments
in Raten	en plusieurs versements	by instalments
Ratenkauf	achat à tempérament	hire-purchase
Ratenverkauf	vente à crédit/tempérament	hire-purchase
Ratenzahlung	paiement par termes	payment by instalments time payment
Jahresrate	annuité	annuity, yearly instalment
Monatsrate	mensualité	monthly instalment/payment
Zuwachsrate	taux d'accroissement	growth/increase rate
RATIONALISIERUNG	rationalisation	rationalization

RAUCH	fumee, vapeur	fume, smoke
Rauchabzug	conduit de fumée	(smoke-)flue
Rauchabzugdklappe	trappe antifumée/ de fumée	smoke trap
Rauchbelästigung	molestation par la fumée, nuisance de fumée	smoke nuisance
Rauchbeseitigung	désenfumage	smoke removal
rauchdicht	hermétique, imperméable à la fumée	smoke-tight
Rauchentfernung	désenfumage	smoke removal
Rauchentwicklung	émission de fumée	smoke development/emission
Rauchfahne	panache de fumée	smoke plume
Rauchfang	cheminée, hotte	chimney (hood)
Rauchhaus	fumoir	smoke chamber/house
Rauchkammer	fumoir	smoke chamber
Rauchkanal	carn(e)au [CH]: traînasse	(smoke) flue
Rauchklappe	clapet de cheminée, vanne à boisseau	smoke valve
Rauchmelder	détecteur de fumée	smoke detector
Rauch-rohr/-röhre	boisseau, conduit de fumée	chimney/smoke flue (tile)
Rauchrohrauskleidung	chemisage de conduite de fumée	smoke-flue jacketing
Rauchrohrbüchse	tuyau de niche	flue collar
Rauchschwaden	panache de fumée	wreath of smoke
Rauchverhütung	évitement de fumée	smoke prevention
RAUH	raboteux, rugueux	rough
Rauhbewurf	crépi, enduit fouetté/hourdé	pebble-dash, rough cast
Rauhfaseranstrich	peinture à relief	ingrain/textured painting
Rauhfaserpapier	papier engrain	ingrain/textured (wall)paper
Rauhreif	gelée blanche, givre	hoar frost, rime
RAUM	espace, volume ^{2} pièce, salle	space, volume ^{2} room
Raumanordnung	agencement/disposition des pièces	disposition/lay-out of rooms
Raumansprüche	normes spatiales	space requirements/standards
Raumbedarf	place requise	space requirements
Raumbedarfsmaß	encombrement	overall dimension
Raumbelegung	occupation des/par pièce(s)	room occupation (density)
Raum(einheits)gewicht	poids/gravité spécifique/ volumétrique	bulk density, gravity, bulk/volume(tric)/unit weight
Raumelektrizität	électricité ambiante/ de l'espace	space electricity
Raumforschung	recherche en matière d'aménagement du territoire	planning research
Raumgeräusch	bruit de fond/ de salle	background noise
Raumgestalter	(architecte-)décorateur, ensemblier	interior decorator
Raumgestaltung	décoration (intérieure)	interior decoration
Raumheizgerät	appareil de chauffage individuel	room heating device
Raumhöhe	hauteur sous plafond	height of ceiling
Rauminhalt	capacité, cubage, volume	bulk, mass, volume
Raumklima	climat ambiant (d'une pièce)	indoor/room climate
Raumkühler	refroidisseur	space cooler
Raumkunst	art de la décoration intérieure	art of interior decoration

Raumlage	orientation/position d'une pièce	room exposure/situation
Raummaß	mesure de volume	cubic measure
Raummeter	mètre cube de bois empilé, stère	cubic meter of piled wood
Raum=ordnung/=planung	aménagement du territoire	(physical/space/spatial planning
Raumphysik	physique de l'espace	space physics
Raumprogramm	locaux à prévoir	program of rooms
Raumschall	bruit aérien	aerial/airborne noise/sound
Raumteiler	partition, cloison de séparation	room partition
Raumtemperatur	température des locaux	indoor/room temperature
Raumtiefe	profondeur d'une pièce	depth of room
Raumverteilung	disposition des pièces	disposition/lay-out of rooms
fensterloser Raum	pièce aveugle	windowless room
gefangener Raum	pièce commandée	room with no individual access
haustechnische Räume	pièces techniques du logement	equipment rooms of building
kleiner Raum	cabinet, petite pièce	small room
sozialer Raum	espace social	social space
technische Räume	pièces techniques	utility rooms
umbauter Raum	volume bâti	cubage, cubic content of building
Abraum	déblai	excavation, spoil
Abstellraum	débarras, espace (de rangement)	storage room/space/volume
Arbeitsraum	atelier, bureau, pièce de travail	working room
Bastelraum	pièce/salle de bricolage	hobby/odd-job room
Bewegungsraum	espace de circulation	space for moving
Freiraum	espace libre	clear room
Dachraum	combles [2] grenier, soupente	attic (room)
Gemeinschaftsraum	local collectif	collective room/space
Geschäftsraum	local commercial	commercial room
Geschäftsraummiete	bail commercial	commercial lease
Hauptraum	pièce principale	main room
Hausanschlußraum	pièce des raccordements	main's connection room,
Hausarbeitsraum	pièce pour travaux domestiques	domestic utility room
Hobbyraum	pièce/salle de bricolage	hobby room
Kesselraum	chaufferie	boiler room
Kühlraum	chambre froide	cold storage room
Mehrzweckraum	pièce/salle polyvalente	multipurpose room
Nachträume	pièces nocturnes	night rooms
Nebenraum	pièce annexe/secondaire	secondary room,
	[2] pièce contiguë	[2] adjoining room
Spielraum	marge	margin
Tagesräume	pièces diurnes	day rooms
Trockenraum	séchoir	dryer, drying room
Verdichtungsraum	zone de concentration	supreme density area, concentration area
Verwaltungsräume	locaux administratifs	administrative premises
Vorratsraum	cellier de provisions	storage room
Wirtschaftsraum	espace économique	economic space
Wirtschaftsräume	locaux de service	service rooms
Wohnraum	espace d'habitation, surface habitable [2] (pièce de) séjour	dwelling space/surface [2] living room
Zählerraum	pièce des compteurs	meter room

RAEUMEN	évacuer, vider	to evacuate/vacate
RAEUMUNG	déblaiement, dégagement ² évacuation, expulsion	clearance, clearing ² evacuation, eviction, vacating
Räumungsarbeiten	travaux de déblaiement	clearance/demolition work
Räumungsaufschub	maintien dans les lieux	permission to remain on premises
Räumungsbefehl	arrêté d'expulsion, ordre d'évacuation/ de déguerpissement	eviction notice, clearance order, order to evacuate
Räumungsklage	action en éviction/expulsion	action for ejection
Räumungstermin	délai fixé pour l'évacuation des lieux	date fixed for vacating the premises
Zwangsräumung	éviction, évincement, expulsion	ejection, eviction
RAUPE	chenille	caterpillar
Raupenantrieb	commande par chenilles	caterpillar drive
Raupenbagger	excavateur chenillé/ sur chenilles	crawler excavator
Raupenfahrzeug	autochenille, chenillette, véhicule chenillé/ à chenilles	caterpillar/crawler (vehicle)
Raupenlader	chargeur/chargeuse à chaînes/ chenilles	crawler/track type loader
Raupenschaufel	pelle chenillée/ sur chenilles	caterpillar/crawler shovel
Raupen=schlepper/=traktor	tracteur sur chenilles	caterpillar/crawler tractor
Nivellier=/Planier=raupe	niveleuse à chaînes/chenilles	bulldozer, crawler/track type motor grader
RAUTE	losange, rhombe	lozenge, rhomb(oid)
Rautenfenster	fenêtre treillagée/ à losanges	diamond-pattern/ lattice window
rautenförmig	en losange, rhombique	lozenge-shaped
RAVALIEREN	ravaler	to redress/resurface
REAL	concret, effectif, réal	real
Realdarlehn	prêt immobilier (conventionné)	loan on real estate
Realien	valeurs immobilières	real estate values
Realeinkommen	revenu réel	real income/revenue
Realbesitz	propriété immobilière	real estate
Reallohn	salaire réel	real wages
Realkredit	crédit/prêt immobilier/hypothécaire	credit on real property, mortgage loan
Realkreditgesellschaft	société de crédit foncier/immo- bilier, banque hypothécaire	land/mortgage/real-estate bank, building credit society
Realsicherheit	gage/garantie hypothécaire	real security, security on mortgage
Realsteuern	contributions foncières, impôt foncier	taxes on real property
RECHNEN	calculer, compter	to calculate/compute/reckon
Rechenfehler	erreur de calcul, mécompte	miscalculation, miscount
Rechenmaschine	machine à calculer, calculatrice mécanique/électrique	computer
Rechenschaft	compte rendu	account
Rechenschaftsbericht	compte rendu, rapport de gestion	report, statement of account
Rechenschaft geben	rendre compte	to render account
Rechen=schieber/=stab	règle à calcul, échelle logarithmique	slide rule

Rechentabelle	abaque, barème	calculator, computer, reckoner
RECHNER	calculateur, calculatrice	calculator, computer, reckoner
Elektronenrechner	ordinateur électronique	electronic computer
RECHNUNG	calcul(ation) [2] addition,	calculation, computation,
	compte, note, facture	reckoning [2] account, bill, invoice
im Auftrag und für Rechnung	d'ordre et pour compte	by order and for account
Rechnungsabgrenzungsposten	compte transitoire	suspense account
Rechnungsbetrag	montant de facture	invoice account
Rechnungsjahr	année comptable, exercice	accounting/business year
Rechnungslegung	reddition de compte	rendering of account
Rechnungsposten	article/élément de compte/	item of account
	facture	
Rechnungsprüfer	commissaire aux comptes,	auditor
	vérificateur	
Rechnungsprüfung	vérification des comptes/	audit
	écritures/livres	
Rechnungswert	valeur mathématique	calculated value
Rechnungswesen	comptabilité	accountancy, accounting,
		accounts, bookkeeping
Abrechnung	décompte	account, settlement
Erfolgsrechnung, Gewinn=	compte de résultat/ de	profit and loss account, revenue
und Verkustrechnung	pertes et profits	and appropriation account
Kosten(ab)rechnung	état des frais	account/statement of charges
Kosten-Nutzen Rechnung	analyse coût-revenu	cost-profit analysis
Proforma Rechnung	facture fictive/provisoire	proforma invoice
Spesenrechnung	état des frais	bill of costs
RECHT	droit	law, right
Abtreten eine Rechtes	cession d'un droit	assignment of a right
auf ein Recht verzichten	renoncer à un droit	to disclaim a right
Einsetzung in die Rechte anderer	subrogation	surogation, substitution
Verzicht auf ein Recht	renonciation à un droit	renunciation to/ waiver of rights
Recht auf eine Wohnung	droit au logement	right of housing
Recht zum Untervermieten	droit de sous-location	right of subletting
absolutes Recht	droit absolu	absolute right
bürgerliches Recht	droit civil	civil law
dingliches Recht	droit réel	real right, right in rem
		[2] property law, law of real
		property
gemeines Recht	droit commun	common law
lebenslängliches Recht	droit viager	life(-time) interest
öffentliches Recht	droit public	public law
römisches Recht	droit romain	Civil/Roman Law
strittiges Recht	droit litigieux	litigious claim
übertragbares Recht	droit transmissible	transferable right
veräußerliches Recht	droit aliénable	alienable right
vertragliches Recht	droit contractuel/conventionnel	agreed/contractual/treaty right
rechtlich	juridique	juridical
rechtmäßig	légal, légitime	lawful, legal, rightful
Rechtsabteilung	contentieux	legal department

Rechtsanwalt [plädierend]	avocat	barrister
[d° nicht plädierend]	avoué	solicitor
Rechtsberater	conseiller juridique	legal adviser
Rechtsbeugung	mal-jugé	miscarriage of justice
Rechtsfähigkeit	capacité civile/juridique	capability, legal ability
Rechtsform	forme/statut juridique	legal form/status
rechtsgültig	légal, valable en droit	lawful, valid in law
Rechtsgültogkeit	légalité	lawfulness, legal validity
Rechtskraft	force de loi/ de chose jugée	legal effect/validity
rechtskräftig	ayant force de loi	of legal force, effective in law
Rechtsmißbrauch	abus de droit	misuse of right
Rechtsmittel	moyens de droit	legal means
Rechtsnachfolger	ayant-droit	successor in title, legal successor
Rechtsprechung	jurisprudence	jurisdiction, the precedents
Rechtsstreit	litige, procès	law-case/-suit, litigation
rechtsunwirksam	nul (et de nul effet)	null and void
rechtsverbindlich	légal, obligatoire	legally binding
rechtswidrig	illégal, contraire à la loi	illegal, unlawful
Rechtstitel	titre constitutif	legal title
Rechtsverletzung	violation d'un droit	violation of right
Ablösungsrecht	droit de rachat	right of redemption/repurchase
Arbeitsrecht	droit du travail	labour law
Auflösungsrecht	action résolutoire, droit de résolution	right of annulment/rescission
Besitzrecht	(droit de) possession	(right of) possession
Durch=fahrts=/gangs=recht	droit de passage	right of passage/way
Eherecht	droit matrimonial	matrimonial law
(Ehe)scheidungsrecht	droit du divorce	divorce law
Eigentumsrecht	droit de propriété	property right
Erbbaurecht	droit perpétuel de superficie, bail emphitéotique	hereditary lease(hold) - a foreign plot
Erbrecht	droit de succession	law/right of inheritance
Familienrecht	droit de famille	family law
Fensterrecht	droit de vue(s et de souffrance) vue (de jour et) de souffrance, servitude de vue	ancient/free lights, right of light
Gesellschaftsrecht	loi sur les sociétés	companies' act, company law
Gewerkschaftsrecht	droit syndical	trade union legislation
Gewohnheitsrecht	droit coutumier, us et coutumes	unwritten law
Grundstücksrecht	droit immobilier	law on real property
Handelsrecht	droit commercial	trade law
Hypothekenrecht	droit hypothécaire	mortgage law
Immobilienrecht	droit immobilier	law on real property
Konkursrecht	loi sur les faillites	bankruptcy law
Kündigungsrecht	droit de dénonciation	right to give notice/ to terminate
Leiterrecht	tour d'échelle	right of repair
Menschenrechte	droits de l'homme	right of man
Mietrecht	loi sur les baux à loyer	law of letting
Nutzungsrecht	droit de jouissance/ d'usufruit	right of usufruct
Obligationsrecht	droit des obligations	law of contract

RECHT		
Passagerecht	droit de passage	right of way
Pfandrecht	droit de gage/rétention	lien, pledge, right of attachment
Präzedenzrecht	jurisprudence	case law
Privatrecht	droit privé	private law
Privilegienrecht	droit de constitution de privilège	right of charge
Prozeßrecht	droit de procédure	law on procedure
Regreßrecht	droit de recours	right of recourse
Rückkaufsrecht	droit de rachat/réméré	right of repurchase/redemption
Rücknahmerecht	droit de reprise	right to take back
Verkauf mit Vorbehalt des Rückkaufrechtes	vente à réméré	sale subject to repurchase
Stadtbaurecht	droit de l'aménagement des villes	town planning act
Streikrecht	droit de grève	right to strike
Vertragsrecht	droit des obligations	law of contract
Verwaltungsrecht	droit administratif	administrative law
Vorfahrtsrecht	priorité de passage	priority in traffic
Vorkaufsrecht	droit de préemption	right of pre-emption
Vorzugsrecht	droit de préférence, option	option
Vorzugsrecht des Verkäufers	privilège du vendeur	seller's preferential mortgage
Wegerecht	droit de passage	right of way
Wirtschaftsrecht	droit économique	business/commercial law
Wohnrecht	droit d'habitation	right of occupancy/residence
Wohnungsrecht	droit du logement	housing law
Zivilrecht	droit civil	civil law
RECHTECK	rectangle	rectangle
REDE	discours	speech
Abrede	accord, convention ² démenti	agreement ² denial
REDUKTION	réduction	reduction
Reduktionsrohr	réduction	reducing pipe
REFORM	réforme, réorganisation	reform
Bodenreform	réforme foncière	real estate reform
Finanzreform	réforme financière	financial reform
REGAL	planche, rayon [étagère]	board, shelve, shelving
REGEL	règle	rule
Regeln des Handwerks	règles du métier	craft rules
Regeln der Kunst	règles de l'art	rules of art
Regel=gerät/=vorrichtung	appareil de réglage/régulation	controlling/regulating device
REGELN	régler	to control/regulate
REGELUNG	règlement, réglementation ² réglage	control, regulation ² adjustment, control, setting
Arbeitsregelung	réglementation du travail	labour regulation
Mietpreisregelung	réglementation des loyers	regulation of rents, rent-control
Miteigentumsregelung	règlement de copropriété	co-ownership regulations
Preisregelung	réglementation des prix	limitation/regulation of prices
REGLEMENTIERUNG = Regelung		
REGEN	pluie	rain
leichter Regen	bruine, crachin	drizzle, Scotch mist

Regenabfallrohr	tuyau de décharge/descente/d'écoulement	down-/fall-/rain-pipe
Regen(ablauf)rinne	gouttière	(roof) gutter
Regendach	abat-vent, auvent	canopy, porch
Regenfall	chute de pluie	rainfall
Regenmantel	imperméable	trench coat
Regenmenge	pluie tombée	amount of rain
Regenmesser	pluviomètre	pluviometer, rain gauge
Regenschauer	averse, giboulée, ondée	flurry, shower of rain
Regenschutz	protection contre la pluie	rain-proofing/-protection
Regentraufe	gouttière	(roof) gutter
Regenwasser	eau(x) pluviale(s)	rain water
Regenwasserablauf	écoulement des eaux pluviales	rainwater outlet
Regenwasserableitung	égouttage, évacuation des eaux pluviales	drainage
Regenwasserkanal	réseau pluvial	storm sewer/sewage, rain/surface water sewer
Regenwolke	nuage de pluie	rain-cloud
Regenwetter	temps de pluie	rainy weather
Regenzeit	saison des pluies	rainy season
Nieselregen	bruine, crachin	drizzle, Scotch mist
Platzregen	averse, ondée, pluie battante	soaker
Schlagregen	pluie battante/fouettante	driving/pelting/pouring rain
REGENERATION	régénération, renouvellement	regeneration, renewal
REGIE	régie	administration, control, management
REGION	région	area, district, region
Stadtregion	région urbaine	urban area/region
REGIONAL	régional	regional
Regionalplanung	aménagement régional	regional planning
Regionalverkehr	trafic régional	regional traffic
REGISTER	registre	minute-book, register
Handelsregister	registre de commerce	trade register, register of companies
Hypothekenregister	registre des hypothèques/des inscription hypothécaires	register of mortgages
Personenstandsregister }	(registre de l')état civil	register of births, marriages and deaths
Zivilstandsregister }		
REGISTRATUR	bureau du courrier, greffe	filing/record office, registry
Registraturbeamter	archiviste, documentaliste	filing clerk
REGLEMENT	règlement	regulation, rules
Gemeindereglement	règlement de police	bye-laws
REGLER	appareil de commande/réglage, régleur	controller, regulator
Druckregler	détendeur	pressure-reducer
Temperaturregler	thermostat	thermostat
Strömungsregler	antirefouleur	draft regulator
Zugregler	antirefouleur	draft regulator
REGRESS	recours	recourse
Regressrecht	droit de recours	(right of) recourse

REGULIERUNG	ajustement, réglage	adjustment, regulation
Feuchtigkeitsregulierung	réglage de l'humidité	moisture control
Flußregulierung	redressement des cours d'eau	river bed regulation
REHABILITIERUNG	réhabilitation	rehabilitation
Rehabilitierung eines Konkursschuldners	réhabilitation d'un failli	discharge in bankruptcy
REIBEN	frotter	to grate/rub
REIBBRETT	aplanissoire, taloche	float, hawk
mit dem Reibbrett glätten	talocher	to smoothen with the hawk
REIF	givre	hoar
Rauhreif	givre	hoar frost
REIFEN	pneu(matique)	pneumatic, tire
auf Reifen, bereift	à/sur pneus	on tires, rubber-mounted
Reifenbagger	excavatrice sur pneus/roues	rubber-mounted excavator
Reifenwalze	rouleau à pneus	roadroller on tires/wheels, rubber-mounted roadroller
Zugmaschine auf Reifen	tracteur sur pneus	rubber-mounted tractor
REIHE	rang, rangée	line, row
Reihenhaus	maison en bande/ de rangée	row/terrace house
Reihenhäuser	maisons en bande/ de rangée	terraced houses
Reihenuntersuchung	enquête sur un grand échantillonnage, études sociales	mass observation/ survey
REIN	absolu, net [2] propre	absolute, net [2] clean
Reinhaltung	entretien, nettoyage	cleaning, maintenance
Luftreinhaltung	épuration/hygiène de l'air, protection contre la pollution atmosphérique	air preservation, air pollution control
Wasserreinhaltung	protection contre la pollution de l'eau	water preservation
REINIGEN	nettoyer	to clean
leicht zu reinigen	facile à nettoyer	easy to clean, easily cleaned
REINIGUNG	épuration, nettoyage	cleaning, purification, rodding
Reinigungsgerät	ustensile de nettoyage	cleaning utensil
Reinigungskasten	boîte de nettoyage	cleaning/rodding box
Reinigungsöffnung	ouverture de nettoyage	rodding eye/opening
Abwasserreinigung	épuration/traitement des eaux (résiduaires/usées)	sewage processing/purification, waste water clarification
Abwasserreinigungsanlage	installation/station d'épuration/ de décantage/ de décantation	purification/sewage plant
Fassadenreinigung	ravalement de façade	stone cleaning
Luftreinigung	épuration de l'air	purification of air
Schlotreinigung	épuration des fumées d'usine	purification of industrial smoke
Straßenreinigung	nettoyage des rues	street cleaning
REISE	déplacement, voyage	displacement, travelling
Reisekosten	frais de déplacement/voyage	travelling charges/expenses
Reisekostenentschädigung	indemnité de route/voyage (et de séjour)	travelling allowances
REISSEN [rissig werden] des Holzes	déchirure/gercement du bois	cracking of wood
REISSZEUG	compas [pl]	compasses
REKLAMATION	réclamation	claim, complaint

RELIEF	relief	embossment, relief
Reliefkarte	carte en relief	embossed map
RENDITE	produit, rendement	produce, return, revenue
RENOVIERUNG	rénovation	renewal, renewing, renovation
RENTABEL	lucratif, rentable	lucrative, paying, profitable
RENTABILITAET	rentabilité	profitability
Rentabilitätsberechnung	calcul de rentabilité	calculation of profitability
RENTE	pension, rente	pension, rent
Rentensteuer	impôt sur titres	taxe on bonds
Altersrente	pension de vieillesse	old age pension
Grundrente	rente foncière	ground rent, land annuity
Invalidenrente	rente d'invalidité	disability annuity
Leibrente	rente viagère	life annuity/pension/rent
Ueberlebendenrente	pension de survie	widow's pension
Witwenrente	pension de survie	widow's pension
RENTNER	pensionné, rentier, retraité	annuitant, pensioner, rentier
REPARATUR	réparation	repair (work)
dem Eigentümer obliegende Reparaturen	réparations à charge du propriétaire	repairs done by the landlord
laufende Reparaturen	réparations courantes	current/maintenance repair
Reparaturkosten	frais de réparation	repair cost
Kleinreparaturen	menues réparations	minor repair
Mietreparaturen [zu Lasten des Mieters)	réparations locatives	tenant's repairs
Schönheitsreparaturen	réparations locatives	tenant's repairs
REPRAESENTANZ	représentativité	representativity
REPRAESENTATIV	représentatif	representative
RESERVAT	droit réservé	reserved right
Reservaterbteil	part légitime, portion compétente	compulsory portion
RESERVE	réserve	reserve
freie Reserve	réserve libre/volontaire	free/general/voluntary reserve
gesetzliche Reserve	réserve légale	legal reserve
stille Reserve	réserve cachée/latente/occulte	built-in contingency, inner/hidden secret reserve, reserve store
Reservefonds	fonds de réserve	reserve fund
Reserverad	roue de rechange	spare tire/wheel
Abschreibungsreserve	réserve pour dépréciations	sinking fund
Kapitalreserve	fonds de réserve, réserve de capital	accumulated surplus, capital reserve
REST	résidu, restant, reste, solde	remainder, residue, rest
Restschuld	redû, restant dû	balance due
Restschulden	dettes en souffrance	remaining debts
Restschuldversicherung	assurance en cas de décès, assurance-vie hypothécaire	single premium life policy
RESULTAT	résultat	outcome, result
RETTUNG	sauvetage	rescue, salvage
Rettungsausgang	sortie de secours	emergency exit, crash door
Rettungsinsel [Verkehr]	refuge	street refuge
Rettungsleiter	échelle à incendie/ de sauvetage	fire-escape

REUE	repentir	regret, repentance
Reugeld	dédit, droit de repentir	forfeit(ure), penalty, smart money
REVERS	contre-lettre, lettre réversale;	revoking agreement
REVISION	révision	inspection, overhauling, revision
Revisionskasten	boîte d'inspection	inspection box
Revisionsschacht	regard (de visite et de curage)	inspection chamber, manhole
RHEINKIES	gravier du Rhin/ de rivière	Rhine/river gravel
RICHTEN	diriger, pointer ² juger	to direct/guide/point, ² to judge
Richtblei	fil à plomb	bob-/plumb-line
Richtfest	fête du bouquet	roof wetting party, topping-out ceremony
Richtlinie	ligne de conduite, directive	general direction, guidance, guide-line
Richtpreis	prix imposé/indicatif	fixed/standard price
Richtscheit	équerre, règle	(level) ruler
Richtwert	valeur indicative/standard	indicatory/standard value
Richtzahl	chiffre-indice/-mesure	index-/reference-figure
RICHTUNG	direction	direction
Himmelsrichtung	point cardinal	cardinal point, quarter of the heaven
RIEGEL	pêne, targette, verrou ² lisse [charpente]	bar, bolt, latch ² rail [carpentry]
Riegelbau	bâtiment barrage/barre	bar building
Riegelfalle	gâche	latch-catch
Drehriegel	targette	flat door bolt, sash bolt
Fallenriegel	pêne dormant	dead bolt, latch
Gleitriegel	pêne, verrou	sliding bolt
Querriegel	entretoise, étrésillon	brace, bridging/strutting board
Schloßriegel	pêne	lock bolt
Spannriegel	entrait, tirant	tie beam
RIESE	géant	giant
Riesenstadt	mégapole, écuménopole	megalopolis, oecumonopolis
RILLE	cannelure, gorge	flute, groove
RING	anneau, cercle	circle, ring
Ringbahn	ligne de ceinture	circular railway
Ringstraße	voie de ceinture	boulevard
Ringverkehr	circulation à sens giratoire	circular/roundabout traffic
Kreuzungsring	rond-point	roundabout
Verkehrsring	rond-point	roundabout
RINNE	canal, caniveau, rigole	channel, duct, gutter
Rinnenkasten [Dachrinne]	cuvette, entonnoir	rainwater head
Rinnstein	caniveau ² évier	kerbstone, gutter (paving) sett ² sink
Dachrinne	égout, gouttière	(roof) gutter
Hängerinne	gouttière extérieure/suspendue/ en saillie	projecting gutter
Kastenrinne	chéneau, gouttière carrée	box/square gutter
Schwitzwasserrinne	gouttière d'eau de condensation	condensation water trough
Straßenrinne	caniveau, ruisseau	kerbstone, street gutter

RIP-ROH

RIPPE	côte, nervure	nervure, rib
Rippendecke	dalle/plancher nervuré	ribbed floor
RISIKO	risque	risk
RISS [Beton, Mauer]	crevasse, fente, fissure	chink, cleft, crack, crevice
[durch und durch]	lézarde	fissure
[kleiner Riß]	fissure	cranny
[Glas]	fêlure, fissure	crack
[Haut]	gerçure	chaps
[Holz]	fêlure, fissure, gerce	crack, fissure, flaw, split
[Knochen]	fêlure, fissure	fissure
[Metall]	crique, paille, soufflure	flaw
[Porzellan]	craquelure, fêlure, gerce	crack, flaw
[Textil]	déchirure	rent, tear
Biegungsriß	fissure de fléchissement	flexure crack
Durchbiegungsriß	fissure de fléchissement	flexure crack
Schwindriß	fissure de retrait	shrinkage crack
Senkungsriß	fissure/lézarde de tassement	settling/settlement crack
Setzriß	fissure/lézarde de tassement	settling/settlement crack
Trocknungsriß	crevasse/fente de séchage	seasoning chink/crack
ROBINSON	Robinson	Robinson
Robinsonspielplatz	terrain de jeux d'aventure/ de jeux en liberté	adventure play ground
ROH	brut, cru, non travaillé	crude, raw, unwrought
Rohbau	gros-oeuvre, construction/ maçonnerie brute	carcass(ing)
rohbaufertig	les gros-oeuvres terminés	finished in the rough
Rohbaumaße	cotes de la maçonnerie brute, mesures entre dalles et murs nus	measures between nude slabs and walls
Rohbilanz	bilan brut/ en l'air	rough/trial balance
Rohblech	tôle brute	black plate
Rohdecke	dalle nue, plancher nu	bare floor/slab, structural floor
Rohgewicht	densité apparente/volumétrique	bulk density, volumetric weight
Rohglas	verre brut	rough (rolled) glass
Rohland	terrain brut/ non aménagé	raw/ undeveloped land
Rohmaterial	matière brute	raw/unwrought goods/material
Rohstoff	matière première	raw material
Rohwichte	densité réelle, poids spécifique	density, specific weight
ROHR	tube, tuyau	pipe, tube
Rohranschluß	raccordement par tuyau	pipe connection
Rohrbefestigung	collier/fixation pour tuyau	pipe-fixing
Rohrbiegung	coude d'un tuyau	pipe-bend/-elbow/-knee
Rohrbogen	coude d'un tuyau	pipe-bend/-elbow/-knee
Rohrbruch	rupture de tuyau	pipe burst
Rohrdurchführung	(gaine de) passage pour conduite	pipe-duct
Rohrfernleitung	pipeline [olé-/gazoduc]	pipeline
Rohrgerüst	échafaudage tubulaire	tubular scaffold(ing)
Rohrleger	installateur, poseur de tuyaux	pipe fitter
Rohrleitung	conduite tubulaire, tuyau	pipe, piping
Rohrleitungen	tuyauterie	pipe and tube works
Rohrleitungen im Gebäude	canalisations intérieures	internal tubing
Rohrleitunsgformstück	raccord de conduite	fitting

Rohrmuffe	manchon, raccord de tuyauterie	pipe-fitting/-sleeving
Rohrnetz	réseau de distribution, tuyauterie	net(-work) of pipes, pipe system
Rohrschelle	(bride d')attache, collier	pipe hanger
Rohrstiefel	dauphin	stand-pipe
Rohrummantelung	chemisage/enrobage d'un tuyau	pipe sheathing
Rohrverbindung	raccord de tuyau	pipe connection
Rohrverkleidung	habillage de tuyau	pipe casing/sheathing
Rohrverlegung	pose de la tuyauterie	piping, tubing
Rohrweite	alésage, calibre	bore, internal dimension
Rohrzange	clé à tube	pipe wrench
Abflußrohr	tuyau d'écoulement/ d'évacuation/ de décharge/ de fuite	discharge/outlet pipe
Abgasrohr	conduit d'évacuation de gaz	gas flue
Abzweigrohr	tuyau d'embranchement	branch/junction pipe, pitcher tee
Betonrohr	boisseau/tuyau en béton	concrete pipe
Bleirohr	tuyau de plomb	lead pipe
Dränagerohr	drain, tuyau de drainage	drain(age) pipe/tile
Einrohr(heizungs)anlage	chauffage à tube unique	single pipe heating system
Einrohr(kanal)system	système d'égout continué/mixte	one pipe sewer system
Entleerungsrohr	tuyau de vidange	outlet pipe
Entwässerungsrohr	drain, tuyau de drainage	drain(age) pipe/tile
Fallrohr	tuyau de décharge/descente	down/fall pipe
Flanschrohr	tuyau à brides	flanged pipe
Galvanrohr	tuyau galvanisé	galvanized pipe/tube
Gasrohr	tuyau à gaz	gas pipe
Gußrohr	tuyau en fonte	cast iron pipe
Kanalrohr	tuyau d'égout	sewer (pipe)
Knierohr	tuyau en coude	elbow/knee of pipe
Leitungsrohr	(tuyau de) conduite	conduit pipe
Lüftungsrohr	(gaine/tuyau de) ventilation	vent pipe
Mantelrohr	gaine électrique	electric cable duct
Muffenrohr	tuyau à emboîture/manchon	spigot and socket pipe, socketed pipe
nahtloses Rohr	tube/tuyau sans soudure	seamless tube
Ofenrohr	tuyau de poêle	stove pipe
Regenrohr	tuyau d'écoulement de pluie	rain-/storm-water pipe
Rücklaufrohr	(tuyau de) retour	return pipe
Schornsteinrohr	boisseau/tuyau de cheminée	chimney flue
Sickerrohr	tuyau poreux	porous pipe
Standrohr	(tuyau de) trop-plein	overflow-/waste-pipe
Steigrohr	canalisation ascendante, tuyau de montée	riser, uptake pipe
Steinzeugrohr	tuyau en grès	clay tube, earthen/stoneware pipe
Tonrohr	tuyau en grès	clay tube, earthen/stoneware pipe
Ueberlaufrohr	tuyau de débordement, trop-plein	overflow/waste pipe
Umlaufrohr	tuyau de dérivation	by-pass pipe
Verbindungsrohr	raccordement	connecting pipe
Verteilerrohr	tuyau de distribution	distribution pipe
Vorlauf(rohr)	tuyau d'amenée/ de départ	flow pipe
Wasserleitungsrohr	tuyau à eau, conduite d'eau	water pipe
zentrifugiertes (Beton)Rohr	tuyau centrifugé	centrifugated tube

ROEHRE	tube, boisseau, tube	tube
röhrenförmig	tubulaire	tubular
Leuchtröhre	tube lumineux	fluorescent/vacuum tube
Schornsteinröhre	boisseau de cheminée	chimney flue tile
ROLLE	rouleau	roll
ROLLEN [vb]	rouler	to roll
Rolladen	volet mécanique/roulant/ à enroulement	roller blind/shutter, revolving shutter
Rolladen mit Aussteller	volet roulant avec projection/ envoi à l'italienne	projectable roller shutter
Rolladenführung	guides/rails à volet	(rolling) shutter rail/track
Rolladenfalz	feuillure à volet	shutter rabbet
Rolladengurt	sangle de volet roulant	rolling shutter tape
Rolladenkasten	cage/caisson/coffre de volet	roller shutter box/casing
Rolladenstab	lame(lle) de volet	louvre, slat of blind
Rollgitter	grille à enroulement	rolling grille
Rollkloben	gâche à rouleau	rolling catch
Rolljalousie	jalousie	jalousie, sun blind
Rollmarkise	store à rouleau	roller blind
Rollo	rouleau pare-soleil	inside roller blind
Rollschicht	assise de bahut/champ	brick on edge coping
Rollsteig	tapis roulant	travelator
Rollstuhl	fauteuil roulant	wheel chair
Rolltor	porte coulissante/roulante	rolling/sliding door
Rolltreppe	escalier mécanique/roulant	escalator, moving stair(case)
Rollvorhang	store à rouleau	roller blind
ROSE	rose	rose
Windrose	carte/rose des vents	chart of winds
ROST	caillebotis, grille [2] rouille	grate, grating, grid, grill [2] rust
Rostgründung	fondation par radier	raft foundation
Gitterrost	grillage horizontal	area grating
Lattenrost	caillebotis	grating
Pfahlrost	pilotis	pile-support, piling
rostfreier Stahl	acier inox(ydable), inox	stainless steel
Rostschutz	protection contre la corrosion	rust prevention
Rostschutzfarbe	peinture antirouille	anticorrosive paint, rust preventive colour/paint
Rostschutzmillel	anticorrosif, (produit) antirouille	anticorrosive, rust preventing product
Rostumwandler	convertisseur de rouille	rust converting agent
RUECKEN	côté arrière, dos	back (side)
Rückansicht	élévation/vue arrière	back elevation/view
Rückseite	côté arrière/postérieur	back/rear side
RUECKWAERTS	en arrière	backwards
Rückblick	rétrospective	retrospect
Rückbuchung	contrepassement, extourne	endorsing back, reversal
Rückerstattung	restitution	restitution
Rückgabe	restitution	restitution
Rückgang	baisse, régression	decline, decrease, drop, fall
Bevölkerungsrückgang	diminution de la population	decrease in population
Geburtenrückgang	dénatalité, baisse de la natalité	decline of birth rate

RUECKGANG		
Geschäftsrückgang	ralentissement des affaires	decline in business
Preisrückgang	baisse des prix	drop in prices
Rückgängigmachung	annulation, résiliation	annulment, cancellation
Rückgängigmachung eines Verkaufs wegen Täuschung	rédhibition	redhibition
Rückgewinnung	récupération	recovery, recuperation
Wärmerückgewinnung	récupération de chaleur	heat recuperation
Rückgewinnungsgerät	récupérateur	recuperator
Rückgriff	recours	recourse
Rückkauf	rachat	repurchase
Rückkaufsangebot	offre de rachat	bid of take-over
Rückkaufsrecht	droit de rachat/réméré	right of repurchase
Verkauf mit Vorbehalt des Rückkaufrechtes	vente à réméré	sale with option of repurchase
Rückkaufswert	valeur de rachat	redemption/surrender value
Rückkoppelung	rétroaction	feedback
Rücklage	réserve	reserve
Abschreibungsrücklage	réserve pour dépréciation	depreciation reserve, sinking fund
freie Rücklage	réserve libre/volontaire	free/general/voluntary reserve
gesetzliche Rücklage	réserve légale/obligatoire	legal/obligatory reserve
Kapitalrücklage	fonds de réserve, réserve de capital	accumulated surplus, capital reserve
stille Rücklage	réserve cachée/latente/occulte	hidden/inner/secret reserve
Rücklauf [Heizung]	retour	return
Rücklaufrohr	trop-plein	waste-pipe
rückläufig	régressif, rétrograde	reversing
Rückschlag	refoulement	back-flow-stroke
Rückschlagventil	clapet de retenue	back-pressure/flap valve
Kugelrückschlagventil	clapet à bille	ball valve
Rückprall	rebondissement	rebounding, bouncing back
rückspringendes Geschoß/Stockwerk	étage en retrait	set back storey
Rücksprung	rentrée, retrait	set(ting) back
Rückstand	arrérage, arriéré, retard ² résidu	arrears, back-interest, overdue ² residue
Mietrückstände	arriérés de loyer	rent arrears
Rückstau	refoulement	back-flow
Rückstauklappe	vanne de non retour	flap valve
Rückstauventil	clapet antirefouleur/ de retenue	back-pressure/flap valve
Rückstellung	provision	appropriated surplus
Rückstrahler	catadioptre, réflecteur	cat's eye, reflector
Rückstrahlung	réflexion, réverbération	reflection, reverberation
Rücktritt	démission, retraite ² désistement, résiliation	resignation, retirement ² rescission, withdrawal
Rücktrittsklausel	réserve de désistement	escape clause
Rückversicherung	réassurance	counter-/re-insurance
Rückwirkung	réaction, répercussion	feedback, reaction, repercussion
rückzahlbar	remboursable	refundable, reimbursable
Rückzahlung	remboursement	reimbursement, repayment
Rückzahlungsdauer	durée de remboursement	term of reimbursement

RUFEN	appeler	to call
Rufanlage	système d'appel	calling system
RUHE	repos	repose, rest
Ruhegehalt	pension	pension, retiring allowance
Ruhestand	retraite	retirement
RUHEN	(se) reposer	to rest
ruhende Last	charge au repos	dead load
ruhender Verkehr	circulation au repos	stationary vehicles
RUND	rond	round
Rundeisen	fer rond/Monier/ à béton	round iron
Rundfunk	radio	radio, wireless
Rundholz	bois rond	round timber, log
ungeschältes Rundholz	bois de grume	rough timber
Rundschreiben	(lettre) circulaire	circular (letter)
Rundstahl	fer rond/Monier/ à béton	round iron
Rundtreppe	escalier en coquille/(co)limaçon	spiral staircase, winding stairs
Rundverkehr	circulation giratoire	giratory/roundabout traffic
RUSS	suie	soot
Rußfang(vorrichtung)	capte-suies	soot-trap
RUESTER	orme, bois d'orme	elm(-tree/-wood)
RUESTUNG	armure ² échafaudage	armour ² scaffolding
Rüstgeräte	équipements pour échafaudages	scaffolding equipment
RUETTELN	vibrer	to vibrate
Rüttelbeton	béton vibré	shock/vibrated concrete
Rütteltisch	table vibrante	vibrating table
Rüttel(straßen)walze	rouleau vibrant	vibrating roadroller
RUTSCHEN	déraper, glisser	to glide/skid/slide/slip
Rutschbahn	glissoire, toboggan	slide(-way)
Rutsche	glissoire	chute, slide
Kinderspielplatzrutsche	glissoire, toboggan	playground/toboggan slide
rutsch=fest/=sicher	antidérapant	anti-skid/slip, non-skid/slip
Rutschfestigkeit	sécurité antidérapage	anti-skid security, skid resistance
	résistance au dérapage	
[Auto]:	adhérence à la route	grip of the wheels
Rutschgefahr! [Auto]	route glissante!	slippery when wet!

S-HAKEN	esse	s-shaped hook
SAAL	salle	room
Ballsaal	sallle de bal	ballroom
Festsaal	salle des fêtes	assembly room
Schlafsaal	dortoir	dormitory
SACHE	chose, objet	object, thing
Sachaufwendung	dépense en nature/ de matériel	expenditure in kind/ on material
Sachbeschädigung	détérioration, endommagement	damage to property
Sachbearbeiter	employé chargé du dossier	competent clerk
Sachbezüge	rémunération en nature	remuneration in kind
Sachentschädigung	indemnité en nature	indemnity in kind
sach=gemäss/=gerecht	à propos, selon les règles de l'art/ du métier	correctly, in a suitable manner, to the purpose
Sachkenner	connaisseur, expert	expert
Sachkenntnis	connaissance des choses	expert knowledge, experience
mit Sachkenntnis	en connaissance de cause	with full knowledge on the facts
Sachkonto	compte matières	inventory account
sachkundig	compétent, expert	competent, experienced, skilled
Sachlage	circonstances, état des choses	circumstances, factual situation
sachlich	objectif	objective, to the point
Sachlichkeit	objectivité	objectiveness, objectivity
Sachmangel	défaut matériel, vice de la chose	materiel defect
Sachrecht	droit réel	(real) property law
Sachregister	table des matières ² inventaire	(table of) contents ² inventory
Sachschaden	dégât matériel	damage of property, material damage
Sachverhalt	état des choses, les faits	the (real) facts
Sachverständiger	expert, homme de métier	expert, professional
Bausachverstängiger	expert en bâtiment	building expert
beratender Sachverständiger	expert-conseil	consultant
Betonsachverständiger	expert en bétons	concreting expert
Buch(haltungs)sachverst.	expert-comptable	qualified accountant
Finanzsachverständiger	expert financier/ en finances	financial expert
Gerichtssachverständiger	expert judiciaire	legal expert
vereidigter Sachverständiger	expert assermenté	sworn expert
Sachverständigengutachten	avis d'expert, expertise	expert's appraisal/opinion/survey
Sachverzeichnig	inventaire	inventory
Sachwert	valeur intrinsèque/réelle	intrinsic/real/special value
SACK	sac	bag, sack
Sackgasse	cul-de-sac, impasse	blind alley, dead end street
Sackleinen	jute	Hessian
SAFE	coffre-fort, trésor	safe
SAEGE	scie	saw
Sägeblatt	feuille/lame de scie	saw-blade
Sägemaschine	scie mécanique	power saw
Sägemehl	sciure (de bois)	saw dust
Sägewerk	scierie	saw-mill
Bandsäge	scie à ruban	band/ribbon-saw
Baumsäge	scie égoïne/passe-partout	crosscut/two-hand/tree saw
Furniersäge	scie à araser	pad/veneer-saw
Gattersäge	scie (mécanique) alternative	reciprocating saw
Kettensäge	scie à chaînette	chain-saw

SAEGE

Kreissäge	scie circulaire	disc/circular saw
Laubsäge	scie à chantourner/découper	jig/roll saw
Lochsäge	scie à guichet	compass/key-hole saw
Metallsäge	scie à métaux	hack-saw
Motorsäge	scie à moteur	motor saw
Schnitzelsäge	scie à découper/guichet	fret-saw
Schrotsäge	scie passe-partout/ de long	cross-cut/great/pit-saw
Spannsäge	scie à monture	frame saw
Zapfensäge	scie à tenon	tenon saw
SALDIEREN	balancer, solder	to balance/square
SALDO	balance, solde	balance of account
Saldobetrag	solde	balance
Saldoguthaben	solde créditeur	credit balance
Saldoquittung	quittance pour solde	receipt in full, vacating receipt
Akrivsalto	solde actif/créditeur	active/credit balance, balance in hand
Gewinnsaldo	solde bénéficiaire	profit balance
Passivsaldo	solde débiteur/passif	debit/passive balance, overdraft, balance due
SALON	salon	drawing room, saloon
Waschsalon	blanchisserie/ laverie automatique	launderette
SAMMELN	assembler, collecter, réunir	to collect/gather
Sammeleinstellplatz	parking collectif	collective parking (plot)
Sammelheizung	chauffage collectif/groupé	collective heating (system)
Sammelkonto	compte collectif/conjoint	collectif (joint) account
Sammelschiene [elektr.]	barre omnibus/ de connexion	busbar, connecting bar
Sammelstraße	voie collectrice	distributary road
Sammelwaschtisch	batterie de lavabos	raw of washbasins
SAND	sable	sand
Sandbettung	lit de sable	bed/layer of sand
Sandfang	dessableur	sand trap
Sandkasten	bac à sable, sablière	sand-pit
Sandkorn	grain de sable	grain of sand
Sandplatz	place pour jeux de sable	sand-pit
Sandstein	grès	lime-/sand-stone
Buntsandstein	grès bigarré	red/brown sandstone
Kalksandstein	brique silico-calcaire	sand-lime brick
Kalksandgestein	grès calcaire	chalky sandstone
Sandstrahl	jet de sable	sandblast, sand jet
mit Sandstrahl reinigen	nettoyer par sablage	to sandblast
Reinigung mit Sandstrahl	sablage	sandblasting
Sandstrahlgebäse	appareil de sablage, sableuse	sandblasting equipment, sander
Sandstreumaschine	sableuse	sander
Sandsturm	pluie/tempête de sable	dust-/sand-storm
Bimssand	sable de ponce	pumice sand
Brechsand	sable de concassage	crushed stone sand
Dünensand	sable des dunes	dune sand
Felssand	sable de roche	rock sand
Flußsand	sable fluvial/ de rivière	Rhine/river-sand

SAND		
gewaschener Sand	sable lavé	washed sand
Grobsand	sable rude/ à gros grains	coarse sand, grit
Grubensand	sable de carrière/fouille	pit sand
Kiessand	sable de gravier	gravel sand
Meersand	sable de mer	sea sand
scharfer Sand	sable lavé	washed sand
Schlackensand	sable de haut-fourneau/laitier	slag sand
Schwemmsand	sable de rivière	river sand
SANDIG	sableux	gritty; sandy
SANDWICHTAFEL	panneau sandwich	sandwich panel
SANIEREN	assainir	to cure/restore
SANIERUNG	assainissement	clearance, rehabilitation, restoration
Sanierung der Elendswohnungen	assainissement des taudis	slum clearance
Sanierung der Finanzen	assainissement financier	financial rehabilitation
Sanierungsgebiet	îlot insalubre, zone d'assainissement	clearance/slum area, rehabilitation zone
Rissesanierung	assainissement de fissures	crack sealing
Schornsteinsanierung	assainissement de conduits	flue reconditioning
Stadtsanierung	assainissement urbain	urban redevelopment
Wohnungssanierung	assainissement de logement(s)	housing rehabilitation
SANITAER	sanitaire	sanitary
sanitäre Anlagen	installations sanitaires	sanitary facilities
sanitäre Apparate	appareils sanitaires	sanitary fittings/fixtures
sanitäre Artikel	articles sanitaires	sanitary fixtures, taps and fittings for sanitary appliances
sanitäre Einrichtungen	équipements sanitaires	sanitary facilities, sanitation
sanitäre Installationen	installations sanitaires	sanitary facilities, sanitation
Sanitärtechnik	génie/technique sanitaire	sanitary engineering
Sanitärzelle	bloc sanitaire/ d'eau	sanitary block/unit
SANKTION	sanction	penalty, (punitive) sanction
SATELLIT	satellite	satellite
Satellitenstadt	cité/ville satellite	overspill/satellite town
SATTEL	croupe, selle	saddle
Satteldach	toit à deux pans/ à pignon/ à double versant/ en bâtière	gable/ridged/saddle roof
Sattelschlepper	semi-remorque, train routier	hauler, saddle tractor
SAETTIGUNG	saturation	saturation
Sättigungsdruck	pression de saturation	saturation pressure
Sättigungsgrad	degré/niveau de saturation	saturation degree/level
Sättigungspunkt	point de saturation	saturation point
SATZ	phrase ^{2} taux	sentence ^{2} rate
Abwertungssatz	taux de dévaluation	devaluation rate
Berechnungssatz	taux de mise en compte	rate of charge
Lohnstundensatz	salaire horaire	labour rate
Zinssatz	taux d'intérêt	interest rate
degressiver Zinssatz	taux d'intérêt dégressif	decreasing rate of interest
SATZUNG	règlement, statut	rule, statute
Bausatzung	code/règlement de construction, règlement sur les bâtisses	building bye-laws/code/ regulations

SAU-SCH

SAUBERKEIT	propreté	cleanness
Sauberkeits(beton)schicht	béton/couche de propreté	bedding/ blinding (concrete)
SAUGEN	aspirer, sucer	to suck
Saugfähigkeit	pouvoir absorbant	absorptive/absorption capacity
Saugpumpe	pompe aspirante	sucking pump
Saug= und Druckpumpe	pompe aspirante et (re)foulante	suction pressure pump
Saugrohr	tuyau d'aspiration	induction pipe
Saugventilator	aspirateur	exhauster, suction ventilator
Saugvorrichtung	appareil d'aspiration, aspirateur	exhaust device, exhauster
Saugwirkung	effet d'aspiration, succion	suction (effect)
SAEULE	colonne, pilier, poteau	column, pier, pillar, post
Notrufsäule	poste d'appel de secours	emergency signal
Wasser(stands)säule	colonne d'eau	water head
SAEUMIG	défaillant, négligeant retardataire	careless, defaulting, negligent
säumiger Mieter	locataire retardataire	tenant in arrears
säumiger Schuldner	débiteur retardataire	debtor in arrears
SAEURE	acide	acid
säurebeständig	résistant aux acides	acid resistant
Säurebeständigkeit	résistance aux acides	acid resistance
säurefest	résistant aux acides	acid resistant
Säureschutz	protection contre les acides	anti-acid protection
SAUNA	sauna	sauna-bath
Saunaofen	poêle pour sauna	sauna-bath heater
SCHACHT	cage, cheminée, gaine, puits	pit, shaft, well
Schachtdeckel	plaque/tampon égout	man-hole cover/lid
Schachteinstiegöffnung	regard, trou d'homme	manhole opening
Aufzugsschacht	cage d'ascenseur	lift shaft/well
Einsteigschacht	regard, trou d'homme	manhole
Kanalschacht	trou d'homme/ de visite	sewer manhole/man-way
Kellerlichtschacht	puits de lumière [soupirail]	basement light shaft
Leitungsschacht	gaine pour conduites	distribution/mains' shaft
Lichtschacht	cour intérieure, gaine de jour	light shaft/well
Lüftungsschacht	cheminée/puits aération	ventilation shaft
Müll(abwurf)schacht	descente d'ordures, vide-ordures	refuse chute, rubbish shoot
Revisionsschacht	regard	inspection chamber
SCHADEN	dégât, dommage [2] détriment, préjudice [3] nuisance	damage [2] prejudice, detriment [2] nuisance
Schadensanzeige	déclaration de sinistre	declaration of damage
Schadensbegleichung = Schadenersatz	(règlement des) dommages et intérêts	indemnity, indemnification, (payment/reparation of) damages
Schadenersatzklage	action en dommages et intérêts	law-suit for damages
Schadensmeldung	déclaration de sinistre	declaration of damage
Schadenssumme	montant des dégâts/ du dommage	amount of damage
Schadensfestsetzung	évaluation des dégâts	appraisal/assessment of damages
Schadstoff	polluant	polluting agent
Schadstoffemission	émission polluante	polluting emission
Bauschaden	dommage de construction	building damage
Brandschaden	dégât d'incendie	damage (and loss) by fire

SCHADEN			
Feuerschaden	dégât d'incendie		fire damage
Kriegsschaden	dommage de guerre		war damage
Materialschaden	dégât matériel		damage of property
Sachschaden	dégât matériel		material damage
Totalschaden	perte totale		total loss
Wasserschaden	dégât d'eau, dommage causé par l'eau		damage caused by water
SCHALE	coquille, écaille, voile		shell, skin
Schalenwand	mur creux		hollow wall
Außenschale *[Mauer]*	voile extérieur		outer skin
einschalige Mauer	mur homogène		solid wall
zweischalige Mauer	mur composé		compound wall
SCHALEN [einschalen]	dresser les coffrages		to put up the shuttering
Schalbeton	béton banché		form/shuttered concrete
Schalbrett	banche, entrevous, planche de coffrage		form/shuttering board
Schaltechnik	technique de coffrage		formwork/shuttering techniques
Schalwand	banche		shuttering screen/sheet
SCHALL	son		sound
Schallausbreitung	propagation du bruit		sound propagation
Schalldämmung	réduction du bruit		noise/sound abatement
Schalldämmatte	matelas acoustique/insonorisant		sound insulating quilt
Schalldämmstoff	isolant phonique		sound insulating product
Schalldämmwand	mur isophonique		sound insulating wall
Schalldämpfer	silencieux		silencer
Schalldämpfung	amortissement du bruit/son, absorption phonique		silencing, sound absorption/ dampening/deadening,
schalldicht	insonore		soundproof
Schalldruck	pression acoustique/sonore		sound pressure
Schalldurchlässigkeit	perméabilité au bruit		sound permeability
schallgedämpft	insonorisé		sound-proofed
Schallisolierung	insonorisation, isolation acoustique/phonique/sonore		sound insulation/proofing
Schall-Längsleitung	conduction longitudinale du bruit		flanking path of sound
Schall-Lehre	acoustique		acoustics
Schallpegel	niveau sonore		noise/sound level
Schallrückstrahlung	réverbération du son		sound reverberation
Schallschluckung	absorption phonique		sound-absorption
Schallschluckdecke	plafond acoustique/insonorisé		acoustic/ sound absorbing ceiling
Schallschutz	protection acoustique/ contre le bruit		noise protection/restriction
Schallschutzfenster	fenêtre acoustique		acoustic window
Schallstärke	intensité du bruit		sound intensity, loudness
Schallübertragung	transmission du bruit		sound transmission
Schallwelle	onde sonore		acoustic/sound wave
Körperschall	bruit d'impact/ de masse		body/impact/overhead/ structure-borne sound/noise
Luftschall	bruit aérien		aerial/airborne noise/sound
Raumschall	bruit aérien		aerial/airborne noise/sound
Trittschall	bruit d'impact/ de masse		body/footstep/impact/ structure-borne noise /sound

SCH-SCH

SCHALTEN	brancher, connecter	to connect/operate/switch
in Serie schalten	installer en série	to connect in tandem
Schaltanlage	installation de commande	control equipment
Schaltbild	schéma de connexion/couplage	circuit/wiring diagram/scheme
Schalteinrichtung	dispositif de distribution	controlgear, switchgear
Schaltkasten	armoire électrique	switchbox
Schaltkreis	circuit	circuit
Schaltschema	schéma de connexion/couplage	circuit/wiring diagram/scheme
Schaltschrank	armoire de distribution	switchbox
Schalttafel	tableau électrique/ de commande	control panel, switch board
Schaltuhr	minuterie	automatic time switch
SCHALTER	commutateur, interrupteur, relais ² guichet	switch (gear), circuit breaker ² counter (desk)
"Schalter geschlossen"	(guichet) fermé!	"(position) closed"
Abschalter	interrupteur	(one way) switch
Allpolausschalter	interrupteur pluripolaire	all pole on-off switch
Ausschalter	interrupteur	(one way) switch
Bankschalter	guichet de banque	pay desk
Billettschalter	caisse, guichet	booking office
Dämmerschalter	réducteur d'éclairage	dimmer (switch)
Drehschalter	interrupteur rotatif	turn switch
Druckschalter	(interrupteur à) bouton-pressoir	press button switch
Fernschalter	télérupteur	remote control switch
Hebelschalter	interrupteur à couteaux	knife switch
Kippschalter	interrupteur culbuteur/ à bascule	tumbler switch
Kontaktschsalter	relais contacteur	contact maker
Kreuz(wechsel)schalter	interrupteur inverseur/d'escalier	change-over/intermediate/ three way switch
Lastschalter	disjoncteur	cut-out switch
Leistungsschalter	disjoncteur	circuit breaker
Relaisschalter	commande à relais	relay (control) switch
Schutzschalter	disjoncteur	circuit breaker
Speiseschalter	passe-manger/-plat	buttery/service hatch
Stufenschalter	interrupteur à plots	step switch
Tastschalter	poussoir de contact	push button switch
Umschalter	commutateur	commutator
Wechselschalter	interrupteur va et vient, permutateur	two way switch
Wippschalter	interrupteur culbuteur/ à bascule	tumbler switch
Zweipolausschalter	interrupteur bipolaire	two-pole switch
SCHALUNG	coffrage. planchéiage, voligeage	boarding, planking, formwork, shuttering
Schalungsabstandshalter	espaceur de coffrage	formwork spacer
Schalungsanker	tirant de coffrage	formwork tie
Schalungsstein	bloc à bancher, parpaing pour remplissage au béton	permanent formwork block
Schalungstafel	panneau de coffrage	formwork board/panel
Ausschalung	décoffrage, démoulage	mould removal, unshuttering
Betonschalung	coffrage (pour béton)	(concrete) shuttering
Dachschalung	planchéiage du toit	roof boarding
Einschalung	banchage, coffrage	boarding, shuttering

gehobelte Schalung	coffrage raboté	wrought formwork
Gleitschalung	coffrage glissant/montant	sliding forms/shuttering,
Kletterschalung	coffrage grimpant	climbing formwork
verlorene Schalung	coffrage perdu	permanent shuttering
SCHAMOTTE	argile/terre réfractaire	fire-clay, chamotte
Schamottestein	brique réfractaire	chamotte-/fire-brick
Schamotteröhre	boisseau réfractaire	chamotte/fire-resisting flue tile
SCHARF	aigu, tranchant	sharp
scharfer Sand	sable lavé	sharp/washed sand
scharfkantig	à arêtes vives	sharp/square edged
SCHARNIER	charnière, penture	hinge
Scharnierband	fiche simple	flap hinge
Falt=/Piano=scharnier	charnière à piano	plane/strip hinge
SCHARRIEREN vb	charuer, ciseler	to drove [US]: to boast
Scharriereisen	burin à ciseler	drove (chisel), boaster
Scharrierung	charuement, cisèlement	droving, boasting
SCHATTEN	ombre	shadow
Schattenfuge	joint creux	keyed/open joint
Schatteninsel	îlot d'ombre	shadow island
SCHATZ	trésor	treasure
Schatzamt	le Trésor Public	the Public Revenue
Schatzanweisung	bon du Trésor	Exchequer bill, Treasury bond
SCHAETZEN	estimer, évaluer, priser	to appraise/assess/rate/value
Schätzwert	valeur estimative/ d'expertise	assessed/estimated value
SCHAETZER	(commissaire) priseur, taxateur	appraiser, valuer
SCHAETZUNG	appréciation, estimation,	assessment, estimation,
	évaluation, taxation	rating, valuation
oberflächliche Schätzung	évaluation sommaire/ en gros	assessment, rough estimate
auf Schätzung beruhend	estimatif, estimatoire	estimated
Bedarfsschätzung	estimation des besoins	forecast of requirements
SCHAU	exposition ² vue	exhibition, show ² view
Schaufenster	devanture, étalage, vitrine	display/shop window
Baumusterschau	exposition permanente de	permanent exhibition of
	matériaux de construction	building materials
SCHAUER	averse, ondée	downpour, shower
Schauerwetter	temps à averses	shower weather
SCHAUFEL	pelle	shovel
Schaufelbagger	drague/excavateur à godets	bucket dredger, shovel excavator
Schaufellader	pelle mécanique	motor shovel
Baggerschaufel	godet d'excavateur	excavator bucket
Kettenschaufel	pelle chenillée/ sur chenilles	caterpillar/crawler shovel
Ladeschaufel	chargeuse	loader
Raupenschaufel	pelle chenillée/ sur chenilles	caterpillar/crawler shovel
SCHAUKEL	balançoire	swing
SCHAUM	écume, mousse	foam
Schaumbeton	béton alvéolé/cellulaire/mousse	aerated/cellular/foam concrete
Schaumbildner	agent aérateur/gonflant/	aerating/expanding/foaming
	moussant/ d'expansion	agent, aerator
Schaumglas	verre cellulaire/expansé/	foam(ed)/multicellular glass
	mousse, mousse de verre	

SCHA-SCHA

Schaumkunststoff	mousse plastique	foam(ed)/expanded plastic
Schaumschlacke	mousse/ponce de laitier	foamed slag
Hartschaum	mousse dure	rigid foam
SCHECK	chèque	cheque
einen Scheck ausstellen	tirer un chèque	to draw a cheque
einen Scheck einlösen	encaisser/toucher un chèque	to cash a cheque
Scheckinhaber	porteur de chèque	holder of a cheque
Scheck ohne Deckung	chèque sans provision	uncovered cheque
Bankscheck	chèque bancaire	bank(er's) draft
Barscheck	chèque non barré	cash/open cheque
Blankoscheck	chèque (tiré) en blanc	blank cheque
Inhaberscheck	chèque au porteur	bearer cheque
Reisescheck	chèque de voyage	traveller cheque
Trägerscheck	chèque au porteur	bearer cheque
ungedeckter Scheck	chèque sans provision	uncovered cheque
SCHEIBE	disque, [2] tranche	disc [2] section, slice
Scheibenglas	verre à vitre	window glass
Scheibenhaus	immeuble-barre/ allongé	straight-line building
Fensterscheibe	carreau, vitre	window pane, square
Parkscheibe	disque de stationnement	parking disc
SCHEIDUNG	divorce	divorce
in Scheidung stehen	être en instance de divorce	divorce proceedings taking place
Scheidungsrecht	droit de divorce	divorce law
SCHEIN	apparence [2] lumière [3] attestation, fiche	appearance [2] light [3] attestation, form, slip
Scheingeschäft	marché fictif, affaire à la gomme	dummy transaction
Scheingewinn	bénéfice fictif	paper profit
Scheinwerfer	phare, projecteur	flash/flood light, projector
Depotschein	certificat/récépissé de dépôt	deposit receipt
Empfangsschein	quittance, récépissé, reçu	receipt
Führerschein	carte rose, permis de conduire	driver's/driving license
Geldschein	billet de banque	bank/currency note
Hypothekeneintragungsschein	bordereau d'inscription d'hypothèque	mortgage inscription form/ statement
internationaler Zahlungsschein	mandat international	foreign money order (form)
Schuldschein	obligation, reconnaissance de dette	acknowledgement of indebtedness, obligation
SCHELLE	sonnette [2] bride, collier	bell [2] clamp(ing), clip, ring
Rohrschelle	attache de tuyau, bride d'attache, collier de fixation	pipe-clamp/-clip
SCHEMA	schéma	diagram
Zeitschema	plan chronologique	timing
SCHENKEL [Winkel]	côté [2] aile (de cornière)	leg, side
Schenkellänge	longueur d'aile	length of flange
Wasserschenkel	larmier de châssis, rejéteau	drip (moulding), waterbar
Wetterschenkel	larmier de châssis, rejéteau	drip/weather moulding
SCHENKEN	donner, faire cadeau/don,	to give, to make a gift, to remit
Schenkgeber	donateur, donneur	donor, giver, remitter
Schenknehmer	bénéficiaire, donataire	donee, remittee

SCHENKUNG	don(ation)	donation, gift
Schenkungsurkunde	acte de donation	deed of donation/gift
SCHERE	ciseaux	(pair of) scissors
Schereffekt	cisaillage	shearing effect
Scherengitter	grille extensible	collapsible gate
Scherenöffner	fermeture à coulisse	scissors stay
Scherfestigkeit	résistance au cisaillement	shearing resistance
Blechschere	cisailles à tôle	palte shears
SCHEUERN	frotter	to scrub
Scheuerleiste	filet d'embase, plinthe	base-/skirting board
SCHICHT	couche	layer
Schichtenplan	plan topographique	contour map
Schichtholz	bois lamellé (collé)	laminated timber/wood
Schichtholztragwerk	charpente lamellée	laminated timber work
Schichtlinie	courbe topographique	contour line
Schichtmaterial	stratifié	laminate
Schichtstoff	matériau stratifié	laminated material
Betonschicht	aire/chape/couche de béton	concrete layer/screed
Binderschicht	assise de boutisse	fitting course
Dunstschicht	couche/nappe de brume	layer/sheet of haze
Isolierschicht	couche imperméable/isolante	damp course
Läuferschicht	assise de panneresse	stretcher course
Rollschicht	assise de bahut/chant	barge/soldier course, brick-on-edge coping
Sperrschicht	couche étanche/imperméable	damp course
SCHIEBEN	pousser, faire glisser	to push/shove/slide
Schiebefenster	châssis à coulisse/guillotine	sash/slide/sliding window
Schiebefensterladen	volet à coulisse	sliding shutter
Schiebetor	portail à déplacement latéral	sliding gate
Schiebetür	porte coulissante	slide/sliding door
Schiebetreppe	escalier coulissant/escamotable/ rétractable	disappearing/folding/ retractable stair
Schiebewand	cloison coulissante/extensible	sliding/extensible wall
Schiebnaht	besace [gouttière]	expansion joint [gutter]
SCHIEBER	coulisse, glisseur ² soupape, vanne	slider ² valve
Absperrschieber	vanne d'arrêt	stop-valve
Flanschschieber	vanne à brides	flanged valve
Rechenschieber	règle à calcul	slide-rule
SCHIEDSGERICHT	conseil de prud'hommes, cour d'arbitrage, tribunal arbitral	court of arbitration/referees
Schiedsgerichtsverfahren	arbitrage	arbitration
SCHIEDSKLAUSEL	clause compromissoire	arbitration clause
SCHIEDSRICHTER	(juge-)arbitre	arbiter, arbitrator, referee
SCHIEDSSPRUCH	(jugement d')arbitrage	arbitration, arbiter's finding, arbitrator's award
SCHIEF	hors d'aplomb/ d'équerre, oblique	out of plumb, skew, sloped
windschief	déformé, déjeté, gauchi, tordu	buckled, out of true, twisted, warped
SCHIEFER	schiste ardoisier ² ardoise	schist, shale ² slate
Schieferdach	toit en ardoises	slate(d) roof

Schieferdeckung	couverture en ardoises	slating, slate covering/roofing
Schiefergrube	ardoisière	slate-quarry
Schieferindustrie	ardoiserie, industrie de l'ardoise,	slate industry
Alaunschiefer	schiste d'alun	alum shale
Asbestschiefer	ardoise d'asbesto-ciment	asbestos(-cement) slate
Oelschiefer	schiste bitumineux	oil shale
Ortschiefer	ardoise de pignon/rive	gable slate
SCHIENE	barre, coulisse, rail	bar, rail, track
schienengleich	à niveau	on the level of rails/tracks
schienengleicher Bahnübergang	passage à niveau	level crossing
Schienenverkehr	trafic ferroviaire/ sur rails	railway traffic
Eckschiene	cornière, protège-angles	angle/corner bar/guide/iron
Führungsschiene	coulisse, glissière, rail-guide	guide rail/track
Gleitschiene	glissière (de sécurité)	slide rail
Kantenschutzschiene	cornière, protège-angle	angle/corner bar/guide/iron
Vorhangschiene	rail à rideau	curtain track(ing)
SCHIFF	bateau, navire	ship
Schiffsarmatur	luminaire hermétique/étanche	humid-room/watertight lamp,
frei Schiff [FOB]	franco à bord [FOB]	free on board [FOB]
SCHILD	écriteau, panneau, plaque	board, plate, sign
Firmenschild	enseigne	shop board/sign
Ladenschild	enseigne	shop board/sign
Namensschild	étiquette, plaque de nom	name-label/-plate
Nummernschild	plaque minéralogique/ d'immatriculation/ de police	licence/number plate
Reklameschild	enseigne publicitaire	advertisement sign, signboard
Türschild	plaque de porte	door-plate
Verkehrsschild	panneau/poteau de signalisation	sign post, road/traffic sign
Wegweiser(schild)	poteau indicateur	sign post, road sign
SCHILF	roseau	reed
Schilfdach	couverture/toit en roseaux	reed, thatch(ed roof)
SCHIMMEL	moisissure	mildew, moistness, mould
schimmelbeständig	insensible à la moisissure	mould resistant
SCHINDEL	bardeau, échandole, essente,	shingle
Schindeldach	toit en bardeaux	shingle roof
Schindeldeckung	couverture en bardeaux, essentage	shingle roofing
SCHIRMHERR	protecteur	patron, protector
Schirmherrschaft	(haut) patronage	patronage, protectorate
unter der *Schirmherrschaft*	sous les auspices/ le haut-patronage de....	under the auspices/patronage of ....
SCHLACKE	crasse, laitier, mâchefer, scorie	cinders, slag
Schlackenbeton	béton de laitier/scories	slag concrete
Schlackenhalde	crassier	slag dump/heap
Schlackenkies	gravier de laitier	slag gravel
Schlackensand	sable de laitier	slag sand
Schlackenstein	brique de laitier/scories	slag brick/stone
Schlackenwolle	laine de laitier/scories	slag wool
Schlackenzement	ciment de laitier	slag cement

Schlackenzementziegel	brique de laitier/scories	slag brick/stone
Eisenschlacke	laitier, mâchefer, scories de fer	iron slags, dross
Hochofenschlacke	scories de fer/haut-fourneau	blast-furnace/ iron slag
granulierte Hochofenschlacke	laitier granulé de haut-fourneau	granulated blast furnace slag
Kesselschlacke	mâchefer	furnace clinker
SCHLAF	sommeil	sleep
Schlafgeschoß	niveau nocturne	bedroom floor/storey
Schlafnische	alcôve	sleeping recess
Schlafsaal	dortoir	dormitory
Schlafstadft	cité/ville dortoir	dormitory town
Schlafzimmer	chambre (à coucher)	bedroom
Wohnschlafzimmer	studio	bed-sitting room
SCHLAG	choc, coup, impact	blow, impact, shock, stroke
Schlagfestigkeit	résistance au choc	impact resistance
Schlagregen	pluie battante/flottante/ fouettante/ soufflée	driving/pelting/pouring/ wind-driven rain
Schlagleiste	battée, feuillure, languette	rabbet, rebate
Kleinschlag	cailloutis, pierraille, pierres concassés	broken stones, pebbles, pebble work
Wasserschlag	coup de bélier	water shock
SCHLAMM	boue, fange	mud, sludge, slurry
Schlammaufbereitung	traitement des boues	sludge treatment
Schlammabscheider	séparateur de boue	mud/sludge interceptor/separator
Schlammfänger	panier à boue	gully/sludge bucket/trap
SCHLAEMME	coulis	grout(ing compound)
schlämmen	blanchir, badigeonner	to lime-wash/whiten/whitewash
Zementschlämme	coulis de ciment	cement grout
SCHLAUCH	tuyau flexible	flexible hose/pipe/tube
Schlauchanschlußhahn	robinet avec raccordement à vis	hose bib/tap
Schlauchleitung	canalisation souple, tuyauterie flexible	flexible conduit/tube
Gartenschlauch	tuyau d'arrosage	garden hose
Gummischlauch	tuyau en caoutchouc	rubber hose/tube
Wasserschlauch	tuyau d'arrosage	water hose
SCHLECHT	mal, mauvais	bad
schlecht leiten	mal diriger, mal conduire	to mismanage [2] to conduct badly
schlechte Verwaltung	maladministration,	misadministration, mismanagement
schlechter Wärmeleiter	mauvais conducteur de chaleur	pour heat conductor
Schlechtwetter	intempéries, mauvais temps	bad weather
Schlechtwetterzone	zone de mauvais temps	bad weather zone
SCHLEIFEN	aiguiser [2] polir, poncer	to sharpen [2] to polish/ pumice/sand
matt schleifen	dépolir	to dull/frost
Schleiflack	vernis poli	high-gloss paint(ing)
Schleifmaschine	rectifieuse, ponceuse	rectifying/sanding machine, sander
Schleifmittel	abrasif	abrasive
Schleifpapier	papier d'émeri	emery/glass/sand paper
SCHLEPPEN	traîner	to drag/trail

SCHLEPPER	remorqueur, [2] tracteur	tugboat [2] tractor
Schleppdach	comble/toit en appentis	pent/shed roof
Schlepperschaufelbagger	excavateur à benne traînante	dragline excavator
Schleppseil	câble de remorquage/traînage	dragline, tow-cable/-rope
Raupenschlepper	tracteur à chenilles	crawler tractor
Sattelschlepper	tracteur de halage	hauler, saddle tractor
SCHLEUDER	fronde	sling
Schleuderbeton	béton centrifugé	spun concrete
Wäscheschleuder	essoreuse	automatic/spin dryer, tumbler
SCHLICHT	modeste, simple, sobre	modest, simple
Schlichtwohnung	logement économique/simple	low-cost dwelling
SCHLICHTEN	accommoder, aplanir, arbitrer	to adjust/arrange/compose
Schlichtungsausschuß	commission d'arbitrage	arbitration commission
SCHLIESSEN	combler, conclure, fermer	to close/conclude/lock
eine Ehe schließen	contracter mariage	to contract marriage
Schließanlage	installation de fermeture à clé centrale	master-keying system
Schließblech	gâche	latch-catch, striking plate
Schließfach	case postale [2] compartiment de coffre-fort [3] casier automatique	post (office) box, POB [2] safe [3] locker
Schließstift	goupille	peg, split pin
abschließen	fermer à clé	to bolt the door, to lock up
Türschließer	ferme-porte (automatique), ressort de porte	door closer/spring
SCHLIESSUNG	fermeture	closing, shut-down
Schließung der Baustelle	fermeture du chantier	closing down a building
SCHLITZ	entaille, rainure; saignée	channel, groove, notch, slit; slot
in Schlitz verlegte Leitung	conduite noyée/sous enduit	concealed/flash mounted pipe
Schlitze stemmen	mortaiser	to chase, chasing
Schlitzwand	paroi moulée en tranchée	diaphragm wall(ing)
Leitungsschlitz	entaille pour conduites noyées	wall slot for concealed piping
Mauerschlitz	entaille/saignée dans un mur	slot in a wall
SCHLOSS	serrure [2] château	lock [2] castle
Schloßriegel	pêne	latch
Einsteckschloß	serrure affleurée/fausse/feinte	dummy/enchased/let-in lock
Doppelschloß	serrure bénarde	double sided lock
Kastenschloß	serrure à palâtre/d'applique	rim lock
Fallenschloß	serrure à bec de canne	latch lock
Schnappschloß	gâche/serrure à ressort	snap/spring lock
Sicherheitsschloß	serrure de sécurité/sûreté	safety lock
Vorhängeschloß	cadenas	padlock
zweitouriges Schloß	serrure à double tour	double (turn) lock
Zylinderschloß	serrure à cylindre	cylinder/pin-tumbler lock
Schloßfalle	gâche,	latch(-catch)
Schloßkasten	gâche	lock case
SCHLOSSER	serrurier	locksmith, (iron)smith
Schlosserarbeiten	travaux de serrurerie	fitter's work

SCHL-SCHM

SCHLOSSEREI	serrurerie	fitting/locksmith's shop
Bauschlosserei	ferronnerie/serrurerie du bâtiment	building locksmithery
Kunstschlosserei	serrurerie d'art	art locksmithery
SCHLOT	cheminée d'usine	chimney, smoke-stack
Schlotreinigung	épuration des fumées d'usine	purification of industrial smoke
SCHLUCKEN	avaler	to swallow
Müllschlucker	vide-ordures, descente d'ordures ² broyeur d'évier	refuse-/rubbish chute/shoot, ² sink waste disposal unit
Schallschluckung	absorption phonique	sound absorption
Schallschluckkoeffizient	coefficient d'absorption phonique	sound absorption factor
Schallschluckvermögen	capacité d'absorption phonique	sound absorption capacity
SCHLUSS	fin	end
Schlußabnahme	réception définitive	final acceptance
Schlußabrechnung	décompte final	final account
Schlußbilanz	bilan de clôture	final balance sheet
Schlußquittung	quittance pour solde	receipt in full, final/vacating receipt
Schlußzahlung	paiement pour solde	final payment/settlement, payment of balance
Kurzschluß	court circuit	short circuit
SCHLUESSEL	clé, clef	key
Schlüsselbart	panneton	key bit
schlüsselfertig	clé en main/ sur porte	ready for immediate occupation, turnkey
Schlüsselgeld	denier d'entrée, pas de porte	key-money
Schlüsselgewalt	pouvoir des clés	power of the key
Schlüsselloch	trou de serrure	keyhole
Schlüsselübergabe	remise des clés	remittance of the keys
Generalschlüssel	clé universelle, passe-partout	master-/pass-/skeleton key
Hauptschlüssel	clé (unique)	master key
Hausschlüssel	clé de la maison	key of the house
Nachschlüssel	fausse clé, passe-partout	picklock, skeleton key
Schraubenschlüssel	clef à écrous/vis	monkey wrench, screw spanner
Sicherheitsschlüssel	clé de sûreté	patent/safety key
SCHMAL	étroit	slim
Schmalseite	chant	edge, narrow side
SCHMIED	forgeron	(black-)smith
schmieden	forger	to forge/fuse/smith/hammer
Schmiedeeisen	fer forgé	wrought iron
Schmiedestahl	fer à forger	forging steel
Kunstschmied	serrurier d'art	art metal worker
Kunstschmiedearbeit	serrurerie d'art, travail en fer forgé	art locksmithery/ metal-work
SCHMIEREN	graisser	to grease
Schmiergeld	pot de vin	bribe
SCHMIRGEL	émeri	emery
Schmirgelleinen	toile (d')émeri/émerisée	emery cloth
Schmirgelpapier	papier (d')émeri	emery/glass/sand paper

SCHMUTZ	boue, ordure, saleté	dirt, mud, slush
Schmutzfänger	ramasse-boue	grit-/gully-/mud-trap
Schmutzwasser	eaux d'égout/ usées	sewage/soil water, effluents
Schmutzwasserkanal	réseau des eaux ménagères/ usées, tout à l'égout	foul/slop drain/sewer, soil pipe
Schmutzwasserhebeanlage	pompe de relevage pour eaux usées	sewage pumping system
Schmutzzulage	prime pour travaux sales	dirty money
SCHNAPPEN	happer	to grab, to snap at
Schnäpper	loqueteau	catch
Schnappschloß	serrure à ressort	snap/spring lock
SCHNECKE	(co)limaçon	snail
Schneckenwinde	treuil à vis sans fin	worm-winch
Förderschnecke	hélice transporteuse, transporteuse à vis, vis sans fin	spiral/worm conveyor
SCHNEE	neige	snow
Schneebö	rafale de neige, giboulée	blast/gust of snow
Schneebrett	corniche de neige	snow cornice
Schneedecke	couverture de neige	snow blanket
Schneefall	chute de neige	snow fall
Schneeflocke	flocon de neige	snow flake
Schneegitter	grille garde-/pare-neige	snow fence/guard
Schneegrenze	limite des neiges (éternelles)	perpetual snow limit/line
Schneeketten	chaînes de neige	tire chains
Schneelast	charge neigeuse/ de neige	snow load
Schneematsch	gadoue de neige	sludge, snow broth
Schneeschmelze	fonte des neiges	thawing of snow
Schneesturm	tempête de neige	snow storm
Schneetreiben	tourmente de neige	drifting snow
Schneeverhältnisse	(conditions d')enneigement	snow conditions
Schneeverwehung	amas de neige, congère	snow-bank/-drift
Schneewächte	corniche de neige	snow cornice
Schneewasser	neige fondante, eau de neige	melting snow, snow water
SCHNEIDEN	couper	to cut
Schneidbrenner	brûleur/chalumeau à découper	blow-pipe, flame cutter, fusing burner
Schneidemaschine	tronçonneuse	crosscutting machine
Gewindeschneider	filière, taraudeuse	screw-cutter
SCHNEISE	laie, percée	aisle, forest path, vista
Belüftungsschneise	corridor d'aération	aeration corridor
Einflugschneise	corridor d'atterrissage	landing corridor
Feuerschutzschneise	couloir coupe-/pare-feu	fire-break
SCHNELL	rapide, vite	fast, rapid
Schnellbinder	accélérateur de prise	(cement setting) accelerator
Schnellhärter	accélérateur de durcissement	(concrete) hardener
Schnellhefter	classeur	letter file
Schnellstraße	route express	speed way
Schnellverkehr	circulation rapide/ à grande vitesse	express/high-speed traffic
SCHNELLIGKEIT	célérité, rapidité, vélocité, vitesse	rapidity, speed, velocity

SCHNITT	coupe, coupure, section	(cross-)section, cut, profile
Schnitt(darstellung)	vue en coupe	cut-away illustration
Schnittholz	bois débité/ de sciage	sawed timber, sawn timber/ wood, wood in planks
Schnittstelle	interface, intersection	intersection
Längsschnitt	coupe longitudinale/ profil en long	longitudinal section, sectional elevation
Straßenlängsschnitt	profil en long d'une route	longitudinal road section
Querschnitt	coupe (transversale)/section	(cross-)section
Vertikalschnitt	coupe verticale	sectional elevation
SCHOEFFE	échevin	alderman
Schöffengericht	tribunal d'échevins/ de prud'hommes, jury	lay assessors' court, jury
Schöffenrat	collège des échevins	board of aldermen
Stadtschöffe	échevin municipal	alderman
SCHOENHEIT	beauté	beauty
Schönheitsreparaturen	réparations esthétiques/locatives	beauty/cosmetic repairs
SCHORNSTEIN	cheminée, conduit de fumée,	chimney, flue
Schornstein über Dach	souche de cheminée	chimney stack
Schornsteinaufsatz	couronne de cheminée, mitre, mitron	chimney cap/pot
drehbarer Schornsteinaufsatz	mitre à tête mobile, tourne-vent	cowl, chimney jack
Schornsteinauskleidung	chemisage de cheminée	chimney jacket(ing)/lining
Schornsteinbau	fumisterie	chimney construction
Schornsteinfegen	ramonage	chimney sweeping
Schornsteinfeger	ramoneur	chimney sweeper
Schornsteinformstein	boisseau de cheminée	chimney block, flue tile
Schornsteinkappe	abat-vent, mitre	chimney cap/bonnet/pot
Schornsteinkopf	mitre, mitron	terminal block of chimney
Schornsteinröhre	boisseau/tuyau de cheminée	chimney flue, flue tile
Schornsteinputztür	porte de ramonage, trou de suie	soot trap
Schornsteinsanierung	assainissement de cheminée	flue reconditioning
Schornsteinverband	appareil de cheminée	chimney bond
Schornsteinvorsprung	saillie de cheminée	chimney breast
Schornsteinzug	tirage de la cheminée	chimney draft/draught
Schornsteinzunge	cloison entre deux conduits d'une même cheminée	mid feather
Fabrikschornstein	cheminée d'usine	chimney stack
SCHOTTENBAUWEISE	construction à murs de refend porteurs	cross-wall construction type
SCHOTTER	ballast, cailloutis, pierraille, rocaille	ballast, broken/crushed stone, stone chips
Schotter=bett/=decke/=lage	blocage, empierrement, hérissons, lit de pierraille	ballast/ broken stone bed, gravel-layer, metalling
Schotterkies	grenaille	refuse grain
Schotterstraße	route empierrée	metal(led) road
Steinschotter	pierraille, rocaille	broken stones, rubble
beschottern	caillouter, empierrer	to ballast, to gravel
Beschotterung	cailloutage, empierrement	paving with pebbles/rubble

SCHRAFFIEREN	hachurer	to hachure/hatch/shade
Schraffierung	hachure	hachure, hatching, shading
SCHRAEG	en biais/pente, incliné, oblique	cross, oblique, sloping
Schrägkante	pan coupé	cant, cut off corner
Schrägseite [Stützmauer]	fruit, côté oblique	battered face
SCHRANK	armoire	box, case, chest, closet
Schrankbrett	rayon, tablette	partition, tray
Schrankfach	compartiment	compartment
Schrankunterbau	socle d'armoire	[substructure of cupboards]
Schrankwand	armoire-cloison, cloison-placard, séparatif meublant	cabinet/cupboard partition/wall, room divider storage wall
Einbauschrank	armoire incorporée/intégrée, placard	wall closet/cupboard
Hängeschrank	armoire suspendue	hanging/suspended cabinet
Hochschrank	armoire verticale	floor-to-ceiling closet
Kleiderschrank	armoire à vêtements,	(hanging) closet, wardrobe
Kühlschrank	réfrigérateur	refrigerator
Mülltonnenschrank	abri à poubelles	dust-bin enclosure
Oberschrank	armoire haute/supérieure	top cupboard
Panzerschrank	coffre-fort	safe
Wandschrank	placard (incorporé) garde-robe, penderie	built-in/wall closet/cupboard
Wäscheschrank	armoire à linge, lingerie	linen cupboard
SCHRANKE	barrière (mobile)	barrier
SCHRAPPER	scraper	scraper
SCHRAUBE	vis, boulon	screw, bolt
Schrauben	les vis, visserie	screws (and bolts)
Schrauben und Bolzen aller Art	boulonnerie, pitonnerie	bolts and nuts
Schraubenbolzen	boulon, cheville	bolt
Schraubenschlüssel	clef à écrous/vis	monkey wrench, screw spanner
verstellbarer Schraubenschlüssel	clé anglaise/ à crémaillère/ à molette	(adjustable) wrench
Schraubenzieher	tournevis	screw driver
Schraubklemme	serre-fils	binding screw, screw terminal
Schraubstock	étau	vice
Schraubzwinge	serre-joints	[joiner's] clamp
Anschlagschraube	vis de rappel/réglage	stop screw
Parkerschraube	vis autotaraudeuse	self-cutting screw
Ringschraube	piton	eye-bolt
Stellschraube	vis de rappel/réglage	stop screw
SCHREBERGARTEN	jardin ouvrier	allotment (garden)
SCHREIBEN	écrit, lettre	letter, note
Benachrichtigungsschreiben	note d'avis	advice note, letter of advice
Kündigungsschreiben	lettre de congé	letter of/ written notice
Rundschreiben	(lettre) circulaire	circular (letter)
SCHREIBEN vb	écrire	to write
Schreibkraft	dactylo	typist
Schreibmaschine	machine a écrire	typewriter
SCHREIBER	scripteur	writer
Fernschreiber	téléimprimeur/-scripteur	teleprinter

SCHREINER — menuisier — cabinet maker, carpenter, joiner
  Bauschreiner — menuisier en bâtiment — carpenter, joiner
  Möbelschreiner — ébéniste — cabinet maker, joiner
SCHREINEREI — menuiserie — carpentry, joinery [2] woodwork
  Bauschreinerei — menuiserie de bâtiment — carpentry, joinery
  Möbelschreinerei — ébénisterie — joinery [2] cabinet making
SCHRIFT — écriture — writing
  Schriftfälschung — faux en écriture — forgery
  Schriftfälschungsklage — inscription de/en faux — plea of forgery
  Schriftstück — document, écrit, papier — document, paper, piece of writing

  Gutschrift — bonification, note de crédit — credit(ing), credit item
  Handschrift — écriture à la main, [2] manuscrit — handwriting, [2] manuscript
  Lastschrift — écriture au/ note de débit — debit entry
  Maschinenschrift — écriture à la machine — typescript
  Unterschrift — signature — signature
SCHROTT — déchets de métal, ferraille, mitraille — scrap (iron/metal)

Schrottwert — valeur de récupération — scrap value
SCHRUMPFEN — retrait — shrinkage
SCHRUMPFEN vb — se rétrécir — to shrink
Schrumpffolie — feuille thermoélastique — thermoelastic foil
SCHUB — poussée — push, thrust
Schubkraft — force/puissance de poussée — pushing/shearing force
SCHUH — chaussure, sabot, soulier — shoe, boot
Schuhkratzeisen — décrottoir, gratte-pieds — door/shoe scraper
SCHULD — faute, tort [2] dette — fault, guilt [2] debt, due
  eine Schuld eingehen — contracter une dette — to incur a debt
  ungesicherte Schuld — dette chirographaire — unsecured debt
Schuldabtretung — cession de dette — transfer of a debt
Schuldanerkennung — reconnaissance de dette — acknowledgement of a debt
Schuldentilgung — amortissement de dette(s) — (re)payment of debts
Schuldkonto — débit — debit account
Schuldschein — reconnaissance de dette, titre de créance — acknowledgement of debt/indebtedness
Schuldtitel — titre de créance — acknowledgement of debt
Schuldverschreibung — obligation — bond, debenture (bond)
  notarielle Schuldverschr. — obligation notariée — bond certified by notary
  Aktivschulden — créances, dettes actives — accounts receivable,
  Grundschuld — dette foncière — land charge
  Hauptschuld — dette principale — principal debt
  Hauptschuld, Zinsen und Nebenkosten — principal, intérêts et accessoires — principal, interest and sundry charges
  Hypothekarschuld — dette hypothécaire — registered charge, mortgage debt
  Restschuld — solde débiteur/redû — balance due/ of debt
  Restschuldversicherung — assurance-vie hypothécaire, assurance en cas de décès — single premium policy
  Steuerschuld — dette fiscale — accrued taxes, taxes payable
SCHULDNER — débiteur — debtor
  Drittschuldner — tiers-débiteur, tiers saisi — garnishee

SCHULDNER		
Gesamtschuldner	débiteur solidaire	joint debtor
Solidarschuldner	débiteur solidaire	joint debtor
Hypothekenschuldner	débiteur hypothécaire	mortgagor
Konkursschuldner	(débiteur) failli	bankrupt/insolvent debtor
Mitschuldner	codébiteur	codebtor, fellow debtor
Nebenschuldner	codébiteur	codebtor, fellow debtor
Obligationsschuldner	débiteur obligataire	bond-debtor
Pfandbriefschuldner	débiteur obligataire	bond-debtor
säumiger Schuldner	débiteur défaillant	debtor in default/arrears
zahlungsunfähiger Sch.	débiteur insolvable	insolvent debtor
SCHULE	école	school
Schulgebäude	bâtiment scolaire	school building
schulische Einrichtung	équipement/installation scolaires	educational equipment/facilities
Baumschule	pépinière	nursery garden
Berufsschule	école professionnelle/d'apprentissage	professional/continuation school
Fachschule	école professionnelle	professional school
Fortbildungsschule	école de perfectionnement	continuation school
Freiluftschule	école en plein air	open air school
Gewerbeschule	école des arts et métiers	school of arts and crafts
Grundschule	école primaire	elementary school
Handelsschule	école de commerce	trade school
Haushaltsschule	école ménagère	housekeeping school
Hochschule	académie, école supérieure, université	academy, high school, university
höhere Schule	école secondaire	secondary school
Industrieschule	école industrielle	[professional school]
Ingenieurschule	école technique	technical school
Kinder(bewahr)schule	école enfantine/maternelle	infant/nursery school
Mittelschule	école secondaire	secondary school
Primärschule	école primaire	elementary/primary school
Volksschule	école primaire	elementary/primary school
SCHUPPE	écaille	scale
Schuppendeckung	pose (des ardoises) en écailles	imbricated roofing
SCHUPPEN	appentis, hangar, remise	shed
SCHUERFEN	érafler	to scrape/scratch
Schürfkübel	benne piocheuse	excavator bucket
Schürfkübelbagger	drague	dragline excavator
SCHUTT	débris, décombres, gravats	rubbish, rubble
Schuttbeseitigung	dégagement des décombres	rubbish clearance
Schutthalde	décharge publique	dumping ground
SCHUETTEN	couler, (dé)verser	to cast/shed
Schüttbeton	béton coulé	cast/heaped/liquid/poured concrete
Schüttrinne	goulotte	chute
Schüttstein	évier	(kitchen-)sink
SCHUTZ	protection	protection, shelter
Schutzanstrich	couche/peinture de protection	protective coat(ing)/paint

Schutzdach	auvent	canopy, porch (roof)
Schutzgitter	grille de défense/protection	(barrier) guard, protective grille
Schutzinsel	refuge	streetrefuge
Schutzklausel	clause de sauvegarde	hedge clause
Schutzkleidung	vêtements de protection	protective clothes
Schutzmittel	moyens/produits de protection, accessoires de sécurité	protective devices/material
Schutzschalter	disjoncteur	circuit breaker
Bevölkerungsschutz	protection civile	protection of the civilian population
Blitzschutz	protection contre la foudre	lightning protection
Blitzschutzanlage	paratonnerre	lightning conductor system
Bodenschutz	protection du sol	soil conservation
Brandschutz	protection contre l'incendie	fire prevention
Einbruchschutz	protection ontre. l'effraction	burglar protection
Erschütterungsschutz	dispositif anti-vibratile	antivibration device
Feuerschutz	protection contre l'incendie	fire prevention
Feuerschutzschneise	couloir pare-feu	fire-belt
Frostschutzmittel	antigel	antifreeze
Gebäudeschutz	protection du bâtiment	building protection
Gesundheitsschutz	protection sanitaire	sanitary protection
Gleitschutz	antidérapant	non-skid device
Holzschutz	protection du/des bois	wood preservation
Kantenschutz(profil)	baguette d'angle	arris-cover strip
Korrosionsschutz	protection c. la corrosion	corrosion prevention
Mieterschutz	protection des locataires	tenants' protection
Naturschutz	protection de la nature	preservation of nature
Naturschutzgebiet	parc national, réserve naturelle	national park, preserve
Rostschutz	protection antirouille	rust prevention
Rostschutzfarbe	(peinture) antirouille	anticorrosive paint, rust(proof) colour
Rostschutzmittel	anti-corrosif/-rouille	anticorrosive, rust preventive
Säureschutz	protection contre les acides	anti-acid protection
Schallschutz	protection acoustique	sound protection
Umweltschutz	protection de l'environnement	preservation of environment
Wärmeschutz	protection thermique	heat and frost/ thermal protection/shielding
SCHWACH	faible	feeble, weak
Schwachstrom [<60 V]	courant faible/ à basse tension	feeble/weak current, low tension/voltage current
Schwachstromanlage	installation à faible courant	weak current installation
Schwachstromarmaturen	matériel pour installations à faible courant	low voltage fittings
einkommensschwach	économiquement faibles à faible revenu	low income group, underprivileged

SCHW-SCHW

SCHWADEN	fumée, traînée, vapeur	cloud, vapour
Rauchschwaden	panache/traînée de fumée	wreath of smoke
SCHWANKUNG	fluctuation	fluctuation
Geldschwankungen	fluctuations monétaires	monetary fluctuations
SCHWARZ	noir	black
Schwarzarbeit	travail clandestin	illicit work
Schwarzarbeiter	personne travaillant clandestinement	person who works secretly
Schwarzbelag	revêtement hydrocarboné	hydrocarbon/bituminous pavement
Schwarzdeckenfertiger	finisseuse pour chaussées d'asphalte	asphalt paver (machine)
SCHWEISSEN	souder	to weld
Schweißbrenner	chalumeau oxhydrique	blow-pipe, cutting-off burner, welding torch
Schweißnaht	bavure, soudure	weld(ed) seam
Schweißstelle	soudure	welding
Schweißung	soudure	welding
Punktschweißung	soudage par points	spot welding
SCHWELLE	seuil	threshold
Schwellenbereich	domaine (immédiat) du pas de la porte, niveau seuil	doorstep/threshold area/level
Hörschwelle	seuil d'audibilité	threshold of audibility
Türschwelle	seuil, pas de la porte	door-sill/-step, threshold
SCHWEMMEN	déposer, flotter, laver à grande eau	to deposit/float
Schwemmsand	sable d'allluvion/de rivière de ponce métallurgique	alluvial/river sand
Schwemm=kanal/=system	système d'égout combiné/mixte	mixed/ one pipe sewer system
Schwemmstein	brique de mousse de laitier	cinder/foam-slag/porous brick
SCHWENKEN	agiter, pivoter, tourner	to swing/turn/wave
schwenkbar	pivotant, tournant	revolving, swivel-mounted
Schwenkkran	grue tournante/ à pivot	revolving crane
SCHWER	lourd	heavy
Schwerbeton	béton classique/lourd/ordinaire	normal (weight) concrete
Schwere	gravité, pesanteur	gravity, weight
Schwerkraft	gravitation, force de la pesanteur	gravity, gravitational force
Schwerkraftheizung	chauffage à circuit naturel/ à thermosiphon	gravity heating
Schwerpunkt	centre de gravité	centre of gravity
SCHWIERIGKEIT	difficulté	difficulty
Absatzschwierigkeiten	difficultés d'écoulement	marketing difficulties
SCHWIMMEN	flotter, nager	to float/swim
Schwimm=bad/=becken	piscine	swimming pool
Schwimmbagger	drague, dragueur	dredger
schwimmender Estrich	aire/chape/dalle flottante	floating floor screen/slab
Schwimmhalle	piscine couverte	(swimming) pool hall
SCHWIMMER	flotteur, nageur	swimmer [2] float
Schwimmerventil	robinet/vanne à flotteur	ball-cock, float-valve

SCHWINDEN	faire un retrait, se rétrécir	to shrink ² shrinkage
	² retrait	
Schwindriß	fissure de retrait, crevasse	seasoning/shrinkage crack
	de séchage	
SCHWINGEN	basculer, osciller	to swing
Schwingboden	plancher élastique/souple	sprung floor
Schwingfenster	fenêtre basculante/ à bascule	horizontally pivoted window
Schwingflügel	battant basculant	horizontally pivoted sash
Schwing=tor/=tür	porte basculante	tip-up/ up-and-over door
SCHWINGUNG	vibration	vibration
Schwingungsdämpfer	amortisseur de vibration	anti-vibration pad
SCHWITZEN	transpirer	to perspire/sweat
Schwitzwasser	(eau de) condensation	condensation (water)
SCHWUEL	étouffant, lourd	close, sticky, sultry
Schwüle	lourdeur	close air, sultriness
SCHWUND	retrait	shrinkage
Schwundriß	fissure de retrait, crevasse	seasoning/shrinkage crack
	de séchage	
SEDIMENT	sédiment	sediment
SEE [f:Meer]	mer	sea
Seebad	station balnéaire	seaside resort
Seebeben	raz-de-marée	sea-quake, tidal wave
Seekarte	carte marine	sea chart
Seesand	sable de mer	seasand
Seewind	vent du large/ de la mer	sea-wind/-breeze
SEE [m]	lac	lake
SEGREGATION	ségrégation	segregation, isolation
SEIFE	savon	soap
Seifenschale	porte-savon	soap-dish/-tray
Seifenspender	distributeur de savon	soap dispenser
SEIL	câble, corde	cable, rope
Seil(schwebe)bahn	funiculaire, téléphérique	funicular/wire-rope railway,
		passenger rope-way,
Seil=antrieb/=betrieb	commande par câble	cable control
Seilsteuerung	commande par câble	cable control
Seilwinde	treuil à câble	cable/rope winch
Drahtseil	câble métallique	wire cable/rope, cable rope
Schleppseil	câble de halage/traînage	dragline
SEISMIK, Erdbebenkunde	s(é)ismologie	seismology
seismisch	s(é)ismique	seismic
SEITE	côté	side
Seitenabstand	écart latéral	interval, side distance
Seitenansicht	élévation/façade/vue latérale	side elevation/view
Seiteneingang	entrée latérale	side entrance
Seiten=fassade/=front	façade latérale/ de côté	side/flank face/front
Seitenführung	guidage/guide latéral	side guide rail
Seitenhaus	maison de côté	side-house, wing of row
Seitenkipper	camion à bascule latérale	side-tip lorry
Seitenstreifen [Straße]	accotement	road-side
Seitenstreifen nicht befahrbar	accotement non	non consolidated road-side
	carrossable/consolidé	"keep off shoulder!"

Seitenverwandter	collatéral	collateral
Straßenseite	côté rue	street-side
Wetterseite	côté exposé aux intempéries	rain-side
SEITLICH	latéral	lateral
seitlicher Gebäudeabstand	distance latérale entre constructions	lateral free distance between buildings
seitlicher Grenzabstand	distance latérale entre le bâtiment et de la limite du terrain	distance between building and lateral plot limit
SEKTOR	secteur	sector
Mietsektor	secteur locatif	tenement sector
öffentlicher Sektor	secteur public	state enterprise
primärer Sektor [Ackerbau]	secteur primaire	primary sector
Privatsektor	secteur privé	private enterprise
Sekundärsektor [Industrie]	secteur secondaire	secondary sector
Tertiärsektor [Dienstleistungen	secteur tertiaire	tertiary sector
Versorgungssektor	secteur de l'approvisionnement	supply sector
Wirtschaftssektor	secteur économique	sector of economy
SEKUNDAER	secondaire	secondary
Sekundärenergie	énergie secondaire	secondary energy
Sekundärsektor	secteur secondaire	secondary sector
SENKEN	baisser, descendre, incliner	to lower, to sink
Senke [Gelände]	dépression	depression
Senkblei	(fil à) plomb	plummet
Senkgrube	fosse d'aisance, puisard	cesspit, cesspool
senkrecht	perpendiculaire, à plomb	perpendicular, upright
Senkschraube	vis noyée	countersink screw
Senktor	porte verticalement escamotable	drop door, vertically vanishing door
Senkung	abaissement, tassement	lowering, sag, settling
Senkungsriß	lézarde de tassement	settling crack
Preissenkung	réduction des prix	drop(ping) of prices
SERIE	série	line, series
Serienbau	construction en série	building in series
Serienherstellung	fabrication/production en série	mass manufacturing/production
SERPENTINE(NSTRAßE)	voie en lacets	winding road
SERVITUT	servitude	charge, easement, servitude
SETZEN	mettre, placer, se tasser	to put/place/settle
Setzen des Mauerwerks	tassement de la maçonnerie	settling of masonry
Setzriß	fissure de tassement	settling crack
Setzstufe	contremarche	riser
Setzung	tassement	consolidation, sag, settling
Setzwage	niveau (de maçon/à bulle d'eau)	field/plumb level
SHEDDACH	toit en shed	saw-tooth roof
SICHER	sûr	safe
feuersicher	incombustible, ignifuge	fire-proof, incombustible
gleitsicher	antidérapant	non-skid/-slipping, skid-proof

SIE-SKE

Siebtrommel	crible rotatif, trommel	drum/revolving screen, trommel
Rüttelsieb	crible vibrant	jig, vibrating screen
SIEBEN	tamiser ² tamisage	to sift ² sifting
SIEDLER	colon, terrien	colonist, homesteader
Siedlerstelle	petite propriété terrienne	homestead
SIEDLUNG	colonie/ensemble d'habitations, lotissement	housing development/ estate/scheme
Siedlungseinheit	quartier/unité résidentielle	residential unit
Siedlungsgebiet	zone à urbaniser	urbanization zone
Siedlungsgesellschaft	société de logement/ d'habitations à bon marché	housing society
Siedlungspolitik	politique de colonisation	land settlement policy
Siedlungsstruktur	structure du lotissement/ de l'agglomération	structure of housing
Siedlungsverband	association d'aménagement régional	land development association
Siedlungswesen	habitat	housing
Arbeitersiedlung	cité ouvrière	labour colony, working class quarter
Reihenhaussiedlung	cité de maisons en rangée	terrace house development
Stadtrandsiedlung	cité jardin	garden city
Streusiedlung	aménagement dispersé	dispersed/open development
Zersiedlung	urbanisme dispersé	urban sprawl
SILO	silo	silo, storage bin
Autosilo	silo à automobiles	car silo, multistorey car park
Zementsilo	silo à ciment	cement bin
SINKEN	baisser	to decline/drop/fall
sinkende Temperatur	température en baisse	falling temperature
Sinkgrube	puisard,, puits perdu	cesspool
Sinkkasten	avaloir, siphon de cour/ décantation	sink water trap, slop sink, gully
SINTERBIMS	argile/laitier/schiste expansé, mousse de laitier	expanded clay/shale/slag, sintered light aggregate
SIPHON	siphon	S-trap, seal
SITZ	siège	seat
Sitzbadewanne	baignoire sabot	sitzbath, hip bath
Sitzplatz	place(s) assise(s) ² séjour extérieur	seat ² outdoor sitting space,
Gesellschaftssitz	siège social	chief/registered office
Wohnsitz	domicile	place of abode, residence
SITZUNG	réunion, séance, session	conference, meeting
Sitzungsvermerk	note de séance	meeting note
Plenarsitzung	réunion plénière	full session
Vorstandssitzung	séance du conseil d'administration	meeting of the board
SKALA	échelle	scale
gleitende Skala	échelle mobile	sliding scale
gleitende Lohnskala	échelle mobile des salaires	sliding scale of wages
SKELETT	squelette	frame, skeleton

Skelettbau	construction à ossature	frame building, skeleton structure
Betonskelettbau	construction à ossature de béton	concrete structure/ framed building
Stahlskelettbau	construction à ossature métallique/ en acier	steel-framed building/structure
SKIZZE	croquis, ébauche, esquisse	rough sketch
SMOG [smoke + fog]	brouillard enfumé, smog	smog
SOCKEL	embase, socle, soubassement	base (course), socle
Sockelleiste	plinthe	base-board, (timber) skirting
Sockelplatte	dalle d'embasement	supporting slab
Elektrosockelleiste	plinthe avec conducteurs électriques	power skirting
Hohlkehlsockel	plinthe à gorge	coved skirting
SOFORT	de suite, sans délai	at once, immediately
Sofortdarlehn	prêt immédiat	immediate loan
SOG [Saugwirkung]	succion	suction
SOHLE	fond, semelle	bottom, sole
Sohlbank	appui/banquette de fenêtre	window sill
Sohlenabstreicher	décrottoir	door-/shoe-scraper
Sohlenrinne, Abzugsgrube	cunette	drain
Baugrubensohle	fond de fouille	bottom of pit
SOLAR	solaire	solar
Solararchitektur	architecture solaire	solar architecture
Solarhaus	maison solaire	solar house
Solarheizung	héliochauffage, chauffage (par l'énergie) solaire	solar heating
Solarkühlung	hélioréfrigération	solar cooling
Solartechnik	technique solaire	solar technique
SOLARIUM	local pour bains de soleil	sun-bathing room
SOLIDARISCH	solidaire	joint and several, jointly
solidarische Verpflichtung	obligation solidaire	joint obligation, obligation binding on all parties
Solidarhaftpflicht	responsabilité solidaire	joint (and several) liability
SOLL	débit	debit
Sollsaldo	solde débiteur	debit balance, overdraft
Sollzinsen	intérêts débiteurs	debit interest
SOMMER	été	summer
Sommerweg	accotement, banquette, bas-côté	roadside, shoulder, verge
Sommerwetter	temps estival	summer weather
SONDER=	spécial	special
Sonderanfertigung	fabrication sur commande	purpose-/ special make
Sonderbaustahl	acier spécial	special (purpose) steel
Sonderfall	cas particulier	special case
Sonderkonto	compte spécial	separate account
Sonderkosten	frais extraordinaires/ supplémentaires	extra charges
Sonderkredit	crédit spécial	special credit
Sonderschau	exposition particulière	separate exhibition/show
Sonderwert	valeur de convenance	personal/special value

SON-SOZ

Sonderwertentschädigung	indemnité de convenance	convenience compensation
SONNE	soleil	sun
Sonnenbahn	orbite/trajectoire du soleil	orbit of the sun
Sonnenblende	pare-soleil	blind
Sonnenblendvorrichtung	brise-/pare-soleil	sun screen
Sonnendach	marquise	sun blind
Sonneneinstrahlung	insolation, ensoleillement	exposure to sunlight, insolation
Sonneneinwirkung	action solaire/ du soleil	solar effect/influence
Sonnenenergie	énergie solaire	solar energy
Sonnenkollektor	panneau solaire	solar panel
Sonnenlicht	lumière du soleil	day light, sunlight
Sonnenschein	lumière du soleil	sunshine
Sonnenscheindauer	durée/fraction d'ensoleillement	sunshine duration
Sonnenschutzanlage	équipement antisolaire	sun protecting equipment
Sonnenschutzglas	verre antisolaire/pare-soleil	antisun/solar/reflecting glass
Sonnenschutzscheibe	vitre antisolaire	anti-sun pane
Sonnenstrahlung	radiation/rayonnement solaire	solar radiation
Sonnenuntergang	coucher du soleil	sunset
Sonnenwärme	chaleur solaire	sun heat
Sonnen(wärme)heizanlage	chauffage à énergie solaire	solar (radiation) heating
Sonnenwende	solstice	solstice
SORTIEREN	trier	to sort
Sortiertrommel	tambour trieur, crible rotatif	drum/revolving/rotary screen, trommel
Sortierung nach Korngrößen	calibrage	calibrating
SORTIMENT	assortiment	assortment, range
SOZIAL	social	social
Sozial=amt/=behörde	office/service social	social services
Sozialbauamt [F]	Office Public d'HLM	Popular Housing Office [F]
Sozialbindung des Bodens	obligation sociale du sol	social obligation of real estate
soziale Aufwendungen	charges sociales	social charges/disbursements/ expenditures, on-costs
soziale Einrichtung	équipement social	social facilities/services
Sozialfürsorge	assistance publique/sociale service social	social service
Sozialfürsorger(in)	assistant(e) social(e)	social worker
Soziallasten	charges sociales	social charges/expenditures, on-cost
Sozialmilieu	milieu social	social environment
sozial-ökonomisch	socio-économique	socio-economic
Sozialpartner	partenaires sociaux	social partners
Sozialpflicht des Grundeigentums	obligation sociale de la propriété foncière	social obligation of real estate
Sozialplanung	planification sociale	social planning
Sozialpreis	coût social [incidences sociales inclues]	social cost [including social repercussions]
Sozialprodukt	produit national	national product
Bruttosozialprodukt	produit national brut, PNB	gross national product, GNP
sozialer Raum	espace social	social space

soziale Stellung	position sociale, rang social	social standing/status
Sozialstruktur	édifice social, structure sociale	social structure
Sozialstrukturuntersuchung	enquête socio-démographique	social survey
Sozialversicherung	assurance/sécurité sociale	national insurance, social welfare
Sozialwohnungen	habitations à loyer modéré, logements sociaux	government subsidized housing, publicly assisted houses
sozialer Wohnungsbau	construction de logements sociaux	low-cost/low-rental/social housing
soziales Wohnungswesen	habitat social	public/social housing
Sozialisierung	socialisation	socialization
sozio-medizinische Einrichtungen	institutions socio-médicales	health and social services
SOZIOLOGIE	sociologie	sociology
SPACHTEL(messer)	couteau à reboucher,	painter's knife, spatula
Spachtelbelag	revêtement sans joint,	seamless covering
Spachtelmasse	enduit/produit à spatuler/ de rebouchage	coating/filler/filling/ levelling compound
SPACHTELN	boucher/enduire au couteau, spatuler	to fill/level/stop
ausspachteln	reboucher	to fill/stop
SPALT	crevasse, fente, fissure, lézarde	cleft, crevice, crack, fissure, split
SPAN	copeau	chip
Spanplatte	panneau de copeaux/particules	chip/particle board
Holzspäne	copeaux de bois	wood chips
Holzspanplatte	panneau de copeaux de bois	chip board, wooden particle board
SPANNEN	étendre, étirer	to strain/stretch
Spannbeton	(béton) précontraint	prestressed concrete
Spannriegel	entrait, tirant	tie beam
Spannstahl	acier/câble de précontrainte	prestressing reinforcement steel
Spannverfahren	technique de précontrainte	prestressing system
Spannweite	portée libre, travée	span, clear width, width of span
SPANNE [Marge]	marge	margin
Gewinnspanne	marge de bénéfice	profit margin
SPANNUNG	contrainte ² tension, voltage	strain, stress ² tension, voltage
Spannungsabfall	chute de tension	potential/voltage drop
spannungsführender Draht	fil sous tension	charged/live wire
Betriebsspannung	tension/voltage de régime	working voltage, operating tension
Biegespannung	tension de flexion	bending strain/stress
Hochspannung	haute tension	high tension
Hochspannungsleitung	ligne de haute tension	power/transmission line
Spannteppich	tapis plain	wall to wall carpet
innere Spannung	tension interne	internal pressure
Knickspannung	tension de flambage/flambement	buckling stress

SPANNUNG
Maximalspannung	tension maximale	maximum voltage
Minimalspannung	tension minimale	minimum voltage
Mittelspannung	moyenne tension	average tension
Netzspannung	tension de réseau/secteur	line/mains' voltage
Niederspannung	basse tension	low tension/voltage
Normalspannung	tension normale	normal voltage
Oberflächenspannung	tension superficielle	surface tension
Stabspannung	tension dans la barre	bar strain/tension
Stromspannung	tension (du courant)	tension, voltage
Zugspannung	travail à l'arrachement, effort de traction	tearing/tensile stress
zulässige Spannung	tension admise/admissible/ de sécurité	admissible/safe stress

SPAREN — épargner [2] épargne — to save [2] saving
Sparbuch — livret d'épargne — savings passbook
Sparguthaben — fonds d'épargne — savings-bank deposit
Sparkasse — Caisse d'Epargne — Savings Bank
Sparkonto — compte épargne — savings account
Sparmaßnahme — mesure d'économie — economy measure
sparsam — économe, économique — economical, saving
Sparwesen — épargne — savings
  Bausparen — épargne-crédit/-logement/ préimmobilière — building/credit-saving
  Bausparer — souscripteur d'épargne-crédit — building saver
  Bausparkasse — caisse d'épargne-crédit — building and loan association
  Bausparwesen — épargne préimmobilière — building/credit saving
  Energiesparen — économisation d'énergie — energy saving

SPARREN — chevron — rafter
Sparrenkopf — modillon — modillion
Sparrennagel — dent de loup — rafter nail
  Bindersparren — arbalétrier — (principal) rafter
  Gratsparren — chevron d'arête — hip rafter
  Hauptsparren — arbalétrier — principal rafter
  Kehlsparren — arête de noue — valley rafter

SPAZIEREN — se promener — to take a walk/walk around
Spaziergang — promenade — promenade, stroll, walk
Spazierweg — promenade — promenade

SPEDITION — camionnage, expédition, roulage, transport — carrying, forwarding, shipping
Speditionsgeschäft — entreprise de transport — carrying company

SPEICHER — accumulateur [2] grenier [3] entrepôt, — accumulator [2] attic, loft, [3] store house/room

Speicherfähigkeit — capacité d'accumulation — accumulation/storage capacity
  Wärmespeicherfähigkeit — capacité/volant thermique — heat storage capacity
Speicherkraftwerk — usine d'accumulation — storage power station
Speicherofen — appareil de chauffage à accumulation — storage heater

Speichertreppe	escalier du grenier	attic stairs
Speichertank	réservoir de stockage	storage reservoir/tank
Druckwasserspeicher	hydrophore	hydraulic pressure tank
Warmwasserspeicher	accumulateur d'eau chaude	hot water boiler
SPEICHERN	accumuler	to store
SPEICHERUNG	accumulation	accumulating, accumulation, storage
Wärmespeicherung	accumulation de chaleur	heat/thermal accumulation/ storage
SPEISE	aliment, nourriture	food
Speise(n)aufzug	monte-plats	service-lift
Speisekammer	garde-manger	larder, pantry
Speiseschalter	passe-manger/-plats	service hatch
Speisewirtschaft	restaurant	restaurant
SPEISEN vb	dîner, manger ² alimenter	to eat ² to feed/supply
SPEKULIEREN	spéculer	to speculate
Bodenspekulant	spéculateur foncier	land jobber
SPEKULATION	spéculation	speculation
Bodenspekulation	spéculation foncière	land speculation
SPENGLER	ferblantier, zingueur	zinc roofer, tinman, tin roofer/smith
SPERRE	barricade, barrière	barrier, block(ing up)
Sperrbeton	béton isolant	water proofing/repellent concrete
Sperrholz	contreplaqué	slatted board, plywood
Sperrhahn	robinet d'arrêt	stop cock
Sperrkonto	compte bloqué	blocked account
Sperriegel	verrou de sûreté	lock bolt
Sperrschicht	couche imperméable, étanchéité	damp/water- proof membrane
Dampfsperre	pare-vapeur	vapour barrier, damp-proof course
SPERREN	bloquer ² fermer à clé	to block/freeze ² to lock
Kontensperrung	blocage des comptes	account blocking/freezing
SPESEN	débours, frais	charges, fees, petty expenses
Spesenrechnung	état des frais	expenses account
SPEZIAL	spécial	special
Spezialmörtel	mortier spécial	purpose-made mortar
SPEZIFISCH	spécifique	specific
spezifisches Gewicht	densité, gravité/poids spécifique	density, specific gravity/density
SPIEGEL	glace. miroir	looking glass, mirror
Spiegelglas	verre poli/ à glace	(polished) plate-glass
Spiegelware	(articles de) miroiterie	mirrors
Wasserspiegel	nappe/plan d'eau	water sheet
SPIEL	jeu	game, play; ² allowance, backlash, clearance
Spielbereich	domaine de jeu	play domain
Spiele im Freien	jeux de plein air	open air games
Spielfeld	terrain/plaine de jeux	play ground
Spielflächen	aires de jeux	play areas
Spielgeräte	agrès/articles de jeux	play things
Spielplatz	place/terrain de jeux	play ground

Spielraum	jeu, latitude, marge	allowance, clearance, margin
Spielverhalten	comportement au jeu	behaviour at play
Bewegungsspiele	jeux en plein air	open air games
freies Spiel	flottement, jeu, mouvement libre	free float
Freiluftspiele	jeux en plein air	open air games
Sand(kasten)spiele	jeux de sable	sand (box) games
SPION [Wohnungstür]	judas, microviseur	(door) viewer, Judas
SPIRALE	spirale	spiral
Spiralbohrer	mèche hélicoïdale	twist drill
Spiralfeder	ressort hélicoïdal/ à boudins	spiral spring
Spiraltreppe	escalier tournant/ en (co)limaçon	spiral/winding staircase
SPITZ	aigu, pointu	pointed, sharp
Spitzdach	toiture à forte pente	high pitched roof
spitzer Winkel	angle aigu	acute angle
SPITZE	pointe	head, tip, top
Spitzenbelastung	charge de pointe	capacity/peak load
Spitzenkraftwerk	centrale électrique de pointe	peak load power station
Spitzenverkehrszeit	heures de pointe	peak/rush hours
abgestumpfte Spitze	pointe tronquée	stub-end
SPLINT [Stift]	goupille	peg, pin
SPLINTHOLZ	bois d'aubier	sapwood
SPLITT	grenaille, pierraille, rocaille	ballast, rubble, stone chips/ chippings
Fein/=Kiesel=splitt	gravillons, grenailles	fine gravel, pebble, refuse grain
SPORT	sport	sport
Sportanlage	installation sportive	sporting facilities
Sportbauten	constructions sportives	sport halls
Sportgeräte	agrès et ustensiles de sport	(athletic) sport equipment/ requisites
Sporthalle	salle des sports	sports' hall
Sportplatz	terrain de sport	athletic/sport(ing) field/ground
SPRACHE	langue, langage	language
Amtssprache	langue officielle, langage administratif	administrative/official language
Arbeitssprache	langue de travail	working language
SPRECHEN	parler	to speak
Gegensprechanlage	interphone, parlophone	intercom system
SPREIZE	entretoise, étrésillon	prop, spreader, strut
Spreizdübel	boulon/cheville à expansion	expansion bolt/dowel
SPRINGEN	sauter	to jump
Springbrunnen	fontaine	ornamental fountain
Springrollo	store à ressort	spring activated roller blind
Springschloß	serrure à ressort	snap/spring lock
SPRINKLER	arroseur d'incendie	sprinkler
SPRITZEN	gicler	to spray
Spritzbeton	béton projeté	gunned concrete, shotcrete
Spritzbewurf	enduit projeté, mouchetis	gunned/sprayed-on rendering

Spritzdüse	gicleur	spray nozzle
Spritzmasse	matière projetable	gunning compound
Spritzpistole	pistolet (de peinture/ de scellement), pulvérisateur	(paint/sealing/spray) gun
SPROSSE	échelon	step
Fenstersprosse	croisillon, petit-bois	glass/glazing/sash/window-bar
SPRUEHREGEN	brouillasse, crachin, pluie fine	drizzle, scotch mist
SPRUNG [Riß]	fêlure	crack
SPUELEN	laver, rincer	to flush/wash
Spülbecken, Spüle	évier [CH]: plonge	(kitchen) sink, sink bowl
Spüle mit Abtropfbrett	évier avec égouttoir	drainer sink
Spülgeräte	ustensiles pour laver la vaisselle	dish washing utensils
Spülkasten	réservoir de chasse d'eau	flushing cistern
Spülküche	souillarde	scullery
Spülmaschine	machine à vaisselle	dish washer
Spültisch	table d'évier	sink top
Spültisch mit Unterbau	bloc évier	sink unit
Spültischunterschrank	placard sous évier	sink base (unit)
Druckspüler	robinet de chasse d'eau	flushing valve
SPUELUNG	rinçage	flushing, rinsing
Wasserspülung	rinçage à chasse directe	water flushing
SPUND	bonde	plug
Spundverbindung	assemblage à rainure et languette	tongue and groove joint
Spundwand	écran/rideau de palplanches	interlocking/pile/sheet/ planking
SPUR	piste	track, trail ² lane
Abbiegespur	piste de présélection	auxiliary/merging lane
Beschleunigungsspur	piste d'accélération	acceleration lane
Einfädelungsspur	piste d'accélération	acceleration lane
Verzögerungsspur	piste de décélération	deceleration lane
Standspur	voie/accotement d'arrêt/ de stationnement, bande de parcage, allée de garage	hard shoulder/standing lay-by, parking lane
STAAT	Etat	State
Staatsangehöriger	ressortissant [d'un pays]	national [of a country]
Staatsbeamter	fonctionnaire	Civil Servant
Staats=budget/=haushaltsplan	budget de l'Etat [CH]: ménage de l'Etat	budget, estimates
Staatsbürger	citoyen	citizen
Staatsbürgerkunde	instruction civique	civics
Staatsdienst	service de l'Etat	Civil/Public Service
staatlicher Eingriff	intervention de l'Etat	State intervention
Staatskasse	Trésor Public	Public Revenue
Staatswissenschaften	sciences po(litiques)	political science, politics
STAB	baguette, barre ² les cadres	bar, batten, stick ² management staff
Stabeisen	fer en barres	bar iron
Stabgitter	grille à barreaux	bar grating

Stabhobel(maschine)	machine à mouluer	spindle moulder
Stabsmitglied	cadre, employé participant à la décision	staff member
Stabspannung	tension dans la barre	bar strain/tension
Blendenstab	lame(lle) de persienne/volet	slat of a blind
Fußbodenstab	lame de plancher	floor plank
Rechenstab	règle à calcul	slide rule
Rolladenstab	lame(lle) de persienne/volet	slat of a blind
STABILITAT	stabilité, robustesse	firmness, stability
STACHELDRAHT	(fil de fer) barbelé, ronce artificielle	barb(ed) wire, bob wire
Stacheldrahtzaun	clôture de barbelé	barb(ed) wire fence
STADT	agglomération, cité, ville	city, town
Stadtbauamt	inspection des bâtiments, service des travaux municipaux	municipal works, surveyor's office
Stadtbaukunst	urbanisme	civic design, town planning
Stadtbaumeister	architecte municipal/ de la Ville	city/municipal architect
Stadtbaurecht	droit de l'aménagement des villes	town planning right
Stadtbevölkerung	population urbaine	urban population
Stadtbezirk	arrondissement, quartier	city district, quarter, township
Stadtbild	paysage urbain, physionomie d'une ville	town/urban landscape/ picture
Stadteinheit	unité urbaine	urban unit(y)
Stadtentwicklung	développement urbain/ d'une ville	town/urban development
Stadterneuerung	rénovation urbaine	urban renewal
Stadterweiterung	extension urbaine, expansion d'une ville	town/urban extension, expansion of a town
Stadtgas	gaz de ville	Dowson gas
Stadtgestaltung	conception urbaine	urban design
Stadthaus	hôtel de ville	city/town hall
Stadtheizung	chauffage urbain	district/urban heating
Stadtkern	centre urbain/ d'une ville	city centre, downtown
Stadtklima	climat urbain/ des villes	urban climate
Stadtklimatologie	climatologie urbaine	urban climatology
Stadt= und Bauklimatologie	climatologie en urbanisme et architecture	urban and building climatology
Stadtmilieu	environnement/milieu urbain	urban environment
Stadtmüll	résidus urbains	town refuse
Stadtnebel	brouillard enfumé, smog	smog [smoke + fog]
Stadtplan	plan de la ville	city map
Stadtplaner	urbaniste	town planner
Stadtplanung	urbanisme, aménagement urbain	town/urban planning
Stadtrand	banlieue	outskirts [of a city]
Stadtrandsiedlung	cité-jardin/ de banlieue	suburban housing scheme/ settlement, garden city

Stadtrat	conseil municipal	towm council
Stadtratsmitglied	conseiller municipal	town councillor
Stadtregion	région urbaine	urban area/region
Stadtsanierung	assainissement urbain	urban redevelopment/sanitation
Stadtstruktur	structure urbaine	urban structure
Stadtteil	quartier	quarter
Stadtumland	alentours d'une ville	town environs/vicinity
Stadtverkehr	circulation urbaine	town-traffic
Stadtviertel	quartier	quarter
Stadtzentrum	centre urbain/ d'une ville	city centre, downtown
Altstadt	vieille ville	city, old town
Außenstadt	ville extérieure	uptown
Bandstadt	cité linéaire, ville-ruban	linear city/town
Gartenstadt	cité-jardin	garden-city
Großstadt	grande ville	large city, metropolis
Handelsstadt	place/ville marchande	trading town
Hauptstadt	capitale, métropole	capital
Innenstadt	centre de ville, cité	city/town centre, downtown
neue Städte	villes nouvelles	new towns
Riesenstadt	mégapole, écuménopole	megalopolis, oecumonopolis
Satellitenstadt	ville satellite	overspill/satellite town
Schlafstadt	ville-dortoir	dormitory town
Trabantenstadt	ville satellite	overspill/satellite town
Wohnstadt	cité/ville résidentielle	residential town
STAEDTE	villes	cities, towns
Städtebau	urbanisme	town planning
Städtebauförderung	promotion de l'urbanisation	town planning promotion
Städtebauinstitut	institut d'urbanisme	town planning institute
Städtebaurecht	droit concernant l'aménagement des villes	town planning law
städtebauliche Maßnahme	mesure d'urbanisme	town planning measure
integrierender Städtebau	urbanisme d'intégration	integrating planning
ordnender Städtebau	urbanisme de classement	rating planning
Straßenrandstädtebau	urbanisation digitée	finger development
ungeordneter, wilder Städtebau	urbanisation anarchique	haphazard urbanization
STAEDTISCH	municipal, urbain	municipal, urban
städtische Behörde	autorité municipale	civic authorities
städtisches Haus	maison urbaine	town house
städtischer Müll	résidus urbains	town refuse
städtische Wucherung [wucherungsähnliche Ausdehnung der Städte]	prolifération urbaine	urban sprawl
STAFFELGESCHOSS	étage en retrait/ reculé	set back storey
STAFFELUNG	progressivité; échelonnement	progessiveness, progressivity [2] spacing, staggering
STAHL	acier	steel
Stahlbandmaß	roulette métallique	measuring spring tape
Stahlbau	construction métallique	steel (frame) building/construction, structural steelwork

STA-STA

Stahlbeton	béton armé	reinforced concrete
Stahlblech	tôle d'acier	steel sheet, sheet steel
Stahlfasern	fibres d'acier	steel fibres
Stahlmatte	treillis soudé	wire mesh
Stahlmeßband	roulette métallique	measuring spring tape
Stahlprofil	profilé d'acier	steel section, sectional steel
Stahlrohr	tube métallique/ d'acier	steel pipe
Stahlrohrgerüst	échafaudage tubulaire	tubular scaffold
Stahlskelett	ossature métallique/ en acier	steel skeleton, structural steelwork
Stahlskelettbau	construction à ossature métallique	steel frame construction
Stahlstange	barre d'acier	steel bar
Stahlträger	poutrelle en acier	steel girder
Stahlwerk	aciérie	steel works
Baustahl	acier à béton/ de construction	engineering/reinforcement/ structural steel/iron
Baustahlgewebe	grillage/treillis soudé	steel/reinforcement/welded fabric/mesh
Betonstahl	acier à béton	reinforcement steel
Chromstahl	acier chromé, inox	inox, stainless steel
Edelstahl	acier spécial	refined steel
Flußstahl	acier doux/ordinaire	mild steel
Galvanstahl	acier galvanisé	galvanized steel
gedrehter Stahl	acier tors	twisted steel
gehärteter Stahl	acier trempé	hardened steel
rostfreier Stahl	acier inoxydable, inox	stainless steel
Spannstahl	acier/câble de précontrainte	prestressed steel
Walzstahl	acier laminé	rolled steel
STALLUNGEN	écuries	stables, stabling
STAMM	tronc	trunk
Stammholz	bois de brin	log, stem/trunk wood
STAMPFEN	pilonner	to temper
Stampfasphalt	asphalte comprimé	compressed asphalt
Stampfbeton	béton compacté/damé/pilonné	punned/rammed/tempered concrete
Stampfer	pilonneuse, compacteuse	compactor, temper
STAND	état, niveau, position, situation [2] stand	level, position, situation [2] stand
standfest	solide, stable	firm, stable
Standfestigkeit	solidité, stabilité	(structural) solidity, stability
Standhahn	robinet sur pied/ debout	pillar tap
Standlinie	ligne de base/niveau	datum line
Standort	emplacement, lieu d'implantation	(place of) location, site
Standortbestimmung	choix/détermination du lieu d'implantation	locating/positioning/siting, choice of location
Standpunkt	point de vue	standpoint, point of view
Standrohr [Ueberlauf]	tuyau de trop plein	overflow/stand/waste pipe
standsicher	stable	stable
Standsicherheit	stabilité	stability

Standspur	voie/accotement d'arrêt/ de stationnement, bande de parcage, allée de garage	hard shoulder/standing; lay-by, parking lane
ehelicher Güterstand	régime matrimonial	matrimonial system
Grundwasserstand	niveau de la nappe d'eau souterraine	underground water level
Stillstand	arrêt	stop
Wasserstand	niveau d'eau	water level
Wasserstandglas	tube de niveau	glass gauge, gauge glass
Wohlstand	bien-être	comfort, well-being
Zivilstand	état civil	civil status
STANDARDISATION	standardisation	standardization
STANGE	barre	bar, batten, rod
Stangenmühle	broyeur à barres	bar crusher
STARK	fort, robuste	strong
Dach mit starkem Gefälle	toiture à forte pente	high pitched roof
Starkstrom	courant fort/ de haute tension	heavy/power/strong current
Starkstromleitung	ligne de haute tension	power/transmission line
STAERKE	force, intensité, puissance	force, intensity, power
Beleuchtungsstärke	intensité/puissance lumineuse	luminous intensity, intensity of light
Feldstärke	intensité/puissance de champ	field intensity
Lautstärke	force de bruit, intensité sonore, niveau de bruit	sound level/intensity, loudness
Lichtstärke	intensité/puissance lumineuse	luminous intensity, intensity of light
Schallstärke	intensité du son	sound intensity
Stromstärke	intensité du courant	current intensity
Windstärke	force/intensité du vent	wind intensity
STARR	rigide	inelastic, rigid
starrer Kitt	mastic durcissant	hardening putty
STATION	station, poste	plant, post, station
Pumpstation	station de pompage/ de distribution d'eau	waterworks
Trafostation	poste de transformateur	transformer
Unfallstation	poste de secours	first aid station
STATIK	statique, théorie des forces	statics, theory of structures
Statik auf gefrorenem Erdreich	techniques cryogènes	frozen ground engineering
STATIKER	ingénieur spécialisé en calculs statiques	static/structural engineer
STATISCH	statique	static
statische Berechnung	calcul statique	structural analysis
STATISTIK	statistique	statistics
statistische Untersuchung	enquête statistique	statistical investigation
Bevölkerungsstatistik	statistique démographique/ humaine, démographie	population statistics, demography
STAETTE	endroit, lieu, place	place, room, stand
Heimstätte	petite propriété terrienne	home-stead
Kindertagesstätte	crèche, garderie d'enfants	crèche, day-nursery

STA-STE

STAETTE		
Werkstätte	atelier	workshop
Wohnstätte	foyer	homestead
STATUT	statut ² charte	status ² articles, regulation
STAUB	poussière	dust
Holzstaub	farine/poussière de bois	wood floor/dust
Staubabsaugeanlage	aspiration intégrée, centrale de dépoussiérage	dedusting plant/system
staubdicht	imperméable à la poussière	dustproof
Staubfang	filtre à poussière	dust arrester
staubfrei	exempt de poussière	dustfree
Staubentwicklung	dégagement de poussière	emission of dust
Staubsauger	aspirateur	vacuum cleaner
STAUBIG	poussiéreux ² pulvérulent	dusty ² powdery
STAUDE	plante vivace	perennial herb/plant
STAUEN	arrêter, endiguer, refouler	to bank/dam up/stem
Staumauer	digue, mur de barrage	dam, embankment
Verkehrsstauung	embouteillage, encombrement	traffic block
STECKDOSE	prise de courant	wall plug/socket, plug box/ socket, wall outlet
STECKER	fiche de contact/prise	plug(-in connection)
STEG [eines Trägers]	âme [d'une poutre métall.]	web [of girder]
STEHEND	debout ² stagnant	standing ² stagnant
stehendes Wasser	eaux dormantes/stagnantes	stagning/standing water
Stehfalz	joint debout	standing seam
STEIGEN vb	grimper, monter	to climb/rise
Steigen der Löhne	hausse/majoration des salaires	rise of wages
steigende Preise	prix en hausse	rising prices
Steigeisen [an Füßen]	crampon/fer/grappin à monter	climbing iron, crampon
Steigeisen [verankert]	échelon de descente/montée	climbing bar, step iron
Steig=leitung/rohr	canalisation ascendante, colonne montante, tuyau de montée	ascending/rising pipe, riser
versetzte Steigleitung	tuyau montant décalé	staggered riser
STEIGUNG	inclinaison, montée, pente	gradient, incline, rise, slope
Steigung einer Stufe	montée d'une marche	rise of a step
Steigungsverhältnis [Treppe]	déclivité	slope of staircase
Steigungswinkel	angle de montée, pente	climbing angle, slope
STEIGERN	augmenter, majorer	to increase/raise
STEIGERUNG	augmentation, majoration	increase, raising, rise
Absatzsteigerung	promotion de vente	sales promotion
Wertsteigerung	augmentation de/ mise en valeur	increase/rise in value
STEIN	pierre, brique	stone, brick
Steinbau	construction en pierre	stone building/structure
Steinbrecher	broyeur, concasseur	crushing mill, jaw-crusher
Steinbruch	carrière (de pierres)	(stone) quarry, stone-pit
Steingarten	jardin de rocaille	rock garden

Steingut	grès cérame	earthenware, stoneware
Steinhauer	dresseur/équarrisseur/	stone cutter/dresser/mason
	tailleur de pierre	
Steinholz	béton magnésien, xylolithe	magnesium oxychloride
Steinholz=estrich/fußboden	parquet magnésien sans joint	magnesium oxychloride
		flooring
Steinkohle	houille	hard/mineral/pit/stone coal
Steinkohlenbecken	bassin houiller	coal/mining basin
Steinlage	assise de pierres,	bed/layer of stone
	couche de pierraille/rocaille,	
	empierrement	
Steinmetz	maçon ² tailleur de pierre	mason ² stone cutter
Stein=packung/=stückung	blocage, lit de blocaille,	gravel/stone bed(ding)/
	couche de rocaille,	packing, road bed
Steinplatte	carreau, dalle	flag(stone), slab
Steinsäge	scie à pierre	stone saw
Steinsägemaschine	machine à tailler la pierre	stone cutting machine
Steinsand	sable de carrière	pit sand
Steinschraube	boulon d'ancrage, tirant taraudé	rag/stone bold
Steinschutt	déchets de carrière	rubble, stone waste
Steinschüttung	empierrement	metalling, paving
Steinsplitt	blocaille, gravillons, pierraille	hard core, rubble, stone chips
Steinwolle	laine de roche	rockwool
Steinzeug	grès cérame	earthenware, stoneware
Steinzeugfliese	carreau céramique	ceramic/earthenware tile
Steinzeugrohr	tuyau en grès (cérame)	stoneware pipe/tube
Backstein	brique en terre cuite	brick
Baustein	grès/pierre à bâtir, moellon	quarry-/rubble-stone ² brick
	² brique	
Betonstein	bloc/parpaing en béton	cement/concrete block
Binderstein	boutisse, parpaing	bond/through stone
Bordstein	bordure	curb-/kerb-stone
Bruchstein	moellon (de carrière)	quarry-stone
Dachstein	tuile	roof-tile
Deckenstein	entre-vous, hourdis	hollow floor element
Eckstein	pierre angulaire/ de coin/	cornerstone, quoin
	d'encoignure	
Glasdeckenstein	pavé de verre	glass paving brick
Grenzstein	borne	boundary mark/-stone
Haustein	pierre de taille	freestone
Hohlstein	hourdis, parpaing creux	hollow block
Kalksandstein	brique silico-calcaire	sand-lime brick
Kunststein	pierre reconstitué	artificial/synthetic stone
Kurvenstein	élément de bordure courbe	curved kerbstone
Mauerabdeckstein	pierre de couronnement	coping stone
Naturstein	pierre naturelle	(natural/pit) stone
Ortstein	tuile de rive	edge/gable/verge tile
Pflasterstein	pavé	paving stone
Randstein	bordure	curb-/kerb-stone
Rinnstein	caniveau, gargouille ² évier	gutter ² (kitchen) sink

STE-STE

STEIN	grès de construction	lime-/sand-stone
Sandstein	parpaing creux pour	permanent formwork block
Schalungsstein	remplissage au béton	
	brique réfractaire	fire-brick
Schamottestein	schiste	schist, shale
Schieferstein	brique de scorie	slag brick/stone
Schlackenstein	pierre apparente/ de parement	face/facing stone
Sichtstein	pierre de parement	facing stone
Verblendstein	pierre de taille	cut/dressed/work stone
Werkstein	brique de laitier	slag stone
Zementziegelstein	brique	brick
Ziegelstein	endroit, lieu, place	place, spot
STELLE	² emploi, place, poste	² employment, job, occupation
	sur les lieux	on the premises
an Ort und Stelle	aire/place de stationnement	parking area/place
stellenlos	écrou de réglage	lock-nut, adjusting nut
Stellmutter	bureau de placement,	employment agency,
Stellen=nachweis/'=vermittlung	Office du Travail	labour exchange
	place de stationnement	parking place
Stellvertreter	vice-président	deputy chairman
stellvertretender Vorsitzer	bureau, office, service	agency, administrative
Dienststelle		department, office
	service technique	technical service
technische Dienststelle	agence, bureau	agency, office
Geschäftsstelle	siège social	chief/main/registered office
Hauptgeschäftsstelle	petite propriété terrienne	homestead
Siedlerstelle	poste de carburant/d'essence,	filling-/petrol-/service-station
Tankstelle	station-service	
	poste vacant, vacance	vacancy
unbesetzte Stelle	point/prise d'eau,	cock, tap, valve,
Wasserstelle	bouche à eau/ d'incendie	fire-hydrant/-plug
STELLEN vb	placer, mettre ² régler	to put ² to set
Stellfläche	charge, emploi, place,	employment, job, position,
Stellplatz	sans emploi, en chômage	unemployed
Stellschraube	vis de réglage	stop screw
STELLUNG	remplaçant, suppléant	deputy, representative
	position, situation	situation
soziale Stellung	position sociale, rang social	social standing/status
STEMMEN	mortaiser	to mortise
Schlitze stemmen	creuser des rainures	to chisel out slots
STEMPEL	cachet, timbre ² poinçon	stamp ² punch
Stempeldruckprüfung	essai de pression au poinçon	indentation test
stempelfrei	exempt du droit de timbre	free from stamp duty
stempelfreies Papier	papier libre	unstamped paper
Stempelgebühr	droit de timbre	stamp duty
Stempelgeld	indemnité de chômage	unemployment benefit
Stempelpapier	papier timbré/ -timbre	stamped paper
stempelpflichtig	soumis au (droit de) timbre	subject to stamp duty
Stempeluhr	horloge de pointage/ de présence	control/telltale clock

Stempelzeichen	cachet	mark, stamp
Datumstempel	(cachet/timbre) dateur, timbre de date	date stamp
Kontrollstempel	cachet/timbre de contrôle	check mark
Lochstempel	perforateur, poinçon	punch
Nummernstempel	numérateur	numbering stamp
Poststempel	cachet postal	postmark
STERBEN	décéder, mourir	to decease/die; to pass away
STERBLICHKEIT	mortalité	mortality
Sterblichkeitstabelle	table de mortalité	life table
Sterblichkeitsziffer	taux de mortalité	death-rate
Kindersterblichkeit	mortalité infantile	infant-death rate
STER	stère	2 cbm of piled round timber
STERN	étoile	star
Sternkarte	carte du ciel	astronomical chart/map
Sternkunde	astronomie	astronomy
STEUER	contribution, droit, impôt, taxe	contribution, duty, rate, tax
Steuern und Abgaben	impôts et taxes	dues/rates and taxes
Steuerabzug	déduction/retenue d'impôt	tax deduction
Steuer=befreiung/=freiheit	exemption/exonération d'impôt	exemption from taxes, tax relief
steuerbegünstigt	jouisant d'avantages/ de réductions d'impôt	tax privileged
Steuerbeitreibung	recouvrement des impôts	tax collection
Steuerberater	conseiller fiscal	tax consultant/counsel
Steuerbetrag	montant des impôts	amount of taxes
Steuerbetrug	fraude fiscale	revenue offense
Steuerbilanz	bilan fiscal	fiscal balance sheet
Steuereinbehaltung	retenue d'impôt à la base	pay as you earn (tax), PAYE
Steuererklärung	déclaration d'impôt	tax return
Steuererleichterung	allègement fiscal	tax reduction
Steuerermäßigung	réduction d'impôt, dégrèvement (fiscal)	tax reduction
Steuerermittlung	évaluation fiscale	fiscal valuation
Steuerfestsetzung	fixation de l'impôt	tax assessment
Steuerflucht	évasion fiscalre	tax evasion
steuerfrei	exempt/net d'impôt, non imposable	exempt of taxation, tax-free
Steuerfreibetrag	abattement à la base	amount free of tax, tax allowance
Steuerfreiheit	exemption d'impôt	tax exemption
Steuergrundlage	assiette de l'impôt	basis of tax
Steuerjahr	année fiscale	fiscal year
Steuerpflichtig	assujetti/soumis à l'impôt, imposable	liable to pay taxes, taxable
Steuerschuld	dette fiscale	accrued taxes, taxes due/ owed/payable
Steuervergünstigung	privilèges fiscaux	tax privileges
Steuerwerrt	valeur imposable	rateable/taxable value
Steuerwesen	fiscalité	fiscal matters, taxation

Steuerzahler	contribuable	rate-/tax-payer
direckte Steuern	impôts directs	assessed taxes
Eigentumssteuer	impôt sur le capital	capital/property tax
Einkommensteuer	impôt sur le revenu	income tax
Erbschaftssteuer	droit de succession	death/estate/legacy duty
Gemeindesteuer	impôt communal/municipal	borough/local/municipal tax
gestaffelte Steuer	impôt progressif	graded tax
Grunderwerbssteuer	droit d'enregistrement	transfer duty (on real property)
Immobiliensteuer	impôt immobilier	tax on buildings
indirekte Steuern	impôts indirects	excise revenue, indirect taxation
Kapitalsteuer	impôt sur le capital/ la fortune	capital/property tax
Körperschaftssteuer	impôt sur les sociétés	corporation tax
Lohnsteuer	impôt sur les salaires	payroll/salary tax
Mehrwertsteuer	taxe de valeur ajoutée, TVA	added-value/betterment tax
Nachlaßsteuer	droit de succession	death/estate/legacy duty
progressive Steuer	impôt progressif	graded tax
Quellensteuer	impôt retenu à la source, précompte immobilier	tax levied at the source
Stempelsteuer	impôt du timbre	stamp duty
Teilungssteuer	droit de partage	apportionment duty
Umsatzsteuer	impôt sur le chiffre d'affaire, taxe de transmission	sales/turnover tax
Vermögensteuer	impôt sur la fortune	property tax
Wertzuwachssteuer	taxe de valeur ajoutée	added-value/betterment tax
STEUERLICH	fiscal	fiscal
steuerliche Veranlagung	fixation de l'impôt	assessment
STEUERUNG	commande, conduite, direction	control, steering
Fernsteuerung	commande à distance, télécommande	remote control
Seilsteuerung	commande par câble	cable control
STICHBALKEN	entrait retroussé	trimmed joist
STICHLEITUNG	câble/conduite de raccordement	connection cable/conduit
STICHKANAL	canal de raccordement	junction sewer
STICHPROBE	échantillon pris au hasard, sondage	random selection/sample test
Stichprobenenquete	enquête par sondage	sample survey
Stichprobenentnahme	prise d'échanrtillons au^hasard	random sampling
Stichprobenerhebung	enquête par sondage	sample survey
Stichprobenkontrolle	contrôle par sondage	random check
STICHSTRASSE	cul-de-sac, impasse, voie sans issue	blind alley, dead end street, cul-de-sac
STICHTAG	jour de référence	reference day
SRICHWEG	chemin de desserte, cul-de-sac	path, passage
STICHWORT	mot de repère, mot-souche	key-word
Stichwortverzeichnis	index alphabétique	keyword index
STICKSTOFF	azote, nitrogène	nitrogene

STIFT	fiche, pointe, taquet	peg, pin, tag
Stiftmosaik	carrelage mosaïque	floor tile/ stone-ware mosaic
Anschlagstift	taquet	tag
STILL	calme, silencieux,	calm, motionless, quiet
stille Reserve	réserve cachée	inner/secret reserve
stiller Teilhaber	bailleur de fonds	dormant/secret/silent/sleeping partner, money lender
STILLSCHWEIGEN vb	se taire	to be silent
stillschweigende Erneuerung	reconduction tacite	renewal by tacit agreement
STILLSTAND	arrêt	standstill, stop
STIMME	voix, [2] vote	voice, [2] vote
entscheidende Stimme	voix prépondérante	cast(ing) vote
Stimmenabgabe	vote, suffrage	vote, voting
stimmberechtigt	ayant droit de vote	entitled to vote
Stimmengleichheit	égalité/parité/partage des voix	equality/parity of votes
Stimmenmehrheit	majorité de(s) voix	majority of votes
Stimmenminderheit	minorité de(s) voix	minority of votes
STIRN	front	forehead
Stirnbrett	chanlatte	fascia board
STOCK	bâton, canne	staff, stick
Zollstock	règle brisée/divisée	rule (inch) scale
STOCKEN	s'arrêter, s'immobiliser, ralentir [2] boucharder, piquer	to get stuck/stand still/stop [2] to scapple
STOCKUNG	arrêt, ralentissement, stagnation	block, obstruction, stagnation, stand still, stop
Absatzstockung	stagnation des ventes	falling off in sales
Verkehrsstockung	embouteillage de la circulation, encombrement du trafic	traffic block/congestion/jam
STOCKWERK	étage	floor, storey [US] story
erstes Stockwerk	premier étage	first floor [US]: second floor
Gebäude mit zwei Stockwerken	immeuble avec deux étages/ à trois niveaux	two storeyed building
Stockwerkseigentum	propriété par étage, PPE	freehold flat, ownership of a particular storey in a building
Stockwerksgrundriß	plan horizontal/ d'étage	floor-plan
STOFF	matière [2] étoffe, textile	material [2] fabric, textile
Stoffmarkise	store en toile	canvas blind
Baustoff	matériau de construction	building material
Dämmstoff	(matériau) isolant	insulating material
Grundstoff	matière première	raw material
Kunststoff	[matière) plastique	plastic
Rohstoff	matière première	raw material
Treibstoff	carburant	motor fuel
Wärmedämmstoff	calorifuge	heat insulator
Werkstoff	matière première	raw material
Zuschlagstoff	agrégat	aggregate
STOP(P)	arrêt, blocage, contigentement, stop	control, restriction, stop
Mietenstopp	blocage/limitation des loyers	rent freezing/restriction
Lohn= und Preisstopp	blocage des prix et salaires	price and wage freeze

STOEPSEL	bouchon [2] cheville	stopper [2] peg, plug
STORE	store	awning, blind
Außenstore	stores extérieurs	blinds and awnings
STORNIERUNG	extourne, contre-passement	endorsing back, reversal
STOEREN	déranger	to disturb
Störgeräusch	bruit parasite/ de fond	background/interfering noise
STOERUNG	dérangement, perturbation, trouble	disturbance, inconvenience, trouble
Stör(ungs)strömung	courant perturbateur	perturbing current
Betriebsstörung	dérangement, panne	break-down
Gleichgewichtsstörung	déséquilibre	lack of balance
Liquiditätsstörung	déséquilibre de trésorerie	imbalance of liquid funds
STOSS	choc, coup, poussée	impact, shock
Stoßfuge	joint droit/montant/vertical/ d'about	butt-/side-/vertical joint
verschränkte Stoßfuge	joint emboîté	juggled butt joint
Stoßgriff	poignée fixe	fixed handle
Stoßstufe	contremarche	riser
Sroßverbindung	assemblage bout/à bout/ à joint plat	end to end joint
Stoßverkehr	circulation de pointe	rush hour traffic
Wasserstoß	coup de bélier	watershock
STRAFE	punition	punishment
strafbar	passible de peine, punissable	punishable
strafbare Handlung	infraction	infringement, offence
Strafbestimmung	clause/disposition pénale, pénalité	penal provision, penalty clause
Strafgeld	amende	fine, penalty
Strafgesetz	loi pénale	criminal/penal law
Strafgesetzbuch	code pénal	criminal/penal code
Strafklausel	clause/disposition pénale, pénalité	penal provision, penalty clause
Strafmaßnahme	mesure punitive, sanction	penalty, punitive sanction
Strafprozeß	procès pénal	criminal case/proceedings
Strafprozeßordnung	code d'instruction criminelle	code of criminal procedure
Strafrecht	droit criminel/pénal	criminal/penal law
strafrechtlich	criminel, pénal	criminal, penal
strafrechtliche Haftpflicht	responsabilité délictueuse/ pénale	penal liability, liability from offences
auferlegte Strafe	peine	penalty
Konventionalstrafe	peine conventionnelle	penalty for breach of contract
Vertragsstrafe	peine conventionnelle	penalty for breach of contract
STRAFEN vb	punir	to punish
STRAHL	jet, onde, rayon	beam, ray
Strahlantrieb	propulsion par réacteur	jet propulsion
Strahlenheizung	chauffage par rayonnement	radiant (panel) heating
Sandstrahlgebläse	sableuse	sander
STRAHLUNG	radiation [nucléaire], rayonnement	radiance, radiation
Strahlungsbereich	portée de l'émission	radiation area
Strahlungsenergie	énergie rayonnée/ de rayonnement	radiated energy

Strahlungsheizung	chauffage par rayonnement	radiant (panel) heating
Strahlungshitze	chaleur de rayonnement	radiant/radiation heat
Strahlungsintensität	intensité de radiation/ rayonnement	radiation intensity
strahlungsreflektierend	qui réverbère le rayonnement	radiation reflecting
Strahlungstemperatur	température de radiation/ rayonnement	radiation temperature
Strahlungswärme	chaleur de rayonnement,	radiant/radiation heat
Strahlungswert	pouvoir radiant	radiating capacity
atmosphärische Strahlung	radiation atmosphérique	atmospheric radiation
diffuse Strahlung	rayonnement diffus	diffuse radiation
Einstrahlung	irradiation	irradiation
Erdstrahlung	radiation terrestre	earth radiation
Gegenstrahlung	contre-rayonnement	counter-radiation
Himmelsstrahlung	rayonnement céleste	sky radiation
Hitzestrahlung	rayonnement thermique	heat/thermal radiation
Höhenstrahlung	radiation cosmique	cosmic radiation
kosmische Strahlung	radiation cosmique	cosmic radiation
kurzwellige Strahlung	radiation à ondes courtes	shortt wave radiation
langwellige Strahlung	radiation à ondes longues	long wave radiation
Lichtstrahlung	rayonnement lumineux	light radiation
radioaktive Strahlung	radiation (radioactive)	radioactive radiation
reflektierteStrahlung	rayonnement reflété	reflected radiation
Sonnenstrahlung	rayonnement solaire	solar radiation
Wärmestrahlung	rayonnement thermique	heat/thermal radiation
STRANG	corde. ligne	cord, rail, rope, trail
stranggepresst	extrudé	extruded
Strangperssung	extrusion	extrusion
Entlüftungsstrang	ligne de ventilation	vent stack
Schmutzwasserstrang	ligne d'eau souillée	soil stack
STRASSE	route, rue, voie	road, street, way
die Straße betreffend	routier	related to roads
Linienführung einer Straße	tracé d'une route/rue	lie/line of a road
Querprofil einer Straße	profil en travers d'une	road cross section
Straße mit Gegenverkehr	route à contre-voie	two way road
Straße mit vier Fahrbahnen	route à quatre pistes/voies	four lane road
Straße mit getrennten Fahrbahnen	route à double chaussée/ voie	dual carriage way
Straße mit dichter Randbebauung	rue bordée de constructions ininterrompues	corridor street
Straße mit durchgezogener Mitellinie	route divisée	divided highway/road
Straßen= und Wegebau	construction routière	road contsruction, highway engineering
Straßenablauf	avaloir de chaussée	road/street gull(e)y/outlet
Straßenabstand	recul sur rue	set back distance
Straßenabzweigung	bifurcation	road diversion/junction, Y-junction
Straßenarbeiten	travaux de voirie	roadworks
Straßenbau	constructiom routière	road building/construction
Straßenbauamt	service de la voirie	highway department

SICHERHEIT	sécurité, sûreté ² gage	safety, security, secureness
		² pawn, pledge
Sicherheitseinrichtungen	équipements de sécurité	safety equipment/services
Sicherheitsfaktor	marge de sécurité	safety factor/margin
Sicherheitsglas	verre de sécurité	safety/shatterproof glass
Sicherheitsgurt	ceinture de sécurité	safety belt
Sicherheitsklausel	clause échappatoire/	hedge clause, save-guard
	de sauvegarde	
Sicherheitskoeffizient	coefficient de sécurité	safety factor
Sicherheitsmarge	marge de sécurité	safety margin
Sicherheitsnetz	filet de protection	safety net
Sicherheitsschloß	serrure de sûreté	safety/security lock
Sicherheitsschlüssel	clé de sûreté	patent key
Sicherheitstreppenhaus	cage d'escalier de sûreté/	fire-proof stairwell
	à l'abri de tout incendie	
Sicherheitsventil	soupape de sécurité	safety valve
Sicherheitszylinder	cylindre de sûreté	safety cylinder
Arbeitssicherheit	sécurité du travail	safety on site
Betriebssicherheit	sécurité de fonctionnement	dependability
Darlehnssicherheit	garantie d'un prêt	security for a loan
hypothekarische Sicherheit	gage/garantie hypothécaire	mortgage guarantee/security
Zusatzsicherheit	gage/garantie supplémentaire	additional security
SICHERUNG	coupe-circuit, fusible, plomb	cut-out, fuse, fusible link,
Sicherungsautomat	déclencheur/disjoncteur	automatic circuit breaker
	automatique	
Sicherungskasten	coffret à fusibles	fuse-box
Sicherungsmutter	écrou de serrage	hold down nut
Sicherungstafel	tableau électrique	fuse-board
Rückstausicherung	clapet antirefouleur	anti-flood valve
SICHT	vue	sight
sichtbar	visible	exposed, visible
sichtbar verlegt	en pose apparente	surface mounted
Sichtbrett	larmier	fascia
Sichtfläche	surface apparente/ de parement	exposed/fair face
Sichtmauerwerk	maçonnerie apparente	fair masonry
Sichtverhältnisse	(conditions de) visibilité	visibility
Sichtweite	(rayon de) visibilité,	sighting distance, visual range,
	portée de vue	limit/range of sight
Draufsicht	vue de dessus/ d'en haut	planning/top view
zahlbar bei Sicht	payable à vue	payable at sight
SICKERN	s'infiltrer	to seep/trickle
Sickergrube	puisard, puits perdu	soakage pit, soakaway
Sickerkanal	pierrée de drainage	drainage culvert
Sickerleitung	tuyau de drainage	seepage pipe
Sickerloch	puits perdu	drainage pit
Sickerrohr	tuyau perforé/poreux	porous pipe
Sickerwasser	eau d'infiltration	soakage
SIEB	crible, tamis	screen, sieve
Sieb=kurve/=linie	courbe granulométrique	grading/sifting curve

Straßenbauverwaltung	(administration des) Ponts et Chaussées	highway department
Straßenbelag	revêtement de chaussée	carriage-way/road surfacing
Straßenbeleuchtung	éclairage public/ des rues	public/street lighting
Straßenbett	assiette de voirie	road bed
Straßenbild	physionomie d'une rue	street picture
Straßendecke	fini/tablier de la voirie	deck of road, road surfacing
Straßenoberfläche	surface de la voirie	road surface/surfacing
Straßeneinmündung	bifurcation	road fork/junction/turn-off
Straßeneinlauf	avaloir/siphon de rue	street gull(e)y
Sraßeneinschnürung	voie en goulot	road bottle-neck
Straße gesperrt!	route barrée	road closed
Straßenfassade	façade principale/ sur rue	frontage
Straßenfertiger	finisseur routier	(road) finisher
Straßenfluchtlinie	alignement de/sur rue	street alignment
Straßenfront	façade principale/ sur rue	frontage
Straßengabelung	bifurcation	road fork/junction
Straßengebühr	taxe de voirie	road tax
Straßengeviert	pâté de maisons [entre rues]	group of houses [within a square of streets]
Straßengraben	caniveau, fossé, rigole	ditch, drain
Straßenhobel	niveleuse	grader
Straßenkarte	carte routière	road map
Straßenkehrmaschine	balayeuse mécanique	road-/street-sweeper
Straßenknoten	noeud routier, patte d'oie	cross-roads, road junction
Straßenkreuzung	carrefour	crossing, cross-roads
Straßenlängsschnitt	profil en long d'une rue	longitudinal road/street section
Straßeneinschnürung	voie en goulot	road bottle-neck
Straßen=laterne/=leuchte	réverbère	lamp post, street lamp
Straßenmarkierung	signalisation routière	road marking
Straßennetz	(réseau de la) voirie, réseau routier	road network/pattern/system
Straßenpflaster	pavage, pavé	paving
Straßenpolizei	police routière	traffic police
Straßenrand	accotement, banquette, bas-côté, terre-plein	roadside, shoulder (of road)
Straßenrandbebauung	construction le long des (grand-)routes	building along (high-)roads
Straßenreinigung	nettoyage des rues	street cleaning
Straßenrinne	caniveau, ruisseau	(street) gulley/gutter, drain
Straßenschild	plaque de rue	street plate/sign
Straßenspinne	patte d'oie	road junction
Straßentrasse	tracé d'une route	lay-out/lie of road
Straßenüberführung	passage supérieur	road overpass
Straßenunterführung	passage inférieur	subway, tunnel, underpass
Straßenverengung	(voie en) goulot	road bottle-neck
Straßenverkehr	circulation routière	road traffic
Straßenverkehrslärm	bruits de la circulation/rue	street/traffic noise
Straßenverkehrsordnung	code de la route	traffic regulations

Straßenverstopfung	embouteillage	road/traffic jam
Straßenwalze	cylindre/rouleau compresseur	road roller
Straßenzeichen	panneau de signalisation, signal routier	road sign/warning
Straßenzustand	état des routes	road conditions
Ausfallstraße	route/voie radiale/ de pénétration	radial (trunk) road
befestigte Straße	route consolidée/empierrée/ stabilisée	metalled roof
Bundesstraße	route nationale	main road
Einbahnstrasse	rue à sens unique	one-way (street)
Entlastungsstraße	voie de dégagement	relief road
Fernverkehrsstraße	grand-route, route directe	trunk road
Gemeindestraße	route/rue/voie communale	municipal road/street
Geschäftsstraße	rue commerçante/	shopping street
geteerte Straße	route goudronnée	tar road
Hauptstraße	route principale	main/trunk road
Hochstraße	rue/voie surélevée	elevated/stilted road
Ladenstraße	rue commerçante/	shopping street
Landstraße	grand-route	high-road/-way
Mautstraße	route à péage	toll road, [US] turnpike
Nebenstraße	rue secondaire, petite rue	by-/cross-/minor street
öffentliche Straße	route/rue/voie publique	road, street
Privatstraße	route privée/ de desserte	service road/way
Radialstraße	voie radiale	radial road
Ringstraße	boulevard de ceinture, rocade	circular/ring road, boulevard
Rohstraße	chaussée brute (sans fini)	rough road/street
Sammelstraße	route collectrice	distributary road
Schnellstraße	voie/route directe/express/rapide	clear/express way, high road, speed-/through way
überdachte Straße	rue à mails couverts	covered arcade
Ueberlandstraße	route interurbaine	trunk road
Umgehungsstraße	voie/route de déviation/ contournement	by-pass (road)
unbefestigte Straße	route en gravier, chaussée non stabilisée	dust/earth/gravel road
Zubringerstraße	route d'accès	feeder road
Verkehrsstraße	route de circulation	high-road
STRAUCH	arbrisseau, arbuste	bush, shrub(bery)
STREBE	étai, étrésillon, entretoise	brace, strut
verstreben	entretoiser, étrésillonner	to (cross-)brace, to strut
STRECKEN	allonger, étirer, étendre	to elongate/extend/stretch
Strecknetall	métal déployé	expanded metal, lathing
STREICHEN	barrer, biffer, rayer [2] effleurer	to annul/cancel/cross out [2] to touch lightly
Streichbalken	solive de rive	edging beam/joist
STREICHUNG	annulation, radiation	annulment, cancellation, erasure, striking out
Streichung einer Hypothek	radiation d'une hypothèque	striking off/vacating/ waiver of a mortgage

STREIFEN	bande	strip(e)
Streifendundament	fondation continue	strip foundation
Grünstreifen [Autobahn]	terre verte	green belt
Randstreifen [Straße]	accotement, bas-côté	roadside
Zebrastreifen	passage clouté, zébrure	cross walk, zebra markings
STREIK	arrêt/cessation du travail, grève	strike, walk-out
STREIKEN vb	faire la/ être en/ se mettre en grève	to strike/to be/go on strike
STREIT	conflit, querelle	conflict, dispute, fight
Grenzstreitigkeitren	querelle de démarcation	boundary dispute
Rechtsstreit	litige	litigation
STREUEN	disperser, répandre	to spread/strew
Streugut	matériel de sablage	gritting material
Streusalz	sel de neige	gritting salt
Streusiedlung	habitat dispersé	dispersed settlement
Sandstreumaschine	sableuse	sander
STRICH	ligne, trait	line
freihändig gezogener Strich	trait à main libre/ corrompu	freehand line
gestrichelte Linie	ligne discontinue	broken/dash line
Punkt-Strichlinie	trait mixte	dot and dash line
punktierte Linie	ligne pointillée	dotted line
voller Strich	trait plein	continuous line
STRICK	corde	cord, rope
Dichtungsstrick	corde d'étanchéité	seal(ing) rope
STRITTIG	litigieux	litigious
strittige Forderung	créance litigieuse	litigious claim
STROH	paille	straw
Preßstrohplatten	panneau de paille comprimée	straw board
STROM	courant, fleuve, flux	current, electricity, flow, large river, stream
Strom=erzeuger/=generator	générateur, groupe électrique	generator, generating set
Stromkreis	circuit électrique	electrical circuit
Stromleiter	conducteur [électrique]	[current] conductor
nicht isolierter Stromleiter	conducteur nu/ non isolé	bare conductor/wire
Stromnetz	réseau électrique	electric circuit/mains
Strompanne	panne d'électricité	power failure
Stromspannung	tension électrique, voltage	tension, voltage
Stromstärke	ampérage, intensité du courant	amperage, current intensity/ strength
Stromstoßrelais	télérupteur	current impulse relay
Stromverbrauch	consommation d'énergie	power consumption
Stromversorgung	approvisionnement en courant, distribution électrique	current/power supply
Stromversorgungsnetz	réseau (de distribution) électrique	electricity mains/ power supply services
Stromverteilungsfußleiste	plinthes de distribution électriques	baseboards for electrical distribution
Stromzähler	compteur électrique	electric meter
Drehstrom	courant rotatoire/triphasé	threephase (alternating) current
Fehlerstrom	courant de perte à la terre	leakage current
Fehlerstromschalter	disjoncteur différentiel	differential circuit breaker

Gleichstrom	courant continu	continuous/direct current
Heizstrom [Radio]	courant de chauffage	filament current
Mehrphasenstrom	courant polyphasé	polyphase current
Schwachstrom [<60 V]	courant faible	feeble/weak current, low tension/voltage current
Starkstrom	courant fort/ de haute tension	heavy/power/strong current
Verkehrsstrom	flux de la circulation	traffic stream
Wärmestrom	courant/flux thermique	heat flux, thermal current
Wechselstrom	courant alternatif	alternating current
STROEMUNG	courant, flux	current, flow
strömungsgerecht	aérodynamique	aerodynamic
Strömungsgeschwindigkeit	vitesse de courant	velocity of flow
Strömungslehre	aérodynamique	aerodynamics
Strömungsmechanik	hydraulique	fluid mechanics
Strömungsregler	antirefouleur	draught regulator
Störströmung	courant perturbateur	perturbing current
STRUKTUR	structure, texture	composition, structure, texture
Strukturbeton	béton architecturé	textured concrete
Strukturforschung	recherche des structures	structural research
strukturierte Oberfläche	finition structurée	textured finish
Struktur(ierte) Platte	panneau architecturé	textured board
Strukturwandel	changement de structure	structural change
Agrarstruktur	structure agraire	agrarian structure
Bevölkerungsstruktur	structure de la population	structure of population
Erwerbsstruktur	structure des revenus	income structure
Sozialstruktur	édifice/structure social(e)	social structure
Stadtstruktur	structure urbaine	urban structure
STUBE	salle (de séjour), séjour	chamber, (drawing/sitting)room
Dachstube	chambre de soupente, mansarde	attic room
Zeichenstube	bureau de dessin(ateur)	drawing office
STUCK	plâtre de moulage, staff,	stucco
Stuckelement	élément moulé	stucco element
Stuckgips	plâtre à stuc/ de Paris	plaster of Paris, sculptor's plaster
STUECK	morceau, pièce	part, piece
aus freien Stücken	à l'amiable, de gré à gré	by private agreement/contract
Stückarbeit	travail à la tâche	piece work
Stücklohn	salaire à la pièce/tâche	piece/task wages
stückweise	pièce par pièce	piece-meal, piece by piece
stückweise [unzusammenhängende] Erschließung	aménagement par escalopes/timbres	piece-meal development
Belegstück	pièce à l'appui	relevant/tear sheet
Gegenstück	contrepartie [2] pendant	counterpart [2] fellow, pendant
Kniestück	(tuyau en) coude	elbow/knee of pipe
Verlängerungsstück	rallonge	(extension) leaf
Wandstück	pan de mur	piece of wall
STUDIE	étude	study
Studierzimmer	cabinet de travail	study
Formstudie	étude plastique	plastic design
STUDIUM	études (supérieures)	studies, study, pursuits

STUFE	échelon, gradin, marche	stair, step
Steigung einer Stufe	montée d'une marche	rise of a step
Stufenbauweise	construction à gradins	staggered building
Stufenbelag	revêtement de marche(s)	stair covering
Stufenauftritt	giron	tread
Stufennase	nez d'une marche	nose of a step
Antrittstufe	marche de départ/ d'entrée	first/starting step
Differenzstufe	marche intercalaire/ intermédiaire	intermediate step
Eingangsstufe	marche de départ/ d'entrée	first/starting step
Futterstufe	contremarche	riser
oberste Stufe	marche d'arrivée	last/top step
Setzstufe	contremarche	riser
Trittstufe	foulée, giron, marche	tread
Wendelstufe	marche tournante	spiral step, winder
STUHL	chaise, siège	chair, seat
Bestuhlung	sièges et fauteuils	seating
STUMPF	émoussé, obtus, sans pointe	blunt, obtuse
stumpfer Winkel	angle obtus	obtuse angle
STUNDE	heure	hour
Stundenlohn	salaire horaire/par heure	hourly wage, wage per hour
Stundenlohnarbeit	travail à l'heure	time-work
Stundenplan	emploi du temps	curriculum, time-table
Hohlstunden	heures creuses	dead hours
STUNDUNG	délai, sursis	delay, respite
STURM	tempête	storm, stormy wind
6-10 steife Brise, Sturm	tempête, vent fort	gale
10-12 Orkan	ouragan	hurricane
Sturmflut	raz-de-marée	storm tide, tidal wave
STURZ	baisse	decline, drop, fall
Sturz(balken)	linteau	lintel
Sturzregen	pluie diluvienne/torrentielle	soaker
Fenstersturz	linteau de fenêtre	window lintel
Preissturz	baisse/chute des prix	drop in prices
Temperatursturz	chute de température	slump in temperature
Türsturz	linteau de porte	door lintel
STUETZE	appui, étai, étançon, support	brace, buttress, prop, strut
Stützmauer	contre-mur, mur de soutènement	retaining wall
Stützpunkt	(point d')appui	point of support
Stützweite	portée libre (entre appuis), travée	clear width, (width of) span
STUETZEN	appuyer, soutenir, supporter [2] entretoiser, étayer, étrésillonner	to support/stay [2] to strut
SUBJEKT	sujet [2] individu	subject [2] person
Subjektförderung	aide individualisée	individual(ized) help
SUBMISSION	soumission	tender
eine Submission einreichen	soumissionner	to (send in a) tender
Submissionswesen	système de soumission	tender(ing) system
öffentliche Submission	soumission publique, concours public d'adjudication	open/public tender
SUBROGATION	subrogation	subrogation, substitution

SUBSTANZ	substance	substance
Substanzerhaltung	conservation de la substance	preservation of substance
SUBTROPISCH	subtropique	subtropical
SUBUNTERNEHMER	sous-entrepreneur/-traitant	sub-contractor
SUBVENTION	aide, subside, subvention	grant, help, subsidy
Individualsubvention	aide inmdividualisée	individualized help/subsidy
Kapitalsubvention	contribution de capital	capital subsidy
öffentliche Subventionen	aide publique	exchequer/public help
Zinssubvention	subvention d'intérêts	interest subsidy
subventionieren	subventionner	to subsidize
vom Staat subventioniert	subventionné par l'Etat	State subsidized
Subventionierung	subvention	subsidization, subsidizing
SUCHEN	chercher	to seek/ look for
Suchwortregister	index alphabétique	keyword index
SUEDEN	sud	south
Südhang	versant sud	south(ern) slope
Südlage	exposition au sud	southern exposure
Südwind	vent du midi/sud	south wind, souther
nach Süden gehen	aller vers le sud	to go south
SUMME	somme	sum
Bausparsumme	montant d'un contrat d'épargne-crédit	amount subscribed by building-saving contract
Bilanzsumme	total du bilan	balance sheet total
Pauschalsumme	montant forfaitaire/global	lump sum
Schadenssumme	montant des dégâts	amount of damages
die Schadenssumme festsetzen	fixer les dommages-intérêts	to assess the damages
Versicherungssumme	montant assuré/ de l'assurance	amount/sum insured
SUMMER	ronfleur, vibreur	buzzer
SUMPF	marécage	fen, marsh, swamp
sumpfiges Gelände	terrain marécageux	fen, marsh(land)
SYNDIKAT	syndicat	syndicate
Arbeitersyndikat	syndicat ouvrier	trade union
SYNDIKUS	conseiller juridique, syndic	legal adviser
SYNTHESE	synthèse	synthesis
SYSTEM	méthode, système, [2] complexe	method, system [2] complex
Annuitätensystem	système d'annuités	annuity system
Entwässerungssystem	système de canalisation	sewer system
Finanzierungssystem	système de financement	financing system
Verkehrssystem	système de transport	transportation system
Vorfertigungssystem	procédé de préfabrication	prefabrication system
Wirtschaftssystem	régime/système économique	economics, economic system
Systembau	construction intégrée/ préfabriquée	jig/system building
T-EISEN	fer en T	T-bar/-iron
TABELLE	table, tableau	index, list, table
Lebenserwartungstabellen	tables de survie	expectation of life tables
Rechentabelle	barème	ready reckoner, scale
Sterblichkeitstablelle	table de mortalité	life table
Tilgungstabelle	table d'amortissement	amortization table

TABLAR	rayon, tablette	shelf, tray
TABLETTE	tablette	shelf
Mauerabdecktablette	tablette de couronnement	coping stone
TAFEL	panneau, plaque, tableau ² table, tableau	board, panel, plate, sheet index, table
Tafelbauweise	construction par panneaux	panel building
Tafelglas	verre moulé	pressglass
Füllungstafel	panneau de remplissage	infill panel
kunststoffbeschichtete Tafel	panneau plastifié	plasticized panel, skinplate
Sandwichtafel	panneau sandwich	sandwich panel
Schalttafel	tableau de commande/ distribution	switch-board/-panel
Verteilertafel	tableau de distribution	distributing switchboard
Welltafel	plaque ondulée	corrugated sheet
Zählertafel	tableau (des compteurs)	meter panel
TAEFELUNG	lambris(sage)	panelling, wainscoting
Holztäfelung	boiserie, lambrissage	wood panelling, woodwork
TAG	jour, journée	day
Tag- und Nachtgleiche	équinoxe	equinox
Tagegeld	frais de séjour, indemnité journalière	day travelling allowance, per diem allowance
Tagelohn	journée (de salaire)	day's wage, daily pay
Tagelohnarbeit	travail à l'heure	day wage work
Tagelöhner	homme de journée, journalier	day labourer, journey man
Tagesdurchschnitt	moyenne journalière	daily average
Tagesgang	évolution du courant de la journée	diurnal variation
Tageskinderstätte	garderie d'enfants	day nursery
Tageskurs	cours du jour	current rate
Tagesleistung	rendement journalier	daily capacity, output per day
Tageslicht	lumière du jour, éclairage naturel	day-light(ing)
Tagespreis	prix du jour	current price
Tagesräume	pièces diurnes	day rooms
Tagestemperatur	température diurne	day time temperature
Tagesstempel	cachet du jour ² dateur, timbre à dater	stamp of the day ² date-stamp
Tageswasser	eaux de surface	surface water
Kindertagesstätte	garderie d'enfants	day nursery
Stichtag	date/jour de référence	reference day
TAGUNG	assemblée, réunion, séance,	conference, meeting, session
TAIFUN	typhon	typhoon
TAL	vallée	valley
Talkessel	cuvette, dépression, vallée encaissée	basin, gorge, hollow
Talweg	t(h)alweg	t(h)alweg
Talwind	vent anabatique/montant	anabatic wind
TANK	citerne, réservoir	receptacle,, tank
Tankstelle	poste/station d'essence	filling/[US:]gas/petrol station
Tankstellenautomat (=*Münztankstelle*)	poste d'essence automatique/ à jetons	automatic filling station, [US] gas-a-teria

Tankwagen	camion citerne	petrol tender, tank car/truck
Batterietanks	réservoirs en batterie	sectional tanks
Brennstofftank	réservoir à carburant	fuel, tank
TANNE	sapin	fir(tree)
Tannenbrett	planche de sapin	dealing
Tannenholz	(bois de) sapin/pin	fir/pine wood
TANTIEME	droit de licence, pourcentage, tantième	bonus, premium, share (of profit)
Tapete	papier peint/-tenture, tapisserie	hangings, wallpaper
Tapetentür	porte dérobée	secret door
Rauhfasertapete	papier engrain	ingrain wallpaper
TAPEZIEREN	poser les papiers peints, tapisser	to hang the papers, to paper
TAPEZIERER	tapissier	paper hanger
TARIF	barème, tarif	fare, list of charges, price-list, tariff
Tariflohn	salaire contractuel/tarifaire	standard wages
Tarifsatz	taux tarifaire	standard rate
Tarifvertrag	contrat collectif	labour contract
Eisenbahntarif	tarif ferroviaire	list of fares, railway rates, tariff
Lohntarif	tarif des salaires	wage rate/scale
Posttarif	tarif postal	postal rates
TASTER	poussoir	push-button
Tastschalter	poussoir de contact	push-button switch
TAETIGKEIT	activité	activity
Tätigkeitsbericht	rapport d'activité	activity report
Bautätigkeit	activité de construction, la construction	building activities
TAU	rosée	dew
Taupunkt	point de rosée	dew-/thawing point
Tauwasser	eau de condensation/rosée	condensate
Tauwetter	(temps de) dégel	thaw
Tauwind	vent de dégel	mild (thawing) wind
TAUEN	dégeler, fondre	to melt/thaw
TAUSCH	échange	exchange
Wohnungstausch	échange de logement	dwelling exchange
TAEUSCHEN	duper, tromper	to dupe, to fool
sich täuschen	se tromper	to be mistaken/wrong
TAEUSCHUNG	erreur, illusion [2] duperie, imposture, duperie	delusion, illusion, mistake [2] cheat, fraud imposture
arglistige Täuschung	dol	dolus malus, fraud
Auflösung wegen Täuschung	rédhibition	redhibition
TAXATOR	estimateur, commissaire-priseur	appraiser, valuer
TAXIEREN	estimer, évaluer	to appraise/rate/tax/value
Taxpreis	valeur estimée	appraised value
Taxwert	valeur d'estimation	appraised/assessed value
TEAK=/TIEK=BAUM	teck	teak
TECHNIK	technique, mécanique	technics, mechanics [2] technique
Bautechnik	technique de (la) construction	building technique
Bodentechnik	mécanique des sols	soil mechanics
Elektrotechnik	électrotechnique	electrical engineering, electrotechnology

TEC-TEI

TECHNIK
  Haustechnik — génie technique — technical and mechanical design, domestic technics
  Konstruktionstechnik — ingénierie, engineering — engineering
  Sanitärtechnik — technique sanitaire — sanitary engineering
  Verfahrenstechnik — technique opérationnelle/de procédure — operational techniques
  Wasserbautechnik — hydromécanique — hydromechanics
TECHNIKER — technicien — technician
TECHNISCH — technique — technical
technische Angaben — données techniques — technical data
technischer Ausbau — équipement(s) technique(s), troisième oeuvre — technical equipment; plumbing, electrical and mechanical services
technische Ausbildung — formation technique — technical education/training
technisches Büro — bureau/service technique — technical bureau/office
technischer Dienst — administration/service technique — technical service
technische Dienststelle — administration/service technique — technical service
technischer Direktor — directeur technique, ingénieur en chef — managing engineer
technische Hochschule — école polytechnique, académie/université technique — technical/technological university
technisches Ueberwachungsinstitut — institut technique de contrôle/surveillance — technical control/inspection station/institute
technischer Wert — valeur technique — technical value
TECHNOLOGIE — technologie — technology
TEER — goudron — tar
Teerpappe — feutre/papier asphalté/goudronné — tar(red) felt/paper, roofing
Teersprengwagen — goudronneuse — tar spraying machine
TEEREN — goudronner — to tar
  geteerte Straße — route goudronnée — tar road
TEIL — part(ie), portion — part, party, portion, share
  gemeinsame Teile — parties communes — common parts/spaces
Teilbebauungsplan — plan d'aménagement de détail/particulier — layout plan of limited area
Teilergebnis — résultat partiel — partial result
Teilfinanzierung — financement partiel — partial financing
Teilgebiet — rayon, secteur — branch, portion, sector
Teilhaber — associé — partner
  stiller Teilhaber — commanditaire, bailleur de fonds — dormant/silent partner, money lender
  tätiger Teilhaber — associé actif, commandité — active/responsible/working partner
  beschränkt haftender Teilhaber — (associé) commanditaire — general/limited partner
Teilhaberschaft — association, participation — association, (co)partnership
Teilunternehmer — sous-traitant — subcontractor
teilweise — partiel — partial
Teilzahlung — acompte, quote-part, [CH] rate — instalment, partpayment
Bauteil — élément de/part de la construction — building component/element
  Einzelteile — pièces détachées — spare parts, component (parts)
  Ersatzteile — pièces de rechange — spare parts, spares

TEIL	coin-repas, salle-à-manger	dining recess/room
Eßteil	part réservataire, portion	compulsory portion
Pflichtteil	compétente	
= *Reservaterbteil*		
Zubehörteil	accessoire	accessory (part)
TEILUNG	division, partage	distribution, division, partition
Teilungsklage	action en partage	action for division
Teilungsplan	plan de lotissement	allotment plan
Teilungssteuer	droit de partage	apportionment tax
Teilungsurkunde	acte de licitation/partage	deed of division
Teilungsversteigerung	licitation	public sale for the purpose of arranging a division
TELEFON	téléphone	(tele)phone
Telefonanlage	installation/système téléphonique	telephone installation/system
Telefonzelle	cabine téléphonique	(tele)phone booth
Telefonzentrale	standard (téléphonique)	switchboard
Haustelefon	interphone, téléphone privé	interphone, private telephone
TEMPERATUR	température	temperature
Temperaturabfall	baisse/chute de température	drop in temperature
Temperaturabsenkung	ralenti de température	temperature reduction
Temperaturanstieg	élévation de la température	rise in temperature
Temperaturausgleich	égalisation de température	temperature balance
Temperaturbereich	gamme des températures	temperature range
Temperaturdehnung	dilatation thermique	thermal dilatation/expansion
Temperaturgefälle	gradient de température	gradient of temperature
Temperaturinversion	inversion de température	temperature inversion
Temperaturregler	thermostat	thermostat
Temperaturschrumpfung	retrait thermique	thermal shrinkage
Temperaturschwankung	variation de température	variation of temperature
Temperaturstabilität	stabilité thermique	stability of temperature
Außentemperatur	température (à l')extérieur(e)	outdoor temperature
Betriebstemperatur	température de régime	working temperature
Bodentemperatur	température au sol	floor/ground/soil temperature
Lufttemperatur	température de l'air	air temperature
Raumtemperatur	température ambiante/du local	indoor/room temperature
sinkende Temperatur	température en baisse	falling temperature
steigende Temperatur	température en hausse	rising temperature
Strahlungstemperatur	température de rayonnement	radiation temperature
Verdunstungstemperatur	température d'évaporation	evaporation temperature
Zimmertemperatur	température ambiante/du local	indoor/room temperature
TEPPICH	couvre-parquet, moquette, tapis	carpet(ing)
Teppichbebauung	implantation [de maisons] en tapis	carpet development
Teppichbelag	tapis	carpeting
Teppichverlegung	pose de(s) tapis	carpeting
Teppichfliese	carreau textile	carpet tile
Spannteppich	tapis plain	wall-to-wall carpet
Wandteppich	gobelin, tapisserie	hangings, tapestry (work)

TERMIN	date limite	dead line, latest date
termingerecht	à l'échéance, dans les délais	in due time
Termingeschäft	marché/opération à terme	forward deal, option/time bargain
Kurse der Termingeschäfte	taux pour les opérations à terme	forward rates
Terminkalender	agenda, carnet d'échéances, échéancier	date/memo(randum) book
Terminverlängerung	prolongation d'un délai/ d'une échéance	extension of a period
Terminwechsel	échéance à terme, [2] effet à échéance	time draft
Kündigungstermin	délai de préavis, terme de congé	term of notice
Liefertermin	délai de livraison	time for delivery
Zahlungstermin	délai de paiement, échéance	term of payment
TERRASSE	terrasse	terrace
Terrassenablauf	écoulement/siphon de terrasse	outlet/S-trap of terrace
Terrassendach	toiture en terrasse, toiture-terrasse	platform roof
Terrassenhaus	bâtiment en pyramide, immeuble à gradins/terrasses, maison étagée	staggered building, stepped (hillside) house
Dachterrasse	plancher-/toit-terrasse	roof platform
terrassenförmig anlegen	disposer en terrasse(s)	to terrace
TERRAZZO	granito, terrazzo	granito, terrazzo
TERTIAER	tertiaire	tertiary
tertiärer Sektor	secteur tertiaire	tertiary sector, services
tertiäre Zivilisation	civilisation tertiaire	tertiary civilization
TESTAMENT	testament	(last) will, testament
ohne Testament verstorben	décédé ab intestat	intestate (person)
Testamentserbe	héritier testamentaire	devisee, testamentary heir
Testamentsklausel	clause/disposition testamentaire	clause of a will, testamentary disposition
Testamentsvollstrecker	exécuteur testamentaire	executor
eigenhändiges Testament	testament olographe	olograph(ic) will
notarielles Testament	testament authentique/notarié	will made before a notary
TEST	essai	test
Testreferenzjahr	année de référence	test reference year
TEUER	cher, coûteux	costly, dear, expensive
teurer werden	renchérir	to get more expensive
TEUERUNG	hausse des prix, renchérissement	rise in price, increasing cost
TEXTILIE	textile	textile
Textilbelag	revêtement textile	textile covering/finishing
THEATER	théâtre	theater
Freilichttheater	théâtre de plein air	open air theatre
THEMA	sujet, thème	subject, theme
Themenschau	exposition ponctuelle	subject display show
THERME	producteur de chaleur	heat producing device
Heiztherme	chaudière murale à gaz	mural gas boiler
THERMISCH	thermique	thermal
thermische Emission	émission thermique	thermal emittance/radiation
thermische Energie	énergie calorique/thermique	thermal energy
THERMODYNAMIK [Wärmemechanik]	thermodynamique	thermodynamics

THERMOGRAPHIE	thermographie	thermography
THERMOMETER	thermomètre	thermometer
THERMOPLASTISCH	thermoplastique	thermoplastic
THERMOSTAT	thermostat	thermostat
Thermostatventil	vanne thermostatique	thermostatic (radiator) valve
TIEF	profond	deep, profound
Tiefbau	construction souterraine/ enterrée, travaux souterrains	underground engineering/works
Hoch= und Tiefbau	génie civil	civil engineering
Tiefdruckgebiet	zone cyclonique/ de basse pression	low pressure area
Tiefgarage	garage souterrain	underground garage/parking
Tiefgeschoß	sous-sol	basement
Tiefgeschoßwohnung	(logement en) sous-sol	basement flat
Tiefgründung	fondation profonde	deep foundation
Tiefkühltruhe	congélateur, surgélateur	deep-freezer
Tieflader	camion à châssis surbaissé	low-loader
Tiefland	terre basse	lowland(s)
Tieflöffel	godet rétro	excavator bucket
Tiefspülkasten	réservoir de chasse bas	low level cistern/ flush tank
nicht tief	peu profond	shallow
TIER	animal, bête	animal
Tierhaltung	élevage de bétail	animal-breeding
Haustiere	animaux domestiques	domestic animals
TILGEN	amortir, rembourser	to discharge/ pay off
eine Hypothek tilgen	purger une hypothèque	to pay off/ redeem a mortgage
TILGUNG	amortissement, libération	amortization, clearance
Tilgungsaufschub	différé d'amortissement	suspension of redemption
Tilgungsdauer	durée de remboursement	duration/term of reimbursement, redemption period
Tilgungsfrist	délai d'amortissement	term of amortization/repayment
Tilgungsplan	plan d'amortissement	programme/schedule of redemption
Tilgungsunterbrechung	suspension d'amortissement	discontinuance of redemption
TISCH	table	table
Ausziehtisch	table à rallonges	pull-out table
Familientisch	table de famille	family table
Rütteltisch	table vibrante	vibrating table
Spültisch	évier	sink(-top)
Spültisch mit Unterbau	bloc-évier	sink unit
Waschtisch	lavabo	wash basin
TISCHLER	menuisier	joiner
Tischlerarbeit	(travaux de) menuiserie	joiner's work
Tischlerhandwerk	métier de menuisier	joinery
Tischlerplatte	contre-plaqué massif, panneau latté	block-board, coreboard
Bautischler	menuisier en bâtiment	carpenter, joiner
Möbeltischler	ébéniste	cabinet maker
TISCHLEREI	menuiserie	carpentry, joinery
TOILETTE	cabinet (d'aisance)	lavatory, toilet, water closet
Toilettenverbrennungsofen	incinérateur de toilette	toilet incinerator
Damentoilette	toilette pour dames	powder room

TOLERANZ	marge, tolérance	allowable/permissible variation, allowance, margin, tolerance
vorgeschriebene Toleranzen	tolérances admises, limites de tolérance	allowed tolerances/variations
TON	argile, glaise, terre cuite	clay, terra
Tonerde	sol argileux	clay soil
Blähton	argile expansé, argex	expanded clay
Tonröhre	tuyau en grès/terre cuite	clay/earthenware pipe/tube
glasierte Tonröhre	tuyau en grès émaillé/vernissé	vitrified clay pipe/tube
Tonziegel	brique en terre cuite	clay brick
TOPOGRAPH	topographe	topographer
TOPOGRAPHIE	topographie, arpentage	topography, land surveying
TOPOGRAPHISCH	topographique	topographic(al)
TOR [große Tür]	porte, portail	door
[in Einfriedigung]	porte, portail	gate
Torantrieb	commande (de fonctionnement) pour porte/portail	door driver/ door and gate opening device/gear
Torschranke	barrière d'entrée	entrance gate/barrier
Torsteuerung	commande (de fonctionnement) pour porte/portail	door driver/ door and gate opening device/gear
Außentor	porte extérieure/ de grille	gate, outer door
Falttor	porte accordéon	folding/collapsible door/gate
Gittertor	porte à claire-voie	iron/trellised gate
Hubtor	porte levante	lift-away (shutter) door
Kipptor	porte basculante	overhead/up-and-over door
Rolltor	porte coulissante sur roues	rolling/sliding door/gate
Schiebetor	porte/portail coulissant(e)	sliding door/gate
Schwingtor	porte basculante	overhead/up-and-over door
Senktor	porte verticalement escamotable	vertically vanishing door
Wagentor	porte cochère	gateway, carriage entrance
TORF	tourbe	peat, turf
TORKRET	gunite	dry-mix concrete
TOTAL	complet, total	complete, entire, total, whole
Totalschaden	perte totale	total loss
TOUR [Umdrehung]	révolution, rotation, tour	revolution, turn
TRABANT	satellite	satellite
Trabantenstadt	cité/ville-satellite	overspill/satellite town
TRAFO(STATION)	(poste) transformateur	transformer
TRAGEN	(sup)porter	to bear/carry
Tragbalken	poutre-maîtresse	beam, joist
tragbar	admissible, tolérable, supportable	admissible, bearable, supportable
tragbare Miete	loyer abordable/ financièrement supportable	accessible/bearable rent
tragend	portant, porteur	bearing, carrying
tragende Bauteile	éléments porteurs	carrier elements
tragende Mauern	murs porteurs	load-bearing walls
nicht tragende Teile	éléments non porteurs	non load-bearing elements
Tragfähigkeit	capacité portante, charge admissible, limite de charge,	admissible/safe load, limit of load, (load) bearing capacity/power
Tragfläche	surface d'appui	bearing/working surface

Tragkonstruktion	structure portante	load bearing structure
Tragskelett	ossature portante	load-bearing frame work
Tragweite	portée, travée	bearing, (width of) span
Tragwerk	éléments porteurs, structure portante	load-bearing/supporting structure
TRAEGER	porteur, support ² poutre(lle)	carrier, bearer, porter, support ² girder, joist
Trägerdecke	dalle à poutrelles	girder floor
Trägerpfandschein	obligation au porteur	bearer-bond
Trägerscheck	chèque (payable au) porteur	cheque payable to bearer
Bauträger	maître d'ouvrage	builder, owner of the property
Gitterträger	poutre à croisillons/ en treillis	lattice girder, trussed rafter
TRAEGHEIT	inertie	inertia
Trägheitsmoment	moment d'inertie	moment of inertia
TRAKTOR	tracteur	tractor
Traktorbagger	tracteur excavateur	tractor-excavator
Raupentraktor	autochenille, tracteur chenillé	caterpillar tractor
TRAENKUNG	imprégnation	impregnating, impregnation
Tränkungsmittel	produit d'imprégnation	impregnating product
TRANSFORMATOR	transformateur	transformer
Transformatorenstation	(poste) transformateur	transformer
Klingeltransformator	transformateur de sonnerie	bell transformer
TRANSIT	transit	transit
Transitverkehr	trafic de transit	through traffic
TRANSPARENT	transparent	transparent
Transparentzeichenpapier	papier calque	tracing paper
TRANSPORT	transport	transport(ation), haulage
Transportbeton	béton frais/ prêt à l'emploi	ready-mix (concrete)
Transportfahrzeug	véhicule de transport	haul unit, transport vehicle
Transportkapazität	capacité de transport	carrying capacity
Transportkosten	frais de transport, freight	transport(ation) charges, carriage, freight, haulage cost
Transportmischer	camion malaxeur	mixer lorry
Transportschnecke	hélice, vis sans fin	screw/spiral/worm conveyor
Transportunternehmen	entreprise de transport	carrying/haulage company
Energietransport	transport d'énergie	energy transport
Straßentransport	transport routier	road haulage/transport
TRANSPORTABEL	transportable	portable, fit to be removed
TRASS	trass	trass
Traßzement	ciment au trass	trass cement
TRASSE	tracé [d'une route]	lay/lie [of road]
Straßentrasse	tracé d'une route	lay/lie of a road
TRAUFE	égout, gouttière	eaves, gutter
Traufbrett	larmier, bordure de pignon	fascia/soffit board
Traufleiste	larmier	fascia, weather moulding
Regentraufe	chéneau, gouttière	eaves-gutter
TREIBEN	mener, chasser	to drift/drive/propel
Treibeis	glaces dérivantes/flottantes	drift-/floating ice
Treibhaus	serre	green/hot house
Treibhauseffekt	effet de serre	greenhouse effect
Treibmittel	additif aérateur, agent gonflant/ moussant/ d'expansion	aerating/expanding/foaming agent

Treibriegel	espagnolette	espagnolette, lever bolt, fastener of French casement
Treibsand	sables mouvants	drift-sand
Treibstoff	carburant	motor fuel
TRENNEN	détacher, disjoindre, séparer	to divide/separate
Trennkanalisation	réseau d'égout du système séparateur/séparatif	separate sewer system
Trennstreifen	ligne séparative, séparateur	division/separator line
Trennwand	cloison, mur de séparation	dividing/partition wall(ing)
ausziehbare Trennwand	cloison extensible	extensible partition
feststehende Trennwand	cloison fixe	fixed partition
niedere Trennwand	murette, partition basse	low partition wall
TRENNUNG	séparation	separation
Trennung von Tisch und Bett	séparation de corps	separation from bed and board
Gütertrennung	séparation de biens	separate property for husband and wife
TREPPE	escalier	staircase, stairs
Treppenabsatz	palier	landing, half-landing
Treppenauftritt	giron	(stair-)tread
Treppenauge	lumière d'escalier	stair well
Treppenbelag	revêtement d'escalier	stair covering/finish
Treppenelement	élément d'escalier	staircase component
Treppenflucht	rampe, volée d'escalier	stair flight
Treppengeländer	rampe d'escalier	staircase railing
Treppenhaus	cage d'escalier	stair case, stair way
Treppenhausbreite	largeur intérieure de la cage d'escalier	staircase clearance/width
Treppenhausoberlicht	lanterne d'escalier	lantern light, skylight
Treppenkonstruktion	construction d'escalier	staircase structure
Treppenlauf	rampe, volée d'escalier	stair flight
Treppenlaufbreite	emmarchement	flight width
Treppenläufer	chemin d'escalier	stair carpet
Treppenlichthof	volume central de l'escalier	staircase light well
Treppennase	nez d'escalier/ de marche	stair nosing
Treppenstufe	marche (d'escalier), giron	stair, step, tread
Treppenuntersicht	sous-face de la volée	staircase soffit
Treppenwange	limon	stair cheeks, stringer
aufgesattelte Treppe	escalier à crémaillère	bracketed stairs
Betontreppe	escalier en béton	concrete stairs
Bodentreppe	escalier de grenier	attic stairs
Diensttreppe	escalier de service	back stairs
einläufige Treppe	escalier à une volée	single/straight flight stairs
Einschiebetreppe	escalier escamotable	retractable/disappearing stairs
gewendelte Treppe	escalier spiral/ en (co)limaçon	winding staircase
gewendelte Treppenstufe	marche tournante	winder
Holztreppe	escalier en bois	wooden stairs
Kellertreppe	escalier de cave	cellar stairs
Müllertreppe	escalier de meunier	miller's stairs
Personaltreppe	escalier de service	back stairs
Rettungstreppe	escalier d'incendie/ de secours	fire-escape
Rolltreppe	escalateur, escalier mécanique	escalator, moving staircase

TREPPE		
Speichertreppe	escalier de grenier	attic stairs
Wangentreppe	escalier à (double) limons	string stairs
Wendeltreppe	escalier en (co)limaçon/vis	corkscrew/spiral/winding staircase
zweiläufige Treppe	escalier à deux volets	dog leg/ two flight stairs
TURBULENZ	turbulence	turbulence
TRESOR	chambre forte, coffre-fort	safety chamber/vault, strong room
Tresortür	porte blindée/forte	armoured door
TREUE	fidélité, loyauté	faith, fidelity, loyalty
Treu und Glauben	bonne foi	bona fides, loyalty and good faith
Verstoß gegen Treu und Glauben	abus de confiance, violation de foi	breach of faith/trust
Treuhänder	curateur, fidéicommissaire, fiduciaire	custodian, trustee
Treuhandgesellschaft	société fiduciaire	holding/trust company
TRICHTER	entonnoir	funnel
Fülltrichter	trémie (de chargement)	hopper
TRIANGULIERUNG	triangulation	triangulation
TRINKEN	boire	to drink
trinkbar	potable	drinkable, fit to drink, potable
Trinkbrunnen	fontaine d'eau potable	drinking fountain
Trinkwasser	eau potable	drinking/potable water
Trinkwasserversorgung	alimentation/approvisionnement en eau potable	(drinking) water supply
TRIPLEX(GLAS)	verre triplex	three pane glass
TRITT	pas	step
Trittschall	bruit d'impact/ de masse	body noise, impact/structural sound
Trittschalldämmung	réduction du bruit d'impact	impact noise abatement/reduction
Trittschallisolierung	isolation des bruits d'impact	insulation of impact noise
Tritt(stufe)	foulée, giron	tread
Trittverhältnis	formule de Rondolet	tread ration
TROCKEN	sec	dry
trocken verlegt	posé à sec	dry cast/laid/set
Trockenbagger	excavateur	excavator
Trockenbauweise	construction à sec	dry construction
Trockenfuge	joint vif	dry/ non bonded joint
trockenheiß	chaud sec	dry hot
Trockenkammer	autoclave, étuve, séchoir	drying chamber/oven, kiln
trockenlegen	assécher, drainer	to drain
Trockenlegung	assèchement, drainage	drainage, draining
Trockenmaschine	séchoir	dryer
Trockenofen	autoclave, étuve, four, séchoir	drying chamber/oven, kiln
Trockenraum	séchoir	dryer
Trockenschleuder	essoreuse	centrifugal/spin dryer
Trockenschrank	séchoir	dryer cabinet
Trockenspritzbeton	gunite	dry mix concrete, torcrete
luftgetrocknet	sec/séché à l'air	air dried/dry
lufttrocken	sec/séché à l'air	air dried/dry
ofengetrocknet	séché au four	kiln dried

TROCKNEN	sécher	to dry/season
Wäschetrockner	machine à sécher le linge, séchoir à linge	clothes/washing dryer, tumbler
TROCKNUNG	dessiccation, séchage	desiccation, drying, seasoning
Trocknung des Holzes	séchage du bois	seasoning of wood
Trocknungsriß	crevasse/fissure de séchage	seasoning check/crack
künstliche Trocknung	étuvage, séchage au four	kiln drying, steam curing
Lufttrocknung	séchage à l'air	air-drying, seasoning [wood]
Ofentrocknung	étuvage, séchage au four	kiln drying, steam curing
TROG	auge, cuve	trough, vat
Mörteltrog	auge de maçon, bac à mortier	hod, mortar trough
Wäschetrog	bac/baquet/bassin de lavage/ à laver/à lessive, cuve,	wash tub, washing tank/trough
TROMMEL	tambour	cylinder, drum, trommel
Mischtrommel	tambour mélangeur	mixing drum, rotary mixer
Sortiertrommel	crible rotatif, tambour trieur	drum/revolving/rotary screen
TROPFEN	goutte	drop
TROPFEN vb	goutter, tomber goutte à goutte	to drip/drop/trickle
Tropfbrett	égouttoir	draining board
Tropfleiste	jet d'eau, larmier, rejéteau	drip lip, flashing board, weather moulding
Tropfnase	chasse-goutte, mouchette, jet d'eau, rejéteau	drip (lip)/moulding, water bar/ nose, weather check
TRUHE	bahut, coffre	chest, trunk
(Tief)kühltruhe	congélateur, surgélateur	deep freezer
TRUEMMER	débris, décombres, ruines	debris, rubble, wreckage
Trümmerbeseitigung	déblai(ement)	clearing/removal of debris/rubble
TRUPP	équipe, groupe,	band, gang, troop
Arbeitstrupp	équipe d'ouvriers	gang, shift
TUECHTIG	apte, capable, doué	able, competent, qualified, skilful
TUFF	ponce, tuf	tufa, tuff
TUMMMELPLATZ	terrain de défoulement/jeu	playground
TUENCHE	badigeon, lait de chaux	white-wash
TUENCHEN vb	badigeonner	to white-wash
TUNNEL	tunnel	tunnel
Tunnelbauspezialist	tunneliste	tunnel specialist
Tunnelbohrmaschine	tunnelier	tunnel boring machine
TUER	porte	door
Türangel	gond, paumelle	door-hinge/-pin
Türanschlag	battée/feuillure de porte	door-check, groove of a door
Türband	paumelle, penture	door-hinge, loop
gekröpftes Türband	paumelle à lamelles coudées	cranked door-hinge
Türbekleidung	chambranle/garnissage de porte	door lining
Türbeschlag	armature/garniture de porte	door fittings
Türblatt	battant/vantail de porte	door leaf
Türdrücker	bec-de-cane, béquille/poignée	door handle/knob
Türeinbauelement	bloc-porte	door set/unit
Türfeststeller	arrêtoir	door stop
Türflügel	battant/vantail de porte	leaf/wing of door

Türfutter	fourrure d'huisserie	lining of door casing
Türglocke	sonnette	door bell
Türklopfer	heurtoir	knocker
Türlaibung	embrasure de porte	door recess
Türmehrklanglocke	carillon de porte	door chimes
Türöffner [elektr.]	portier électrique	door control gear, door opener
Türöffnung	baie/jour de porte	door opening
Türrahmen	cadre/châssis/huisserie de porte	door case/frame
Türschild	plaque de porte	door-/name-plate
Türschließer	ferme-porte (automatique)	(automatic) door closer/spring
Türschwelle	seuil (de porte)	threshold, door sill
Türspion	judas optique	door viewer, Judas hole
Türsturz	linteau de porte	door lintel
Türtelefon	portier téléphone	entrance/front-door telephone
Türumrahmung	encadrement/huisserie de porte	door-frame
Türvorleger	tapis-brosse	door mat
Türzarge	cadre/châssis/huisserie de porte	door case/frame
Außentür	porte extérieure/d'accès/d'entrée	entrance/front/outer/street door
automatische Tür	porte automatique	automated/automatic door
Balkontür	porte de balcon	balcony door
Brandschutztür	porte coupe-feu	fire protecting door
Brettertür	porte en planches	ledged door
Doppeltür	contre-porte, double porte	double door, pair of doors
Drehtür	porte pivotante/tournante	revolving door
einflügelige Tür	porte à un battant/vantail	single wing door
Eingangstür	porte extérieure/d'accès/d'entrée	entrance/front/outer/street door
Fabriktür	porte manufacturée/usinée	factory/machine made door
Falttür	porte accordéon/pliante	folding/collapsible door
Falltür	trappe	trap door
Fenstertür [ohne Austritt]	croisée, porte-fenêtre	French casement/window
Fertigtür	porte manufacturée/usinée	factory/machine made door
Feuerschutztür	porte coupe-feu	fire protecting door
Füllungstür	porte à panneaux	panelled door
Ganzglastür	porte en verre	glass door
Glastür	porte vitrée	glazed door
handwerklich gefertigte Tür	porte menuisée	door planed down to site
Harmonikatür	porte accordéon/pliante/ à soufflet	àccordeon/bellow-framed/ concertina/folding door
Haustür	porte d'entrée	entrance/entry/front door
Hebetür	porte levante et tournante	weathertight balcony door lifting/ lever-gear door
Hintertür	porte de dégagement/service	private/secondary door
Holztür	porte en bois	wooden door
Innentür	porte (d')intérieur(e)	chamber/internal/interior door
Kaminputztür(chen)	fond/trou de suie	soot trap
Kipptür	porte basculante	up-and-over door
Lattentür	porte à lattes/voliges	batten door
Nebentür	porte de dégagement/service	private/secondary door
Panzertür	porte blindée/cuirassée	armoured door
Pendeltür	porte oscillante	double-action/swing door
Polstertür	porte matelassée/rembourrée	padded door

TUER
Schiebetür	*porte coulissante/ à coulisse*	sliding door
Tapetentür	*porte dérobée/secrète*	gib/secret/hidden/jib door
Vordertür	*porte extérieure/d'accès/d'entrée*	entrance/front/outer/street door
Windfangtür	*porte coupe-vent, tambour*	draught/vestibule door
Wohnungstür	*porte d'appartement/ de palier*	flat entrance door
Zimmertür	*porte intérieure*	chamber/interior door
zweiflügelige Tür	*porte à deux battants*	double wing door

TURM
tour — tower

Turmdrehkran — grue pivotante à tour — rotary tower crane
Turmhelm — flèche d'une tour — spire
Wasserturm — château d'eau — water tower
Wohnturm — immeuble tour — high rise/ tower building

TURNEN
gymnastique — gymnastics

Turnboden — plancher élastique — elastic gym floor
Turngeräte — agrès — gymnasium/gymnastic apparatus
Turnhalle — salle de gymnastique — gym(nasium)

TYP
type — type

Familientyp — type de famille — type of family
Haushaltstyp — type de ménage — type of household
Wohnungstyp — type de logement — type of dwelling/flat

UEBERALTERUNG	vieillissement	superannuating
Ueberalterung des Wohnbestandes	vétusté du patrimoine imobilier	housing obsolescence
UEBERARBEITUNG	révision	revision
UEBERBAUEN	construire sur	to build upon
Ueberbauung	construction sur	building upon, development
UEBERBELASTEN	surcharger	to overload
UEBERBELASTUNG	charge excessive, surcharge	overburdening, overloading
UEBERBELEGEN	surpeupler	to overcrowd
überbelegte Wohnung	logement surpeuplé	overcrowded dwelling
UEBERBELEGUNG	suroccupation, surpeuplement	overcrowding, overpopulation
UEBERBEWERTEN	surestimer, surévaluer	to overrate/overvalue
UEBERBEWERTUNG	surestimation, surévaluation	overvaluation
UEBERBIETEN	enchérir, dépasser, renchérir	to overbid
UEBERBLATTUNG	assemblage mi-bois, enture	halved joint
UEBERBLECH	solin	flashing
UEBERBLICK	aperçu général, vue d'ensemble	general survey/view
UEBERBRUECKEN	surmonter	to surmount ² to bridge/span
Ueberbrückungsfinanzierung	financement intérimaire	intermediate/temporary financing
Ueberbrückungskredit	crédit intérimaire	intermediate credit
UEBERDACHUNG	couverture, toiture	cover, roof(ing)
UEBERDECKEN	(re)couvrir	to cover/overlap
überdeckte Fuge	joint à clin/recouvrement	lap-joint
Ueberdeckstreifen	solin	flashing strip
UEBERDECKUNG	recouvrement	cover, lap, overlapping
UEBERDIMENSIONAL	gigantesque	gigantic
überdimensioniert	surdimensionné	oversized
UEBERDRUCK	sur(com)pression	excess/high/over- pressure
Ueberdruckminderer	détendeur	expander
Ueberdrucksystem	système à surpression	input/plenum system
UEBERFANGGLAS	verre doublé	cased/flashed glass
UEBERFUEHRUNG	passage dénivelé/supérieur	over-bridge/-crossing/-pass
Fußgängerüberführung	passage supérieur pour piétons	pedestrian overpass, fly-over
UEBERGABE	livraison, remise, transmission	delivery, remitting, transfer
Amtsübergabe	passation de service	handing over an official duty
Schlüselübergabe	remise des clés	delivery of the keys
UEBERGANG	passage, transmission, traversée ² transition	crossing, passage, transfer, transmission
schienengleicher Uebergang	passage à niveau	railway level crossing
Wärmeübergang	transmission thermique superficielle	surface heat transmission
Wärmeübergangswiderstand	résistance de transmission thermique superficielle	surface resistance to heat transmission
Wärmeübergangszahl	coefficient de transmission thermique superficielle	surface heat transmission factor
UEBERGEWICHT	excédent de poids, surpoids	overweight
UEBERHANG [Betrag]	excédent, surplus	surplus
UEBERHITZEN	surchauffer	to overheat
UEBERHITZUNG	surchauffe	overheating

UEBERHOEHT	surélevé	raised
UEBERHOEHUNG	surélévation	raising
UEBERHOLEN	dépasser ² remettre à neuf	to overtake ² to overhaul
UEBERHOLUNG	révision, remise à neuf	inspection, overhauling
UEBERKOPFLADER	marineuse	overhead hauler
UEBERLAPPUNG	recouvrement	overlapping, lap
UEBERLAST	surcharge	overload, overweight
UEBERLAUFEN	déborder	to overflow/flow over
Ueberlaufrohr	(tuyau de) trop-plein	overflow/waste pipe
UEBERLEBEN vb	survivre	to survive
UEBERLEBEN	survie, survivance	survival
(Ueber)lebenserwartung	chances de survie	presumption of survival
UEBERLEBENDER	survivant	survivor
Ueberlebendenrente	pension de survie	widow's pension
UEBERMAß	excès, profusion, surabondance	excess
UEBERMAEßIG	excessif	excessive
UEBERNAHME	prise en charge, réception	acceptance, assuming, take-over
UEBERPREIS	prix excessif/surfait	excessive price
UEBERSCHLAG	évaluation sommaire	rough estimate
UEBERSCHREIBUNG	transcription, transfert	registration, transfer
Ueberschreibungsgebühr	droit de mutation	transfer duty
UEBERSCHREITUNG	dépassement, franchissement, transgression	exceeding, transgression
Fristüberschreitung	dépassement de délai	exceeding the specified time/ the time limit
Gesetzesüberschreitung	contravention, infraction	infringement, offence, violation of
UEBERSCHULDUNG	endettement	heavy indebtedness
UEBERSCHUSS	bénéfice, excédent, gain, surplus	excess, overplus, profit, surplus
Bruttoüberschuß	excédent/surplus brut	gross surplus
UEBERSCHWEMMUNG	crue des eaux, inondation	flooding, inundation
UEBERSICHT	aperçu, résumé, vue d'ensemble	digest, review, survey, summary
Uebersichtskarte	carte/plan général(e)/ d'ensemble	survey map, key/master plan
Uebersichtsplan	plan d'ensemble	general plan
UEBERSPANNUNG	tension excessive	excess voltage, excess strain
UEBERSTUNDEN	heures supplémentaires	overtime, overwork (hours)
UEBERTRAG	report	balance/bringing forward
UEBERTRAGUNG	transfert, transmission ² conduction	transfer ² conduction
Uebertragung von Wertpapieren	transfert de titres	transfer of bonds
Uebertragung von Wechseln	endossement	endorsement
Uebertragung von Grundeigentum	mutation/transfert/transmission de propriétés immobilières	transfer/transmission of real estate
Uebertragungsurkunde	acte translatif de propriété	deed of conveyance
Besitzübertragung	transfert de possession/titre	possession transfer
Eigentumsübertragung	transfert de propriété/titre	conveyance/transfer of property
Energieübertragung	transport d'énergie	energy transport
Lärmübertragung	transmission du bruit	noise transmission
Schallübertragung	transmission du son	sound transmission
Wärmeübertragung	transmission thermique/ de chaleur	heat transmission

UEBERTRETUNG	violation	infringement, violation
Gesetzesübertretung	infraction	infringement, offence, violation of law
UEBERVOELKERUNG	excès de population, surpeuplement	overcrowding, overpopulation
UEBERWACHUNG	contrôle, observation, surveillance	control, inspection, super- intendance, supervision
Devisenüberwachung	contrôle des changes	exchange control
Kostenüberwachung	contrôle des coûts	cost control
Preisüberwachung	contrôle des prix	price control
UEBERWEG	passage clouté/pour piétons	zebra (crossing)
UEBERWEISUNG	virement	remittance, transfer
Banküberweisung	virement bancaire	bank remittance/transfer
Postüberweisung	virement postal	letter payment
UEBERZAHN	redent, bavure	protruding line/point
UEBERZIEHEN [Konto]	mettre(un compte) à découvert	to overdraw (an account)
UEBERZUG	revêtement ² poutre supérieure	coating ² inverted/upstand beam
UHR	horloge, montre, pendule	clock, watch
Uhrenanlage	distributeur de l'heure, horloges synchronisées	clock system, time distributor
Gasuhr	compteur à gaz	gas meter
Kontrolluhr	horloge de contrôle/pointage	control-/telltale-clock
Stechuhr	horloge de pointage	control/telltale-clock
Parkuhr	parcomètre	parking meter
Wasseruhr	compteur d'eau	water meter
ULME	orme	elm (tree)
Ulmenholz	(bois d')orme	elm (wood)
ULTRASCHALL	ultrason	ultrasonic(s)
ULTRAVIOLETT	ultraviolet	ultra-violet
UMBAU	transformation	remodelling, transformation structural alteration
UMDREHUNG	révolution, rotation, tour	revolution, turn
UMFANG	circonférence, périmètre, pourtour ² ampleur, étendue, volume	circumference, perimeter ² extent, radius, range, volume
UMFASSUNG	clôture	enclosure
Umfassungsmauer	mur de clôture	enclosure/outer wall
niedere Umfassungsmauer	murette de clôture	dwarf enclosure wall
UMFORMER	convertisseur, transformateur	converter, transformer
UMFRAGE	enquête, sondage	enquiry, investigation, poll
UMGEBUNG	abords, environs	surroundings
UMGEHUNG	contournement	by-passing
Umgehungsstraße	route/voie de contournement/ d'évitement, rocade	by-pass (road)
UMKEHREN	intervertir, retourner	to reverse/ turn back
Umkehrdach	toiture inversée	inverted/upside-down roof
Umkehrfahrbahn	piste réversible/ à circulation alternative	reversible lane
UMLAGE	répartition	apportionment
Gemeinkostenumlage	répartition des frais accessoires	apportionment of indirect cost
UMLAND	alentours, faubourgs	surroundings, vicinity

UMLAUF	circulation, roulement	circulation, rotation, turning
Umlaufaufzug	ascenseur patenôtre	paternoster
Umlaufsvermögen	capital de roulement/ de circulation	circulation capital, floating assets
Geldumlauf	circulation monétaire	monetary circulation
Kapitalumlauf	roulement de fonds	circulation of capital
UMLEGUNG [von Land]	relotissement, remembrement	re-allocation, re-allotment, reparceling, replotment
UMLEITUNG	détournement, déviation	by-pass, deviation, diversion, loop-road
UMLUFTGERAET	installation de ventilation	air recirculator
UMMANTELUNG	enrobage, habillage	casing, coating, lagging, wrapping
Ummantelungsbeton	béton d'enrobage	case-/shell-concrete
UMNUTZUNG	changement d'affectation	change of use
UMRAHMUNG	encadrement	frame
Fensterumrahmung	encadrement de fenêtre	window frame
Türumrahmung	encadrement/ huisserie de porte	door frame
UMSATZ	chiffre d'affaires, roulement,	turnover, transactions
Umsatzsteuer	impôt sur le chiffre d'affaires	turnover tax
UMSCHREIBUNG [Grundbuch	mutation, transcription	transfer of property
UMSCHULUNG	reconversion professionnelle	professional re-education
UMSETZUNG	déplacement, transposition	transplantation, transposition
Umsetzung der Bewohner	mutation des occupants	transfer of occupants
Umsetzung der Mieter	mutation des locataires	transfer of tenants
UMSIEDLUNG	déplacement/déportation/ transfert/transplantation	deportation, resettling
Zwangsumsiedlung	déportation	deportation
UMSTRUKTURIERUNG	restructuration	remodelling, restructuration
UMWAELZEN	faire circuler, rouler	to rotate
Umwälzanlage	système de circulation et d'accélération	circulation and acceleration system
Umwälzpumpe	pompe d'accélération et de circulation	circulator, circulating pump
UMWELT	ambiance, environnement, milieu	environment, surroundings
Umweltbelastung	nuisance ambiante, pollution de l'environnement	environmental nuisance/ pollution
umweltfreundlich	compatible avec l'environnement	environmentally favourable
Umweltgestaltung	aménagement de l'environnement	environmental design
Umweltsanierung	réhabilitation de l'environnement	environment rehabilitation
Umwelthygiene	hygiène de l'environnement	environmental hygiene
Umweltplanung	aménagement/planification de l'environnement	environmental design
Umweltschutz	protection de l'environnement/ du milieu vital	environmental control/ protection/sanitation
Umweltveränderung	altération de l'environnement	deterioration of environment
Umweltverschmutzung	pollution de l'environnement	environmental pollution
Umweltverseuchung	pollution radioactive de l'environnement	radioactive contamination of the environment
Umweltzerstörung	destruction de l'environnement	destruction of the environment

UMZAEUNUNG	clôture, enceinte, enclos	enclosure, fencing, railing
UMZUG	déménagement	removal
Umzugsprämie	prime de déménagement	removal allowance/ bonus
UNBEBAUT	inculte, non bâti, vague	non covered by buildings, non built upon, vacant, vague
unbebaute Fläche	espace/surface libre	open space
unbebautes Grundstück	propriété non bâtie	non built-upon property
UNBEFESTIGT	non consolidé	not consolidates
unbefestigte Straße	route non consolidée, chemin de terre	unconsolidated/unmade/earthen road
UNBEGRENZT	illimité, sans limites	unlimited
unbegrenzte Haftpflicht	responsabilité illimitée	unlimited liability
UNBELASTET	non grevé	unencumbered
unbelastetes Grundstück	bien non grevé/ franc d'hypothèques	clear/unencumbered estate
UNBESETZT	inoccupé, vacant	free, unoccupied, vacant
unbesetzte Stelle	poste vacant, vacance	vacancy
unbesetzte Wohnung	logement vacant	vacancy, vacant dwelling
UNBEWEHRT	non armé	not reinforced
unbewehrter Beton	béton non armé	plain concrete
UNBEWOHNBAR	inhabitable	uninhabitable, unfit for habitation
unbewohnbar erklärte Wohnung	logement condamné	condemned dwelling
UNBEWOHNT	inoccupé	vacant
UNDICHT	inétanche, non étanche, perméable	leaky, permeable, untight
undichtes Dach	toit non étanche	leaking roof
UNDICHTHEIT	fuite	leak(age)
UNDURCHLÄSSIG	imperméable	water-proof/-repellent/-tight
UNDURCHLAESSIGKEIT	étanchéité	air/water tightness
UNEINBRINGLICH	irrécouvrable	irrecoverable, irretrievable
uneinbringliche Forderung	créance douteuse/irrécouvrable	bad debt
UNERSCHLOSSEN	non aménagé/viabilisé	unequipped
unerschlossenes Gelände	terrain vague/ non viabilisé	unequipped/waste ground/land
UNFAEHIG	incapable	unable, unfit
arbeitsunfähig	inapte au travail, invalide	disabled, unfit to work
zahlungsunfähig	insolvable	insolvent
zahlungsunfähiger Schuldner	débiteur insolvable	bad debtor
UNFAEHIGKEIT	incapacité	disability, incapacity
Geschäftsunfähigkeit	incapacité juridique	legal disability
Zahlungsunfähigkeit	insolvabilité	insolvency
UNFALL	accident, sinistre	accident, fatal occurrence
Unfallrente	rente-accident/ d'invalidité	(physical) disability benefit
Unfallschutz	protection contre les accidents	accident prevention, safety on site
Unfallstation	poste de secours	first aid station
Unfallverhütung	prévention des accidents	accident prevention
Unfallversicherung	assurance-accident	accident insurance
Arbeitsunfall	accident du travail/ professionnel	working accident
Verkehrsunfall	accident de la circulation/route	road accident
UNGEDECKT	découvert, non couvert	uncovered
ungedeckter Scheck	chèque sans provision	uncovered cheque

UNG-UNT

UNGELERNT	non qualifié	unskilled
ungelernter Arbeiter	ouvrier non qualifié, balai	unskilled labourer/worker
ungelernte Arbeitskräfte	main d'oeuvre non qualifiée	unskilled labour
UNGESUND	insalubre, malsain	insalubrious, unhealthy, unsanitary
ungesunde Wohnung	habitation/logement insalubre, taudis	insanitary dwelling, slum
UNGETEILT	non divisé/partagé, indivis	undivided, joint
ungeteiltes Eigentum	indivision	joint ownership
ungeteilte Eigentumsgemeinschaft	propriété indivise	ownership by individual shares
UNGUELTIG	non valable, nul (et non avenu)	invalid, null
UNGUELTIGKEIT	nullité	nullity
UNHYGIENISCH	insalubre	unhygienic, in/un-sanitary
unhygienischer Zustand	insalubrité	unsanitariness
UNIVERSITAET	université	university
technische Universität	école polytechnique, université technique	technical/technological university
UNKALIBRIERT	non calibré/trié	ungraded
unkalibriertes Material	(matériaux) tout venant	ungraded/unsorted products
UNKOSTEN	dépenses, frais	costs, expenses
allgemeine Unkosten	frais généraux	overhead charges/expenses
diverse Unkosten	frais divers	sundry charges
Gemeinkosten	frais généraux	overhead charges/expenses
Generalunkosten	frais généraux	overhead charges/expenses
Geschäftsunkosten	frais généraux	overhead charges/expenses
UNKRAUT	mauvaises herbes	weed
Unkrautvertilgung	désherbage	weeding, weed control
UNLAUTER	déloyal	unfair
unlauterer Wettbewerb	concurrence déloyale/illicite	unfair competition
UNRAT	immondices, ordures	dirt, filth
UNTER	au/en-dessous, sous	below, beneath, under
Unterausschreibung	sous-adjudication	sub-letting
Unterausschuß	sous-comité/commission	sub-committee
Unterbau	fondation, infrastructure, soubassement, sous-oeuvre	foundation, substructure, underpinning
Unterbelegung	sous-occupation	under-occupation
Unterbeton	béton de semelle	oversite concrete
unterbewerten	sous-évaluer	to underrate/undervalue
Unterbilanz	bilan déficitaire	adverse/short balance
Unterboden	support de plancher	subfloor
Unterbrechung	interruption, suspension	cut, discontinuance, interruption
Tilgungsunterbrechung	suspension d'amortissement	discontinuance of redemption
Unterbringung	hébergement, logement	accommodation, lodging, housing
Unterdecke	faux plafond, plafond suspendu	suspended ceiling
Unterdruck	pression diminuée, sous-pression	underpressure
Unterdrucksystem	système à vide	extract system
unterfangen [Gebäude]	reprendre en sous-oeuvre	to underpin
Unterflurheizung	chauffage par plancher, plancher chauffé	(under)floor heating

Unterführung	passage inférieur/souterrain	underbridge, underground passage, subway (passage)
Unterführungsröhre	passage sous rue pour conduites	subway for mains
Untergeschoß	cave, sous-sol	basement (level/storey)
Untergrund	sous-couche ² sous-sol	substrate ² subsoil
Untergrundausgleich	ragréage du fond	smoothing the ground
Untergrundbahn	métro(politain)	tube, underground (railway)
unterirdisch	souterrain	below ground, underground
unterkellert	muni d'une cave, sur cave	provided with a cellar
ganz unterkellert	entièrement sur cave	[entirely covering a cellar]
Unterkonstruktion	infrastructure, support	infra-/sub-structure
Unterlage	assiette, base, fondement	base, foundation, substratum
Unterlagsfilz [Teppich]	thibaude	undercarpet
Unterlagsklotz	cale	block, wedge
Unterlagsscheibe	rondelle	washer
Unterpflasterbahn	tramway souterrain	underground tramway, subway
unter Putz	sous enduit	concealed
unter Putz (verlegt)	(posé) sous enduit, noyé	flush mounted
Unterputzleitung	conduite noyée/ sous enduit	concealed conduit
Unterputzschalter	interrupteur sous enduit	flush switch
Untersicht	sous-face	visible underface/underside
unterstellen	garer, mettre à l'abri, garer	to garage/ put under cover
Unterstellplatz	parking couvert	covered/under-cover parking
Unterwasserkanal	tunnel hydrodynamique	underwater testing channel
Unterwasserversuche	essais en plongée/en tunnel hydrodynamique	underwater aerodynamic test
Unterzug	sous-poutre, poutre inférieure	downstand beam, joist
Betonunterzug	poutre armée	reinforced downstand beam
UNTERMIETE	sous-location	under-/sub-lease/-letting
Untermieter	sous-locataire	subtenant, underlessee
UNTERNEHMEN	entreprise, opération	firm, enterprise, undertaking
Bauunternehmen	entreprise de construction	building company/enterprise/firm
Geschäftsunternehmen	entreprise commerciale	business concern
Industrieunternehmen	entreprise industrielle	industrial concern
Transportunternehmen	entreprise de transport	carrying company
Wohnungsunternehmen	entreprise de construction d'habitations	housing institution
UNTERNEHMER	entrepreneur	contractor
Unternehmergemeinschaft	communauté d'entreprises	joint building companies
Unternehmerhaftpflicht	responsabilité de l'entrepreneur	contractor's liability
Afterunternehmer	sous-entrepreneur/-traitant	subcontractor
Bauunternehmer	entrepreneur de constructions	builder, (building) contractor
Generalunternehmer	entrepreneur général	general contractor
Subunternehmer	sous-entrepreneur/-traitant	subcontractor
UNTERPACHT	sous-fermage	sub-/under- lease/-letting
Unterpächter	sous-fermier	undertenant
UNTERSCHIED	différence	difference
Höhenunterschied	dénivellation, différence de niveau	height difference
UNTERSCHLAGUNG	détournement de fonds [CH] dévertissement	embezzlement, interception

UNTERSCHRIFT	seing, signature	signature
Unterschriftsbeglaubigung	légalisation d'une signature	authentication/legalization of a signature
unterschriftsberechtigt	ayant la signature/ pouvoir de signer	authorized/ having power to sign
Unterschrifts-muster/-probe	spécimen de signature	specimen signature
Unterschriftsstempel	cachet de signature	facsimile signature
Blankounterschrift	blanc-seing	blank signature
UNTERSTUETZUNG	aide, assistance, secours	aid, assistance, help
Arbeitslosenunterstützung	allocation/indemnité de chômage	unemployment benefit
UNTERSUCHUNG	enquête, étude, examen, instruction	enquiry, examination, investigation, study, survey
Bodenuntersuchung	étude du sol	soil survey/testing
Leituntersuchung	étude-pilote	pilot study
Marktuntersuchung	étude du marché	market survey, marketing
Milieu-untersuchung	étude de milieu	environment investigation
Sozialstrukturuntersuchung	enquête socio-démographique	social survey
soziologische Untersuchung	enquêtes et études sociales	mass observation
statistische Untersuchung	enquête statistique	statistical investigation
UNTERSUCHENDER	enquêteur	investigator
UNTERVERMIETEN	sous-louer	to sublet
Recht zum Untervermieten	droit de sous-location/-louer	right of subletting
Untervermietung	sous-location	sub-/under-lease/-letting/-tenancy
UNTERVERPACHTEN	sous-louer	to sublet/underlet
UNTERZEICHNEN	signer	to sign
Unterzeichnung	signature	signature, signing
Unterzeichnung einer Urkunde	passation/signature d'un acte	signing a deed
UNTREUE [im Amt]	prévarication	breach of trust, maladministration
UNVERBINDLICH	sans engagement	without liability
UNVERFORMBAR	indéformable	undeformable
UNVERLETZLICHKEIT	inviolabilité, immunité	immunity, inviolability
Unverletzbatkeit der Wohnung	inviolabilité du domicile	inviolability of abode/home
UNVERPUTZT	nu, sans enduit	unplastered
unverputzte Wand	mur nu	nude wall
UNVORHERGESEHEN	imprévu	unforeseen
unvorhergesehene Ausgaben	faux frais (divers), imprévus	contingencies
UNWETTER	intempéries	bad weather
UNWIDERRUFLICH	irrévocable	irrevocable
unwiderrufliche Frist	délai fatal/péremptoire	strict time limit
UNWIRKSAMKEIT	inefficacité, nullité	inefficacy, invalidity, nullity
UNZAHLBAR	insolvable	insolvent
Unzahlbarkeit	insolvabilité	insolvency
UNZERTEILT	non divisé/partagé, indivis	undivided
unzerteiltes Eigentum	indivision, propriété indivise	joint ownership
URAUSFERTIGUNG	minute	minute
URBANISIEREN	urbaniser	to urbanize
Urbanisierung	urbanisation	urbanization, growing of urban population, expansion of the urban way of life

Urbanist	(architecte) urbaniste	town planner
URBANITAET	caractère urbain, essence urbaine	urban character/essence
URINAL, Urinbecken	pissoir, urinoir	urinal (bowl)
URKUNDE	acte	deed
Ausfertigung einer notariellen Urkunde	expédition d'un acte notarié	certified copy of a deed
Urausfertigung einer Urkunde	minute d'un acte	minute of a deed
Urkundenfälschung	faux (en écriture)	forgery
Urkunde unter Privathandschrift	acte sous seing privé	private agreement/deed
Abtretungsurkunde	acte de cession	conveyance deed
Besitzurkunde	titre de propriété	deed of property, title deed
Darlehnsurkunde	acte d'emprunt/d'obligation	bond
Eigentumsurkunde	titre de propriété	deed of property, title deed
Hypotheken(bestellungs)- urkunde	acte d'hypothèque/ d'obligation hypothécaire	mortgage deed
Notariatsurkunde	acte authentique/notarié	notarial deed, deed authenticated by notary
Privaturkunde	acte sous seing privé	private agreement
Schenkungsurkunde	acte de donation	deed of donation/gift
Schuldurkunde	acte d'obligation	proof of debt
Uebertragungsurkunde	acte translatif de propriété	deed of conveyance
Verwaltungsurkunde	acte administratif	administrative deed
URSPRUNG	origine	origin
Ursprungsnachweis	établissement/origine de propriété	proof of ownership, root of title
Eigentumsursprung	origine de propriété	root of title
URTEIL	décision, jugement	decision, judgement
Berufung gegen ein Urteil	appel de jugement	appeal from a judgement

VAKUUM	vide d'air	vacuum
VATER	père	father
väterlich	paternel	fatherly, paternal
väterliche Gewalt	pouvoir paternel	paternal authority/power
VEGETATION	flore, végétation	flora, vegetation
VENTIL	robinet, soupape, valve	cock, faucet, tap, valve
Absperrventil	robinet/soupape d'arrêt	stop cock/tap
Eckventil	robinet à l'équerre	angle, right angle(d) valve
Druckventil	soupape d'air (comprimé)	air cock/valve
Drosselventil	soupape d'étranglement	throttle valve
Einlaßventil	robinet d'entrée	admission valve
Entlüftungsventil	aérateur de radiateur	radiator vent
Heizkörperventil	soupape de radiateur	radiator valve
Kugelrückstauventil	clapet à bille	ball valve
Mischventil	robinet mélangeur	mixer valve, mixing faucet
Rückstauventil	clapet de retenue	anti-suction/non-return valve
Schnüffelventil	clapet à bille	ball valve
Sicherheitsventil	soupape de sécurité	safety valve
Steuerventil	soupape de commande	control valve
VENTILATION	aérage, ventilation	air renewal, ventilation
VENTILATOR	ventilateur	blower, exhauster, (ventilator) fan
VERABREDUNG	accord, convention, entrevue, rendez-vous	agreement, appointment, date, engagement
VERABSCHIEDEN	adopter, voter	to pass/ratify
VERANDA	véranda	verandah
VERAENDERUNG	changement, modification	alteration, change, modification
bauliche Veränderung	transformation de la construction	structural alteration
Umweltveränderung	détérioration/modification de l'environnement	alteration/deterioration of environment
VERANKERUNG	ancrage	anchorage, tying
VERANLAGUNG	estimation, évaluation	rating
Steuerveranlagung	(fixation de) l'assiette de l'impôt	assessment, basis of taxation
Einkommensteuerveranlagung	cote mobilière	assessment on income
Grundsteuerveranlagung	cote foncière	assessment on landed property
VERANSCHLAGEN	estimer, évaluer	to assess/budget/value
Veranschlagung	appréciation, estimation, évaluation	appraisal, estimate, estimation, valuation
VERANTWORTLICHKEIT	responsabilité	liability, responsibility
gesetzliche Verantwortlichkeit	responsabilité (légale)	legal responsibility
strafrechtliche Verantwortlichkeit	responsabilité pénale	penal liability
VERANTWORTUNG	responsabilité	responsibility
jede Verantwortung ablehnen	décliner toute responsabilité	to disclaim all responsibility
VERARBEITEN	transformer, travailler, usiner	to machine/process/tool/transform/work
VERARBEITUNG	travail, usinage	machining, processing, tooling
Verarbeitungsindustrie	industrie manufacturière/ de transformation/transformatrice	processing industry
Datenverarbeitung	informatique	data/information processing

VERARBEITUNG		
elektronische Datenverarbeitung	informatique électronique	electronic data processing
VERAEUSSERN	aliéner	to alienate
Veräußerung	aliénation, vente	alienation, sale, selling
Veräußerung von Werten	réalisation de valeurs	selling of value
VERBAND	association, fédération	association, federation
	² assemblage	² binding, fastening, joining
Arbeitnehmerverband	fédération/organisation des salariés	employee's association
Bausparkassenverband	association des sociétés d'épargne-crédit	Building Societies' Association, association of building and loan companies
Berufsverband	association professionnelle	professional association
Entwicklungsverband	association de développement	development association
Forschungsverband	association de recherche	research association
Gemeindeverband	association intercommunale	association of Local Authorities
offizieller Verband	association officielle	public organization
Zweckverband	syndicat	association, syndicate
Binderverband	appareil à boutisses	header bond
Blattverband	assemblage à mi-bois	notched/scarf joint
Blockverband	appareil anglais simple	block bond
englischer Verband	appareil anglais	English bond
gotischer Verband	appareil gothique	gothic bond
holländischer Verband	appareil hollandais	Dutch bond
Kreuzverband	appareil anglais en croix	cross bond
Läuferverband	appareil à panneresses	stretcher bond
märkischer Verband	appareil des Marches	Scotch bond
Mauerwerksverband	appareil (de maçonnerie)	bond (of masonry)
Schornsteinverband	appareil de cheminée	chimney bond
Schraubenverband	assemblage vissé/ par boulons	bolted connection
überdeckter Verband (Blech)	rivetage superposé	lap riveting
Schwalbenschwanzverband	appareil endenté/à queue d/aronde	dovetailed joint
Zapfenverband	assemblage à tenon et mortaise	tenon (and mortise) joint
Zierverband	appareil décoratif	ornamental bond
VERBESSERN	améliorer, perfectionner	to improve/perfect
Verbesserung	amélioration, perfectionnement	improvement
verbesserungsfähig	améliorable	improvable
bauliche Verbesserung	amélioration constructive	constructional improvement
hygienische Verbesserung	amélioration hygiénique	sanitary improvement
Wertverbesserung,	augmentation de valeur	increase in value
wertsteigernde Verbesserung	amélioration entraînant une augmentation de valeur	improvement (bringing an increase of value)
VERBILLIGEN	diminuer/réduire le prix	to cheapen, to reduce the price
verbilligter Zinsfuß	taux d'intérêt réduit	reduced rate of interest
VERBINDEN	combiner	to combine
VERBINDLICHKEIT	engagement, obligation	commitment, engagement, liability, obligation
Verbindlichkeiten	valeurs passives, obligations	liabilities
VERBINDUNG	assemblage, joint, raccordement	connection, coupling, link, tie
	² communication, relation	² communication, correlation

VERB-VERD

Verbindungsmittel	matériel d'assemblage	fixings, joining/jointing material
Verbindungsrohr	tube de raccordement	tail, (short) pipe connection
Verbindungsschnur	raccord flexible	connecting cable
Verbindungsstelle	jointure	joint
Falzverbindung	assemblage à feuillure	rabbet/rebate joint
Flantschverbindung	joint è brides	flange coupling
Schraubverbindung	raccord fileté/ à vis	screw connection/joint
VERBLATTUNG	assemblage par entailles/enture	notched joint
VERBLENDEN	revêtir	to face/mask/screen
Verblendbaustein	moellon/brique de parement	facing brick/stone
Verblendklinker	brique (vitrifiée) de parement	facing (engineering) brick
Verblendmaterial	matériau de parement	facing material
Verblendmauer	mur de revêtement	cladding wall
Verblendstein	moellon/brique de parement	facing brick/stone
Verblendziegel	brique de parement	facing brick
VERBLENDUNG	parement	dressing, face, facing
Verblendung einer Mauer	parement/revêtement d'un mur	wall covering/lining
Fassadenverblendung	revêtement de façade	facing
Natursteinverblendung	parement en pierre naturelle	stone facing, ashlar work
VERBOT	défense, interdiction	interdiction
Bauverbot	interdiction de bâtir/construire	interdiction to build
VERBRAUCH	consommation, usage	consumption, use
Verbrauchsausgaben	dépenses de consommation	consumer' expenditures
Verbrauchsgüter	biens de consommation	consumer goods
Verbrauchssteuer	impôt/taxe de consommation	excise tax
verbrauchte Luft	air vicié	foul/viciated/stale air
Energieverbrauch	consommation d'énergie	power consumption
Kraftverbrauch	consommation d'énergie	power consumption
VERBRAUCHER	consommateur, usager	consumer, user
Verbrauchergesellschaft	société de consommation	consumers' society
VERBREITUNG	diffusion, propagation, vulgarisation	diffusion, distribution, popularization, vulgarization
VERBRENNER	incinérateur	incinerator
Müllverbrenner	incinérateur de déchets	refuse incinerator
VERBRENNUNG	combustion, incinération	burning, incineration
Verbrennungsgase	gaz de combustion	combustion/exhaust gases
Müllverbrennung	incinération de déchets	refuse incineration
VERBUCHEN	comptabiliser, passer l'écriture	to book, to make an entry, to register
VERBUND	accrochage, liaison	(inter)connection
Verbunddachbelag	revêtement de toiture composite	composite/composition roofing/ roof covering
Verbunddecke	système composite de plafond	composite floor (system)
Verbundfenster	fenêtre à battants composés	composite/double window
Verbundglas	verre feuilleté	multilayer glass
Verbundholz	(panneaux de) bois composite	composite wood (panels)
Verbund(pflaster)steine	pavés sinosoïdaux/ à emboîtement	interlocking flags
Verbundstoff	matériau complexe/composite	complex/composite material
VERDECKEN	cacher, dissimuler, masquer	to conceal/cover/hide/mask
verdeckte Nagelung	clouage invisible	concealed/secret nailing

VERDERBEN	se gâter, s'altérer	to decay/viciate/be spoiled
verdorbene Luft	air vicié	foul/stale/viciated air
VERDICHTEN	compacter, comprimer, concentrer, condenser	to compact/compress/ concentrate/condense
VERDICHTER	compacteur	compactor
VERDICHTUNG	concentration, compactage	concentration, compaction
Verdichtungsraum	espace de forte concentration	concentration/ supreme-density area
Bodenverdichtung	compactage/consolidation/ stabilisation du sol	soil compaction/consolidation/ stabilization
VERDIENEN	gagner	to earn
VERDIENST	revenu, profit ² mérite	benefit, earnings, income, profit, ² desert
Verdienstausfall	perte de gain/revenu/salaire	loss of earnings/income/wages
Verdienstspanne	marge bénéfciaire	profit margin
Bruttoverdienst	bénéfice brut	gross earnings
Nebenverdienst	revenu accessoire, cumul	additional income
gelegentlicher Nebenverdienst	revenu casuel	incidental earnings
Nettoverdienst	revenu net	net earnings/income
VERDINGEN	donner en location	to put out
Verdinggabe	adjudication sur soumission	allocation of contract by tender
Verdingung	adjudication	adjudication
Verdingungsordnung	règlement public d'adjudication	tendering regulations
Verdingungswesen	système d'adjudication sur soumission	tender system
VERDORBEN	gâté, vicié	spoiled, vitiated
verdorbene Luft	air vicié	foul/spoiled/vitiated air
VERDREHEN	torsader	to twist
VERDUNKELN	obscurcir	to darken/obscure
Verdunkelungsanlage	installation d'obscurcissement	blackout blinds/screening apparatus
Verdunkelungsschalter	réducteur d'éclairage	dimmer
VERDRAHTUNG	câblage, filerie	connecting up, wiring
VERDUENNER	diluant	thinner
VERDUNSTUNG	évaporation, volatilisation	evaporation, flashing,
Verdunstungsgeschwindigkeit	vitesse d'évaporation	evaporation speed
Verdunstungskälte	froid par évaporation	cold due to evaporation
Verdunstungsmesser	compteur par évaporation	evaporation controlled meter
Verdunstungstemperatur	température d'évaporation	evaporation temperature
VEREDELUNG	amélioration, (r)affinage	improvement, processing, refining
Veredelungsindustrie	industrie d'affinage/ de finissage	finisher/processing industry
VEREIN	association, cercle, club	association, club, society
Wohnbauverein	association d'habitation	housing society
VEREINBARUNG	accord, agrément, arrangement, convention	agreement, arrangement, settlement
durch freie Vereinbarung	à l'amiable, de gré à gré	by agreement
VEREINSAMUNG	isolement, solitude	isolation, loneliness
VERENGUNG	étranglement, rétrécissement	narrowing, straitening
Straßenverengung	voie en goulot	bottle-neck

VERF-VERG 338

VERFAHREN	méthode, procédé, système	method, proceeding, process
	² procédure	² proceedings
Verfahrensfrage	question de procédure	matter of procedure
Verfahrenskosten	droit/frais de procédure	cost of the proceedings, law cost
Verfahrenstechnik	technique opérationnelle	operational technique
	² technique de procédure	² technique of procedure
Bauverfahren	procédé de construction	building method/system
Gerichtsverfahren	procédure judiciaire	legal procedure
Planungsverfahren	méthode/procédure de planification	planning method/technique
Prüfverfahren	méthode d'essai	test method
Schiedsgerichtsverfahren	arbitrage	arbitration
Taktverfahren	rythme répétitif	repetitive process
Vorfertigungsverfahren	procédé de préfabrication	prefabrication system
im Zwangsverfahren	par voie de contrainte	by compulsion
VERFALL	décadence, déclin, délabrement	decadence, decay, decline
	² déchéance, expiration, extinction	expiration, extinction, forfeit(ure)
Verfallsdatum	date d'expiration	date of maturity, due date
VERFALLEN [Gebäude]	délabré, vétuste, en ruine	decaying, dilapidated, out of repair. ramshackle
VERFESTIGEN	stabiliser	to stabilize
verfestigtes Erdreich	sol stabilisé	stabilized soil
VERFESTIGUNG	consolidation, stabilisation	stabilization
Bodenverfestigung	stabilisation du sol	soil stabilization
VERGLASUNG	vitrage	glazing
Aufsatzverglasung	survitrage	additional glazing
Doppelverglasung	double vitrage	double glazing
Einfachverglasung	vitrage simple	single glazing
kittlose Verglasung	vitrage sans mastic	dry glazing
VERGLEICH	comparaison ² compromis ³ concordat	comparison ² compromise ³ compulsory composition
Vergleichsmiete	loyer de référence	comparative/reference rent
Vergleichsverfahren	arbitrage	arbitration
Zwangsvergleich	concordat préventif de faillite	compulsory composition
VERGNUEGUNGSVIERTEL	quartier d'amusement/ des attractions	amusement area/deistrict
VERGROESSERUNG	accroissement, agrandissement, augmentation	enlargement, extension, increase ² magnification
Vergrößerungsmaßstab	échelle de grossissement	scale of magnification
5fache Vergrößerung	grossissement de 5 fois	magnification of 5 diameters
VERGUENSTIGUNG	privilèges, traitement de faveur	preferential treatment, privileges
VERGUETUNG	bonification, compensation, indemnité, rémunération	allowance, compensation, indemnity, remuneration
Pauschalvergütung	indemnité forfaitaire	lump remuneration
Zinsvergütung	bonification d'intérêts	interest allowance/rebate
VERGUSS	coulage [de joints]	[joint] filling
Vergußmasse	matière à couler	fluid sealing, jointing compound

VERHALTEN	comportement, conduite	behaviour, conduct
Verhaltensanforderungen	exigences de comportement	performance requirements
Verhaltensforscher	chercheur en psychologie du comportement	behaviourist
Verhaltensforschung	étude du comportement	behaviour research
Verhaltensweise	comportement, conduite	behaviour, conduct, pattern
VERHAELTNIS	proportion, rapport	proportion, ratio
Mischungsverhältnis	dosage du mélange	mix proportions
Steigungsverhältnis	déclivité	slope
VERHAELTNISSE	circonstances, conditions	circumstances, conditions
Wohnungsverhältnisse	conditions de logement	housing conditions
Person in bescheidenen Verhältnissen	personne de condition modeste	individual of modest means
VERHANDLUNG	débat, négociation, pourparler	discussion, negotiation,
Verhandlungsbericht	procès-verbal	minute, proceedings, official report
VERHUETUNG	prévention	prevention
Unfallverhütung	prévention des accidents	accident prevention
VERJAEHREN	périmer, se prescrire	to fall under the status of limitation
VERJAEHRUNG	péremption, prescription	limitation, prescription
Verjährungsfrist	délai de prescription	period of limitation
deißigjährige Verjährung	prescription trentenaire	limitation of thirty years
VERJUENGEN	délarder	to cant
VERKABELUNG	câblage, filerie	connecting up, wiring
VERKACHELUNG	carrelage (mural)	(wall) tiling
VERKARSTUNG	érosion	erosion
VERKAUF	vente	sale
Verkauf von Werten	réalisation de valeurs	selling of values
Verkauf auf Kredit	vente à crédit	credit sale
Verkauf gegen Leibrente	vente à fonds perdu	sale against life annuity
Verkauf auf Raten	vente à tempérament	hire purchase
Verkauf mit Vorbehalt des Rückkaufrechtes	vente à réméré	sale subject to repurchase
Verkaufsangebot	offre de vente	offer/proposal of sale
Verkaufsautomat	distributeur automatique	vending machine
Verkaufsbedingungen	conditions de vente	sales conditions/terms
Verkaufsleiter	chef de vente	sales manager
Verkaufsoption	option de vente	selling option
Verkaufsorder	ordre de vente	selling order
Verkaufspreis	prix de vente	sales/selling price
Verkaufsprivilegium	privilège du vendeur	seller's preferential right
Verkaufsurkunde	acte de vente	bill of sale
Verkaufsversprechen	promesse de vente	promise of sale/ to sell
Verkaufsvollmacht	procuration de vente	power to sell
Verkaufswert	valeur vénale	market value
Verkaufsziffern	chiffre d'affaires/ de vente	sales figures, turnover
Verkaufszusage	promesse de vente	promise of sale/to sell
Barverkauf	vente au comptant,	cash sale, cash and carry
freihändiger Verkauf	vente de gré à gré	sale by mutual agreement
gerichtlicher Verkauf	vente judiciaire	sale by order of the court

VERK-VERK

VERKAUF
Grundstücksverkauf — vente d'immeuble — sale of property/ of real estate
Zwangsverkauf — vente forcée/ par contrainte — compulsory/forced sale
VERKAUFEN vb — vendre — to sell
zu verkaufen — à vendre — for sale
VERKÄUFER — vendeur — seller, vendor
VERKÄUFLICH — à vendre, vendable — marketable, saleable, vendible
VERKEHR — circulation, trafic — traffic
Auflockerung des Verkehrs — décongestion de la circulation — traffic clearing, relief of traffic congestion,
fließender Verkehr — circulation en mouvement — moving vehicles
ruhender Verkehr — circulation au repos — stationary vehicles
Verkehrsampel — feu de circulation, sémaphore, signal lumineux — light signal, stop sign, stop and go, traffic light
Verkehrsanalyse — comptage de la circulation — traffic census/count/survey
Verkehrsanbindung — raccordement à la circulation — linking to traffic
Verkehrsbelastung — charge de circulation — traffic load
Verkehrsbetrieb — entreprise de transport — transporting enterprise
öffentlicher Verkehrsbetrieb — transports publics — public transport
Verkehrsdichte — densité/intensité du trafic — traffic concentration/density
Verkehrserschließung — aménagement de la circulation — traffic development
Verkehrsfläche — aire/surfaces de circulation — traffic area/surface
Verkehrsfluß — flux de la circulation — traffic flow/stream
Verkehrsflüssigkeit — fluidité de la circulation — traffic fluidity
verkehrsfrei — interdit à la circulation, libre de circulation motorisée — free from motor traffic, pedestrian
Verkehrsgesetz — code de la route — highway code
Verkehrshindernis — entrave/obstacle à la circulation — traffic obstacle
Verkehrsinfrastruktur — infrastructure routière — (road) transport infrastructure
Verkehrsingenieur — ingénieur de la circulation — traffic engineer
Verkehrskarussell — carrefour giratoire, croisement à trafic circulaire, rond-point — roundabout
Verkehrsknotenpunkt — noeud routier — road junction
kreuzungsfreier Knotenpunkt — échangeur de circulation — interchange, intersectionfree road junction
Verkehrslast — charge courante/utile, surcharge — live load
Verkehrslicht — feu de circulation, sémaphore, signal lumineux — light signal, stop sign, stop and go, traffic light
Verkehrsmessung — comptage de la circulation — traffic census/count/survey
Verkehrsmittel — moyen de transport — means of traffic
Verkehrsnetz — réseau routier — road/traffic network
Verkehrsplan — plan des circulations — traffic plan
Generalverkehrsplan — plan général des circulations — general traffic plan
Verkehrsplanung — aménagement/planification de la circulation — traffic planning
Verkehrspolitik — politique des transports — transport policy
Verkehrspolizei — police routière/ de la route — traffic police
Verkehrsquelle — cause/source de la circulation — traffic generation
Verkehrsregelung — réglementation de la circulation — traffic control/regulation
Verkehrsschild — panneau/poteau de signalisation (routière) — road/traffic sign, road warning, sign board

VERK-VERK

Verkehrssicherheit	sécurité du trafic	safety of traffic
Verkehrsstauung	arrêt de la circulation, bouchon, congestion, encombrement, embouteillage	traffic block/congestion/jam
Verkehrsstraße	grand-route	high/traffic road
Fernverkehrsstraße	route nationale	trunk road
Verkehrsunfall	accident de la circulation/route	road/traffic accident
Verkehrsverband	association pour l'harmonisation de la circulation	harmonization of traffic association
Verkehrswege	circulations	traffic routes
innere Verkehrswege	circulations intérieures	stairs and corridors
Verkehrswert	valeur vénale	market value
Verkehrszählung	comptage de la circulation	traffic census/count/survey
Verkehrszeichen	panneau de signalisation	traffic sign
Autoverkehr	circulation automobile	motor traffic
Berufsverkehr	circulation due aux activités	essential traffic
Bezirksverkehr	trafic régional	regional traffic
Durchgangsverkehr	circulation/trafic de transit	through/transit traffic
Fahrzeugverkehr	circulation motorisée	motor/vehicular traffic
Fernverkehr	trafic interurbain	interurban/trunk traffic
Fernlastverkehr	transport routier de grand parcours	long distance road haulage
Fremdenverkehr	tourisme	tourist trade
Frachtverkehr	service de marchandise	freight service, haulage
Fußgängerverkehr	circulation pédestre/piétonne	pedestrian traffic
Gegenverkehr	circulation en sens inverse	on-coming traffic
Grundstücksverkehr	marché immobilier	real estate market
Karussellverkehr	circulation giratoire	rotary traffic
Kraftverkehr	circulation motorisée	motor traffic
Kreisverkehr	circulation giratoire	rotary traffic
Massenverkehr	transport public/ en commun	public transport
Nahverkehr	trafic local/ de banlieue	local/ short distance traffic
Ortsverkehr	trafic local/ de banlieue	local/ short distance traffic
Pendelverkehr	(circulation en) navette, trafic de va et vient	commuter/commuting/shuttle traffic
Quellverkehr	trafic originaire	originating traffic
Regionalverkehr	circulation régionale	regional traffic
Ringverkehr	circulation giratoire	rotary traffic
ruhender Verkehr	circulation au repos	[traffic at rest]
Schnellverkehr	circulation rapide/ à grande vitesse	high speed traffic
Schnellverkehrsstraße	voie rapide	speed way
Spitzenverkehr	circulation de pointe	peak/ rush hour traffic
Stadtverkehr	circulation urbaine	town-traffic, urban traffic
Straßenverkehr	circulation routière	road traffic
Straßenverkehrsordnung	code de la route	highway code
Wahlverkehr	circulation facultative	optional traffic
Warenverkehr	circulation des marchandises	goods traffic, freight service
Zahlungsverkehr	circulation des payements	clearing system, money transfers
VERKITTEN	boucher, sceller	so seal

VERKLEIDUNG	revêtement	cladding, facing, lining
Verkleidungsmaterial	matériel de revêtement	cladding material
Verkleidung von Metallträgern	habillage de poutrelles	lining of steel beams
Bretterverkleidung	bardage, planchéiage	board form(work)/shuttering, plank sheathing
mit Nut und Feder	planches/planchéiage bouveté	matchboarding
überlappende Bretterverkleidung	bardage	weather boarding
Heizkörperverkleidung	cache-radiateur	radiator casing
Holzverkleidung	boiserie, revêtement en bois	wainscot, panelling
Türverkleidung	chambranle	door frame
Werksteinverkleidung	appareil en pierre de taille	ashlar work
VERKLEINERUNG	réduction	reduction
Verkleinerungsmaßstab	échelle de réduction	reducing scale
VERKROEPFUNG	coudage	bend(ing), cranking, elbow, knee
VERLADEN	charger, expédier	to load/ship
Verladekosten	frais de chargement	loading charges
Verladekran	grue de chargement	derrick, loading/pillar crane
Verlade= und Hebegeräte	équipement de manutention	material handling equipment
VERLAG	éditeur, édition	publishers
VERLAENGERN	(r)allonger, prolonger, diluer ² proroger, reconduire, renouveler	to dilute/elongate/extend/ lengthen ² to prolong/renew,
Verlängerter (Zement)mörtel	mortier bâtard	lime-cement mortar
Verlängerung [einer Frist]	prorogation, reconduction	prolongation, renewal
[eines Mietvertrages]	renouvellement	renewal [of lease]
[räumlich]	prolongement	elongation, extension, lengthening
Verlängerungsantrag	demande de renouvellement	application for renewal
Verlängerungsstück	(r)allonge	extension leaf/piece
Fristverlängerung	prolongation de terme	prolongation of term
stillschweigende Verlängerung	tacite reconduction	prolongation/renewal by tacit agreement
VERLAUF	cours, déroulement, évolution	course, development, evolution, progress
Feuchtigkeitsverlauf	évolution de la diffusion d'humidité	evolution of water vapour diffusion
VERLEIMEN	coller ensemble	to glue together
verleimte Holzbinder	fermes en bois collé/	glued laminated beams
verleimte Holztafel	plaque en bois collé	glued wood board/panel
VERLETZUNG	blessure ² violation	injury, hurt ² violation
Pflichtverletzung	forfaiture, prévarication	neglect/violation of duty
VERLOREN	perdu	lost
verlorene Schalung	coffrage perdu	sacrificed formwork
verlorener Zuschuß	subvention à fonds perdu	non refundable allowance/subsidy
VERLUST	déficit, déperdition, perte	deficit, loss
Gewinn und Verlust	pertes et profits	profit and loss
Gewinn= und Verlustrechnung	compte de pertes et profits/ de résultat	profit and loss/ revenue and appropriation account
Verlustbilanz	bilan déficitaire	balance sheet showing a loss
Verlustgeschäft	opération déficitaire/ à perte	losing transaction

Verlustjahr	année/exercice déficitaire	year closing with a deficit
Verlustkonto	compte déficitaire/ des pertes	deficit/loss account
Verlustpreis	prix déficitaire	losing price
Verlustsaldo	solde déficitaire/ en perte	balance deficit
Verlustvortrag	report déficitaire	loss brought forward
Barverlust	perte pécuniaire/sèche	loss of money, net loss
Betriebsverlust	déficit d'exploitation	operating deficit/loss
Bruttoverlust	perte brute	gross loss
Druckverlust	chute de pression	lost pressure
Geschäftsverlust	perte d'exploitation	trade loss
Gewichtsverlust	perte de poids, poids manquant	deficiency/loss of weight, short weight, underweight
Kursverlust	perte de change	loss on exchange
Längenverlust	retrait	shrinkage
Nettoverlust	perte nette/sèche	net loss
reiner Verlust	perte nette/sèche	clear loss
Totalverlust	perte totale	total loss
Wärmeverlust	déperdition thermique	heat loss
Zeitverlust	perte de temps	loss of time, lost time
VERMAECHTNIS	legs	legacy
VERMARKEN	aborner	to mark out
Vermarkung	abornement, bornage, délimitation, démarcation, jalonnage	marking/staking out
VERMARKTUNG	écoulement, marketing	marketing
VERMASSUNG	massification	massification
VERMEHRUNG	augmentation, majoration	augmentation, increase
VERMESSEN	arpenter, mesurer, métrer	to measure/survey
Vermessung	chaînage, mesurage, métrage	quantity survey(ing), (chain) measuring
Vermessungsarbeiten	arpentage, topographie, travaux de mesurage	surveying
Vermessungsausrüstung	équipement/outillage de géomètre/métrage/métreur	surveying equipment
Vermessungsgehilfe	aide-géomètre	staffman
Vermessungsingenieur	géomètre	surveyor
Vermessungslehrling	apprenti-géomètre	junior surveyor
Feldvermessung	arpentage, topographie	land/topographical surveying
Landvermessung	arpentage, topographie	land-/topographical surveying
Luft(bild)vermessung	aérométrie, photogrammétrie, levé aérométrique	aerial/photogrammetric mapping/surveying
Luftvermessungskarte	carte aéro(-photogram)métrique	aerometric map
VERMIETEN	louer	to let/rent
zu vermieten	à louer	to let [house], for hire [car, horse]
untervermieten	sous-louer	to sublet
VERMIETER	bailleur	giver, landlord, lesser
VERMIETUNG	location	letting, tenancy
Vermietung möblierter Räume	location en meublé	furnished letting
Vermietung durch mündlichen Vertrag	location verbale	letting by verbal agreement
VERMINDERUNG	diminution, perte	diminution, loss
Lärmverminderung	réduction du bruit	noise abatement/reduction

VERMISCHUNG	mélange	mixing, mixture
Vermischung der Geschlechter	promiscuité	promiscuity
VERMITTLUNG	entremise, intervention, médiation	brokerage, intervention, mediation
Vermittlungsgebühr	(droit de) commission, provision	brokerage, commission
Vermittlungsversuch	tentative de médiation	attempt to mediate
Vermittlungsvorschlag	proposition de médiation	proposal for a compromise
Arbeitsvermittlung	(bureau de) placement	employment agency, procurement of work
VERMOEGEN	capacité, faculté, puissance [2] biens, fortune	ability, capacity faculty, power [2] fortune, property
in Papieren angelegtes Vermögen	biens en rentes	funded property
ohne pfänfbares Vermögen	sans biens saisissables	void of attachable property
Vermögensabgabe	prélèvement sur le capital/ la fortune	capital levy/tax
Vermögensanlage	investissement, placement de capitaux	(capital) investment
Vermögensbildung	constitution de fortune	constitution of property
Vermögenserklärung	déclaration de fortune	return of one's property
Vermögenskonto	compte capital/ de fortune	capital/property account
Vermögenslage	situation pécuniaire/ de fortune	financial situation/status
Vermögensmasse	masse de la fortune	estate
vermögensrechtlich	(d'intérêt) matériel	financial
vermögensrechtliche Ansprüche	prétentions d'ordre pécuniaire	financial claims
Vermögensschaden	préjudice	damage to property, financial loss
Vermögensschwund	dépérissement de capital	dwindling of assets
Vermögensstand	situation pécuniaire/ de fortune	financial situation/status
Vermögenssteuer	impôt sur le capital/ la fortune	capital/property tax
Vermögensteil	élément de l'actif, partie du patrimoine	good, (part/piece of) property
Vermögensverhältnisse	situation de fortune	wealth conditions
Vermögensverwalter	administrateur/gérant de biens, curateur	custodian, property manager, trustee
Vermögenswert	valeur du patrimoine	value of the property
Vermögenswerte	actif, biens, effets, fortune, valeurs actives	(capital) assets, property
Vermögenszuwachs	accroissement de capital, plus-value d'actif	appreciation of assets, increment value
Anlagevermögen	(actif) immobilisé, capital investi, valeurs actives/ immobilisées	capital/fixed assets, invested capital, inverstments
Barvermögen	capital liquide, liquidités	cash (assets)
Beharrungsvermögen	inertie	inertia
Betriebsvermögen	capital d'exploitation, fonds de roulement	floating/trading/working assets/funds, stock in trade
bewegliches Vermögen	biens meubles, mobilier	goods and chattels, movables, movable estate
beweglich und unbewegliches Vermögen	biens meubles et immeubles	personal and real estate/property

VERMÖGEN

Eigenvermögen	capital propre, biens propres	own capital, private property
gegenwärtiges und zukünftiges Vermögen	les biens présents et à venir	present and future property
Gesellschaftsvermögen	capital/patrimoine social/ d'affectation	assets of the company, capital stock, stock capital
Grundvermögen	biens fonciers/immobiliers	land(ed)/ real-estate property
Haftvermögen	pouvoir adhérent	adhesive capacity/power
hypothekarisch verpfändbares Vermögen	biens hypothécables	mortgageable property
Kapitalvermögen	fortune de capital	capital fortune
Mobiliarvermögen	biens meubles/mobiliers	movable property, personal estate
Mündelvermögen	deniers pupillaires, patrimoine de pupille	orphan/ward money, trust property
Nationalvermögen	patrimloine national	national property/wealth
Pribatvermögen	fortune privée	personal/private property, personalty
Sachvermögen	biens corporels, valeurs matérielles	material assets
Schallschluckvermögen	capacité d'absorption phonique	sound absorption capacity
Treuhandvermögen	biens fiduciaires	trust estate/property
Umlaufsvermögen	capital/fonds de roulement	floating/trading/working assets/funds, stock in trade

VERNAKULAR

	vernaculaire, du pays, propre au pays	vernacular, of the country/ of the region in question
Vernakulararchitektur	architecture indigène/ vernaculaire	local/vernacular architecture

VERORDNUNG

Verordnungsgesetz	décret, ordonnance	decree, order
Verordnungsrecht	décret-loi	statutory order
Durchführungsverordnung	droit de réglementation	statutory power
	règlement d'administration (publique), décret d'exécution	executive/statutory order
Polizeiverordnung	ordonnace/règlement de police	police ordinance/regulation

VERPACHTEN

Verpachtung	affermer, bailler, donner à ferme	to farm out/ lease/ let out
Unterverpachtung	(af)fermage	farming out, leasing
	sous-affermage	subleasing, subletting

VERPFAENDBAR

hypothekarisch verpfändbar	engageable, saisissable	pawnable
	hypothécable	mortgageable

VERPFAENDEN

	donner/mettre en gage/nantissement	to pawn, to put in pawn
Verpfändeter Gegenstand	gage, nantissement	pawn, pledge
verpfändete Wertpapiere	titres en pension	pawned stock

VERPFAENDER

donneur de gage	pawner, pledger

VERPFAENDUNG

	engagement, .mise en gage, nantissement	bailment, pawning, pledging
Verpfaendungsurkunde	acte de nantissement	bond of security

VERPFLICHTUNG

Veepflichtungen	engagement, obligation	engagement, liability, obligation
	dettes passives. obligations, passif	accounts payable, liabilities
Abnahmeverpflichtung	obligation de prise de livraison	obligation to take delivery

VERPFLICHTUNG		
Bauverpflichtung	obligation de construire	obligation to build
Garantieverpflichtung	acte de cautionnement, lettre/obligation de garantie	bond of indemnIty, deed of suretyship, letter of guaranty
solidarische Verpfllichtung	obligation solidaire	joint and several obligation
Unterhaltsverpflichtung	devoir d'entretien, obligation alimentaire	duty to support, obligation of maintenance
VERPFLICHTUNG		
vertragliche Verpflichtung	obligation contractuelle/ conventionnelle	contractual commitment/ obligation
Zahlungsverpflichtung	devoir de payer, obligation (de payer)	obligation to pay
VERPUTZ	crépi, enduit, hourdissage	finishing, plastering, plasterwork
Innenverputz	enduit intérieur	(inside) plaster
Außenputz	enduit extérieur	rendering, rough casting
VERPUTZEN	crépir, enduire, poser les enduits, ravaler ² enduisage	to plaster/render/rough-cast ² plastering, rendering, rough-casting
verputzte Wand	mur crépi/enduit/fini	plastered/rendered wall
unverputzte Wand	mur nu	nude wall
VERRECHNEN	commettre une erreur de calcul, mal calculer, se tromper ² compenser, décompter, porter au compte de	to miscalculate ² to charge/place to account, to set off against
VERRECHNUNG	clearing, mise en compte	clearing, placing to account
Verrechnungsabkommen	accord de clearing, traité de compensation	clearing agreement
Verrechnungskonto	compte de clearing/ compensation	clearing/settlement account
Verrechnungskurs	cours de clearing/compensation	clearing rate
Verrechnungsscheck	chèque barré	crossed cheque, cheque marked not negotiable
Verrechnungsverfahren	clearing	clearing
VERRINGERUNG	abaissement, diminution, réduction	decrease, diminution, reduction
VERROTTUNG	putrescence	putrescence
Verrottungsbeständigkeit	résistance à la putrescence	putrescence resistant
VERSAMMLUNG	assemblée, réunion	assembly, meeting
Generalversammlung	assemblée générale	general meeting
Gesellschafterversammlung	assemblée générale/ des actionnaires	company meeting, share- /stock-holders' meeting
ordentliche Gesellschafter- versammlung	assemblée générale ordinaire/ statutaire	annual/ordinary general meeting
Plenarversammlung	assemblée plénière	plenary meeting
Ratsversammlung	réunion du conseil	council meeting
VERSAND	envoi, expédition	consignment, dispatch
versandbereit	prêt à être expédié	ready for dispatching
Versandgebühren	droits d'expédition	shipping charges
Versandgeschäft	maison d'expédition ² maison de vente par correspondance	export business, ² distributing house [US]: mail order house
= Versandhaus		
Versandkosten	frais d'expédition/ de transport	forwarding expenses

Versandpapiere	papiers d'expédition	shipping papers
Versandschein	bordereau d'expédition, bulletin d'envoi, lettre d'expédition	dispatch/shipping note, waybill, forwarding advice
VERSCHALEN	coffrer	to board/encase/plank
Verschalung	banche, coffrage, planchéiage	boarding, casing, planking
VERSCHANDELUNG	défiguration, crime de lèse-beauté	disfigurement
Verschandelung der Landschaft	défiguration d'un paysage/site	disfigurement of landscape/site
VERSCHIEFERUNG	revêtement d'ardoise	slate facing
VERSCHINDELUNG	bardage	shingle covering/facing
VERSCHLECHTERUNG	dégradation, détérioration	deterioration, change for the worse
VERSCHLEISS	usure	wear (and tear)
verschleißfest	résistant à l'usure	wear resistant, hard wearing
Verschleißfestigkeit	résistance à l'usure	wear resistance
Verschleißprüfung	essai à l'usure	wear out test
VERSCHLIMMERN	aggraver, empirer	to aggravate, to get/make worse
Verschlimmerung	aggravation	aggravation, change for the worse
VERSCHLUSS	fermeture	closing, shutting ² closing device/apparatus
Geruchverschluß	siphon	S-trap
Mannlochverschluß	couvercle de regard	manhole cover/lid
VERSCHMUTZUNG	pollution, salissure	contamination, pollution
Verschmutzungsbekämpfung	dépollution, lutte contre la pollution	pollution control
Luftverschmutzung	pollution de l'air	air pollution
Wasserverschmutzung	pollution de l'eau	water pollution
VERSCHRAUBUNG	raccord fileté	screwed connection
Rohrverschraubung	raccord fileté (de tuyau)	screwed connection (of tube)
VERSCHULDEN	culpabilité, faute	breach, fault, wrong
VERSCHULDUNG	dette, endettement	indebtedness
VERSENKEN vb	encastrer, fraiser, incorporer, noyer	to countersink/embed/recess
Versenkbohrer	fraise	countersink
VERSETZEN	déplacer	to displace
versetzbare Wand	paroi amovible	collapsible/dismountable/displaceable/removable partition
versetzt	décalé ² en quinconce	staggered
VERSEUCHUNG	contamination, infection, pollution	contamination, infection, pollution
Luftverseuchung	pollution de l'air	air pollution
Wasserverseuchung	pollution de l'eau	water pollution
VERSICHERN	assurer	to assure/insure
sich versichern gegen	se faire assurer	to insure against
versicherter Betrag	montant assuré	amount insured
versicherter Wert	valeur assurée	insured value
VERSICHERUNG	assurance	assurance, insurance
eine Versicherung abschließen	contracter une assurance	to take out an insurance policy
Frankopreis einschließlich Versicherung, CIF	prix franco, assurance comprise, CIF	cost insurance freight, CIF
Versicherungsagent	agent d'assurance	insurance agent
Versicherungsantrag	proposition d'assurance	insurance proposal

Versicherungsbedingungen	conditions d'assurance	insurance conditions/terms
Versicherungsbestimmungen	règlement d'assurance	insurance regulations
Versicherungsbetrag	montant assuré, indemnité d'assurance	amount insured, insurance money
Versicherungsbetrug	fraude d'assurance	insurance fraud
Versicherungsbetrüger	fraudeur d'assurance	insurance swindler
Versicherungsdauer	période d'assurance	insurance period
Versicherungsgenossenschaft	coopérative d'assurance	co-operative insurance company
Versicherungsgesellschaft	compagnie d'assurance	Insurance Company
Versicherungsgesellschaft auf Gegenseitigkeit	société de secours mutuel	mutual benefit society, mutual assurance association
Versicherungsmakler	agent d'assurance	insurance agent/broker
Versicherungsnachtrag	avenant	endorsement
Versicherungsnehmer	assuré, preneur d'assurance	insured (party)
Versicherungspflicht	obligation d'assurance	obligation to assure
Versicherungspolize	police d'assurance	insurance policy
Versicherungsprämie	prime d'assurance	insurance premium
Versicherungsrisiko	risque assuré/ d'assurance	insurance/insured risk
Versicherungsrückkauf	rachat de l'assurance	redemption/repurchase of the policy
Versicherungsschein	police d'assurance	insurance policy
Versicherungsschutz	couverture/protection par assurance	insurance cover(age)/protection
Versicherungstarif	tarif d'assurance	insurance rates
Versicherungsträger	assureur	insurer, underwriter
Versicherungsvertrag	contrat d'assurance	insurance contract
Versicherungswert	valeur assurée/ à assurer	insurance value
Versicherungswesen	les assurances	insurance business
Versicherungszeit	période d'assurance	insurance period
Versicherungszweig	branche d'assurance	branch/line of insurance
Altersversicherung	assurance-vieillesse	old age pension scheme
Angestelltenversicherung	assurance sociale des employés, caisse de pension des employés privés	employees' social insurance
Arbeitslosenversicherung	assurance-chômage	unemployment insurance
Diebstahlversicherung	assurance-vol	burglary insurance
Feuerversicherung	assurance-incendie	fire insurance
Frachtversicherung	assurance du fret	freight insurance
Gebäudeversicherung	assurance immobilière	insurance on real property
Glasversicherung	assurance pour bris de glace	glass(-breaking) insurance
Haftpflichtversicherung	assurance responsabilité civile	civil liability insurance, third party insurance
Hinterbliebenenversicherung.	assurance survivants	survivors' insurance
Hypothekarlebens- versicherung	assurance-vie hypothécaire	life insurance covering a mortgage debt
Invaliditätsversicherung	assurance-invalidité	disablement/invalidity insurance
Kaskoversicherung	assurance tous risques [auto]	comprehensive insurance [motor-car]
Krankheits=/Kranken= versicherung	assurance-maladie	health/sickness insurance
Lebensversicherung	assurance-vie	life assurance/insurance
Lebensversicherung mit einmaliger Prämie	police d'assurance-vie à prime unique	single premium life policy

VERSICHERUNG

eine Lebensversicherungs abschließen	contracter une assurance-vie	to take out a life policy
Mitgiftversicherung	assurance dotale	childrens' endowment insurance
Mobiliarversicherung	assurance-mobilier	household insurance
Pensionsversicherung	assurance-rente	pension insurance
Pflichtversicherung	assurance obligatoire	compulsory insurance
Rentenversicherung	assurance-rente	pension insurance
Restschuldversicherung	assurance en cas de décès, assurance-vie hypothécaire	loan redemption insurance, mortgage insurance
Rückversicherung	réassurance	reinsurance, reassurance
Sozialversicherung	assurance industrielle/ouvrière	industrial insurance
öffentliche Versicherungsanstalt	Office d'assurance Sociale, Sécurité Sociale	national insurance, social welfare
Unfallversicherung	assurance-accidents	accident insurance
Vollkaskoversicherung	assurance tous risques [auto]	comprehensive insurance [motor-car]
Wasserschadenversicherung	assurance contre les dégâts d'eau	insurance against damage by water
Zwangsversicherung	assurance obligatoire	compulsory insurance
VERSIEGELN	cacheter, sceller ² vitrifier	to seal ² to vitrify
Parkettversiegelung	vitrification de parquet(s)	floor sealing
VERSORGEN	alimenter, approvisionner	to feed, to furnish/supply with
Versorgungsbetriebe	services publics/industriele	public utilities
Versorgungseinrichtungen	services	services
Versorgungsgebiet	zone d'approvisionnement	aupply area
Versorgungsleitungen	conduites d'alimentation/ d'approvisionnement	mains, key/main services imcoming services
Versorgungs= und Entsorgungsleitungen	conduites d'adduction et d'évacuation	mains and sewers
Versorgungsnetz	réseau d'alimentation/ d'approvisionnement/ de distribution	(service) mains
Versorgungszentrum	centre commercial/ d'approvisionnement	shopping centre
Gasversorgungsnetz	réseau de gaz	gas mains/services
Netzversorgung	alimentstion par réseau	mains' supply
Stromversorgungsnetz	réseau électrique/ d'électricité	electricity mains/services
Wasserversorgungsnetz	réseau d'eau	water mains/services
VERSPAETUNG	retard	delay, lateness
Verspätung haben	avoir du retard	to be late
VERSPRECHEN	engagement, promesse	commitment, promise
Kaufversprechen	promesse d'achat	promise of acquisition
Verkaufsversprechen	promesse de vente	promise to sell
VERSTAATLICHEN	nationaliser	to nationalize
Verstaatlichung	nationalisation	nationalization
VERSTAERKER	amplificateur	amplifier
VERSTEIFEN	contreventer	to brace/strut
Versteifung	contreventement	bracing, reinforcing, stiffening

VERS-VERT

VERSTEIGERUNG	vente publique/ aux enchères	auction (sale), public sale
gerichtliche Versteigerung	adjudication	judicial sale, auction by order of the Court
öffentliche Versteigerung	enchères publiques	public auction
Zwangsversteigerung	vente forcée (aux enchères)	compulsory auction/public sale
VERSTOPFT	bouché, colmaté	choked
Verstopfung	bouchon, embouteillage, encombrement, obstruction	block(ing), congestion, jam, obstruction
Verkehrsverstopfung	embouteillage	road block, traffic jam
verstopfungsfrei	incolmatable	unchokeable
VERSTOSS	contravention, infraction, manquement, violation	infringement, offence, violation
Verstoß gegen Treu und Glauben	abus de confiance/droit	breach of trust, misuse of right
VERSTREBEN	contreficher, entretoiser	to (cross)brace/stay/strut/tie
Verstrebung	contrefiche, entretoise	strutting
VERSUCH	épreuve, essai, tentative	experiment, test, trial
Versuchsbauvorhaben	chantier expérimental	experimental building scheme
Versuchsreihe	série d'expériences	testing line/range
Dauerversuch	essai prolongé/ de durée	endurance test
VERTAEFELUNG	lambris(sage)	panelling, wainscot(ing)
VERTEILEN	diffuser, distribuer, répartir	to allot/diffuse/distribute/spread
Verteileranlage	tableau de distribution	distribution service
Verteilereisen	armature de répartition	distribution reinforcement bar
Verteilerkasten	coffret/boîte de dérivation/ distribution/raccordement	switch/junction box
Verteilerring	carrefour/croisement (à sens) giratoire	roundabout
Verteilertafel	tableau de distribution	distribution/switch board/panel
VERTEILUNG	distribution, répartition	distribution
Verteilungsnetz	réseau de distribution	distribution conducts, mains
Verteilungsschlüssel	clé/indice de répartition	distributor, ratio of distribution
Gewinnverteilung	répartition des bénéfices	distribution of profits
Neuverteilung	redistribution	redistribution
VERTEUERN	(r)enchérir, surenchérir	to make more expensive, to outbid
Verteuerung	renchérissement	advance/rise in price
VERTIKAL	vertical	upright, vertical
Vertikalschnitt	coupe verticale	sectional elevation
VERTRAG	contrat, convention	agreement, contract
Vertrag unter Privathandschrift	contrat sous seing privé	private contract
einen Vertrag abschließen	conclure un contrat	to conclude a contract
einen Vertrag auflösen	résilier un contrat	to annul/cancel a contract
einen Vertrag brechen	rompre/violer un contrat	to break/violate a contract
einen Vertrag kündigen	dénoncer un contrat	to give notice of a contract
einen Vertrag verlängern	proroger/renouveler un contrat	to prolongate/renew a contract
Vertragsarbeit	travail sous contrat	contract work
Vertragsbedingungen	clauses/conditions contractuelles/conventionnelles	conditions/terms of a contract, agreement clauses
Vertragsbruch	rupture/violation de contrat	breach of contract
Vertragsdauer	durée d'un contrat	contract period
Vertragsentwurf	projet de contrat/convention	draft agreement

Vertragsmuster	contrat-type	model contract
Vertragsrecht	droit des obligations	law of contract
vertragschließend	contractant	contracting
Vertragsstrafe	peine conventionnelle	(contractual) penalty
Vertragsunterlagen	documents contractuels	contract particulars
Vertragsurkunde	acte, contrat	contract, deed
vertragswidrig	contraire au contrat	opposed to the terms of agreement
Anstellungsvertrag	contrat de (louage de) service	employment contract
Arbeitsvertrag	contrat de travail	employment/labour contract
Bauvertrag	contrat de construction	builder's/building contract
Bausparvertrag	contrat d'épargne-logement	building saving contract
Darlehnsvertrag	contrat de prêt	loan agreement/contract
Ehevertrag	contrat de mariage, convention matrimoniale	marriage contract/settlement
Gesellschaftsvertrag	contrat de société	corporate contract, partnership deed
Heiratsvertrag	contrat de mariage, convention matrimoniale	marriage contract/settlement
Hypothekenbestellungs=/ Hypothekar=vertrag	contrat hypothécaire	mortgage agreement
Kaufvertrag	contrat d'achat/ de vente	bill of sale, purchase agreement, sales contract
Kaufanwartschaftsvertrag	contrat de location-vente	hire purchase contract
Kaufmietvertrag	contrat de location-vente	hire purchase contract
Kollektivvertrag	contrat collectif	collective agreement, labour contract
Lehrvertrag	contrat d'apprentissage	indentures
mündlicher Vertrag	convention verbale	parol/simple contract
Mustervertrag	contrat-type	model contract
notarieller Vertrag	contrat notarié	notarized agreement
Optionsvertrag	compromis, convention d'option	option agreement
Pachtvertrag	contrat de fermage/ de bail à ferme, bail de ferme	agreement of lease, leasehold deed
Pauschalvertrag	marché forfaitaire	fixed price agreement
privat(schriftlicher) Vertrag	contrat (sous seing) privé	private agreement
Scheinvertrag	contrat fictif	bogus agreement, sham contract
Tarifvertrag	contrat collectif	collective agreement, labour contract
Tauschvertrag	contrat d'échange	barter (agreement)
ungültiger Vertrag	contrat nul	void agreement/contract
Verkaufsvertrag	contrat de vente	bill of sale, sales contract
VERTRAGLICH	contractuel, conventionnel	contractual
vertragliche Hypothek	hypothèque conventionnelle	mortgage embodied in a contract
VERTRAUEN	confiance	confidence, trust
Vertrauensbruch	abus de confiance	breach of confidence/trust
Vertrauensmißbrauch	abus de confiance	abuse of confidence/trust
Vertrauensposten	poste de confiance	position of trust
Vertrauenssache	affaire confidentielle/ de confiance	confidential matter, matter of confidence
VERTRAULICH	confidentiel	confidential
VERTRETEN	remplacer, représenter	to represent/ act for/ to be agent for

VERT-VERW

VERTRETER	agent, remplaçant, représentant, délégué	agent, representative, substitute, ² delegate
Arbeitgebervertreter	délégué patronal	employers' delegate
Arbeitnehmervertreter	délégué ouvrier/salarial	workers' delegate
Generalvertreter	agent/représentant général	general agent/representative
Geschäftsvertreter	agent d'affaires, représentant de commerce	business/trade agent, sales representative
Gewerkschaftsvertreter	délégué syndical	(trade) union delegate
Handelsvertreter	agent d'affaires, représentant de commerce	business/trade agent, sales representative
VERTRETUNG	agence, représentation	agency, representation
Alleinvertretung	représentation exclusive	sole agency
Generalvertretung	représentation générale	general agency/representation
VERTRIEB	écoulement, vente	distribution, sale
Vertriebsgenossenschaft	coopérative de distribution/vente	marketing association
Vertriebskosten	frais de distribution	cost of distribution
Vertriebsleiter	chef de vente	sales manager
Vertriebsrecht	droit de vent	distribution right
VERUNREINIGUNG	pollution, souillure	contamination, pollution
Luftverunreinigung	pollution de l'air	air pollution
Wasserverunreinigung	pollution de l'eau	water pollution
VERWALTEN	administrer, gérer	to administrate/administer/manage
VERWALTER	administrateur, gérant, régisseur	administrator, manager, superintendent
Grundbesitzverwalter	administrateur foncier	estate/land agent
Gutsverwalter	régisseur	(farm) bailiff
Hausverwalter	administrateur immobilier, gérant d'immeuble(s)	estate manager, steward
Konkursverwalter	curateur de faillite	trustee in bankruptcy
Nachlaßverwalter	administrateur/curateur de succession	administrator of the estate
Vermögensverwalter	administrateur de biens	property manager
VERWALTUNG Verwaltungs-, die Verwaltung betreffend	administration, gérance, gestion administratif	administration, management administrative
Verwaltungsausschuß	comité d'administration/de gestion	managing committee
Verwaltungsbau	bâtiment administratif	office building
Verwaltungsbeschwerde	recours administratif	appeal in administrative matters
Verwaltungskosten	frais d'administration	administrative/managing cost, general expenses
Verwaltungspersonal	corps/personnel administratif	administrative personnel/staff
Verwaltungsrat	conseil d'administration	board of directors
Verwaltungsratsmitglied	administrateur, membre du conseil d'administration	member of the board (of directors/administrators)
Verwaltungsräume	locaux administratifs	administrative premises
Verwaltungsrecht	droit administratif	administrative law
Verwaltungsstreitsache	contentieux/procès administratif	contentious administrative matter
verwaltungstechnisch	administratif	administrative

Verwaltungsurkunde	acte administratif	administrative deed
Bauverwaltung	administration des travaux publics	department of public works
Güterverwaltung	administration des biens	property management
Hauptverwaltung	siège social	chief/registered office
Hausverwaltung	gérance immobilière	estate management
Kommunalverwaltung	administration locale	local government
Lokalverwaltung	administration locale	local government
öffentliche Verwaltung	administration publique	public administration/authority
schlechte Verwaltung	mauvaise administration/gestion	misadministration, mismanagement
VERWANDT	apparenté	related
verwandt in absteigender Linie	parent en ligne descendante	related in the descending line
verwandt in aufsteigender Linie	parent en ligne ascendante	related in the ascending line
Verwandter	parent	relative
VERWANDTSCHAFT	parenté	relationship
Verwandtschaftsgrad	degré de parenté	degree of consanguinity/relationship
VERWEIGERUNG	refus	refusal
im Verweigerungsfall	en cas de refus	in case of refusal
Abnahmeverweigerung	refus de réception	non-acceptance, refusal of acceptance, rejection
Annahmeverweigerung	refus d'acceptation	refusal of acceptance
Gehorsamsverweigerung	insubordination, refus d'obéissance	disobedience, insubordination, refusal to obey
Zahlungsverweigerung	refus de payement	refusal of payment, non-payment
VERWENDUNG	emploi, usage, utilisation	use, utilization
Verwendungszwecke	fin d'utilisation	intended purpose
Verwendungszweck v. Räumen	destination des lieux/pièces	intended purpose of premises
VERWERFEN	rejeter ² gauchir, se déjeter	to reject ² to warp
Verwerfung	rejet ² déjettement, gauchissement	rejecting, setting aside ² warping
VERWIRKLICHUNG	exécution, réalisation	accomplishment, achievement, realization
Verwirklichung eines Planes	réalisation d'un projet	carrying into effect a plan
VERWIRKUNG	déchéance	forfeiture
VERWITTERUNG	corrosion atmosphérique, altération par le climat	atmospheric corrosion, weathering
verwttert	rongé par les intempéries	weather-beaten/-worn
VERWUESTUNG	dévastation, ravage	depredation, devastation
VERZAHNUNG	endentemen [d'attente]	toothing
VERZAPFEN	assembler à tenons	to mortise
Verzapfung	assemblage à tenon (et mortaise)	tenon (and mortise) joint(ing)
VERZEICHNIS	état, index, liste, relevé, table	index, list, register, statement, table
Bestandsverzeichnis	état descriptif, inventaire	inventory
Inhaltsverzeichnis	index, table des matières	list of contents
Leistungsverzeichnis	bordereau des travaux et fournituress, cahier des charges	book of works and supplies, articles and conditions
Namensverzeichnis	état nominatif, liste nominative	nominal roll

VERZ-VOLK

VERZEICHNIS		
Preisverzeichnis	liste des prix, prix-courant	price-list
Stichwortverzeichnis	index alphabétique	keyword index
Teilnehmerverzeichnis	liste des abonnés/participants	list of participants/subscribers
Warenverzeichnis	catalogue	catalogue
VERZICHT	désistement, renonciation	desisting, renounciation
Verzicht auf	renonciation à	renounciation of
verzichten	se désister de, renoncer à	to abandon/renounce/resign
verzichten auf eine Erbschaft	renoncer à une succession	to disclaim an inheritance
VERZIEHEN	déjettement, gauchissement	warping
sich verziehen	se déjeter, gauchir, prendre du gauche	to warp, to get twisted
VERZIERUNG	décor, ornement	adornment, enrichment, ornament
VERZINKEN	galvaniser, zinguer	to galvanize
feuerverzinkt	zingué au feu	hot dip zinc coated
VERZINKUNG [Holz]	assemblage à queue d'aronde	finger-joint
VERZINSEN	payer/servir des intérêts	to pay interest
sich verzinsen	produire des intérêts	to bear/yeld interest
verzinsbar	productif d'intérêts	interest bearing
VERZINSUNG	payement/service des intérêts	crediting/debiting with interest
VERZOEGERN	ralentir, retarder	to delay
Erstarrungsverzögerer	retardateur de prise	setting retarder
VERZUG	retard ² déjettement, voilement	delay ² buckling, warping
Verzugsstrafe	pénalité de retard	penalty for delayed delivery
Verzugszinsen	intérêts de retard	penal interest
Holzverzug	déjettement/voilement du bois	wood buckling
Zahlungsverzug	défaut de payement	default in paying, failure to pay
VIBRATION	vibration	vibration
Vibrationswalze	rouleau vibrant	vibrating roadroller
VIER	quatre	four
Vierjahresplan	plan quadriennal	four-year-plan
Vierkanteisen	fer carré	square bar
Vierkanthohlprofil	profil carré creux	square hollow section
Vierspänner	immeuble à quatre logements par palier	building with four flats per landing
Vierzimmerwohnung	(logement à) quatre pièces	four room flat
VIERTEL	quart ² quartier	quarter ² area, district, quarter
Viertelrundstab	quart de rond	ovolo, quarter round
Elendsviertel	îlot insalubre	slum region/site
Geschäftsviertel	quartier commercial	business centre, shopping district
Stadtviertel	quartier	city district, quarter
Wohnviertel	quartier résidentiel	residential area/district/quarter
VINYL	vinyle	vinyl
Vinylbelag	revêtement vinylique	vinyl finish(ing)
VITRINE	vitrine	display window, glass-/show-case
VOGEL	oiseau	bird
Vogelperspektive	perspective/vue à vol d'oiseau	bird's eye view
VOLK	peuple	nation, people
Volkseinkommen	revenu national	national income
Volksfürsorge	assistance publique	poor-relief
Volksgesundheit	hygiène/santé publique	public health

Volksschule	école primaire	elementary/primary school
Volkswirt	économiste	economist
Diplomvolkswirt	licencié en sciences économiques	graduated economist
Volkswirtschaft	économie nationale/politique	national/political economy, economics
Volkswirtschaftslehre	sciences économiques	economics
Volkszählung	recensement de la population	population census/count
VOLL	plein, rempli	filled, full, replete, whole
volles Eigentum	pleine propriété	freehold
voll eingezahltes Kapital	capital entièrement libéré/versé	capital paid in full
voller Strich	trait plein	continuous line
Vollbad	grand bain	complete/full bath
Vollbeton	béton monolithe	monolithic concrete
Vollbetondecke	dalle/plafond/plancher massif	monolithic concrete slab
vollbeschäftigt	en plein emploi	fully employed
Vollbeschäftigung	plein emploi	full employment
Vollendung	(par)achèvement	completion
Vollendungsfrist	délai d'achèvement	time for completion
vollfugig	à joint affleuré/lisse/plein	flush-jointed
volljährig	majeur	of age
Volljährigkeit	majorité	full age, majority
vollklimatisiert	entièrement conditionné	fully air conditioned
Vollklimatisierung	conditionnement /d'air) intégral	full airconditioning
Vollmacht	mandat, pouvoir, procuration	authorization, full power, power of attorney, proxy
notarielle Vollmacht	procuration notariée	notarial power
privatschriftliche Vollmacht	procuration sous seing privé	power by private instrument
Vollmachtübertrag	délégation de pouvoir	delegation of power
Vollmachtwiderruf(ung)	révocation de pouvoir	revocation of power
vollstreckbar	exécutoire	enforceable, executory
vollstreckbare Ausfertigung	grosse exécutoire	first authentic copy
Vollstrecker	exécuteur	executor
Vollstreckung	exécution	execution
Zwangsvollstreckung	exécution/vente forcée	compulsory execution/sale
Vollstreckungsbeamter	huissier (de justice)	(sheriff's) bailiff
Vollstreckungsbefehl	mandat d'exécution	writ of execution
Vollstreckungsklausel	clause exécutoire	clause/order of enforcement
Vollversicherung [Auto]	assurance tous risques	all-risks/comprehensive insurance
Vollwärmeschutz	protection thermique	full heat protection
Vollziegel	brique pleine	solid brick
VOLUMEN	volume	volume
Volumengewicht	poids volumique	volume weight
Bauvolumen	volume de construction	building volume
VORANSCHLAG	devis préliminaire	preliminary estimate
Kostenvoranschlag	devis estimatif/préliminaire	provisional estimate of cost
VORARBEITER	contremaître, chef d'équipe	foreman, chargehand, chief operator
VORAUS-	d'avance, à l'avance, anticipatif, par anticipation, préalable	ahead, anticipative, before, by anticipation, in advance
Vorausabzug	précompte	previous deduction

vorausberechnen	précalculer	to precalculate/predetermine
vorausberechnet	précalculé	calculated
vorausbezahlen	payer d'avance/par anticipation	to pay in advance, to prepay
Voraus(be)zahlung	avance, payement anticipatif/ préalable	advance payment, payment in advance, prepayment
Mietvorauszahlung	avance de loyer	rent prepayment
VORBAU	avant-corps, partie saillante, saillie	fore-part, projecting/protruding part of building
VORBEHALT	réserve, restriction	reservation
Vorbehalt ordnungsgemäßen Endes	réserve de bonne fin	reserve of correct final issue
unter Vorbehalt aller Rechte	sous toutes réserves	all rights reserved
ohne Vorbehalt	sans réserve	unconditionally
Vorbehaltsgut	bien réservé	separate estate
Vorbehaltsklausel	clause restrictive/ de sauvegarde	hedge/proviso clause
Eigentumsvorbehalt	réserve de propriété	reservation of ownership, retention of title
VORBEMERKUNG	remarque (préliminaire)	preliminary remark/section
VORBESITZER	ancien/précédent propriétaire	previous owner
VORBEUGUNG	prévention	prevention
Vorbeugungsmaßnahme	mesure préventive	preventive measure
VORBILD	exemple, idéal, modèle	model, pattern, standard
VORDACH	abat-vent, auvent, avant-toit, marquise	canopy, penthouse, porch (roof)
VORDERANSICHT	vue de face, façade principale	front elevation/view
VORDERFRONT	façade principale/ de devant	forefront, front façade
VORDERGRUND	avant/premier plan	foreground
VORDERTUER	porte extérieure/ d'accès/ d'entrée	entrance/front/main/outer/ street door
VORENTWURF	avant-projet, dessin préliminaire	preliminary design/draft, draft design
VORFAHRT(SRECHT)	(droit de) priorité (de passage)	priority (right), right of way
Vorfahrtstraße	route prioritaire	major road
VORFENSTER	contre-fenêtre/-châssis, fenêtre d'hiver	outside-/storm-/tempest-/ winter-window, double sash
VORFERTIGEN	préfabriquer, préusiner	to prefabricate
vorgefertigtes Betonelement	élément en béton préfabriqué	precast concrete element
vorgefertigtes Element	élément préfabriqué	prefabricated element
vorgefertigtes Hausa	maison préfabriquée	prefab(ricated house)
VORFERTIGUNG	préfabrication	prefabrication
Vorfertigungsverfahren	système de préfabrication	prefab(rication) system
VORFINANZIERUNG	préfinancement	prefinancing, preliminary financing
VORGANG	opération, processus	operation, process
Arbeitsvorgang	processus de travail	working operation
VORGARTEN	jardin d'agrément/ de devant	backyard, front garden [US]: doorgarden
VORHABEN	plan, projet	plan, project, scheme
Bauvorhaben	projet de construction	building project/scheme
VORHANG	rideau, store	curtain, screen
Vorhangschiene	rail à rideau	curtain track(ing)
Vorhangstange	tringle	curtain bar/rail

Vorhangstoff	tissus pour rideaux	curtain fabrics
Rollvorhang	rideau à enroulement, store à rouleau	roller blind/curtain/screen
VORHAENGESCHLOSS	cadenas	padlock
VORHAENGEFASSADE	façade-rideau	curtain wall(ing)
VORHERGEHEND	précédent	former, preceding, previous
VORHERIG	préalable, précédent	preceding, previous
ohne vorherige Mahnung	sans mise en demeure préalable	without notice
VORHOF	avant-cour	foreyard
VORJAHR	année précédente, exercice précédent	preceding year
VORKAUF	préemption	pre-emption
Vorkaufsrecht	droit de préemption	right of pre-emption
VORLACKIERT	prélaqué	pre-enamelled/-varnished
VORLADUNG	assignation, convocation	appointment, convocation, notice
VORLAGE	présentation ² modèle	presentation ² model, pattern
zahlbar bei Vorlage	payable à vue	payable on demand
VORLASTEN	charges antérieures	previous deductions
VORLAUF [Heizung]	aller	flow (pipe)
VORLEGESCHLOSS	cadenas	padlock
VORMAUERSTEIN	brique/moellon de parement	facing brick/stone
Vormauerziegel	brique de parement	facing brick
VORMUND	tuteur	guardian
gesetzlicher Vormund	tuteur légal/officieux	statutory guardian
Gegenvormund	subrogé tuteur	co-guardian
VORMUNDSCHAFT	tutelle	guardianship
VORORT	banlieue, faubourg	suburb
Vorortverkehr	trafic suburbain	junction/suburban traffic
VORRANG	priorité	priority
vorrangige Hypothek	hypothèque antérieure en rang/ de rang supérieur	prior mortgage
VORRAT	provision	stock, supply
Vorratskammer	cellier, garde-manger, placard aux provisions	larder, pantry, store/storage room
Vorratskeller	cave aux provisions	storage cellar
VORRAUM	antichambre, entrée, hall, vestibule	anteroom, entrance (room), lobby, outer room, vestibule
VORRECHT	(droit de) priorité, privilège	preferential/priority right, privilege
Vorrechtguthaben	créance privilégiée	preferential claim
VORREIBER	tourniquet à visser	catch, fastener [casement f.i.]
VORRICHTUNG	dispositif	device, fixture
Bedienungsvorrichtung	(dispositif de) commande	operating gear
Fördervorrichtung	transporteur	carrier
Rußfangvorrichtung	capte-suie	soot-trap
Sonenblendvorrichtung	brise-soleil	sun screen
VORSATZSCHEIBE	survitrage	additional glasspane, double glazing
Vorsatzmaterial	matériau de parement	facing material

VORSCHRIFT	ordre, prescription, règlement	order, prescription, rule, specification
Bedienungsvorschrift	instruction d'utilisation, mode d'emploi	direction for use, instruction book, working instructions
Mustervorschrift	règlement-type	model regulation
VORSCHULE	(école) maternelle	nurserey school
VORSCHUSS	avance	(money/payment in) advance
VORSITZ	présidence	chairmanship, presidency
Vorsitzender	président	chairman, president
stellvertretender Vorsitzender	président faisant fonction, vice-président	deputy chaiman
VORSPANNEN	prétendre, étirer	to prestress
Vorspannbeton	béton précontraint	prestressed concrete
Vorspannung [Beton]	précontrainte	prestressing
VORSPRUNG [Auskragung]	encorbellement, ressaut, saillie	offset, projection, projecture
Dachvorsprung	avant-toit	eaves
VORSTADT	banlieue, faubourg	suburb
Vorstadtbewohner	banlieusard, habitant des faubourgs	suburban(ite)
VORSTAND	comité directeur, conseil d'administration, directoire	board of directors, managing board
Haushaltsvorstand	chef de ménage	head of household
VORSTUDIE	étude préliminaire	preliminary study
VORTEIL	avantage, intérêt, profit	advantage, benefit, interest, profit
VORTRAG	conférence ² report	address, lecture, paper ² balance brought forward
Vortragsreihe	cycle de conférences	course of lectures
Gewinnvortrag	report de(s) bénéfice(s)	surplus brought forward
Lichtbildervortrag	conférence avec projections lumineuses	lantern-slide conference
Saldovortrag	report du solde, solde à nouveau	balance (brought) forward
Verlustvortrag	report de déficit	loss carried forward
VORWAERMEN	préchauffer	to preheat
VORZETIG	anticipatif, anticipé, prématuré	advanced, premature
vorzeitige Rückzahlung	remboursement anticipatif/ anticipé	repayment in advance, advanced redemption
VORZUG	préférence	preference
Vorzugsaktie	action privilégiée/prioritaire	preference/preferential share
Vorzugsrecht	droit de préférence, privilège	priority/preferential right
Vorzugsrecht des Verkäufers	privilège du vendeur	seller's preferential claim, unpaid seller's lien

WAAGE	balance, bascule	balance
waagerecht	à niveau d'eau, horizontal	level, horizontal
waagerecht sein	être de niveau	to be level
Maurerwaage	niveau (de maçon)	(air/water)level
Setzwaage	niveau (de maçon)	(air/water)level
Wasserwaage	niveau (de maçon)	(air/water)level
WABE	gaufre, nid d'abeille	honeycomb
Wabenstein	bloc/parpaing perforé	honey comb block
Wabenziegel	brique perforée	honeycomb brick
WACHE	garde, poste, veille, veillée	guard, station, watch(-man)
Brandwache	poste d'incendie	fire station
Feuerwache	poste d'incendie	fire station
Polizeiwache	poste de police	police station
WACHS	cire	wax
Wachsmatrize	stencil	stencil
WACHSEN	croître, grandir	to grow
Wachstum	croissance	growth
Wachstumspolitik	politique de croissance	growth policy
Wirtschaftswachstum	croissance économique	economic growth
WAGEN	voiture, wagon	car, carriage
Wagenabstellplatz	parc à voitures	car park
Wagentor	porte cochère	carriage entrance, gateway
Baustellenwagen	roulotte de chantier	building site caravan/trailer
Eisenbahnwagen	voiture/wagon de chemin de fer	railway carriage/wagon
geländegängiger Wagen	voiture tous terrains	cross-country/off-highway car, offroader
Kinderwagen	voiture d'enfants	baby carriage, perambulator, pram
Kraftwagen	(voiture) auto(mobile)	motor car
Kraftwagenbestand	parc automobile	motor pool, stock of motor vehicles
Last(kraft)wagen, LKW	camion	motor lorry, van [US]: truck
Personen(kraft)wagen, PKW	voiture de tourisme	motor/passenger car
Tankwagen	voiture/wagon citerne	tanker, tank car/truck/wagon
Teersprengwagen	goudronneuse	tarspraying machine
WAGEN vb	risquer	to risk
Wagnis	risque	risk
Mietausfallwagnis	risque de pertes de loyer	lost rent risk
WAHL	choix, option	choice, option
Wahlverkehr	circulation facultative	optional traffic
WALD	bois, forêt	forest, wood
Waldkante [Holzbalken]	flache	wane
Waldwirtschaft	économie forestière, sylviculture	forestry
Birkenwald	boulaie, forêt de bouleaux	birch forest
Buchenwald	hêtraie, forêt de hêtres	beach forest
Eichenwald	chênaie, forêt de chênes	oak-forest
Fichtenwald	sapinière, forêt d'épicéas	fir-wood
Kiefernwald	pinède	pine-forest/groove
Laubwald	forêt à essences feuillues	deciduous forest/wood
Nadelwald	forêt de conifères/résineux	coniferous forest/wood
Pinienwald	pinède	pine-forest/grove
Tannenwald	sapinière	fir-wood

WAL-WAN

WALM	croupe	hip
Walmdach	toit(ure) en croupe/ à 4 pans	hip(ped) roof
Krüppelwalm	croupe boiteuse, demi-croupe	half/partial hip
Krüppelwalmdach	toit à pans coupés	hip and gable roof
WALZE	cylindre, rouleau	roll(er)
Walzblech	tôle laminée	rolled sheet, sheet metal
Walzblei	plomb laminé	rolled/sheet lead
Walzeisen	fer laminé	laminated iron
Walzenmühle	broyeur à boulets	ball crusher
Walzwerk	laminoir, usine de laminage	roll mill
Aufreißwalze	piocheuse, scarificateur	roadripper
Dampfwalze	cylindre/rouleau à vapeur	steam roller
Reifenwalze	rouleau à pneus	roadroller on wheels
Straßenwalze	cylindre/rouleau compresseur	roadroller
Rüttelwalze	rouleau vibrant	vibrating roadroller
Vibrationswalze	rouleau vibrant	vibrating roadroller
WALZEN [der Straße]	cylindrage	roadrolling
WAND	cloison, mur, paroi, partition	(division/partition) wall
Einziehen von Wänden	cloisonnage, cloisonnement	partitioning
freistehende Wand	mur non encastré	free standing partition/wall
massive Wand	mur plein	solid wall(ing)
unverputzte Wand	mur nu	nude wall
verputzte Wand	mur fini	plastered/rendered wall
Wände und Mauern	murs et parois	walling
Wandabdeckung	chaperon/couronnement d'un mur	wall capping/coping
Wandanschluß	raccordement d'un mur	wall junction
Wandanschlußstreifen	solin	waterproof skirting
Wandanstrich	peinture murale	wall paint
Wandbau	construction de murs et cloisons	walling
Wandbauelement	élément/panneau de mur	wall component
Wandbaustoffe	matériaux pour murs et cloisons	walling materials
Wandbekleidung	revêtement mural	wall covering/lining
Wandbelag	revêtement mural	wall covering/lining
Wanddurchbruch	percée/percement d'un mur	wall piercing
Wandfliese	carreau mural	facing/wall tile
Wandleuchte	(lampe d')applique	bracket lamp, wall light
Wandoberfläche	surface du mur	wall surface
Wandschale	paroi/voile d'un mur (creux)	skin (of hollow wall)
Wandschirm	écran, paravent	screen
Wandschrank	placard	closet, built-in/wall cupboard
Wandteppich	tapisserie, tenture	tapestry (work)
Außenwand	mur extérieur	exterior/external wall
Außenwandbekleidung	revêtement extérieur/ de façade	external cladding
Ausziehwand	cloison extensible	extending partition
Hauswand	façade, mur (d'une maison)	façade, house wall
Innnenwand	cloison	partition wall
Installationswand	mur préfabriqué avec équipements intégrés	precast panel with pre-installed equipment
Lichtwand	cloison translucide	translucent partition/wall
Montagewand	cloison démontable	movable partition
Pfahlwand	rideau de pieux	pilework

WAND	mur creux	cavity wall, hollow wall(ing)
Schalenwand	cloison coulissante	sliding partition
Schiebewand	paroi en tranchée	diaphragm walling
Schlitzwand	cloison-placard	cabinet wall
Schrankwand	écran/rideau de palplanches	pile planking, sheet piling/wall
Spundwand	cloison	partition wall
Trennwand	mur rideau	curtain wall
Vorhängewand	cloison	partition wall
Zwischenwand	changement, mutation	change, mutation
WANDEL	changement de structure	structural change
Strukturwandel	excursion, migration, promenade	excursion, migration, wandering
WANDERUNG	migration	migration
Bevölkerungswanderung	migration intérieure	inner migration
Binnenwanderung	joue	cheek
WANGE	jumelle d'une lucarne	dormer cheek
Gaubenwange	limon	stair cheek, staircase string/waist
Treppenwange	bassin, réservoir	basin, reservoir, tank
WANNE	cuvelage	tanking
Wannenausbildung	baignoire	bath(ing tub)
Badewanne	bac à douche	shower tray
Brausewanne	pédiluve	pediluvy
Fußbadewanne	baignoire-sabot	hip bath, sitzbath
Sitzbadewanne	marchandise	commodities, goods, merchandise, ware
WARE		
Warenbestand	stock	stock (in hand)
Warenhaus	grand magasin	store
Warenkredit	crédit sur marchandises	commodity credit
Warenlager	dépôt de marchandises, entrepôt	storehouse, warehouse
Warenzeichen	marque déposée/ de fabrique	brand, trademark
Fertigwaren	produits manufacturés	manufactured articles, wrought goods
WARM	chaud	hot, warm
warmes und kaltes Wasser	eau chaude et froide	hot and cold water
Warmluft	air chaud	warm air
Warmlufteintritt	bouche d'air chaud	hot air intake
Warmluftfront	front chaud	warm front
Warmluftheizkörper	radiateur soufflant/ à air chaud	hot/warm air heater
Warmluftheizung	chauffage à air chaud/propulsé	hot/warm air heating
Warmwasserbereiter	chauffe-eau, boiler, bouilleur	boiler, geyser, water heater
Elektrowarmwasserbereiter	chauffe-eau électrique	electric water heater
Gaswarmwasserbereiter	chauffe-eau à gaz	gas water heater
Solarwarmwasserbereiter	chauffe-eau solaire	solar water heater
Warmwasserbereitung	préparation d'eau chaude	hot water preparation
Warmewasserleitung	conduite d'eau chaude	hot water pipe
Warmwasserspeicher	accumulateur/distributeur d'eau chaude	hot water boiler/tank
Warmwasserspender	chauffe-eau de cuisine	hot water dispenser
Warmwasserversorgung	approvisionnement en / distribution d' eau chaude	hot water supply

WAERME	chaleur	heat
Wärmeabfall	baisse de température	heat drop
Wärmeabgabe	dégagement/déperdition de chaleur	heat emission/output
Wärmeableitung	conduction de chaleur	heat conduction
Wärmeaufnahmefähigkeit	capacité d'absorption/ d'accumulation thermique	heat absorption/ accumulation capacity
Wärmeaustausch	échange/transfert de chaleur	heat transfer, thermal exchange
Wärmeaustauscher	échangeur de chaleur	heat exchanger
Wärmebedarf	besoin calorique/thermique	caloric needs/requirements
Wärmeberechnung	analyse calorimétrique	calorimetric computation
Wärmebilanz	bilan thermique	thermal balance
Wärmebrücke	pont thermique	heat bridge
wärmedämmend	calorifuge, isothermique	heat insulating, isothermal
Wärmedämmfenster	fenêtre isolante/ d'isolation/ à vitrage multiple	(heat) insulating/ multiple-glazed window
Wärmedämmfassade	revêtement de façade isothermique	heat insulating façade rendering
Wärmedämmglas	verre isolant, vitrage multiple	insulating glass
Wärmedämmatte	matelas isothermique	heat insulating mat/quilt
Wärmedämmstoff	(produit) calorifuge/isolant	heat insulating product
Wärmedämmputz	enduit isolant	heat insulating plaster/rendering
Wärmedämmung	calorifugeage, isolation thermique ² (produit) calorifuge/isolant ³ résistance thermique	heat insulation ² heat insulating product ³ thermal resistance
Wärmedehnung	dilatation thermique	elongation due to heat, thermal expansion
Wärmedurchgang	transmission thermique	heat transmission
Wärmedurchgangskoeffizient	coefficient de déperdition globale	overall thermal transmittance [U-value]
Wärmedurchgangswiderstand	résistance thermique globale	reciprocal of U-value
Wärmedurchgangszahl	coefficient de déperdition globale	overall thermal transmittance [U-value]
Wärmedurchlaßfähigkeit	perméance thermique	thermal permeability
wärmedurchlässig	diathermane	diathermic
Wärmedurchlässigkeit	diathermie, perméabilité thermique	thermal permeability
Wärmeeinheit	unité calorique	caloric unit
Wärmeeinstrahlung	irradiation thermique	thermal irradiation
Wärmeentzug	absorption de chaleur	heat absorption
wärmeerzeugend	calorifique	calorific, thermal
Wärmeerzeugung	production de chaleur	heat production
Wärmefluß	courant thermique, flux de chaleur	heat flux
wärmehärtbar	thermodurcissant	thermosetting
wärmeisolierend	calorifuge	heat insulating
Wärmeisolierung	isolation thermique ² calorifugeage	thermal insulation
Wärmeinsel	îlot de chaleur	heat island
Wärmekraftwerk	centrale thermique	thermal power station

Wärmelast	charge de chaleur	heat load
Wärmelehre	thermologie	thermology
Wärmeleistung	rendement calorique/thermique	heating power, thermal efficiency
Wärmeleiter	conducteur de chaleur	heat conductor
Wärmeleitfähigkeit	conductivité thermique	thermal conductivity
Wärmeleitung	conduction calorique/thermique	heat/thermal conductibility
Wärmeleitzahl	coefficient de conductibilité thermique	thermal conductivity factor
Wärmemechanik	thermodynamique	thermodynamics
Wärmemengenzähler	compteur de chaleur	heat metering device
Wärmemesser	calorimètre	calorimeter, heat meter
Wärmemessung	calorimétrie	calorimetry
Wärmenutzung	absorption/utilisation de chaleur	heat absorption/utilization
Wärmepumpe	pompe à chaleur	heat pipe/pump
Wärmequelle	source de chaleur	heating device, source of heat
Wärmerekuperator	récupérateur de chaleur	heat saver
Wärmerückgewinnung	récupération de chaleur	heat recovering
Wärmeschrumpfung	rétrécissement thermique	thermal shrinkage
Wärmeschutz	isolation/protection thermique	heat insulation/protection
Vollwärmeschutz	protection thermique complète	full heat protection
Wärmespeicherfähigkeit	capacité thermique	thermal capacity
Wärmespeicherung	accumulation de chaleur	heat accumulation, thermal storage
Wärmespender	source de chaleur	heating device, source of heat
Wärmestrahlung	radiation thermique, rayonnement calorique	heat/thermal radiation
Wärmestrom	courant/flux thermique	heat flux, thermal current
Wärmeübergang	transmission thermique superficielle	surface heat transmission
Wärmeübergangswiderstand	résistance thermique superficielle	surface resistance to heat transmission
Wärmeübergangszahl	coefficient d'échange/ de transmission thermique superficielle	surface coefficient of heat transmission, surface heat transfer factor
Wärmeverlust	déperdition calorifique/ thermique	heat loss/transfer
Wärmewert	valeur calorique	heat value
Wärmewirkungsgrad	(degré de) rendement thermique	thermal efficiency
Wärmezähler	calorimètre, compteur de chaleur	calorimeter, heat meter
Eigenwärme	calorique/chaleur spécifique	specific heat
Erdwärme	géothermie	geothermal heat
Erdwärmekraftwerk	centrale géothermique	geothermal power plant
Fußwärme	chaleur au pied	footwarmth
Körperwärme	chaleur animale, température du corps humain	body heat
Luftwärme	calorique de l'air	air heat
Sonnenwärme	chaleur solaire	solar heat
spezifische Wärme	calorique/chaleur spécifique	specific heat
Ueberwärmung	excès de chaleur, surchauffe	overheating

WAR-WAS

WARNEN	avertir, mettre en garde, prévenir	to warn
Warnlicht	lampe témoin/ d'avertissement	telltale/pilot/warning lamp/light
WARTEN	attente	waiting
Wartehalle	abri, hall d'attente	waiting hall
Warteliste	liste d'attente	waiting list
Warte=raum/=saal/=zimmer	salle d'attente	waiting room
Wartezeit	délai/temps d'attente	waiting period/time
WARTEN vb	attendre ² entretenir	to wait ² to service
WARTUNG	entretien, service, surveillance	maintenance, service, upkeep
Wartungskosten	frais d'entretien/ de maintenance	upkeep cost
WASCHEN vb	laver	to wash
Waschanlage	blanchisserie, buanderie	laundry, wash house
Waschbecken	cuvette, lavabo	lavatory/wash basin
Einbauwaschbecken	vasque, lavabo encastré	integrated wash basin
Fußwaschbecken	pédiluve	pediluvy
Handwaschbecken	lave-mains	hand wash basin
Waschbeton	béton lavé	scrubbed/washed concrete
Waschgeräte	ustensiles à laver le linge	laundry appliances
Waschhaus	buanderie, lavoir	laundry, wash house
Waschmaschine	lessiveuse, machine à laver	(automatic) washer, washing machine
Waschplatz	emplacement de lavage	washing place
Waschraum	buanderie ² salle de toilette	laundry ² cloak room, lavatory
Waschsalon	blanchisserie, buanderie automatique	launderette
Waschtisch	lavabo	washstand
Sammelwaschtisch	batterie de lavabos	row of wash basins
Waschtrog	bassin de / cuve à lavage	wash sink/tank/tube
WAESCHE	lessive, linge	laundry, washing
Wäscheabwurf(schacht)	descente de linge	clothes/linen/laundry chute
Wäscheleine	corde à linge	clothes-line
Wäscherutsche	glissoire à linge	slide-way for laundry
Wäscheschleuder	essoreuse	spin-dryer, tumbler
Wäscheschrank	armoire à linge, lingère	linen cupboard
Wäschetrockner	meuble-séchoir, séchoir à linge	automatic/cabinet/clothes/ washing-dryer, tumbler
Wäschetrog	baquet/cuve à lessive, lavoir	washing tank/trough/tub
WAESCHEREI	blanchisserie, laverie	laundry, wash-house
WASSER	eau	water
Wasserabdichtung	étanchement	waterprrofing, making watertight
Wasserab=fluß/=lauf	écoulement de l'eau/ des eaux	water run off
Wasser ableiten	dériver/détourner/dévier l'eau	to deviate/diverge/divert water
Wasserableitung	drainage	drainage
Wasserabsenkung [Grundwasser]	rabattement de nappe	dewatering operation
wasser=abweisend/=abstoßend	aquafuge, hydrofuge, imperméabilisant	hydrophobic, water-repellent
wasserabweisendes Mittel	(produit) hydrofuge	water repellent product
Wasserabzugsgraben	drain, rigole	channel, drain, gutter, trench
Wasseranschluß	raccordement au réseau d'eau	water connection
Wasseraufbereiter	adoucisseur, appareil pour le traitement de l'eau	water purification/ treatment apparatus

Wasseraufbereitung	traitement des eaux	water treatment
Wasseraufnahme	absorption d'eau	water absorption
Wasseraufnahmefähigkeit	affinité hygroscopique, capacité d'absorption d'eau	water absorption/absorptive capacity
Wasserausguß	déversoir, vidoir	overflow, water outlet
Wasserbau	(construction) hydraulique	hydraulic engineering
Wasserbauingenieur	hydraulicien	engineer of hydraulics
Wasserbedarf	besoin en eau, consommation d'eau	water needs/requirements
Wasserbehälter	citerne/réservoir d'eau	water cistern/reservoir/tank
wasserbetrieben	actionné à l'eau	water-borne/-driven/-operated
Wasserboiler	boiler, bouilleur, chauffe-eau	boiler, geyser, water-heater
Wasserbrunnnen	puits d'eau	water well
Wasserdampf	vapeur d'eau	water vapour
Wasserdampfdiffusion	diffusion de vapeur d'eau	water vapour diffusion
Wasserdampfdruck	pression/tension de vapeur d'eau	water vapour/pressure/tension
wasserdampfdurchlässig	perméable à la vapeur d'eau	pervious to water vapour
Wasserdampfdurchlässigkeit	perméabilité à la vapeur d'eau	permeability to water vapour
wasserdampfundurchlässig	imperméable à la vapeur d'eau	impermeable to water vapour
Wasserdampfisolierung	hydrofufeage, imperméabilisation	damp-proofing
wasserdicht	étanche, imperméable	waterproof, water-tight, impervious
Wasserdichtungsprodukt	produit imperméabilisant/ d'étanchéité/ d'hydrofugeage	hydrophobic/water-proofing/ water-repellent product
Wasserdruck	pression hydraulique/ d'eau	hydraulic/hydrostatic/ /water pressure
Wasserdruckkessel	hydrophore	hydrophore
Wasserdruckminderungsanlage	dispositif pour la réduction de la pression d'eau	water pressure reducer
wasserdurchlässig	perméable à l'eau	pervious to water
Wasserdurchlässigkeit	perméabilité	permeability, perviousness
Wassereindringkoeffizient	coefficient de pénétration d'eau	water penetration factor
Wassereinzugsgebiet	bassin hydrographique, aire/ surface de captage des eaux	water catchment area
Wasserenthärter	adoucisseur d'eau	water softener
Wasserenthärtung	adoucissement de l'eau	water softening
Wasserentkalkung	adoucissement/décalcification de l'eau	decalcification of water, water softening
Wasserentnahmestelle	point/prise d'eau	draw-off, tap (connection)
Wasserfarbe	couleur à l'eau/ au lavis	water colour/paint
Wasserfilter	filtre à eau	water filter
Wasserfläche	nappe/plan/surface d'eau	surface of water, water sheet
Wasserförderung	élévation de l'eau	lifting/raising of water
Wassergewinnung	captage/production d'eau	collection of water
Wasserhahn	prise d'eau, robinet (d'eau)	tap, water-bib/-cock/-tap, faucet
Wasserhaushalt	économie de l'eau	water balance
Wasserhebewerk	usine élévatoire (pour les eaux)	water (supply and) pumping station
Wasserinstallation	installation d'eau	water services
Wasserklosett [WC]	cabinet (de toilette), toilettes, water	toilet, water-closet, WC
Wasserkraft	énergie hydraulique	hydraulic/water power

Wasserkreislauf	circulation de l'eau	water circulation
Wasserkühlung	refroidissement par eau	water cooling
Wasserlauf	cours d'eau	water course, river
Wasserleitung	conduite d'eau	water pipe
Wasserversorgungsleitungen	conduites d'approvisionnement en eau	water mains
Wasserleitungsnetz	réseau d'(approvisionnement en) eau	water mains
Wassermesser	compteur d'eau	water meter
Wassernase	gouttière de larmier, mouchette	drip moulding, water drip,
Wasserrecht	législation sur les cours d'eau [2] droit à l'utilisation d'un cours d'eau	water right [2] water rights
Wasserreinhaltung	protection/salubrité de l'eau	water preservation/salubrity
Wasserrinne	caniveau, rigole	drain, gulley, street-gutter
Wasserrohr	conduite/tuyau d'eau	water pipe
Wassersäule	colonne d'eau	head of water, water head
Wasserschaden	dégât d'eau, dommage causé par l'eau	damage caused by water
Wasserscheide	ligne de partage des eaux	water shed, [US] water divide
Wasserschenkel	jet-d'eau, larmier, rejéteau, réverseau	drip moulding, weather bar
Wasserschieber	robinet/vanne d'eau	(water) cut-off valve
Wasserschlag	coup de bélier	water hammering/shock
Gerät zum Verhindern des Wasserschlages	anti-bélier	water hammering preventing device
Wasserschlauch	tuyau d'arrosage	garden/water hose
Wasserspiegel	nappe/plan d'eau	water sheet
Wasserspeicher	réservoir d'eau	reservoir, water tank
Wasserspeicherung	stockage de l'eau	storage of water
Wasserspeier	gargouille, goulette, goulotte	gargoyle, down-/water-spout
Wasserspülung	(rinçage à) chasse directe/ d'eau	(water) flushing, WC flush system
Wasserstelle	point/poste/prise/robinet d'eau	cock, tap, valve, fire-hydrant
Wasserstoß	coup de bélier	water hammering/shock
Wassertopf	pot de condensation	condensation tray
Wasserturm	château d'eau	water tower
wasserundurchlässig	étanche, imperméable	water-proof/-tight, impervious
Wasserverdampfung	évaporation de l'eau	evaporation of water
Wasserverschluß	occlusion d'eau, siphon	gully-/S-trap, water seal
Wasserverseuchung	pollution de l'eau	water pollution
Wasserversorgung	approvisionnement en eau	water services/supply
Wasserversorgungsnetz	réseau de distribution d'eau	water mains
Wasserwaage	niveau de maçon	bubble/level tube, air/water level
Wasserweg	cours/voie d'eau navigable	waterway
auf dem Wasserweg	par (voie d')eau	by waterway
Wasserwerk	station de distribution/pompage, usine élévatoire	waterworks, water supply and pumping station
Wasserwirtschaft	économie hydraulique/ des eaux, aménagement des eaux	hydraulics, water economy
Wasserzähler	compteur d'eau	water meter
Wasserzapfstelle	point/poste/prise d'eau	water tap

Wasser-Zementfaktor	rapport eau-ciment	water-cement ratio
Abwässer	eaux ménagères/résiduaires/ usées/ -vannes/ d'égout	foul/process/sewage/waste water, sewage liquids, sullage
Anmachwasser	eau de gâchage	mixing water
Brauchwasser	eau pour utilisation industrielle	water for technical purposes
fließendes Wasser	eau courante	running water
Frischwasser	eau froide	cold water
Frischwasserzuleitung	(conduite d') alimentation en eau froide	cold feed
Grundwasser	eau souterraine, nappe phréatique	(under)ground water
Grundwasserstand	niveau de la nappe phréatique	underground water level
Haushaltsabwasser	eaux ménagères	waste water
Heißwasser	eau chaude	hot water
Heißwassergerät	chauffe-eau	water-heater
Leitungswasser	eau du robinet	tap water
Mischwasserkanal	réseau combiné d'égout	combined sewer
Oberflächenwasser	eau de surface	surface water
Regenwasser	eau(x) pluviale(s)	rainwater
Regenwasserkanal	réseau pluvial	storm sewer
Schmelzwasser	neige fondante	melting snow
Schmutzwasser	eaux ménagères/ résiduaires/ usées/ -vannes/ d'égout	foul/process/sewage/waste water, sewage liquids, sullage
stehendes Wasser	eaux stagnantes	stagnant/standing water
Tagwasser	eau(x) pluviale(s)/ de surface	rainwater
Trinkwasser	eau potable	drinking water
Warmwasser	eau chaude	hot water
Warmwasserbereiter	chauffe-eau	hot water cylinder, water heater
Warmwasserspeicher	accumulateur d'eau chaude	hot water boiler
WC, water closet	cabinet (de toilette) toilettes, water	toilet, water closet
WC-Becken	cuvette de WC	WC bowl/pan
WC-Brille/sitz	abattant/lunette/siège de WC	WC seat
WC-Spülkasten	réservoir de chasse d'eau	flushing box/cistern
chemisches WC	WC chimique	chemical WC
WECHSEL	alternance, changement	alternation, change
	² lettre de change, traite	² bill of exchange, draft
Wechselaussteller	tireur d'une traite	drawer of a bill
Wechselbalken	solive chevêtre/ d'enchevêtrure	trimmer (beam/joist)
Wechselbezogener	accepteur/souscripteur d'une traite	drawee/maker of a bill
Wechselbürge	avaliste, avaliseur, endosseur	endorser, guarantor of a bill
Wechselbürgschaft	aval, endossement	endorsement of bill
Wechselbürgschaft stellen	endosser une traite	to give guarantee for a bill
Wechselbüro	bureau de change	exchange office
Wechselkurs	cours de/du change	rate of exchange
Wechselkursnotierung	cotes des changes	foreign exchange quotation
Wechselschalter	guichet de change	exchange counter
	² interrupteur inverseur	² two way switch
Kreuzwechselschalter	interrupteur d'escalier	three way switch
Wechselstrom	courant alternatif	alternating current

Wechselübertragung	endossement d'une traite	endorsement of a bill
Arbeitsplatzwechsel	changement d'emploi	change of a job
	² migration ouvrière	² labour turnover
Geldwechsel	change	exchange (of money)
WEG	chemin(ement), route, voie	road, (walk)way
auf gütlichem Wege	à l'amiable	by agreement
Wegebau	construction de routes	road-building/-making
Wegführung	cheminement	pad track
Wegegeld	péage	toll
Wegerecht	droit de passage	right of way
Dreiwegehahn	robinet/vanne à trois voies	three way tap/valve
Feldweg	chemin rural/ de terre	cart track
Fluchtweg	issue/sortie de secours	way of escape
Fußweg	chemin pédestre/piéton(nier), sentier	foot path
Gemeindeweg	chemin communal/vicinal	local/municipal road
Sommerweg	accotement, bas-côté de la route	roadside, shoulder
Spazierweg	promenade	promenade, walkway
Talweg	talweg	talweg
unbefestigter Weg	chemin non revêtu/stabilisé	gravel road
Wasserweg	cours/voie d'eau navigable	waterway
Zufahrtsweg	chemin/voie d'accès	access way
Zweiwegehahn	vanne à deux voies	two way valve
WEICH	mou, molle ,tendre	mellow, soft, tender
weiches Gestein	roche tendre	soft rock
Weichbelag	revêtement élastique/souple	resilient cover/finish
Weichfaserplatte	plaque isolante en fibres de bois	insulating (wood) fibre board
Weichholz	bois tendre	soft wood
Weichmacher	plastifiant	plasticizer
WEIN	vin	wine
Weinkeller	cave à vin, cellier	wine cellar
WEISS	blanc	white
Weißblech	fer blanc	tin plate
Weißholz	aubier	sap(wood)
Weißtanne	sapin argenté/blanc	silver fir
Weißputz	enduit à la chaux blanche	white plaster/rendering
WEISSEN vb	badigeonner, blanchir	to whiten/whitewash
WEIT	étendu, loin, vaste	far, spacious, wide
Weiträumigkeit	ampleur	wideness
WEITE	étendue, ampleur	bore, width, wideness
lichte Weite	diamètre/largeur intérieur(e)/libre	clear span/width, inside diameter
Spannweite	portée libre/ entre appuis, travée	clear width, (width of) span
WELLE	onde, ondulation, vague	wave
Wellasbest	plaque ondulée en asbesto-ciment	corrugated asbestos
Wellblech	tôle ondulée	corrugated iron sheet, pressed steel
Wellenbad	bain de lames, piscine à vagues	whirlpool bath
Wellenlänge	longueur d'ondes	wave length

Wellpappe	carton ondulé	corrugated cardboard
Lichtwelle	onde lumineuse	light wave
Schallwelle	onde sonore	sound wave
WELT	monde	world
Weltanschauung	idéologie, philosophie	ideology, philosophy
WENDE	tour(nant)	change, turn, turning point
Wendekreis	cercle équatorial/tropique	equatorial/tropic circle
Wendeplatz	aire de révolution, tête de pipe	hammerhead, turnabout, turning area/space
Wendeschleife	raquette	turnabout
WENDEL	hélice, spirale	coil, helix, spiral
Wendelstufe	marche tournante	spiral step, winder
Wendeltreppe	escalier tournant/ à noyau/ de tour/ en vis/ en (co)limaçon	corkscrew/spiral/winding staircase
WERBUNG	publicité, réclame	publicity
Werbungskosten	frais professionnels/ de publicité	professional/publicity cost
WERFEN vb	jeter	to throw
sich werfen	se déjeter, gauchir, jouer, travailler	to deform/distort/warp[wood]/ buckle [metal]
Werfen [des Holzes]	déjettement, gauchissement	warping
WERK	besogne, oeuvre, ouvrage, travail ^{2} mécanisme ^{3} fabrique, usine	labour, work ^{2} mechanism ^{3} factory, mill, plant, works
Werkbank	établi	work bench
Werkplan	plan d'exécution	working drawing/plan
Werkstatt	atelier	workshop
Werkstättenleiter	chef d'atelier	(shop-)foreman
Werkstein	pierre carrée/taillée/ de taille	cut/free/work(ed) stone
Werkstein=verblendung/ =verkleidung	appareil/parement en pierres taillées	freestone lining
Werkstoff	matériau, matière première	(raw) material
Ersatzwerkstoff	matériau de substitution	substituted material
Werkstoffprüfung	essai de matériau(x)	material testing
Werkswohnung	logement de service	tied dwelling/tenancy
Werkvertrag	contrat d'entreprise	work contract
Werkzeug	outil	tool
Werkzeugausrüstung	outillage	tools
Becherwerk	élévateur à godets	bucket elevator
Elektrizitätswerk	centrale/usine électrique	electrical/generating/power station
Fachwerk	colombage, ouvrage réticulé	framework, half timbered work
Fachwerkbinder	ferme triangulée	double pitched triangulated truss
Fachwerkhaus	maison à colombage	framework/ half timbered house
Fachwerkträger	poutre en treillis	trussed girder
Gaswerk	usine à gaz	gas works
Gitterwerk	treillage/treillis	lattice-/trellice-work
Heizkraftwerk	centrale thermique	thermal (power) station
Kalkwerk	usine à chaux	lime works
Kernkraftwerk	centrale nucléaire	nuclear power station
Kieswerk	(exploitation de) gravière	gravel pit
Kraftwerk	centrale électrique/thermique	power plant
	etc	

WERK

Mauerwerk	maçonnerie	masonry
Pfahlwerk	pilotis	piling
Räderwerk	rouage(s)	wheelwork
Stahlwerk	aciérie	steel mill/works
Stockwerk	étage	floor, storey
Tragwerk	charpente, ossature portante	carpentry, load-bearing structure
Holztragwerk	charpente en bois	timber work, wood construction
Walzwerk	laminoir, usine de laminage	rolling mill
WERT	valeur	value, worth
wert sein	valoir	to be worth
in Wert setzen	mettre en valeur, valoriser	to bring into value, to valorize
wertbeständig	(à valeur) stable	stable
Wertbestimmung	évaluation, taxation	appraisal, estimation, valuation
Wertermittlung	évaluation, taxation	appraisal, estimation, valuation
wertlos	sans valeur	valueless, worthless
Wertlosigkeit	absence de valeur	worthlessness
Wertminderung	dépréciation, moins-value, perte/diminution de valeur	decline/deterioration/fall in value, depreciation, loss of value
Wertpapier	effet, titre, valeur	bond, security
Wertpapiere	effets	bonds and shares
notierte Wertpapiere	titres cotés	quoted bonds
Übertragung von Wertpap.	transfert de titres	transfer of shares
Wertpapierbestand	portefeuille-titres	securities in hand
wertsteigernde Verbesserung	amélioration augmentant la valeur	value-raising improvement
Wertsteigerung	accroissement de valeur, plus-value	increase/increment/rise in value, betterment
= Wertverbesserung		
Wertzuwachs	valeur ajoutée, plus-value	added/betterment/surplus value
Wertzuwachs von Grundstücken	plus-value foncière	land revaluation, unearned increment
Wertzuwachssteuer	taxe de valeur ajoutée, TVA	added value tax
Anschaffungswert	valeur d'acquisition	acquisition value
Barwert	valeur au comptant	cash value
Bezugswert	valeur de référence	reference value
Bilanzwert	valeur comptable/ au bilan	balance sheet value
Buchwert	valeur comptable	book value
Einheitswert	valeur imposable/unitaire	rateable/standard value
Enteignungswert	valeur d'expropriation	compulsory purchase value
Entwertung	dépréciation, diminution de valeur	depreciation, deterioration in value
errechneter Wert	valeur mathématique	calculated value
Ertragswert	valeur productive/ de rendement	capitalized earning power, income/productive/return value
Gattungswert	valeur générique	generic value
Gebrauchswert	valeur d'usage	value in use
Gegenwert	contre-valeur	exchange value
Goldwert	valeur-or	gold value
Grenzwert	valeur limite, seuil critique	critical/threshold value, critical limit
Handelswert	valeur marchande/négociable	market(able)/ trade(-in) value

WERT
Heizwert	pouvoir/rendement calorifique	heating capacity
Höchstwert	valeur-limite/-plafond	critical/threshold value
Individualwert	valeur de convenance	personal/special value
innerer Wert	valeur intrinsèque	intrinsic/specific value
Kapitalwert	valeur en capital	capital value
Katasterwert	valeur cadastrale	rateable value
Kaufwert	valeur d'achat	buying value
Marktwert	valeur marchande/négociable	market(able)/trade(-in) value
Mietwert	valeur locative	letting/rentable/rental value
Minderwert	dépréciation, moins-value	reduced/decreased value
Mindestwert	valeur minimale	minimal value
Nennwert	valeur nominale	face/nominal/par value
Neuwert	valeur à neuf	original value, value (as) new
Nominalwert	valeur nominale	face/nominal/par value
Nutzungswert	valeur utile/ d'usage	economic/useful value
Rechnungswert	valeur de facture	invoice value
Rückkaufswert	valeur de rachat	redemption/surrender value
Sachwert	valeur réelle	real value
Schätz(ungs)wert	valeur estimative/estimée	appraised/estimated value
Schrottwert	valeur de récupération	scrap value
Sollwert	valeur de consigne	nominal value
Sonderwert	valeur de convenance	personal/special value
Strahlungswert	pouvoir radiant	radiating capacity
Verkaufswert	valeur marchande/vénale	market(able)/sales/selling value
Verkehrswert	valeur marchande/vénale	market(able)/sales/selling value
Vermögenswert	valeur active	value as an asset
Versicherungswert	valeur d'assurance	insurance value
Wiederanschaffungswert	valeur de remplacement	replacement value
Wohnwert	valeur d'habitation/habitable	housing value, utility of a dwelling

WERTE
	effets, valeurs	bonds, securities, shares, values
Anlagewerte	valeurs immobilières	capital/fixed assets, investment securities
Börsenwerte	valeurs en bourse	stock exchange securities
Mobiliarwerte	valeurs mobilières	transferable values, stocks and shares
mündelsichere Werte	valeurs de père de famille, valeurs de tout repos	chancery/gilt-edged/ trustee securities
Vermögenswerte	actif, valeurs actives	assets

WESEN
	caractère, essence, nature, système	character, essence, nature, system
Finanzwesen	finance	finance
Ingenieurwesen	ingénierie, engineering	engineering
öffentliches Gesundheitswesen	Santé Publique, régime sanitaire	Public Health(Hygiene
Rechnungswesen	comptabilité, tenue des livres	accountancy, book-keeping
Rechtswesen	droit	law
Sparwesen	épargne	savings
Steuerwesen	fiscalité	taxation
Submissionswesen	régime d'adjudication/ de soumission	tendering (system)

WESEN
Verdingungswesen régime d'adjudication/ tendering (system)
 de soumission
Wohnungswesen habitat(ion), logement housing
WESTEN ouest west
Westwind vent d'ouest western wind, wester
WETTBEWERB compétition, concours, competition, contest
 concurrence
Wettbewerbsunterlagen dossier du concours contest dates/particulars
 freier Wettbewerb libre concurrence open competition
 unlauterer Wettbewerb concurrence déloyale unfair competition
WETTER conditions atmosphériques, temps weather
Wetteransage météo, prévisions weather forecast
 météorologiques
Wetteraussichten prévisions météorologiques, weather outlook
 temps probable
Wetterbeobachtung observation(s) météorologique(s) meteorological observation
Wetterbericht bulletin météorologique meteorological/weather report
Wetterbesserung [vorübergehend] éclaircie, embellie clearing up, enlivening
wetterbeständig résistant aux intempéries weather resistant
Wetterbeständigkeit résistance aux intempéries resistance to weather
Wetterdach auvent, marquise canopy, porch, shelter
Wetterdienst service météorologique weather service
Wetterfahne girouette vane
wetterfest résistant aux intempéries weather resistant
Wetterforschung météorologie meteorology
Wetterhahn girouette weather cock
Wetterkarte carte météorologique meteorological/weather chart
Wetterkunde météorologie meteorology
Wetterlage conditions atmosphériques atmospheric conditions
Wetternase larmier de châssis. mouchette drip moulding, water drip,
 weather check
Wetterprofil jet d'eau, rejéteau, réverseau water bar
Wetterscheide limite météorologique weather limit
Wetterschenkel jet d'eau, rejéteau, réverseau water bar
Wetterschutz protection contre les weather protection
 intempéries
Wetterschutzanstrich peinture imperméable weatherproof coating/paint
Wetterschutzschiene rail de calfeutrage waterbar, weatherbar
Wetterstation observatoire/poste/station meteorological/weather station
 météorologique
Wetterstange paratonnerre lightning arrester/conductor
Wettersturz chute du baromètre barometer drop
Wetterverhältnisse conditions atmosphériques atmospheric conditions
Wettervorhersage météo, prévisions weather forecast
 météorologiques
Wetterunbilden intempéries bad weather
Wetterwolke nuage orageux thunder cloud
 Schlechtwetter intempéries, mauvais temps bad weather
 Tauwetter (temps de) dégel thaw(ing weather)
 Unwetter tempête, tourmente stormy weather, thunderstorm

WICHSE	cirage, cire, encaustique	polish, wax (polish)
Wichsleiste	filet d'embase	skirting board/filet
WIDER	contre	against
Widerlager	butée, culée	abutment
widerrechtlich	illégal, illicite	illegal, illicit
Widerruf	dédit, rétraction, révocation	cancellation, revocation, repeal
Widerschlag	arrêt, butée	check, jamb
Türwiderschlag	arrêt de porte, battée	door check
Widerspruch	contradiction, opposition	contradiction, opposition
Drittwiderspruch	tierce opposition	opposition by third
Widerstand	résistance, solidité	resistance, solidity, strength, toughness
Gleitwiderstand	résistance au glissement	slide resistance
Verschleißwiderstand	résistance à l'usure	wear resistance
Wärmedurchgangswiderstand	résistance thermique globale	total thermal resistance
Wärmedurchlaßwiderstand	résistance thermique	heat transmission resistance
Wärmeübergangswiderstand	résistance à la transmission thermique superficielle	surface resistance to heat transmission
Windwiderstand	résistance au vent	wind resistance
WIEDER	à/de nouveau, encore	again, anew, once more
Wiederanschaffung	(achat en) remplacement	(purchase in) replacement
Wiederanschaffungswert	valeur de remplacement	replacement value
Wiederansiedlung	réimplantation	relocating, relocation
Wiederaufbau	reconstruction	rebuilding, reconstruction
Wiederbewaldung	reboisement	reforestation
wiedereinbringbar	récupérable	recoverable
wiederholen	répéter	to repeat
Wiederkauf	rachat	redemption, repurchase
Wiederkäufer	racheteur	repurchaser
Wiederkaufsrecht	droit de rachat/réméré	right of repurchase
Wiederverkauf	revente	resale, reselling
Wiederverkäufer	revendeur	resaler, retailer
WIESE	prairie, pré	grassland, lawn, meadow
Wiesenland	prairies, prés	grass land, rough grass area
WILD	désordonné, inculte, sauvage	savage, uncultivated, untidy
wildes Bauen	développement désordonné/sporadique	haphazard building
WIND	brise, vent	breeze, wind
Windbö	rafale	gust, squall
winddicht	étanche au vent, hermétique	air-tight, hermetical
Windfang	sas d'entrée, tambour	draught excluder, porch, tambour
Windfangtür	porte coupe-vent/pivotante/tournante	draught door/excluder/preventer, revolving door
Windgeschwindigkeit	vitesse du vent	wind velocity
Windhäufigkeit	fréquence des vents	wind frequency
Windhäufigkeitskarte	carte de fréquence des vents	wind frequency chart
Windkanal	tunnel aérodynamique, soufflerie	wind channel/tunnel
Windkanalversuch	essai en tunnel aérodynamique	wind tunnel test(ing)
Windkarte	carte des vents	compass card, wind chart/rose
Windlast	sollicitation par le vent, surcharge due au vent	wind load

Wind=maschine/=motor	(machine) éolienne	wind machine
Windmesser	anémomètre	anemometer
Windprofil	profile du vent	wind profile
Windrose	carte/rose des vents	compass card, wind chart/rose
windschief	déformé, déjeté, gauchi	deformed, twisted, warped
windschiefes Holz	bois gauchi	warped timber
windschief werden	gauchir, se déjeter	to warp
Windschutz	coupe-vent	wind guard
Windsog	dépression, succion du vent	depression, wind suction
Windstärke	intensité du vent	wind force/intensity
Windstille	accalmie, calme plat, vent nul	calm
Windstoß	bourrasque, rafale	blast, gust, squall
Windstruktur	structure du vent	wind structure
Windverband	contreventement	cross/transverse/wind bracing
Windverhältnisse	régime des vents	wind conditions
Windwirkung	action/effet du vent	wind effect
Windwirbel	tourbillon, vortex	vortex, whirlwind
Abwind	vent catabatique/descendant	catabatic/descending/down wind
aufsteigender Wind	vent anabatique/ascendant	anabatic wind, updraft, upwind
Aufwind	vent anabatique/ascendant	anabatic wind, updraft, upwind
Bodenwind	vent au sol	ground wind
böiger Wind	vent à rafales	bumpy wind
eiskalter Wind	vent glacial	icy wind
Fallwind	vent catabatique/descendant	catabatic/descending/down wind
Hangaufwind	vent anabatique/ascendant	anabatic wind, updraft, upwind
Nordostwind	vent du nord-est	North-east wind, northeaster
Nordwestwind	vent du nord-ouest	North-west wind, northwester
Nordwind	vent du nord	icy/North wind, Norther
Tauwind	vent de dégel	mild (thawing) wind
vorherrschende Winde	vents dominants	prevailing winds
Wirbelwind	vent turbulent	whirl wind
WINDE	treuil, vérin	winch
Winde mit Handantrieb	treuil à main/manivelle	handwinch, breakwinch
Motorwinde	treuil mécanique	motor-winch
Schneckenwinde	treuil à vis sans fin	worm-winch
WINKEL	angle	angle
Winkeleisen	cornière, protège angle en fer	iron angle/corner bar, corner iron
Neigungswinkel	angle de déclivité/d'inclinaison	angle of inclinaison/slope
rechter Winkel	angle droit	right angle
spitzer Winkel	angle aigu	acute angle
Steigungswinkel	angle de montée	climbing/pitch angle
stumpfer Winkel	angle obtus	obtuse angle
WINTER	hiver	winter
Winterbau	travaux d'hiver, construction par temps de gel	cold weather building, winter construction
Winterfenster	contre-fenêtre, fenêtre d'hiver	double/outside/storm window
winterlich	hivernal	wintry, winter-....
Wintersonnenwende	solstice d'hiver	winter solstice
Winterstürme	ouragans hivernaux	winterstorms
Winterwetter	temps hivernal	winter weather
WIPPE	bascule, balançoire	balance, rocker, see-saw
Wippschalter	interrupteur culbuteur	tumbler switch

WIRBEL	remous, tourbillon	eddy, whirl
Wirbelsturm	cyclone, ouragan, tornade	cyclone, hurricane, tornado
Wirbelwind	vent turbulent	whirl wind
WIRKUNG	action, effet, efficacité	action, effect, working
Wirkungsgrad	degré d'efficacité, rendement	(degree of) effectiveness, efficiency
Kühlwirkung	effet de réfrigération	cooling effect
Heiz=/Wärme=wirkung	effet calorifique	heating effect
WIRT	aubergiste, cafetier, hôte, restaurateur	inn-/restaurant-keeper, host
Gastwirt	aubergiste, hôtelier, restaurateur	hotel-/inn-/restaurant keeper
Hauswirt	propriétaire	landlord
Volkswirt	économiste	economist
Zimmerwirt	logeur	landlord of furnished room(s)
WIRTSCHAFT	économie ² bistrot, café	economy ² pub(lic house)
Wirtschaftsaufschwung	essor économique	economic rise
Wirtschaftsform	système économique	economic system
Wirtschaftsgüter	biens économiques	economic goods
Wirtschaftshilfe	aide économique	economic help/support
Wirtschaftslage	situation économique	economic situation
Wirtschaftslehre	science de l'économie, économie politique	economic science, economics, political economy
Wirtschaftsmiete	loyer de stricte rentabilité	(strictly) economic rent
Wirtschaftsordnung	ordre/organisation économique	economic organization/system
Wirtschaftsplan	plan d'économie	economic plan
Wirtschaftsplanung	planification économique	economic planning
Wirtschaftspolitik	politique économique	economics
Wirtschaftsprüfer	expert comptable, commissaire aux comptes	chartered accountant
Wirtschaftsrat	Conseil Economique	Economic Council
Wirtschafts= und Sozialrat	Conseil Economique et Social	Economic and Social Council
Wirtschaftsraum	espace économique	economic space, economically independent area(region
Wirtschaftsräume	locaux de service	offices, service rooms
Wirtschaftsrecht	droit économique	business/commercial law
Wirtschaftssektor	secteur économique	branch/sector of economy
Wirtschaftssystem	système économique	economic system
Wirtschaftssystematik	systématique de l'économie	systematology of economics
Wirtschaftsunion	union économique	economic union
Wirtschaftswachstum	croissance économique	economic growth
Wirtschaftswissenschaften	sciences économiques, économie politique	economics, economic science
Wirtschaftszweig	branche/secteur économique	economic branch/sector
Wirtschaftsgemeinschaft	communauté économique	economic community
Bauwirtschaft	(industrie du) bâtiment	building industry/trades
Betriebswirtschaft	économie d'entreprise, organisation des entreprises	business economy/administration, industrial management
Bodenwirtschaft	économie foncière	real estate economics
Energiewirtschaft	(économie) énergétique, économie de l'énergie	energetics, power economy
Finanzwirtschaft	finance, régime financier	finance, financial organization

WIRTSCHAFT
Forstwirtschaft	sylviculture	forestry
Gastwirtschaft	bistrot, café, restaurant	pub(lic house), restaurant
Hauswirtschaft	économie domestique	domestic economics, house-keepin
Kommunalwirtschaft	économie urbaine	urban economy
Landwirtschaft	agriculture	agriculture, farming
Marktwirtschaft	économie de libre concurrence	free market economy
soziale *Marktwirtschaft*	économie sociale de libre marché	social market economy
Nationalwirtschaft	économie nationale	national economy
Planwirtschaft	économie dirigée/planifiée	controlled/planned economy
Privatwirtschaft	économie privée	free/private economy/enterprise
Speisewirtschaft	restaurant	restaurant
Volkswirtschaft	économie politique	economics, political economy
Wasserwirtschaft	économie hydraulique	hydraulics
Wohnungswirtschaft	économie du logement	housing economy
Zwangswirtschaft	économie dirigée/planifiée	controlled economy
WIRTSCHAFTLER	économiste	economist
Wohnungswirtschaftler	économiste du logement	housing economist
WIRTSCHAFTLICH	économique, lucratif, rentable	economic, lucrative, profitable
gemischtwirtschaftliche Gesellschaft	société d'économie mixte	company with both public and private assets
WIRTSCHAFTLICHKEIT	rentabilité	profitability, profit earning ability
WISSEN	connaissances, expérience, savoir	knowledge, know-how
WISSENSCHAFT	science(s)	knowledge, science
angewandte Wissenschaft	science appliquée/expérimentale	applied science
Finanzwissenschaft	science financière	financial science
Gebietswissenschaft	science des régions	regional science
Humanwissenschaften	sciences humaines	human sciences
Kommunalwissenschaften	sciences urbaines	urban sciences
Staatswissenschaften	sciences politiques	political sciences, politics
WISSENSCHAFTLICH	scientifique	scientific
wissenschaftlicher Beirat	conseil scientifique	scientific council
WITTERUNG	temps, conditions atmosphériques	weather
witterungsbeständig	résistant aux intempéries	weather resistant
Witerungsbeständigkeit	résistance aux intempéries	weather resistance
witterungsgeschützt	protégé contre les intempéries	weather protected
Witterungsschutz	protection contre les intempéries	weather protection
Witterungsumschlag	changement (brusque) du temps	(sudden) change of weather
WITWE	veuve	widow
Witwenrente	pension de survie	widow's pension
WOCHE	semaine	week
Wochenende	fin de semaine, week-end	week-end
Wochenendhaus	chalet de week-end	week-end cottage
WOHL	bien-être, prospérité, salut	prosperity, welfare
Wohlfahrt	prévoyance sociale	relief, welfare
Wohlfahrtsamt	bureau de bienfaisance, office social	relief office
Wohlfahrtseinrichtungen	services sociaux	social services

Wohlfahrtsstaat	Etat-providence	welfare State
Wohlstand	aisance, bien-être, prospérité	prosperity, well-being, wealth
Wohlstandsmerkmale	critères de bien-être	welfare criteria
WOHNEN	demeurer, habiter, résider	to dwell/live/reside
zum Wohnen bestimmt	résidentiel	residential
Wohnanlage	cité résidentielle, colonie/ groupe/ensemble d'habitations	housing estate/scheme
Großwohnanlage	grand ensemble	large housing estate
Wohnbauland	terrains pour constructions résidentielles	ground for residential buildings
Wohnbauförderung	promotion de la construction résidentielle	promotion of residential building
Wohnbauten	bâtiments résidentiels	residential buildings
Wohnbauverein	association d'habitation	housing society
Wohnbeihilfe	allocation de logement	dwelling allowance, rent subsidy
Wohnbevölkerung	population résidente	resident population
Wohnbezirk	quartier résidentiel	residential district
Wohndichte	densité résidentielle/ d'habitation	dwelling/residential density
Wohn(ungs)einheit	unité d'habitation	dwelling unit
Wohnfläche	surface habitable	floor/living area/space, habitable surface
Mindestwohnfläche	surface minimale d'habitation	minimum floor area/ dwelling surface
Wohnflächenbedürfnisse	besoins en surface habitable	needs in habitable surface
Wohnformen	formes d'habitation	types of accommodation
Wohngebäude	bâtiment résidentiel	dwelling house, residential building
Wohngebiet	zone résidentielle/ d'habitation	residential area/district/zone
Wohngeld	allocation de logement	dwelling allowance, rent subsidy
Wohngeschoß	niveau résidentiel	dwelling/residential floor
wohnhaft	demeurant, domicilié, résidant	domiciled, living
Wohnhaus	maison d'habitation	residential house
Wohnheim	foyer	home, hostel
Wohnhochhaus	building/immeuble haut résidentiel, tour d'habitation	multi-storey block of flats, residential high-rise building
Wohnhof	[cour donnant accès à des logements groupés autour]	[court giving access to surrounding dwellings]
Wohnhygiene	hygiène de l'habitation	housing hygiene
Wohnklima	climat (humain) d'habitation	living climate
Wohnkosten	frais de logement	dwelling/housing cost
Wohnküche	chambre-cuisine, cuisine-séjour	parlo(u)r kitchen
Wohnlage	site résidentiel [2] site du logement	residential area [2] location of dwelling
Wohnlasten	charges du logement	housing dependants
Wohnleistung	prestation d'habitation	housing performance/service
wohnlich	commode, confortable	comfortable, cosy
Wohnlichkeit	commodité, confort	cosiness
Wohnort	domicile,(lieu de) résidence	abode, domicile, place of residence
Wohnraum	(pièce de) séjour	dwelling/living/sitting room
Wohnraumbewirtschaftung	contrôle/rationnement des logements	rationing of dwellings/ lodging space
Wohnrecht	droit d'habitation/de domicile	right of residence

Wohnschlafzimmer	studio	bed-sitting room
Wohnsiedlung	colonie d'habitation, lotissement résidentiel	housing estate/scheme
Wohnsilo	cage aux lapins	tall block of flats
Wohnsitz	domicile, résidence	(place of) abode, residence
Wohnsitz nehmen/wählen	élire domicile	to elect domicile
Wohnsparen	épargne-logement	saving for building purposes
Wohnstadt	cité/ville résidentielle	residential town
Wohnstätte	domicile, résidence	(place of) abode, residence
Wohnstraße	rue résidentielle/ d'habitation	residential street
Wohnturm	tour d'habitation	residential high rise/ tower buildin
Wohnverhältnisse	conditions de logement	housing conditions
Wohnwagen	roulotte	caravan, trailer
Wohnwege	chemins d'accès aux logements	dwelling access walks
Wohnwert	valeur d'habitation	accommodation utility/value
Wohnzimmer	(pièce/salle de) séjour	dwelling/living/sitting room
WOHNUNG	demeure, habitation, logement, résidence	accommodation, dwelling habitation, residence
Wohnungen der öffentlichen Hand	habitat public	public housing
Wohnungen im Privatbesitz	logements privés	private housing
Folgeeinrichtungen der Wohnung	prolongements du logement	ancillary facilities/follow-up equipment of housing
Herrichten von Wohnungen	aménagement de logements	appointment of dwellings
Intimität der Wohnung	intimité du logement	privacy of the home
Recht auf Wohnung	droit au logement	right of housing
Unverletzbarkeit der Wohnung	inviolabilité du domicile	inviolability of abode
Wiederunterbringung in Wohnungen	relogement	rehousing
Wohnungsangebot	offre de logements	housing supply
Wohnungsbau	construction de logements	home building, housing construction
Wohnungsbauer	bâtisseur de logements	home builder
Wohnungsbaugenossenschaft	(société) coopérative pour la construction d'habitations	housing co-operative
Wohnungsbaugesellschaft	société pour la construction d'habitations	housing/house-building society
Wohnungsbauministerium	ministère du logement	Housing Ministry
Wohnungsbaumittel	fonds pour le logement	housing funds
Wohnungsbauprogramm	programme de construction (de logements)	house building/housing program
Wohnungsbauprojekt	projet de construction (de logements)	housing/house-building scheme
genossenschaftlicher Wohnungsbau	habitations coopératives	co-operative housing
frei finanzierter Wohnungsbau	constructions non subventionnées	privately financed housing
sozialer Wohnungsbau	construction de logements sociaux, habitat social, habitations à loyer modéré	low-cost/ non-profit/ public/ social housing
Wohnungs=bedarf/=bedürfnisse	besoin de/en logements	housing needs/requirements, needs in accommodation
Wohnungsbeihilfe	allocation-logement	accommodation-allowance

Wohnungsbestand	parc de logements, patrimoine immobilier	housing stock, stock of dwellings
Wohnungsbewirtschaftung	contrôle des logements	housing control
Wohnungsdefizit	déficit du patrimoine immobilier	housing deficit
Wohnungseigentum	propriété par appartement	flat ownership
Wohnungseinheit	unité de logement	dwelling unit
Wohnungsfehlbestand	déficit du patrimoine immobilier	housing deficit
Wohnungsgenossenschaft	(société) coopérative de logement	co-operative housing society, housing co-operative
Wohnungsgesetz(gebung)	législation sur le logement	housing act/code
Wohnungsgröße	dimension du logement	size of accommodation/dwelling
Wohnungsinhaber	occupant d'un logement	lodger, occupant of dwelling
Wohnungsmangel	manque de logements	housing shortage
Wohnungsnachfrage	demande de logements	housing demand
Wohnungsneubau	construction de logements neufs	new housing construction
Wohnungsnormen	normes de logement	housing standards
Wohnungsnot	crise/pénurie de logements	housing shortage
Wohnungspolitik	politique du logement	housing policy
Wohnungsproblem	problème de logement	housing problem
Wohnrecht	droit de domicile/ de séjour/ d'habitation	right of occupancy/residence
Wohnungssanierung	assainissement d'un logement/ de logements	housing rehabilitation
Wohnungssuchender	personne à la recherche d'un logement	house-hunting person
Wohnungstausch	échange de logement	exchange of flat
Wohnungstür	porte palière/ d'appartement	flat entrance, landing door
Wohnungsträger	promoteur	promoter
Wohnungsunternehmen	entreprise/société d'habitation	housing enterprise/society
Wohnungswechsel	changement d'adresse/ de logement	change of dwelling/residence
wohnungsweiser Verkauf	vente par appartement	sale by apartment/flat
Wohnungswesen	habitat	housing
genossenschaftliches Wohnungswesen	logement coopératif	co-operative housing
soziales Wohnungswesen	logement social	social housing
Wohnungswirtschaft	économie de l'habitation, ² gestion immobilière	housing economics ² housing management
Wohnungswirtschaftler	expert en matière d'économie de l'habitation	housing economist
Wohnungszählung	recensement des logements	housing census
Wohnungszwangswirtschaft	contrôle/rationnement des logements	housing control
abgetrennte Wohnung	logement séparé	separate dwelling
abgeschlossene Wohnung	logement indépendant	self-contained dwelling
Altbauwohnung	logement ancien	existing dwelling
Arbeiterwohnungen	maisons ouvrières, logements ouvriers	council flats, workmen's' houses
armselige Wohnung	logement chétif/misérable	shack dwelling
Behelfswohnung	logement provisoire	emergency accommodation
billige Wohnungen	habitations à bon marché, logements sociaux	low-cost houses/flats

WOHNUNG
Geschoßwohnung	appartement	flat, [US] apartment
Dauerwohnung	résidence permanente	permanent residence
Dienstwohnung	habitation/logement de service	lodgings pertaining to an office, tied tenancy
Eigentumswohnung	appartement en propriété	condominium, owner-occupied flat
Elendswohnung	taudis	slum
Kampf gegen Elendswohnungen	lutte contre les taudis	slum clearance campaign
Sanierung von Elendswohnungen	assainissement de taudis	slum clearance
Erstwohnung	résidence principale	main residence
Etagenwohnung	appartement	
familiengerechte Wohnung	logement correspondant aux besoins de la famille	flat accommodation meeting the family needs
gesunde Wohnung	logement salubre	healthy dwelling
Höhlenwohnung	habitation-caverne	cave-dwelling
Kellerwohnung	(logement en) sous-sol	underground dwelling
Kleinstwohnung	logement minimal/minuscule	flatlet, minimum accommodation
leerstehende Wohnung	logement inoccupé/vacant	unoccupied flat, vacancy
Mietwohnung	logement locatif	tenement
Mindestwohnung	logement minimal	minimum accommodation
mittlere Wohnung	logement moyen	medium-sized dwelling
möblierte Wohnung	logement garni/meublé	furnished dwelling, lodging
Modellwohnung	logement-témoin	show-flat
Notwohnung	logement de fortune/ d'urgence	emergency accommodation
Obdachlosenwohnung	logement pour sans abri	dwelling for homeless people
Sozialwohnungen	logements sociaux	public/social dwellings/housing
Tiefgeschoßwohnung	(logement en) sous-sol	underground dwelling
überbelegte Wohnung	logement sur-occupé/surpeuplé	over-crowded/-occupied dwelling
ungesunde Wohnung	logement insalubre	unsanitary dwelling
Zweitwohnung	résidence secondaire	secondary residence
WOELBUNG	cambrure, voussure	arching, bent, camber
Wölbstein	voussoir	archstone, voussoir
WOLKE	nuage	cloud
Wolkenbildung	formation de nuages	cloud formation
Wolkenbruch	pluie diluvienne/torrentielle	cloud burst
Wolkendecke	couverture nuageuse	cloud cover/pall
Wolkenkratzer	gratte-ciel	sky-scraper
Wolkenschicht	couche de nuages	cloud layer
Wolkenwand	banc/mur de nuages	bank/screen of clouds
WOLLE	laine	wool
Glaswolle	laine de verre	glass wool
Glaswollmatte	natte en laine de verre	glass wool mat/quilt
Holzwolle	fibres de bois	wood fibre
Holzwolleplatte	plaque en fibres de bois	wood fibre building slab
Mineralwolle	laine minérale	mineral wool
Schlackenwolle	laine de laitier	slag wool
Steinwolle	laine de roche	rockwool

WORT	mot, parole, terme, vocable	term, word
Wortbruch	manquement à la parole donnée	breach of faith/promise
WRASEN	vapeurs (de cuisine)	(kitchen) vapours
Wrasenabzug(shaube)	hotte aspirante/ de ventilation	cooker/fume/vapour dome/hood
WUCHER	usure	usury
WUCHERUNG [Stadt]	prolifération urbaine	urban sprawl
WULST	bourrelet, coussinet	cushion, enlargement
WUERDIG	digne	worthy
kreditwürdig	digne de crédit, solvable	credit worthy, creditable
WUERFEL	cube	cube
WUESTE	désert	desert
Wüstenarchitektur	architecture du désert	desert architecture
Wüstengebiet	région désertique	desert belt/region
Wüstenklima	climat désertique	desert climate

X-Achse	axe des abscisses	x-axle
XALOLITH	béton magnésien, xylolithe	magnesium oxychloride
Xylolithfußboden	parquet magnésien sans joints	magnesium-oxychloride flooring

ZAHL	chiffre, nombre ² coefficient	figure, number ² coefficuent, factor
ZAHLEN	payer	to pay
zahlbar	payable, à payer	due, payable
zahlbar auf Sicht	payable à vue	payable at sight/ on demand
zahlbar bei Lieferung	paiement contre livraison	payable on delivery
zahlbar in bar	payable au comptant	payable in cash, cash terms
zahlbar sofort	payable de suite	spot cash
zahlbar, zahlkräftig	solvable	solvent
zahlkräftige Nachfrage	demande solvable	solvent demand
Zahlkarte	bulletin de versement	money-order form, paying-in slip
zahlreich	nombreux	numerous
Dehnungszahl	coefficient de dilatation	modulus of extension
Geburtenzahl	natalité, nombre de naissances	birth rate, number of births
Geschoßflächenzahl	coefficient (maximum) d'utilisation, CMU	floorspace/plot ratio
Wärmedurchgangszahl	coefficient global de transmission calorifique	overall coefficient of heat transmission
Wärmeleitzahl	coefficient de conductibilité/ conduction thermique	thermal conductivity factor
Wärmeübergangszahl	coefficient de transmission thermique superficielle	surface heat transmission factor
ZAHLER	payeur	payer
Steuerzahler	contribuable	tax payer
ZAEHLEN	compter	to count
Zählwerk	(mécanisme) compteur, minuterie	counter, meter
ZAEHLER	compteur	counter, meter
Zählerablesung	lecture des compteurs	meter reading
Zählerraum	local des compteurs	meter room
Zählerschrank	placard à compteurs	meter box
Zählerstand	relevé du compteur	meter reading
Zählertafel	panneau/tableau des compteurs	meter board/panel
Gaszähler	compteur à gaz	gas meter
Münzzähler	compteur à sous	coin/slot meter
Stromzähler	compteur électrique	electric meter
Wärmemengenzähler	compteur de chaleur	heat metering device
Wärmezähler	calorimètre, compteur de chaleur	calorimeter, heat meter
Wasserzähler	compteur d'eau	water gauge/meter
ZAHLUNG	paiement, versement	payment
Zahlung in bar	paiement (au) comptant, en espèces	cash payment, payment in cash
Zahlungsaufforderung	sommation de paiement	request of payment, summons to pay
Zahlungsausstand	atermoiement, délai de paiement	delay/respite for payment
Zahlungsbedingungen	conditions de paiement	terms of payment
Zahlungsbefehl	commandement (de payer)	writ of execution
Zahlungsbilanz	balance des paiements	balance of payments
Zahlungseingang	(r)entrée de paiement(s)	receipt of payments

Zahlungseingänge	recettes	payments received
Zahlungseinstellung	cessation/supension de paiement	suspension of payments
Zahlungserfall	terme de paiement	term of payment
zahlungsfähig	solvable	able to pay, solvent
Zahlungsfähigkeit	solvabilité	ability to pay, solvency
Zahlungsfrist	délai de paiement	term of payment, time agreed for payment
Zahlungsmittel	moyen de payement	means of payment, currency
Zahlungsplan	plan de paiement/remboursement	instalment/settlement plan
Zahlungsrückstand	arriéré, retard de paiement	payment in arrear
Zahlungsschein	mandat de paiement	money order
Zahlungstermin	délai de paiemnt, échéance	term of payment
zahlungsunfähig	insolvable	insolvent, unable to pay
Zahlungsunfähigkeit	déconfiture, insolvabilité	failure, insolvency
Zahlungsverkehr	trafic des paiements	money transfer(s)
Zahlungsverzug	demeure/défaut de paiement	default in paying, failure to pay
Abzahlung	paiement par acomptes	paying off
Abschlagszahlung	acompte	partpayment
Akontozahlung	acompte, paiement à compte	partpayment, payment on account
Abschlußzahlung	paiement pour solde	payment in full settlement
Barzahlung	payement au comptant	cash payment
Mietzahlung	paiement du loyer	rent payment
Monatszahlung	paiement/versement mensuel,	monthly payment/remittance
Nachzahlung	supplément	additional/extra payment
Ratenzahlung	paiement par acomptes/termes/ à tempérament	instalment, payment by instalments
Rückzahlung	rembousement	paying back, reimbursement
Schlußzahlung	paiement pour solde	payment in full settlement
Sicherheitszahlung	caution, versement de garantie	caution-money, deposit
Teilzahlung	acompte, paiement partiel	partrpayment, payment on account
Zinszahlung	paiement d'intérêts	interest payment
ZAEHLUNG	comptage, recensement	census, count
Verkehrszählung	comptage de la circulation	traffic census/count/survey
Volkszählung	recensement de la population	population census/count
ZANGE	tenailles ² entrait, brochet, bride de liaison	pair of pincers, pliers ² binding piece, tie-beam
ZAPFEN	cheville, goujon, goupille, tenon	peg, plug, tenon
Zapfenbohrer	mêche à tenon, tarier	tap/teat borer/drill
Zapfenloch	mortaise	mortise
Zapfenverband	assemblage à tenon et mortaise	tenon (and mortise) joint
Drehzapfen	pivot	pivot, swivel
Nut= und Federzapfen	tenon à rainure	slit and tongue tenon
ZAPFEN vb	tirer	to tap
Zapfhahn	robinet	cock, tap, valve
(Wasser)zapfstelle	point/prise d'eau	tap connection
ZARGE	cadre, chambranle, châssis	frame, rim, sash
Fensterzarge	châssis de fenêtre	window frame
Metalltürzarge	chambranlle métallique	metal door frame
Türzarge	chambranle de porte	door frame

ZAUN	clôture	fence
Bretterzaun	clôture de planches, palissade	boarding/wooden fence, palisade
Drahtzaun	sclôture/grillage en fil de fer	wire(-netting) fence
Pfahlzaun	palissade	palisade fence
Staketenzaun	estacade, clôture à claire-voie	paling
ZEBRASTREIFEN	passage clouté, zébrure	pedestrian crossing, zebra markings
ZEDER	cèdre	cedar
Zedernholz	(bois de) cèdre	cedar (wood)
kalifornische Zeder	cèdre de Californie	red cedar
ZEHNJAEHRIG	âgé de dix ans, décennal	decennial, ten years old
zehnjährige Gewährleistung	garantie décennale	ten years guarantee
ZEICHEN	marque, signal, signe	marking, sign, signal
Lautzeichen	signal sonore	acoustical sign
Lichtzeichen	signal lumineux	visual sign
Straßenzeichen	signal routier	road warning
Verkehrszeichen	signal de circulation	traffic sign
Warenzeichen	marque déposée/ de fabrique	brand, trade mark
Warnzeichen	signal d'avertissement	warning sign
ZEICHNEN vb	dessiner, esquisser, tracer [2] souscrire [titres]	to design/draw/sketch [2] to sign/suscribe [bonds]
Zeichenbrett	planche à dessin	drawing board
Zeichenüro	bureau technique	drawing office
Zeichenpapier	papier à dessin	drawing paper
Transparentzeichenpapier	papier calque	tracing paper
ZEICHNUNG	dessin [2] signature [3] souscription [33] marquage, signalisation	draft, drawing, design [2] signature [3] subscription [33] marking, signallling
Zeichnung von Anleihen	souscription d'actions	suscription of shares
zeichnungsberechtigt	autorisé à signer	authorized to sign
zeichnungsberechtigt sein	avoir la signature	to have power to sign
Arbeitszeichnung	dessin/plan d'exécution	detail/execution draft/drawing
Bauzeichnung	plan de construction	(construction) draft/drawing
Detailzeichnung	plan de détail	detail drawing/plan
Gegenzeichnung	contre-signature	counter signature
maßstäbliche Zeichnung	dessin à l'échelle	scale drawing
Querschnittzeichnung	coupe	sectional view
Übersichtszeichnung	plan général/ de situation	lay-out (drawing)
Verkehrszeichnung	signalisation routière	(system of>) road markings
ZEILE	ligne	line
Zeilenabstand	écartement des lignes, interligne	space between lines, spacing
einfacher Zeilenabstand	simple interligne	single spacing
anderthalb Zeilenabstand	interligne simple et demi	single and half spacing
doppelter Zeilenabstand	interligne double	double spacing
Zeilenbau	constructions linéaires/ en rangées	linear/terrace building
Zeilenbebauung	constructions linéaires/ en rangées	linear/terrace building
Häuserzeile	bande/rangée de maisons	row of houses
ZEIT	temps	time
Zeitaufwand	temps nécessité	time spent

ZEI-ZEM

Zeitdauer	durée	duration, period of time
Zeiteinheit	unité de temps	unit of time
Zeitersparnis	économie de temps	time economies
Zeitfaktor	facteur temps	time factor
Zeitkauf	marché à terme	time bargain
Zeitmessung	chronométrage, chronométrie	measuring of time, chronometry
Zeitplan	calendrier, plan/programme chronométrique	time schedule, timing
Zeitplanung	programmation chronologique	timing
Zeitreserve	réserve de temps	time contingency/reserve
Zeitschalter	minuterie	automatic time switch
Zeitverlust	perte de temps	loss of time, down-time
zeitweilig	provisoire, temporaire	intermittent, periodic, ast times
Arbeitszeit	heures de travail	working hours
Ausfallzeit	temps d'arrêt, perte de temps	down-time
Bauzeit	durée des travaux (de construction)	time of construction
Festzeitdarlehn	prêt à terme	fixed term loan, time-money
Haupt(geschäfts)zeit	heures de pointe	rush hours
Hauptverkehrszeit	heures de pointe	rush hours
auf Lebenszeit	à vie, viager	for life
Tilgungszeit	durée d'amortissement	redemption period
Wartezeit	délai d'attente	waiting period
ZEITUNG	journal	newspaper
Zeitungs=kiosk/=stand	kiosque (à journaux)	newspaper stall
ZELLE	cellule	cell
Zellenbeton	béton alvéolaire/cellulaire/mousse	aerated/cellular/foam/gas concrete
Duschzelle	cabine de douche	shower cubicle
Naßzelle	cellule d'eau	water/wet cell
Sanitärzelle	bloc/cellule sanitaire	sanitary block
Wabenzelle	alvéole, nid d'abeille	honeycomb
Wasserzelle	cellule/pièce d'eau	water/wet cell
ZELLULOSE	cellulose	cellulose
Zelluloselack	émail cellulosique	nitro-cellulose lacquer
ZELT	tente	tent
Zeltbahn	bâche	canvas, tapaulin
Zeltdach	comble/toit en pavillon	pyramidal roof
Zelthalle	hall bâché	canvas building/shelter
ZEMENT	ciment	cement
Zementbewurf	enduit au ciment	cement rendering
Zementdachziegel	tuile en béton/ciment	cement/concrete roof(ing) tile
Zementestrich	aire/chape au/de ciment, plancher cimenté	cement screed
Zementfabrik	cimenterie, fabrique de ciment	cement factory/plant/works
Zementfaserplatte	plaque en fibrociment	asbestos-cement board/sheet
Zementfliese	carreau/dalle en ciment	cement flag/tile
Zementglattstrich	chape lisse au ciment	smoothed cement screed
Zementgußwaren	articles en béton moulé	compressed concrete articles
Zementmilch	coulée/lait de ciment	cement grout

Zementmörtel	mortier au ciment	cement mortar
Kalkzementmörtel	mortier bâtard/chaux-ciment/ à prise lente	lime-cement mortar
Zementputz	crépi/enduit au ciment	cement plaster/rendering
Zementrohr	tuyau en béton/ciment	cement conduit
Zementschlackenstein	aggtloméré/brique de laitier	cement/slag brick/stone
Zementschlämme	coulis/lait de ciment	cement grout/paste
Zementsilo	silo à ciment	cement bin
Zementstein	aggloméré/brique de laitier	cement/slag brick/stone
Zementwaren	articles/produits en béton/ciment	cement ware
Zementwerk	cimenterie, fabrique de ciment	cement factory/plant/works
Zementziegel(stein)	aggloméré/brique de laitier	cement/slag brick/stone
Asbest-Zement	asbesto-/amiante-/ fibo-ciment	asbesto-cement
Eisenportlandzment	ciment portland de laitier	iron/slag portland cement
Hochofenzement	ciment de haut-fourneau	blastfurnace cement
Hochofenschlackenzement	ciment de laitier de haut-fourneau	portland blast furnace slag cement
Schlackenzement	ciment de laitier	slag cement
Wasser-Zement Faktor	rapport eau-ciment	water-cement ration
ZEMENTIEREN	cimenter	to cement
einzementieren	sceller au ciment	to embed in cement
ZENTRAL	central	central
Zentralheizung	chauffage central	central heating
Zentralmischverfahren	procédé de mélange en centrale	system of mixing in central station
ZENTRALE	bureau central, centrale	central/main office, headquarters
elektrische Zentrale	centrale électrique	electric power house/station, generating station
Telefonzentrale	central/standard téléphonique	(telephone) exchange
ZENTRALISIERUNG	centralisation	centralization
ZENTRIFUGIEREN	centrifuger	to centrifuge
zentrifugiertes Rohr	tuyau centrifugé	centrifuged conduit/tuve
ZENTRISCH	(con)centrique	axial, concentric
zentrische Belastung	charge centrique	axial/central load
ZENTRUM	centre, point central	centre, central point
Einkaufszentrum	centre commercial	shopping centre
Geschäftszentrum	centre commercial	shopping centre
kirchlliches Zentrum	centre cultuel	worship centre
Kulturzentrum	centre culturel	cultural centre
Kult-/kultuelles Zentrum	centre cultuel	worship centre
Ladenzentrum	centre commercial	shopping centre
Stadtzentrum	centre urbain, quartier commercial d'une ville	city centre, downtown, business area
ZERKLEINERN	concasser, mettre en menus morceaux	to break/crush/ reduce to (small) pieces
Zerkleinerer	broyeur, concasseur	crusher
Müllzerkleinerer	broyeur d'évier	sink waste disposal unit
ZERLEGBAR	démontable, divisible	collapsibel, demountable, detachable

ZER-ZIE

ZERREISSEN	déchirer	to tear up
zerreißfest	indéchirable, résistant au déchirement/ à la rupture	breaking/tearing resistance
Zerreißfestigkeit	résistance au déchirement/ à la rupture	tensile/ultomate strength
Zerreißgrenze	limite de rupture	breaking limit
Zerreißprobe	essai de rupture	breaking test
ZERSIEDLUNG der Landschaft	urbanisation éparpillée, implantation sauvage des constructions n'importe où	fragmentation of landscape, unplanned settlement in open country
ZERSTAEUBEN	atomiser, pulvériser, vaporiser	to atomize/pulverize/vaporize
Zerstäuber	atomiseur, pulvérisateur, vaporisateur	atomizer, pulverizer, sprayer
ZERSTOERUNG	démolition, destruction, ravage	demolition, destruction, devastation
zerstörungssicher	anti-vandalisme	anti-vandal
ZERTRUEMMERN	démolir, écraser, fracasser	to demolish/ruin/wreck
ZESSION	cession, transfert	abandonment, cession, transfer
Zessionsurkunde	acte de cession	deed of assignement/conveyance/transfer
Zessionar	cessionnaire	assignee, cessionary
ZEUGE	témoin	witness
Zeugnis	témoignage ² certificat, diplôme	testimony, witness ² certificate, diploma
Arbeitszeugnis	certificat de travail	certificate of employment
Führungszeugnis	ceretificat de bonne conduite	certificate of good conduct
ZIEGEL	brique ² tuile	brick ² tile
Ziegelbau	construction en briques	brick building
Ziegelbedachung	couverture/toiture en tuiles	tiled roof, tiling
Ziegelbrocken	bricaillons, briques concassées, débris de briques	brick bat, broken bricks
Ziegelbrenner	briquetier, tuilier	brick/tile-maker
Ziegeldach	couverture/toiture en tuiles	tiled roof
Ziegeldecker	couvreur (en tuiles)	tiler
Ziegelformat	format de brique/tuile	brick/tile size
Ziegelmauer	mur de/en briques	brick wall
Ziegelmauerwerk	maçonnerie en briques	brick walling, brickwork
Ziegelmaurer	briqueteur, maçon	bricklayer
Ziegelschicht	couche de briques	brick course
Ziegelschüttbeton	béton de bricaillons	brick bats concrete
Ziegelstein	brique	brick
Biberschwanzziegel	tuile plate à écaille	flat/plain roof tile
Blattziegel	panne, tuile flamande	pantile
Dachziegel	tuile	roofing tile
Drahtziegelgewebe	bacula, treillis/treillage céramique	bricanion lathing
Eckziegel	tuile de rive/gironnée/recourbée	edge/verge tile
Falzziegel	tuile à angle/emboîtement	ointerlocking tile
Firstziegel	(tuile) faîtière, faîteau	crest/ridge tile
Flachziegel	tuile plate/ à écaille	flat/plain roof tile
Gitterziegel	brique alvéolée/creuse/trouée	cavity/cellular/hollow brick
glasierter Ziegel	brique/tuile vern¹ssée	enamelled brick/tile

ZIEGEL

Glasziegel	dalle de verre	glass slab
Gratziegel	tuile d'arêtier	hip tile
Hochlochziegel	brique alvéolée/creuse/perforée	cavity/cellular/hollow brick
Hohlziegel	brique alvéolée/creuse/trouée	cavity/cellular/hollow brick
Kehlziegel	tuile cornière/ de noue	gutter/valley tile
Krempziegel	panne, tuile flamande	pantile
Lochziegel	brique alvéolée/creuse/trouée	cavity/cellular/hollow brick
Mönchziegel	tuile canal mâle	convex/under- tile
Nonnenziegel	tuile canal femelle	concave/over- tile
Ortziegel	tuile de rive/gironnée/recourbée	edge/verge tile
Pfannenziegel	panne, tuile flamande	pantile
Pflasterziegel(stein)	brique de pavage	paving brick
Randziegel	tuile de rive/gironnée/recourbée	edge/verge tile
Schlußziegel	tuile de rive/gironnée/recourbée	edge/verge tile
Tonziegel	bique céramique/ d'argile/ de terre cuite	burnt/clay brick
Verblendziegel	brique de parement	facing/decoration brick
Vollziegel	brique pleine	solid brick
Wabenziegel	brique à nids d'abeilles	honey comb brick
Walmziegel	tuile de croupe	bin tile
Zementzoegel	aggloméré/brique de laitier	cement/slag brick
ZIEGELEI	briqueterie, tuilerie	brickworks, brickyard
ZIEL	but, objectif [3] terme	aim, end, destination [2] term
ZIER	décoration, ornement	decoration, embellishing, ornament
Zierbalken	poutre décorative	decorative beam
Zierbrunnnen	fontaine d'agrément	ornamental fountain
Ziergarten	jardin d'agrément/ de plaisance	flower/ornamental garden
Ziergesimse	moulure décorative	decorative cornice
Ziergitter	grille décorative	ornamental grill
Zierleiste	baguette, bordure, moulure	fillet, listel, moulding
Zierparkett	parquet mosaïque	wood mosaic
Zierpflanze	plante d'ornement	ornamental plant
Zierstrauch	arbuste d'ornement	ornamental shrub
Zierverband	appareil décoratif	ornamental bond
ZIFFER	chiffre, numéro [2] coefficient	figure, number [2] factor
Belegungsziffer	densité/taux d'occupation	occupancy rate
Geburtenziffer	natalité, taux de naissance	birth rate
Geschoßflächenziffer	coefficient (maximum) d'utilisation, CMU	floor space ratio, plot ratio
Heiratsziffer	taux de mariage	marriage rate
Indexziffer	chiffre/nombre indice	index number
Sterblichkeitsziffer	taux de mortalité	death rate
ZIMMER	chambre, local, pièce, salle	room
Zimmer mit eigenem Eingang	pièce isolée/indépendante	separate room
Zimmerantenne	antenne intérieure	indoor aerial
Zimmerdecke	plafond	ceiling
Zimmerherr	locataire en garni/meublé	lodger
Zimmerhöhe	hauteur sous plafond	height of ceiling
Zimmerpflanze	plante d'appartement	indoor/house plant
Zimmertemperatur	température ambiante [pièce]	indoor temperature

Zimmertür	porte intérieure/ de chambre	interior/room door
Arbeizszimmer	bureau, cabinet/local de travail	private office, workroom
Badezimmer	salle de bain	bathroom
Badezimmer mit WC	salle de bain avec toilette	combined bathroom and toilet
Doppelzimmer	chambre à deux lits	double bed(ded) room
Dreizimmerwohnung	(appartement à) trois pièces	three room flat
Einbettzimmer	chambre à un lit	single bedded room
Einzelzimmer	chambre à un lit	single bedded room
Einzimmerwohnung	studio	single room flat
Elternzimmer	chambre des parents	master bedroom, parents' room
Eßzimmer	salla à manger	dining room
Gästezimmer	chambre d'amis	guestroom, spare room
gefangenes Zimmer	pièce sans accès direct	room with no individual access
Kinderzimmer	chambre d'enfants	childrens' room
möbliertes Zimmer	chambre garnie	furnished room
Vermietung möblierter Zimmer	location en meuble	furnished letting
Schlafzimmer	chambre (à coucher)	bedroom
Spielzimmer	salle de jeux	playroom
Studierzimmer	cabinet de travail	study
Wohnzimmer	living, (salle de) séjour	living/sitting room
Wohnchlafzimmer	studio	bed-sitting room
Zweibettzimmer	chambre à deux lits	double bed(ded) room
Zweizimmerwohnung	(logement de) deux pièces	two room(ed) flat
ZIMMERN vb	charpenter	to carpenter/timber
Zimmerarbeit	charpenterie	carpentry, carpenter's work
Zimmerei	charpente(rie)	carpentry, frame-work
Zimmergeselle	garçon charpentier	(journey-man) carpenter
Zimmerhandwerk	métier de charpentier	carpentry
Zimmerholz	bois de charpente	timber
Zimmermann	charpentier	carpenter
Zimmermeister	maître-charpentier	master-carpenter
Zimmerplatz	chantier (de charpentier)	carpenter's yard
ZINK	zinc	zinc
Zinkblech	feuille de zinc, tôle galvanisée, zinc en feuilles	sheet zinc, zinc sheet
Zinkblecheindeckung	couverture/toiture en (tôle de) zinc	sheet zinc roofing
ZINS(EN)	intérêt(s)	interest
Zinsanhebung	majoration du taux d'intérêt	interest (rate) increase
Zinsausfall	perte d'intérêts	loss of interest
Zinsbeihilfe	subvention d'intérêts	interest subsidy
zinsbrungend	productif d'intérêts	interest bearing
Zinsbürgschaft	cautionnement d'intérêts	surety of interest
Zinsendienst	service d'intérêts	capital charge, loan service
Zinsenlast	charge d'intérêts	interest charge
Zinserhöhung	majoration du taux d'intérêts	interest (rate) increase
Zinsertrag	produit d'intérêts	interest income/proceeds
Zinseszinz	intérêt composé	compound interest
zinsfrei	sans intérêts	free of interest
Zinsfuß	taux d'intérêt	interest rate
Zinsherabsetzung	réduction du taux d'intérêt	interest rebate, reduction of interest

Zinskapitalisierung	capitalisation d'intérêts	interest capitalization
zinslos	sans intérêt	free of interest
zinsloses Darlehn	prêt exempt d'intérêts	interest free loan
Zinsnachlaß	réduction/remise d'intérêts	interest rebate, remission of interest
Zinsrückstände	intérêts arriérés, arrérages	back interest, interest arrears
Zinssatz	taux d'intérêts	interest rate
Zinssenkung	réduction du taux d'intérêts	interest rebate. reduction of interest
Zinssubvention	sbvention d'intérêts	interest subsidy
zinsverbilligt	à (taux d') intérêt réduit	at reduced rate of interest
Zinsverlust	perte d'intérêts	loss of interest
Zinszuschuß	bonification/subvention d'intérêts	interest allowance/subsidy
Bankzinsen	intérêts (sur comptes) bancaires	bank interest
Darlehnszinsen	intérêts sur emprunts/prêts	interest on loan
Debetzinsen	intérêts débiteurs/passifs	debit/red interest, interest payable
einfache Zinsen	intérêts simples	simple interest
erfallende Zinsen	intérêts à échoir	accruing interest
erfallene Zinsen	intérêts échus	interest due
fällige Zinsen	intérêts échus	interest due
gelaufene Zinsen	intérêts courus	accrued interest
Hypotherkenzinsen	intérêts hypothécaires	interest on mortgages
Kapitalzinsen	intérêts sur capital	interest on capital
Mietzins	loyer	rent(al)
Pacht(zins)	fermage	farm rent, rental
Passivzinsen	intérêts débiteurs/passifs	debit/red interest
Schuldzinsen	intérêts débiteurs/passifs	debit/red interest
Vertragszinsen	intérêts contractuels	contractual/stipulated interest
Verzugszinsen	intérêts moratoires/ de retard	default/penal interest, fines
Wucherzinsen	intérêts zsuraires	usurious interest
Zinsenszinsen	intérêts composés	compound interest
Zwischenzinsen	intérêts intérimaires	interim interest
ZIRKULATION	circulatiob	circulation
Zirkulationspumpe	pompe à/ accélérateur de circulation, circulateur	circulating pump. circulator
ZISTERNE	citerne	cistern
ZIVIL	civil	civilian
ziviler Luftschutz	protection civile	civil defence
Zivilgesetzbuch	code civil	civil code
Zivilklage	action civile	civil action/suit
Zivilprozeß	action civile	civil action/suit
Zivilprozeßordnung	code de procédure civile	civil practice act, judicial code
Zivilrecht	droit civil	civil law
zivilrechtlich	(de droit) civil	civil, by civil law
zivilrechtliche Haftung	responsabilité civile	civil liability
Zivilschutz	protection civile	civil defence
Zivilstand	état civil	civil status
Zivilstandsregister	(registre de l') état civil	register of births, marriages and deaths

ZIV-ZUG

ZIVILISATION	civilisation	civilization
Agrarzivilisation	civilisation agraire/primaire	agrarian/primary civilization
industrielle Zivilisation	civilisation industrielle/secondaire	industrial/secondary civilization
tertiäre (Dienstleistungs=) zivilisation	civilisation tertiaire	tertiary cilicization
ZOLL	pouce ² (droit de) douane	inch ² custom, duty
Zollstock	règle brisée/divisée	scale
Einfuhrzoll	droit d'entrée, taxe d'importation	import duty
ZONE	région, zone	area, district, zone
Zonenplan	plan de zonage	use zone plan
Zone mit Parkscheibenzwang	zone bleue	pink zone
Bauzone	zone de construction	building zone
Freihandelszone	zone de libre échange	free trade area
Grünzone	zone verte	green belt/zone
Instustriezone	zon industrielle	industrial area
Parkverbotszone	zone d'interdiction de stationnement	no parking zone, yellow band area
Zonierung	zonage	zoning
ZUBEHOER	accessoires	accessories
Zubehörteil	accessoire	accessory
ZUBER	cuve, cuvier	tub
Waschzuber	bac à laver/ à lessive	wash trough/tub
ZUBRINGERSTRASSE	bretelle de raccord, route d'accès	feeder road
ZUFAHRT	accès	access, approach
Zufahrtsmöglichkeit	accessibilité, possibilité d'accès	accessibility, approachability
Zufahrtsrampe	rampe d'accès	approach ramp
Zufahrtsstraße	voie d'accès	service road
Zugahrtsweg	chemin d'accès, voie de desserte	access way
ZUFRIEDENHEIT	contentement, satisfaction	contentment, satisfaction
ZUFUEHRUNG	adduction	adduction
Luftzuführung	adduction/amenée d'air	air intake
ZUG	tension, traction ² tirage ³ train	tension, traction ² draft, draught ³ train
Zugabteil	compartiment	(railway) compartment
Zuganker	tirant	anchor, tie-rod
Zugbalken	entrait, tirant	tie-beam
Zugbeanspruchung	effort de traction, travail à l'arrachement	stretching/tearing/tensile strain/stress
Zugbrücke	pont-levis	drawbridge
Zugfestigkeit	résistance à la traction	tensile strength
Zugkraft	force de traction	tensile power, tractive force
Zugleistung	puisance de traction	tractive power
Zugluft	courant d'air	draught
Zugluftleiste	baguette de calfeutrage	draught excluding strip
Zugmaschine	tracteur	tractor
Gleiskettenzugmaschine	tracteur chenillé/sur chenilles	caterpillar tractor
Zugregler	régulateur/stabilisateur de tirage	draught regulator/stabilisator
Zugrohr	tuyau d'amenée d'air	feed pipe
Zugschalter	interrupteur à tirette	pull switch

Zugschieber	registre (de tirage)	chimney damper
Zugwiderstand	résistance à la traction	tractional resistance
Zugwinde	palan, treuil	hoist, pulley block, windlass
Elektrozugwinde	palan électrique	electric pulley block
Zugverkehr	circulation ferroviaire	railway traffic
Eilzug	train direct	express (train)
Expresszug	express, rapide	express train
Güterzug	train de marchandise	freight/goods train
Lastzug	train routier	road train
Personenzug	train omnibus	passenger train
Schnellzug	(train) rapide	express (train)
Uberzug	poutre supérieure [2] enduit, housse	inverted/upstand beam, [2] case, coat, cover, lining
Unterzug	poutre inférieure, sous-poutre	bottom/lower chord/joist
ZUGANG	accès	access
zugänglich	accessible	accessible
Zugangsstraße	route/rue/voie d'accès	access/service road
Zugangsweg	chemin d'accès	access way
ZUKUNFT	avenir, futur	future
Zukunftsforschung	futurologie	futurology
ZULAGE	allocation, supplément	addition, allowance, bonus
Familienzulagen	allocations familiales	family allowance
Kinderzulage	indemnité pour charges de famille	child allowance
ZULASSEN	admettre, agréer	to admit/agree/approve
zulässig	admissible	admissible
zulässige Spannung	tension admise/admissible	admissible/safe stress
ZULASSUNG	admission, agrément, licence	admission, agreement, licence, permission, permit
Zulassung neuer Baustoffe	agrément de nouveaux matériaux de construction	admission of new building materials
Zulassungsprüfung	examen d'agrément	acceptance test
Zulassungsstelle	bureau/institut d'homologation/ d'immatriculation	permit/registration office
Zulassungsverfahren	procédure d'agrément	admission procedure
ZULEITUNG	conduite/tuyau d'adduction/ d'alimentation/ d'amenée	adduction/admission/delivery/ feed/intake/supply conduit/pipe
ZULIEFERANT	(fournisseur) sous-traitant	subcontractor
ZUMUTBAR	raisonnable	reasonable
zumutbare Miete	loyer abordable/raisonnable	accessible/bearable/reasonable rent
ZUNAHME	accroissement, augmentation, majoration, progression	augmentation, increase, progression, rise
Bevölkerungszunahme	accroissement de la population	increase in population
Verkehrszunahme	accroissement de la circulation	increase in traffic
ZUNGE	langue	tongue
Schornsteinzunge	cloison de cheminée	flue partition
ZURUECKBEHALTUNG	rétention	retaining, retention
Zurückbehaltungsrecht	droit de rétention	(right of) lien, right of retention
ZURUECK(BE)ZAHLEN	rembourser	to refund/reimburse/repay
Zurückbezahlung	remboursement	refund, repayment

ZURUECKDATIEREN	antidater	to antedate, to date back
ZURUECKERSTATTUNG	restitution	restitution
ZURUECKKAUFEN	racheter	to redeem/repurchase/ buy back
ZUSAGE	affirmation, consentement	affirmation, conmsent, promise
Verkaufszusage	promesse de vente	promise of sale/ to sell
ZUSAMMEN	ensemble	together
Zusammenarbeit	collaboration, coopération	co-operating
zusammenfassen	grouper, résumer	to group, to sum up/summarize
zusammengesetzt	composé, composite	composite, compound
zusammenlegbar	pliable, pliant	foldable, folding, collapsible
Zusammenlegung	concentration, fusion, réunion	concentration, union, uniting
Felderzusammenlegung	remembrement (rural)	reallocation of land
zusammenliegend	contigu, d'un tenant	continuous, all in one block
Zusammensetzung	composition	composition
Kornzusammensetzung	granulométrie	grading
ZUSATZ	addition, ajout, annexe	addition, additive, admixture
Zusatzheizung	chauffage d'appoint	additional/top-up heating
Zusatzmitel	adjuvant	additive agent, admixture
Zusatzscheibe	survitrage	additional glazing
Zusatzverglasung	survitrage	additional glazing
zusätzlich	supplémentaire	additional, extra, supplementary
Betonzusatz	adjuvant pour béton	additive for concrete
Mörtelzusatz	adjuvant pour mortier	mortar additive
ZUSCHLAG	majoration, supplément, surtaxe [2] adjudication	additional charge, extra money [2] adjudication, award
Zuschlag für gesundheits-gefährdende Arbeit	supplément pour travaux insalubres	[bonus for unsalubrious work]
Erschwerniszuschlag	supplément pour travaux dificiles	high difficulty bonus
Gefahrenzuschlag	supplément pour travaux dangereux	danger bonus/money
Schmutzarbeitszuschlag	supplément pour tavaux sales	dirty money
Teuerungszuschlag	supplément pour cherté de vie	cost of living bonus
Zuschlagsfrist	délai d'adjudication	term for acceptance of tender
Zuschlagstoff	agrégat, granulat	aggregate, filler
Betonzuschlagstoffe	agrégats pour bétons	concrete aggregates
Grobkornzuschlagstoffe	agrégats à gros grains	no fines
ZUSCHNEIDEN [Zimmerholz]	équarrir	to square
ZUSCHUSS	aide, allocation, contribution	allowance, contribution, grant
Arbeitgeberzuschuß	subvention patronale	employer's grant
Baukostenzuschuß des Mieters	pas de porte	key money
laufende Zuschüsse	aide permanente	operating grants/subsidies
verlorener Zuschuß	prime/subvention à fonds perdu	non refundable subsidy
Zinszuschuß	subvention d'intérêts	interest rate subsidy
ZUSTAND	état	condition, state
in gutem Zustand	en bon état, clos et couvert, en parfait état d'entretien	in good order and repair, in good state
in schlechtem Zustand	en mauvais état	in bad repair
Straßenzustand	état des routes	road confition
unhygienischer Zustsand	état insalubre. insalubrité	insanitareness

ZUSTAENDIG	compétent, qualifié	competent, qualified, responsible
Zuständigkeit	compétence	competence, competency
im Zuständigkeitsbereich des Gerichtes	du ressort de la Cour	within the competence of the Court
ZUSTELLUNG	notification, remise, signification	delivery, service
Zustellungsurkunde	acte de signification	proof of service
amtliche Zustellung	exploît d'huissier, mise en demeure	summons served by bailiff
ZUSTIMMUNG	accord, assentiment,	assent, consent
Zustimmungserklärung	déclaration de consentement	declaration of consent
ZUTEILUNG	attribution, répartition	allocation, allotment, appropriation
Zuteilungsbedingungen	conditions d'attribution	conditions of attribution, terms of allotment
Zuteilungskriterien	critères d'attribution	grant criteria
ZUTRITT	accès, admission	access, admission
Zutrittsrecht	droit d'accès	right of access
ZUWACHS	accroissement, augmentation	growth, increase, increment
Zuwachsrate	taux d'accroissement	growth/increase rate
Wertzuwachs auf Grundstück	plus-value foncière	unearned increment value
Wertzuwachssteuer	taxe de valeur ajouté, TVA	betterment tax
Bevölkerungszuwachs	accroissement de la population	increase in population
Wertzuwachs	plus-value, valeur ajoutée	betterment/surplus value, increment, rise in value
ZUWENDUNG	disposition, don(ation)	allocation, donation, gift
Zuwendung in bar	allocation en espèces	cash allowance
Zuwendungsempfänger	allocataire	allocatee
ZUWIDERHANDLUNG	contravention, infraction	infringement, offence
ZWANG	coercition, contrainte, force	coertion, compulsion, force
Zwangsausweisung	éviction, évincement, expulsion	ejection, eviction
Zwangsbeitreibung	recouvrement par contrainte/ par voie d'exécution forcée	collection by means of compulsory execution, forcible collection
Zwangsbewirtschaftung	contingentement	quota system, rationing
Zwangsenteignung	expropriation (forcée)	compulsory acquisition/purchase, (compulsory) expropriation
Zwangshypothek	hypothèque légale/judiciaire	legal/judicial mortgage
Zwangs(ent)lüftung	ventilation forcée/mécanique	forced/mechanical ventilation
Zwangsmaßnahme	mesure de contrainte	compulsory means
Zwangsmischer	malaxeur	mixing mill
Zwangsmitel	moyen de contraine	means of coertion
Zwangsräumung	éviction, évincement, expulsion	ejection, eviction
Zwangsumsiedlung	déportation	deportation
Zwangsverfahren	procédure coercitive	enforcement procedure
im Zwangsverfahren	par vie de contrainte	by compulsion
Zwangsvergleich	concordat préventif de faillite	compulsory composition, scheme of composition
Zwangsverkauf	exécution, vente forcée	compulsory/forced sale
Zwangsversicherung	assurance obligatoire	compulsory insurance
Zwangsversteigerung	exécution, vente forcée aux enchères	compulsory auction

Zwangsvollstreckung	exécution (forcée)	(compulsory) execution, distraint
Zwangsvollstreckungsbefehl	ordonnance de saisie, saisie-arrêt	warrant of distress
Zwangswirtschaft	dirigisme, économie dirigée, planisme	planned economy, state control
ZWECK	but, destin, finalité, objet	aim, finality, object, purpose
Zweckbau	bâtiment fonctionnel/spécial/ utilitaire	functional/special/purpose-built/ utilitarian building
Zweckbestimmung	affectation, destination	appropriation, assignment, attribution
Zweckentfremdung	désaffectation	putting to a different purpose
Zweckleuchte	lampadaire spécial	special purpose lamp
zweckmäßig	approprié, fonctionnel, pratique	appropriate, functional, practical
unzweckmäßig	impropre, inadéquat, mnal approprié	inappropriate, inexpediant, unsuitable
Zweckmäßigkeit	convenance, fonctionalité	expediency, functionality
Zweckverband	syndicat	association
gewerbliche Zwecke	destination industrielle	industrial purpose
Grundstück für gewerbliche Zwecke	terrain industriel	industrial site
Gewinnzwecke	but lucratif	profit purpose
Gesellschaft ohne Gewinnzweck	société sans but lucratif	non profit company
Mehrzweckraum	salle polyvalente	multipurpose room
Verwendungszweck	destination	intended purpose
ZWEI	deux	two
Zweibettzimmer	chambre à deux lits	double (bedded) room
zweifach	en double	double
in zweifacher Ausfertigung	en deux exemplaores, en double	in duplicate
Zweifamilienhaus	maison pour deux familles	two fsamily house [US] duplex house
zweiflügelig	à deux battants/vantaux	two-leaf, double
zweigeschoßig	à deux niveaux	two storeyed
zweigeschoßiges Haus	maison à deux niveaux/ avec étages	house with two floors, two storeyed house
Zweikomponentenkleber	colle à deux composants	twin-pack/ two component adhesive
Zweiphasenstrom	courant biphasé	two phase current
zweipolig	bipolaire	bipolar
zweischalig [Mauer]	à double paroie, creux	hollow, two layer
Zweispänner	immeuble à deux logements par palier	building with two flats per landing
zweisprachig	bilingue	bilingual
Zweisprachigkeit	bininguisme	bilingualism
zweistöckig	à deux étages	two-storeyed
Zweiwegehahn	robinet à deux voies	two-way tap
Zweizimmerwohnung	(appartement à) deux pièces	two room flat
ZWEIFEL	doute	doubt
zweifelhafte Forderung	créance douteuse/incertaine	dubious claim/debt
ZWEIG	branche	branch
Zweigleitung	branchement, tuyau secondaire	branch-pipe
Zweigniederlassung	succursale	branch establishment, suboffice

Zweigstelle	succursale	branch establishment, suboffice
Berufszweig	branche d'activité	activity branch
Handwerkszweig	(corps de) métier	trade (branch)
Wirtschaftszweig	branche économique	branch of economy
ZWEITER	deuxième, second	second
Zweitausfertigung	double, duplicat	copy, duplicate
zweitrangig	deuxième en rang, secondaire	secondary, second rate
Zweitwohnung	résidence secondaire	secondary dwelling
ZWISCHEN	entre	between
Zwischenbericht	rapport intermédiaire/provisoire	interim/provisional report
Zwischenbescheid	réponse provisoire	provisional answer
Zwischendecke	plafond d'entrevous/ intercalé	inserted ceiling, sound-boarding
Zwischenfinanzierung	financement intérimaire	intermediate financing
zwischengemeindlich	intercommunal	regarding several towns
Zwischengeschoß	entresol, mezzanine	entresol, mezzanine
Zwischenhandel	commerce intermédiaire	intermediate trade
Zwischenhändler	intermédiaire	intermediary
Zwischenkonto	compte transitoire	suspense account
Zwischenkredit	crédit intermédiaire	temporary/ stop-gap credit
Zwischenlösung	solution intermédiaire	temporary solution
Zwischenmauer	cloison, mur de refend/séparation	party wall, partition (wall)
Zwischenpodest	palier intermédiaire	intermediate landing
Zwischen=stufe/=tritt	marche intermédiaire	intermediate stair/tread
Zwischenurteil	jugement interlocutoire	interlocutery judgement
Zwischenwand	cloison(nement)	partition (wall)
Zwischenzeit	entretemps	interim/intermediate/mean time
zwischenzeitlich	intérimaire	intermediate, temporary
Zwischenzinsen	intérêts intérimaires	interim interest
ZYKLON	cyclone, ouragan, tornade, typhon	cyclone, hurricane, tornado, typhoon
ZYLINDER	cylindre	cylinder
Zylinderinhalt	cylindrée	cubic capacity
Zylinderschloß	serrure de sécurité	cylinder/safety/pin-tumbler lock
Zylinderwalze	rouleau compresseur	roadroller